Patriotismo frente a agenda globalista

UN MUNDO QUE CAMBIA

CÉSAR VIDAL

Este libro puede ser ordenado en volumen para obsequios, recaudar fondos, o para formación ministerial o empresarial, escribiendo a Sales@TheAgustinAgency.com.

Para ventas al por mayor para librerias, distribuidores o para revender, favor de comunicarse con el distribuidor, Anchor Distributors al 1-800-444-4484.

A menos que se indique lo contrario, todos los textos bíblicos han sido tomados de la Santa Biblia, Versión Reina-Valera 1960 © 1960 por Sociedades Bíblicas en América Latina, © renovado 1988 por Sociedades Bíblicas Unidas. Usada con permiso. Reina-Valera 1960® es una marca registrada de la American Bible Society y puede ser usada solamente bajo licencia.

Editor: TLM Editorial Services, Inc.
Diseño interior: Deditorial.com
Fotografía: Betty Graham
Diseño de portada: Chris Ward

ISBN: 978-1-950604-02-9   Un mundo que cambia, papel
ISBN: 978-1-950604-05-0   Un mundo que cambia, eBook
ISBN: 978-1-662016-14-1   Un mundo que cambia, Audio
ISBN: 978-1-950604-06-7   A Changing World, Paper
ISBN: 978-1-950604-07-4   A Changing World, eBook
ISBN: 978-1-662016-20-2   A Changing World, Audio

Impreso en Estados Unidos de América
21 22 23 24 VERSA PRESS 9 8 7 6 5 4

CONTENIDO

INTRODUCCIÓN

El 26 de diciembre de 1991, tuvo lugar un hecho de extraordinaria importancia en la Historia universal. Se trató de la disolución de la Unión Soviética, un acontecimiento de enormes repercusiones que casi nadie había previsto. A decir verdad, solo el historiador Andrei Amalrík[1] y el escritor y premio Nobel Alexander Solzhenitsyn[2], dos disidentes rusos, habían tenido el valor y la visión suficientes como para anunciar que semejante seísmo tendría lugar. La realidad es que, para ser sinceros, la inmensa mayoría de los analistas no esperaban semejante desenlace. El catedrático Javier Tusell —en uno de los mayores ridículos que registra la Historia académica española— llegó a escribir apenas unos días antes del colapso de la URSS que iba a seguir siendo una realidad durante el siguiente milenio e incluso que la Alemania comunista superaría a la occidental en unos años. Se trataba de un gigantesco dislate, pero, sin duda, no fue aislado. A decir verdad, ninguna de las agencias de inteligencia de las potencias occidentales previó el desplome de la URSS... lo que no dice mucho sobre su eficacia.

Era cierto que el carácter represivo del modelo soviético resultaba ya imposible de ocultar. Había pasado, por ejemplo, la época en que se podía negar descaradamente la existencia de la red de campos de

---

[1.] A. Amalrik, *Prosushchestvuyet li Sovietskii Soyuz do 1984 goda?* (Amsterdam, 1970).
[2.] A. Solzhenitsyn, *Pismó Vozhdyam sovietskogo soyuza* (París, 1974).

concentración. Se trataba de una realidad evidente desde 1917,[3] pero que había estallado en el rostro de occidente con la publicación de *Archipiélago Gulag* de Alexander Solzhenitsyn[4] a inicios de los años setenta del siglo XX. No era menos obvio el carácter oligárquico de sus estructuras sociales que no solo no cuidaban especialmente a obreros y campesinos —por utilizar un lema soviético habitual—, sino que, en realidad, favorecían a los que el ruso Voslensky denominó la Nomenklatura, es decir, toda una casta de privilegiados.[5] Sin embargo, a pesar de la red de campos de concentración, de la ausencia de libertades, de la injusticia de una clase dominante de funcionarios del partido y del atraso comparativo en términos económicos, nadie esperaba la desaparición de la dictadura soviética y ese nadie incluía de manera especial a la izquierda mundial tanto socialistas como comunista.

Lo inesperado del triunfo en la Guerra Fría —Estados Unidos y sus aliados, realmente, no habían vencido, pero, innegablemente, la URSS había perdido— desencadenó una oleada de extraordinario optimismo. Lo ansiado, pero no pronosticado, se había convertido en rápida, acelerada e incruenta realidad. No puede sorprender que Francis Fukuyama[6] se lanzara a anunciar el fin de la Historia, un final que además implicaba la consagración, a la vez, del sistema capitalista y de la democracia. Tras la desaparición de la URSS, solo cabía esperar que, paso a paso, todo el planeta aceptara ambos aspectos de una manera imposible de eludir. La realidad, sin embargo, es que, como quien escribe estas líneas advirtió en aquellos momentos, no hubo fin de la Historia. No lo hubo porque la Historia nunca concluye sino que siempre sigue. Unos imperios se suceden a otros, unas potencias

3. Al respecto, la bibliografía es muy extensa y la hemos incluido en C. Vidal, *La revolución rusa. Un balance a cien años de distancia* (Buenos Aires, 2017). De especial interés para mostrar como no se trató de un fenómeno conocido tardíamente son J. Baynac, *El terror bajo Lenin* (Barcelona, 1978) y G. Legget, *The Cheka. Lenin's Political Police* (Nueva York, edición corregida de 1986). Un primer acercamiento literario (1924) a la represión soviética se halla en Vladimir Zazubrin. Su *Trilogía siberiana* (Madrid, 2015), donde se recogen sus novelas *La astilla*, *La verdad pálida* y *Vida en común* resulta de lectura obligatoria.

4. Hay distintas traducciones, no siempre completas, a diversas lenguas. Hemos utilizado A. Solzhenitsy, *Arjipielag GULAG* (Moscú, 2015), la última versión de la magna obra revisada por el propio autor.

5. M. Voslensky, *La Nomenklatura* (Barcelona, 1981).

6. F. Fukuyama, *The End of History and the Last Man* (Nueva York, 1992). En 2006, Fukuyama publicaría una nueva edición con un epílogo (afterword) adicional donde pretendía —a nuestro juicio con bastante poco éxito— intentar seguir defendiendo su tesis a casi década y media de distancia.

sustituyen a otras, unas culturas se imponen sobre otras, pero la Historia prosigue su curso y previsiblemente así lo seguirá haciendo hasta que, realmente, llegue la consumación de los siglos.

En una repetición de los errores contenidos en los análisis de antaño, aunque es indiscutible que la Guerra Fría concluyó, no son pocos los que pretenden seguir analizando la situación actual del globo desde la perspectiva de un período histórico que, efectivamente, sí terminó hace ya cuatro décadas. Pretender comprender el presente con los paradigmas de la Guerra Fría —incluso en buena medida con los de izquierdas y derechas— constituye una equivocación gravísima de consecuencias más que perjudiciales. La Historia ha seguido avanzando y de la misma manera que habría constituido una necedad pretender comprender la Europa a finales del siglo XIX sobre la base de lo que fue la vida de Napoleón, destronado definitivamente en 1815, es absurdo, e incluso ridículo, intentar entender nuestro mundo sobre la base de lo que fue la Guerra Fría.

Nuestro mundo ha seguido cambiando desde 1991, y lo que resulta aún más relevante es que ese conjunto de cambios resulta constante e implica desafíos colosales con los que nunca antes ha tenido que enfrentarse el género humano. Lejos de ser la democracia y la libertad dos realidades que se imponen de manera casi natural, lo cierto es que se encuentran más amenazadas que nunca y que esa amenaza no sólo es externa sino, en buena medida, también interna.

En la primera parte de la presente obra, contemplaremos un análisis de la democracia como un régimen reciente y no pocas veces concluido con fracaso y también nos detendremos en los peligros que ahora amenazan su supervivencia. La segunda parte está dedicada a la agenda globalista como verdadera amenaza que pretende acabar con la soberanía nacional, las competencias de los estados y el propio sistema democrático. La tercera, finalmente, traza un panorama mundial de cómo ya se perciben reacciones frente a esa agenda globalista aunque no todas ellas conducen a un futuro de libertad y, ciertamente, el género humano corre un riesgo cierto y real de verse sometido a sistemas totalitarios de distinto tipo.

Sin el menor deseo de abrazar un catastrofismo alarmista, el autor está convencido de que vivimos en una época decisiva de la Historia y no solo porque los avances tecnológicos o los desplazamientos de poblaciones carecen de paralelo en el devenir de la Humanidad. Lo es también porque están en juego no solo la expansión del sistema democrático, sino su consolidación en buen número de naciones e incluso su supervivencia en otras como incluso los mismos Estados Unidos. Esta última circunstancia es de enorme relevancia a escala mundial, pero lo es también de manera personal para el autor de la presente obra.

Hace ahora siete años, me vi forzado a exiliarme de mi nación de origen porque se me informó de que mi vida estaba en peligro de ser objeto de un atentado con bomba. Aunque ante mí se abría la posibilidad de marchar a distintas naciones e incluso alguna me ofreció otorgarme la nacionalidad de manera inmediata, en ningún momento dudé de que la elección adecuada era Estados Unidos. Lo hice así porque estaba totalmente convencido de que es una tierra históricamente caracterizada por basarse en la libertad y porque creo de manera rotunda en la definición que de ella dio Lincoln como «la última esperanza de la tierra». El tiempo ha pasado desde entonces y quien ahora escribe estas líneas es ya ciudadano de esa gran nación y se siente profundamente orgulloso y agradecido de serlo. Aún más: en su corazón alienta la convicción de que Estados Unidos sigue siendo, a día de hoy, la última mejor esperanza de la tierra y por eso ha escrito este libro. En la medida en que Estados Unidos continúe siendo fiel a la cosmovisión que sentó sus bases incluso antes de su fundación, habrá una esperanza de libertad y prosperidad para el resto del globo. Si, por el contrario, la batalla por la libertad se pierde en suelo americano, el futuro del planeta será, ineludiblemente, aciago. El encargado de juzgar lo acertado de esa y de otras tesis será, como siempre, el lector.

Miami – Washington – Miami, invierno de 2019-2020

PARTE I

EL INCIERTO FUTURO DE LA DEMOCRACIA

CAPÍTULO I

LA DEMOCRACIA, UNA RECIÉN LLEGADA A LA HISTORIA (I):
la primera experiencia democrática

La democracia, una recién llegada

A día de hoy, la idea de la democracia apenas encuentra discusión u oposición en la mayor parte del planeta. Aunque sigue siendo un fenómeno minoritario, lo cierto es que incluso las dictaduras ansían presentarse como democracias. Hay excepciones, por supuesto, como China, Corea del Norte, Cuba o Arabia Saudí que ni siquiera pretenden fingirlo y mantienen estructuras totalitarias con alguna esfera de cierta libertad, pero, en términos generales, discutir la democracia no se considera aceptable. En la dictadura islámica de Irán, se celebran elecciones y aunque estas tienen como límite el Corán —lo que ya es mucho— se insiste en el carácter democrático de los gobiernos surgidos de las urnas. La situación puede ser incluso peor en naciones en Asia, África y América, donde los mecanismos formalmente democráticos apenas ocultan sistemas dictatoriales. Incluso en el terreno teórico, pocos autores se atreven a cuestionar frontalmente la democracia.[1]

Para muchos, esta circunstancia es considerada incluso de manera positiva. Desde este punto de vista, la democracia sería una realidad tan indiscutible y tan irreversible que hasta las dictaduras le rinden homenaje y, más tarde o más temprano, darán paso a su imposición en sus países respectivos. Este análisis es comprensible, pero la realidad es que resulta profundamente erróneo. En primer lugar, como veremos en este capítulo, la democracia nunca es irreversible ni está consolidada eternamente. Por el contrario, la Historia nos dice que entre la primera democracia de la Historia —que fracasó— y la segunda pasaron más de dos milenios, una circunstancia que debería llevarnos a reflexionar. En segundo lugar, las causas de la desaparición de la primera democracia no constituyen circunstancias del pasado, sino que, en realidad, siguen perdurando hoy en día y de una manera angustiosamente real. En tercer lugar, la democracia es un fenómeno llegado muy recientemente a nuestra Historia. Por supuesto, se puede decir que desde la Revolución americana de 1776 multitud de naciones han optado por la democracia, pero, simplemente, esa afirmación no se corresponde con la realidad. De hecho, la democracia ha sido la gran ausente del mundo islámico, del mundo budista, del mundo animista y del mundo católico hasta hace apenas unos años. Todavía en los años veinte y treinta del siglo XX, el Vaticano prefirió la alianza con el fascismo de Mussolini y abandonó una incipiente democracia-cristiana de signo católico.[2] De hecho, incluso décadas después del Concilio Vaticano II, la democracia fue un fenómeno frágil y minoritario en naciones sociológicamente católicas. Partiendo de esta base, no puede sorprender que la democracia haya sido un fenómeno excepcional hasta hace muy poco en la mayor parte de Europa e Hispanoamérica y la práctica totalidad de África y Asia. Finalmente, debe señalarse que la democracia ha estado unida históricamente a una cosmovisión muy

---

[1]. Una excepción sería Jason Brennan, *Against Democracy* (Princeton, 2016), que opone a la democracia el criterio de eficacia, algo, por cierto, muy similar a lo que sostiene el gobierno chino.

[2]. Al respecto, véase: M. Gallo, *Mussolini's Italy* (Nueva York, 1973), pp. 142 ss; pp. 179-80.

concreta a la que nos referiremos en el conjunto del libro. Cuando esa cosmovisión no existe o desaparece, la democracia se convierte con facilidad en un fenómeno agónico. Pero ahora vamos a detenernos en la primera democracia de la Historia y a las razones de su desaparición.

El fracaso de la primera democracia de la Historia

Suele ser conocido el hecho de que la primera democracia de la Historia surgió en Grecia. A decir verdad, el mismo término procede del griego donde *demos* es pueblo y *kratía* es poder. La democracia sería, pues, la forma de gobierno en que el pueblo es el que tiene el poder y que se opone, por lo tanto, a la monarquía o gobierno de uno o a la oligarquía o gobierno de unos pocos. La democracia no fue, sin embargo, una realidad en toda Grecia. A decir verdad, se limitó a Atenas, una polis o ciudad-estado e incluso no cubrió toda su Historia.[3]

La democracia ateniense inició su andadura en el siglo V a. de C. y la concluyó en el siglo IV a. de C. En total, no llegó a sobrevivir dos siglos y, curiosamente, su final fue anunciado con muchos años de antelación por algunas de las mentes más preclaras de Grecia. ¿Por qué terminó la democracia ateniense? ¿Por qué no volvió a restaurarse? ¿Por qué el juicio sobre la misma continuó siendo negativo entre las mentes más preclaras de Grecia?

Las razones del final de la democracia son diversas y comenzaron a ser descritas cuando la democracia todavía era una realidad. La primera de las causas fue lo que se denominó la ceguera popular causada por la ignorancia. Como señaló el gran poeta Píndaro[4]: «Cuanto mayor es la muchedumbre, más ciego en su corazón». El historiador Plutarco señaló con amargura que en la democracia «aunque los que

3. Hay diversos análisis sobre el desarrollo y final de la democracia griega. De especial interés resultan C. M. Bowra, *Periclean Athens* (Londres, 1971); C. Farrar, *The Origins of Democratic Thinking* (Cambridge, 1988); D. Kagan, *Pericles of Athens and the Birth of Democracy* (Nueva York, 1991); L. M. Maciá Aparicio, *El estado ateniense como modelo clásico de la democracia* (Madrid, 1993); R. Osborne, *Demos: the Discovery of Classical Attica* (Cambridge, 1985); F. Rodríguez Adrados, *La democracia ateniense* (Madrid, 1998); Idem, *Historia de la democracia* (Madrid, 1997); J. de Romilly, *Problémes de la democratie grecque*, París, 1975.
4. *Nemeas* VII, 24.

hablaban eran los más hábiles, los que decidían eran los ignorantes».[5] Jenofonte —o quien se ocultara bajo su nombre— afirmó con dolor en su *Constitución de los atenienses* que, al final, quien tenía un poder decisorio no eran los mejores y más instruidos, sino los más estúpidos e ignorantes.[6]

Esa ignorancia, cuando no estupidez, del pueblo lo convertía en un instrumento fácil de manejar por políticos carentes de escrúpulos. El genial Aristófanes, capaz de encontrar comicidad en las situaciones más terribles, mostraría en su comedia *Los caballeros*[7] que, al final, quien guiaba al pueblo no era una persona de moral decente o instruida, sino un bribón y era así por la sencilla razón de que se trataba de la persona más adecuada.

Eurípides mencionó la ignorancia del pueblo en su tragedia *Las suplicantes*[8] como una de las razones por las que el sistema democrático no podía funcionar. Resultaba a todas luces absurdo que gente ignorante adoptara decisiones sobre temas de enorme relevancia.

La segunda causa del fracaso de la democracia era que a esa ignorancia del pueblo se sumaba la facilidad para manipularlo, una facilidad que arrancaba de sus propios deseos. La manera en que los autores griegos definieron esos deseos negativos varía, pero siempre resulta harto significativa. Por ejemplo, Plutarco la denomina *eros*,[9] el término del que deriva nuestro erotismo. En otras palabras, era como decir que el pueblo, lejos de controlar sus pasiones, era arrastrado por ellas como si se tratara de una pulsión sexual. Por separado, los ciudadanos podían tener una cierta sensatez, pero convertido en la suma que deriva de la masa tenían, según Solón, «la mente vacía"[10] o, según Aristófanes, «se quedaba con la boca abierta como si juntara higos secos».[11] Con ese pueblo, ignorante y arrastrado por pasiones, Eurípides constataba que «podrás obtener sin dificultad lo que desees

---

5. *Solón* 5, 6.
6. *Constitución de los atenienses* 1, 5.
7. *Caballeros* 178-193.
8. *Las suplicantes* 417-422.
9. *Pericles* 20, 4; *Alcibíades* 17, 2.
10. *Fragmento* 11, 5.
11. *Caballeros* 751-755.

de él... para quién vigila la oportunidad, no se puede alcanzar un bien más valioso».[12]

Ese seguimiento de los políticos aduladores y emisores de promesas encaminadas a halagar al pueblo debilitaría enormemente la libertad en Atenas. A fin de cuentas, como indicaría el gran orador Demóstenes, no se soportó el hablar sincero y se expulsó la libertad de palabra del debate político.[13]

Por supuesto, había políticos —como Pericles— que habían sabido encauzar al pueblo y mantenerlo en la vía de la sensatez y el bien común,[14] pero no había sido el desarrollo habitual de la política. A decir verdad, los políticos lo que buscaban era alcanzar y mantener el poder sobre la base del voto popular y para conseguirlo no buscaban lograr el bien común sino halagar a las masas. No deja de ser curioso que un personaje como el demagogo Cleonte incluso aprovechara la cólera —orgue— de los ciudadanos[15] y eso lo convirtiera en el político más escuchado por el pueblo.

La ignorancia, las pasiones populares, la demagogia acabaron conjugándose para que los deseos de los ciudadanos fueran cada vez a más.[16] Lo que esperaban de los gobernantes elegidos no era que gobernaran en beneficio de la comunidad bien, sino que les dieran cada vez más, que los halagaran más, que satisficieran más sus ansias. Al fin y a la postre, los cargos públicos no eran ocupados por los mejores, sino por los que tenían más descaro a la hora de halagar al pueblo y de ofrecerles la satisfacción de sus caprichos. El resultado no podía ser bueno. Como señaló Eurípides,[17] los políticos, al dirigirse al pueblo, «lo ensalzan y lo adulan y lo arrastran de todas las maneras, en interés propio. Hoy, causan las delicias del pueblo y mañana, su desgracia. Después, para ocultar su equivocación, calumnian continuamente, escapándose así del castigo».

---

12. *Orestes*, 696-703.
13. Demóstenes, *Filípicas* III, 4; I, 40.
14. *Guerra del Peloponeso* II, 65, 9.
15. *Guerra del Peloponeso* III, 36, 2.
16. *Guerra del Peloponeso* IV, 17, 4; IV, 65, 4; VI, 11, 5.
17. *Suplicantes*, 411 ss.

Por supuesto, el pueblo estaba convencido de que era él quien sujetaba las riendas de la política, ya que se le entregaba lo que deseaba. La realidad, muy distinta, quedó recogida por el comediógrafo Aristófanes[18]: «Oh, pueblo, qué bello es tu gobierno. Todos te temen como a un tirano. Sin embargo, no resulta difícil llevarte a donde quieren. Te gusta que te adulen y te engañen. Siempre estás escuchando a los charlatanes que están con la boca abierta y tu espíritu viaja lejos aún sin salir de casa».

A la corrupción interna en que había caído el sistema democrático se sumaron además otros males. El primero fue la intervención en la política de otras poleis. Atenas se arrogó el derecho de inmiscuirse en la marcha de otras entidades políticas supuestamente como garante de la democracia. Esa proyección imperial provocó el segundo mal: el creciente gasto militar.[19] Que este no era sostenible resultaba obvio para cualquiera que contemplara la realidad sin prejuicios, pero, de nuevo, la demagogia de los gobernantes y las pasiones del pueblo se sumaron para que la guerra fuera considerada un negocio provechoso por muchos atenienses. Para los que participaban directamente en la guerra, esta constituía una fuente de notables beneficios económicos derivada del presupuesto de la *polis* y del saqueo de los estados atacados. Pero también había sectores de la población que recibían subsidios del gobierno ateniense relacionados con las operaciones militares y que las veían como un negocio lucrativo. Pocos eran los que deseaban enfrentarse con el hecho de que la guerra implicaba un enorme coste para el sistema y que la factura, al final, tendría que ser pagada.

El panorama de la democracia ateniense resulta fácil de imaginar. Los políticos habían llegado a la conclusión de que alcanzar y mantener el poder resultaba relativamente fácil. Bastaba con sustituir la verdad por la adulación, la competencia por las promesas electorales, el buen gobierno por la mentira. El pueblo, cuyos componentes individuales podían ser más o menos sensatos, pero en masa reaccionaban de manera mucho menos sagaz, seguía sin problema a los políticos que lo

18. *Caballeros*, 1114-1120.
19. *Guerra del Peloponeso* VI, 24, 3.

adulaban. No pensaban, desde luego, en el coste del cumplimiento de las promesas electorales e incluso podían apoyar insensatamente las guerras convencidos de la superioridad moral de Atenas y de que de ellas solo podían derivar beneficios.

Esta combinación de factores acabó con la democracia ateniense en el curso de su enfrentamiento con Esparta, otro estado griego, pero no democrático sino de carácter totalitario. En el 399 a. de C., la democracia había regresado, pero asentada sobre unas bases más que débiles. De hecho, ese mismo año, el filósofo griego Sócrates —el hombre más decente de Atenas— fue condenado a muerte por un tribunal popular. Para sus discípulos Jenofonte[20] y Platón,[21] un acto semejante ponía de manifiesto hasta qué punto la democracia había demostrado ser un sistema injusto e incluso estúpido. Sócrates en última instancia fue ejecutado porque la democracia no estaba dispuesta a permitir que hablara con libertad.[22] Como señalaría el *Critón* en el diálogo que lleva su nombre: «La mayoría es capaz de producir no los males más pequeños, sino precisamente los mayores, si alguien ha incurrido en su odio».[23] Ciertamente, la visión políticamente correcta no fue una creación del siglo XX.

Si la democracia consideraba una amenaza a los hombres veraces y honrados, si limitaba la libertad de expresión, si era, prácticamente, un intercambio de intereses entre unas masas sin principios morales y solo ansiosas de recibir del poder y unos políticos dedicados a la demagogia no podía quedarle mucho tiempo de vida. De hecho, personajes de la talla de Jenofonte, Platón y Aristóteles consideraban que era incluso mejor así porque no pasaba de ser otra forma de tiranía. El siglo IV a. de C. no había concluido cuando el sistema desapareció para no volver a emerger en siglos.

---

20. Jenofonte dejaría constancia de su visión de la condena y ejecución de Sócrates en su *Apología de Sócrates* y su *Recuerdos de Sócrates*.
21. Platón relata el episodio en su *Apología* y en el *Critón*.
22. R. Waterfield, *Why Socrates Died* (Nueva York, 2010), señala este aspecto hasta el punto de presentar a Sócrates como un chivo expiatorio. Según el sentido que se dé al término, puede considerarse acertada su apreciación.
23. El *Critón* 44.

CAPÍTULO II

LA DEMOCRACIA, UNA RECIÉN LLEGADA A LA HISTORIA (II):
las bases de la democracia moderna

Las raíces de la democracia moderna (I):
la Reforma y la supremacía de la ley

La democracia desapareció de Atenas y, de paso, desapareció del mundo. Roma admiró a la brillante Grecia, pero no tuvo jamás la menor intención de imitar el sistema democrático. Primero, fue una monarquía. De ahí se convirtió en una oligarquía denominada *res publica*, es decir, cosa pública, y, finalmente, pasó de una dictadura militar supuestamente republicana al imperio. El colapso de ese imperio, derribado por la incapacidad para defender sus fronteras y contener las migraciones bárbaras, tampoco trajo la democracia. Occidente se vio cubierto por monarquías que combatían entre sí y que se oponían a sucesivas invasiones de las que las más peligrosas fueron las impulsadas por la creencia en el islam. En 1188, surgió en España —más concretamente en el reino de León— el primer foco parlamentario, gracias a la Carta Magna leonesa. Sin embargo, duró poco y no puede calificarse de democrático. Tampoco lo fue la posterior Magna Charta inglesa de 1215, que se limitaba a restringir el poder del monarca frente a los nobles. Los siglos de la Edad Media fueron totalmente contrarios a una visión democrática, en parte, por el influjo de una filosofía helénica —especialmente, Platón y Aristóteles—, que era contraria a la democracia y, en parte, por el influjo total de la Iglesia católico-romana que había legitimado durante siglos el poder absoluto tanto del papa como del rey siempre que este se sometiera a los dictados de la Santa Sede. Esa visión se quebraría de manera decisiva —hubo antecedentes a lo largo de la Edad Media— con la Reforma protestante del siglo XVI.

A finales del siglo XV, la necesidad de una reforma en el seno de la Iglesia católico-romana resultaba indiscutible para cualquier persona con un mínimo de sensibilidad espiritual.[1] En las décadas anteriores, en primer lugar, el papado se había convertido prácticamente en el ministerio de asuntos religiosos de la monarquía francesa trasladando su sede de Roma a la ciudad de Aviñón. A continuación, se produjo un cisma que enfrentó durante décadas a dos papas que se excomulgaban entre sí y que, en un momento determinado, llegaron a ser cuatro.[2] El que, finalmente, un concilio aceptara la existencia de un solo papa y condenara a los restantes solventó los problemas de la cadena de mando papal, pero la inmensa corrupción espiritual acumulada durante siglos se mantuvo incólume. Muy lejos de parecerse al cristianismo primitivo, la Iglesia católico-romana era una mezcla de filosofía griega, derecho romano y espiritualidad pagana. Por el contrario, la Reforma iniciada a principios del siglo XVI en distintos puntos de Europa pretendió regresar a ese cristianismo primitivo sobre la base de las fuentes históricas más antiguas, las contenidas en la Biblia.

La finalidad de la Reforma era meramente espiritual y no tardó en centrarse en la afirmación de que la única fuente de revelación estaba en la Biblia (*Sola Scriptura*), de que solo Cristo era salvador y mediador (*Solo Christo*) y de que la salvación no era fruto del mérito humano,

---

1. Sobre las raíces de la Reforma, véase: C. Vidal, *El legado de la Reforma* (2016), pp. 15-58.
2. Sobre el tema, véase: O. Prerovsky, *L'elezione di Urbano VI e l'insorgere dello scisma d'Occidente* (Roma, 1960); M. Seidlmayer, *Die Anfänge des grossen abendländischen Schismas* (Münster, 1940); W. Ullmann, *The Origins of the Great Schism* (Londres, 1948).

sino de la gracia o favor inmerecido de Dios, un favor que solo podía ser recibido a través de la fe, pero jamás comprado o adquirido (*Sola Gratia, Sola Fide*). Que esas conclusiones significaban el final de la corrupción espiritual de la Edad Media y con ella de la Iglesia católico-romana era obvio, pero se trata de un tema en el que no vamos a detenernos. Por el contrario, sí debemos señalar que la recuperación del texto de la Biblia y de los valores insertos en él provocaron una verdadera revolución que afectó aspectos como la economía, el arte, la educación, la ciencia o la política entre otros.[3] De hecho, la labor de los reformadores como expositores de la Biblia iba a sentar las bases de la reaparición de la democracia moderna. La razón de ese salto gigantesco en la Historia de la Humanidad iba a nacer directamente de la recuperación de una serie de valores contenidos en la Biblia que, por el contrario, fueron rechazados e incluso perseguidos en la Europa católico-romana.

El primero de esos valores fue la recuperación de la tesis de que la ley es una e igual para todos o, si se prefiere formularlo de otra manera, que la ley cuenta con una supremacía que se ejerce sin excepción. En el curso de la Edad Media, la Iglesia católico-romana había triturado de manera sistemática y consciente semejante idea. La ley no solo no era una e igual para todos, sino que además contenía privilegios expresos para el papa, los obispos o los clérigos además de emperadores, reyes y nobles. Por el contrario, esos privilegios no estaban al alcance de la inmensa mayoría de la población. Aún más. Los mismos hechos no eran penados de manera semejante según quien perpetrara el crimen.

Los reformadores no tardaron en descubrir que semejante concepción —justificada una y otra vez por papas y reyes— chocaba de manera frontal con los ejemplos contenidos en las Escrituras. Sin duda, los casos resultaban abundantes. Recordemos, por ejemplo, cómo el profeta Natán había reprendido al rey David a pesar de ser el héroe de Israel y le había anunciado un castigo por quebrantar la ley que se cumplió trágicamente (2 Samuel 12). De manera semejante, Elías

---

3. Sobre el tema, véase: C. Vidal, *El legado de la Reforma* (Tyler, 2016), pp. 257-344.

había acusado públicamente a Ajaz y Jezabel, los reyes de Israel, precisamente por quebrantar la ley a pesar de que, en apariencia, habían cumplido con todos los requisitos formales (1 Reyes 21). Semejante visión había sido vulnerada a lo largo de la Edad Media, pero resultó recuperada por el regreso a las Escrituras y tuvo muy pronto consecuencias prácticas. Vamos a detenernos en uno de esos ejemplos derivado de la reflexión sobre la Biblia.

En el año 1538, el reformador francés Juan Calvino y algunos de sus colaboradores fueron expulsados de la ciudad de Ginebra por las autoridades. Ciertamente, los gobernantes ginebrinos eran partidarios de la Reforma y no creían que la Iglesia católico-romana enseñaba la verdad, pero consideraban que Calvino sostenía puntos de vista demasiado estrictos. Así, no detuvieron a Calvino ni lo torturaron ni lo ejecutaron como era la regla general en la Europa católico-romana, pero sí lo invitaron a abandonar la ciudad. Aquel momento fue aprovechado por el cardenal Sadoleto para enviar una carta a los poderes públicos de la ciudad instándoles a rechazar la Reforma de manera definitiva y regresar a la obediencia a la Iglesia católico-romana. La carta del cardenal Sadoleto estaba bien escrita, pero lo cierto es que no debió de convencer a los ginebrinos, ya que estos solicitaron en 1539 a Calvino (que seguía desterrado) que le diera contestación epistolar. Calvino redactó su respuesta al cardenal Sadoleto en tan solo seis días, y así nació un texto que se convirtió en un clásico de la Historia de la teología. Escapa a los límites de este capítulo el adentrarse en profundidad en el opúsculo, pero sí es obligado mencionarlo porque en él se pueden contemplar dos visiones de la ley que diferenciaron —¡como tantas otras cosas!— a las naciones en las que triunfó la Reforma de aquellas en que no sucedió así y que, respectivamente, abrieron o bloquearon el camino hacia la democracia.

La cuestión que se planteaba era si el criterio que marcara la conducta debía estar definido por el sometimiento a la ley o, por el contrario, a la institución que establecía sin control superior lo que dice una ley a la que hay que someterse. El cardenal Sadoleto defendía el segundo criterio mientras que Calvino sustentaba el primero. Para Calvino, era obvio que la ley —en este caso, la Biblia— tenía primacía y, por lo tanto, si una persona o institución se apartaba de ella carecía de legitimidad. El cardenal Sadoleto, por el contrario, defendía que era la institución la que decidía cómo se aplicaba esa ley y que apartarse de la obediencia a la institución constituía un acto extraordinariamente grave. La Reforma optó por la primera visión, mientras que en las naciones, como España, donde se afianzó la Contrarreforma se mantuvo un principio diferente, el que establecía no solo que todos no eran iguales ante la ley, sino que, por añadidura, había sectores sociales no sometidos a ella. Se creaba —más bien se fortalecía— así una cultura de la excepción legal justificada.

Los ejemplos de esa diferencia llegan, como tendremos ocasión de ver, hasta el mismo día de hoy. Incluso si pasamos por alto las violaciones de la ley perpetradas por ciertos soberanos como el Felipe II, que ordenó un crimen de estado como el asesinato de Escobedo[4] o que violó los fueros aragoneses en persecución de Antonio Pérez,[5] lo cierto es que el problema, por desgracia, va mucho más allá que las ilegalidades que se han dado en los más diversos regímenes y épocas. Se trata más bien del hecho de que se aceptó sin discusión que sectores importantes de la población —fundamentalmente, la Iglesia católico-romana y la monarquía— no estuvieran sometidos al imperio de la ley.

Por el contrario, en la Europa reformada, la ley quedó situada por encima de las personas y de las instituciones. No podía ser de otra manera si, tomando la ley de Dios contenida en la Biblia, se había puesto en cuestión la institución que, por definición, era más sagrada, el papado, para llegar a la conclusión de que se había deslegitimado con su conducta. El hecho de que las naciones en las que triunfó la Reforma admitieran de manera casi inmediata la supremacía de la ley sobre los individuos y las instituciones tuvo resultados impresionantes.

De manera trágica, sin embargo, la primacía de la ley iba a quedar descartada de las naciones católico-romanas como España, Francia o,

---

4. Geofffrey Parker, *Felipe II* (Barcelona, 2010), pp. 659 ss.
5. *Idem, Ibidem*, pp. 864 ss.

posteriormente, las repúblicas hispanoamericanas. Por cierto y por concluir el relato del enfrentamiento teológico entre Calvino y el cardenal Sadoleto, debe señalarse que las autoridades ginebrinas, dando muestra de una notable inteligencia, examinaron ambas posiciones, rechazaron la propuesta del cardenal Sadoleto y llamaron a Calvino para que regresara a Ginebra. Semejante decisión iba a resultar fecunda en consecuencias positivas.

Las raíces de la democracia moderna (II): la Reforma y el poder limitado

La Reforma no solo trajo consigo la idea de la supremacía de la ley, sino que, por añadidura, influyó, de manera muy especial, en la elaboración de instrumentos tan esenciales para la defensa de las libertades, para el buen funcionamiento del estado y para el establecimiento de un sistema democrático como el concepto de servidor público y de poder limitado, la elección de magistrados o la separación de poderes.

Esta visión —típica de la Reforma y tan diferente de las que existían en el ámbito de la Contrarreforma— hundía también sus raíces en la Escritura. Precisamente en una predicación sobre I Samuel 8[6] —el episodio en que Samuel responde a los deseos de Israel de tener un rey, advirtiéndoles de los peligros—, Calvino señaló dos aspectos de enorme relevancia. El primero era la necesidad de que el gobierno estuviera limitado para evitar sus peligros, y el segundo era que el rey estaba sometido a una soberanía superior. Según Calvino, «hay límites prescritos por Dios para el poder (de los reyes), dentro de los cuales han de sentirse satisfechos: concretamente, trabajar por el bien común y gobernar y dirigir al pueblo en la equidad y la justicia más verdaderas; no para hincharse con su propia importancia, sino para recordar que ellos también son súbditos de Dios». Calvino afirmaba que Dios había establecido a los magistrados «para la utilidad del pueblo y el beneficio

---

[6]. El texto puede consultarse en Charles Raynal y John Leith (eds.), *Calvin Studies Colloquium* (Davidson, 1982).

de la república». De hecho, los reyes tenían autoridad tan solo en la medida en que cumplían las condiciones del pacto. Por supuesto, los súbditos debían someterse a la autoridad de los reyes, «pero, al mismo tiempo, los reyes tienen que cuidar del bienestar público de manera que puedan cumplir con los deberes prescritos a ellos por Dios con buen consejo y madura deliberación». Resulta más que obvio que semejante visión del gobierno era totalmente distinta de la sustentada en las naciones católico-romanas como España o Francia.

Calvino, por añadidura, fue más allá de señalar los límites del poder o el carácter de servicio de los gobernantes. Así —y el paso era enormemente trascendente— señaló la base bíblica para la elección popular de los cargos públicos. Comentando el pasaje de Deuteronomio 1:14-16 sobre la elección de los jueces, Calvino escribió: «Aquí aparece muy claramente que aquellos que iban a presidir en juicio no fueron designados sólo por la voluntad de Moisés, sino elegidos también por los votos del pueblo. Y esta es la más deseable clase de libertad, que no deberíamos ser compelidos a obedecer a toda persona que pueda ser colocada tiránicamente sobre nuestras cabezas, sino a la que surge de una elección, de tal manera que nadie debería regir a menos que fuera aprobado por nosotros. Y esto es además confirmado en el siguiente versículo donde Moisés relata que esperaba el consentimiento del pueblo y que no fue intentado nada que no los complaciera a todos». Ese ideal republicano defendido por Calvino sobre la base de las Escrituras implicaba además denunciar aquella conducta opresora de los magistrados «que toman parte en el saqueo para enriquecerse a costa de los pobres».

Ciertamente, la defensa de la supremacía de la ley, de la limitación del poder político y de la representatividad de los gobernantes implicaban pasos indispensables en el avance hacia la democracia. Sin embargo, la antropología de la Reforma, una antropología derivada directamente de las Escrituras, no era tan ingenua como para pensar que el ser humano tendía hacia el bien o que determinados límites serían aceptados de buena gana. Fue así como de ella brotaría una concepción política tan fecunda y benéfica como la división de poderes.

Las raíces de la democracia moderna (III): la Reforma y la separación de poderes

Lejos de alentar una visión optimista del ser humano, los reformadores eran más que conscientes de que, tanto individual como colectivamente, se trataba de una especie caída que tendía hacia el mal. Precisamente por ello, un poder absoluto nunca podría conducir a la felicidad, sino que derivaría con enorme facilidad en tiranía. De hecho, el papado era un indiscutible ejemplo de esa realidad. Un obispo de Roma que no contaba con frenos a su poder había ido abandonando desde hacía siglos la humildad del pesebre de Belén o de la cruz del Calvario por la costosísima construcción de la basílica de san Pedro en Roma, sin duda, extraordinaria desde un punto de vista artístico, pero levantada con fondos de procedencia moral más que discutible. No se trataba de un episodio aislado, sino de la continuación de lo que consideraban un proceso de degeneración. ¿Acaso los papas no habían trasladado la corte de Roma a Aviñón por razones meramente políticas (1309-1376)? ¿Acaso durante el siglo XIV no había padecido la Iglesia católico-romana un cisma que se tradujo en la existencia de dos papas —llegó a haber hasta cuatro— que se excomulgaban recíprocamente (1378-1417)? ¿Acaso los papas guerreros del Renacimiento —magníficos mecenas e incluso dotados políticos— no habían destacado precisamente por, en general, no ocuparse de la piedad como su primera tarea (1417-1534)? Pues si eso sucedía con personas que, por definición, tenían que ser ejemplares y que pretendían ser los sucesores del apóstol Pedro, ¿qué se podía esperar del poder político? Si se deseaba responder a semejante desafío antropológico, solo cabía someter el poder al imperio de la ley y también había que dividirlo y conseguir que le resultara imposible dañar libertades concretas comenzando con la de conciencia.

En apenas unas décadas, esa visión —ciertamente novedosa y, desde luego, radicalmente opuesta a la de la Europa de la Contrarreforma católico-romana— fue articulando una serie de frenos frente al absolutismo en las naciones donde había triunfado la Reforma. En Holanda se estableció directamente una república con libertad de culto donde, por ejemplo, se otorgó asilo a los judíos que habían sido expulsados de España en 1492, siendo la familia del filósofo Spinoza un ejemplo de entre tantos que encontraron allí un lugar donde prosperar libremente. En las naciones escandinavas se asistió al nacimiento de un parlamentarismo creciente. En Inglaterra, en la primera mitad del siglo XVII, un ejército del parlamento formado fundamentalmente por puritanos se alzó contra Carlos I. Su intención no era una revolución que implantara la utopía, sino que consagrara el respeto a derechos como los de libertad de culto, de expresión o de representación y de propiedad privada. Así, en 1642, el mismo año en que los heroicos Tercios españoles iban camino de su última e inútil sangría para mayor gloria de los Austrias y de la Iglesia católico-romana, los soldados del Parlamento inglés contaban con una *Biblia del soldado* que se había impreso por orden de Cromwell. El texto —una antología de textos bíblicos— comenzaba señalando la ilicitud de los saqueos y continuaba manifestando, bíblicamente, la justicia de la causa de la libertad. De manera bien significativa, los ingleses protestantes lograron la victoria del Parlamento contra el despotismo monárquico mientras que los españoles católico-romanos —a pesar de haber sido la primera nación que conoció un embrión de parlamentarismo con las cortes medievales— contemplaron cómo su hegemonía se perdía gracias al encadenamiento de reyes absolutos empeñados en ser la espada de la Contrarreforma. Las cosas en Historia —mal que les pese a algunos— no suceden por que sí.

Cuando tuvo lugar el triunfo de los parlamentarios ingleses, ya era abundantísimo el número de tratados protestantes que sentaban las bases de la futura democracia. De hecho, Teodoro de Beza, el sucesor de Calvino en el pastorado ginebrino, ya había escrito con anterioridad *El derecho de los magistrados*, una obra donde justificaba la resistencia armada contra los tiranos. En torno a 1550, John Ponet, un obispo de la Iglesia anglicana escribió *A Shorte Treatise of Politike Power* donde justificaba, apelando a la Biblia, la resistencia contra los tiranos. En 1579, se publicó el *Vindiciae Contra Tyrannos* donde se formulaba la idea del contrato social esencial para el desarrollo del liberalismo posterior afirmándose que «existe siempre y en todo lugar una obligación mutua y recíproca entre el pueblo y el príncipe. Si el príncipe falla en su promesa, el pueblo está exento de obediencia, el contrato queda anulado y los derechos de obligación carecen de fuerza». En otras palabras, la legitimidad de un gobernante no derivaba de un derecho divino respaldado por la Iglesia católico-romana, sino de un pacto social existente entre él y sus administrados. Cuando no se cumplía ese pacto —como en el caso del hijo de Salomón— el pueblo tenía un derecho de resistencia. De manera bien significativa, los jesuitas habían comenzado a defender la legitimidad de asesinar a un rey, pero solo cuando era un hereje. De hecho, distintos comandos terroristas organizados por los jesuitas intentaron asesinar a Isabel I de Inglaterra. Los reformadores no pretendían, por el contrario, mantener privilegios eclesiales, sino defender las libertades.

Los protestantes, ciertamente, podían vivir bajo un señor que tuviera otra religión y servirlo con lealtad, pero no veían legitimidad alguna en quien suprimía los derechos de sus súbditos y los oprimía. No puede, pues, sorprender —en realidad, era totalmente lógico— que el liberalismo político lo pergeñara John Locke, el hijo de un puritano que había combatido contra Carlos I de Inglaterra. En la parte final de su vida, Locke —que se vio muy influido por la Confesión de Westminster y otros documentos puritanos— estaba convencido de que sus escritos más importantes eran sus comentarios al Nuevo Testamento, pero la posteridad no lo ha visto así. Cuando Lord Shaftesbury recibió la orden de escribir una constitución para la Carolina, pidió la asistencia de Locke. En el texto que escribió a instancias de Lord Shaftesbury, Locke insistió en la libertad de conciencia y en la extensión de la misma no solo a cristianos de cualquier confesión, sino también a judíos, indios, «paganos y otros disidentes». Se trataba de un punto de vista que era derivación natural de la Reforma, pero que necesitó llegar a la segunda mitad del siglo XX para que también pudiera ser aceptado, al menos teóricamente, por la Iglesia católico-romana.

Locke era un protestante muy convencido —quizá algunos lo calificarían hoy de fundamentalista—, y precisamente por eso creía que solo las religiones que son falsas necesitan apoyarse en la «fuerza y ayudas de los hombres». Por supuesto, como buen protestante, también era consciente de que la naturaleza humana presenta una innegable tendencia hacia el mal, y por ello los poderes debían estar separados para evitar la tiranía.

Semejante visión liberal, en el sentido histórico del término y no en el que ha ido adquiriendo en las últimas décadas, encajaba perfectamente en las naciones donde había triunfado la Reforma. Resultaba, sin embargo, inaceptable en aquellas, como España o Francia, donde la Contrarreforma católico-romana se había impuesto. Para los primeros, no había institución alguna —incluyendo la eclesial— que no pudiera verse salpicada por esa mala tendencia humana, y curiosamente el reglamento de algunas denominaciones de la época, como los presbiterianos, recogió una división de poderes que maravilla al que lee hoy en día sus documentos. Para los segundos, sí era obvio que había instituciones inmaculadas a las que, por añadidura, no se podía ni limitar ni someter al imperio de la ley. Con esa Historia a las espaldas, no debería sorprendernos que la idea de la separación de poderes quedara en las naciones católico-romanas limitada a unas pocas mentes cultivadas y, generalmente, liberales. Tanto la izquierda como la derecha iban a desear históricamente que la separación no pudiera existir. En ocasiones, porque habría afectado a instituciones intocables como la Iglesia católica o la monarquía; en otras —como el franquismo español o el peronismo argentino— porque se llegó a forjar un principio distinto basado en una supuesta coordinación de poderes opuesta frontalmente a la separación que preconizaban los liberales. Estos, en muchos casos sin saberlo, solo estaban insistiendo en la vigencia de una fórmula protestante, la que insiste en que la concentración de poderes solo puede degenerar en tiranía y que, por tanto, deben separarse. Sin embargo, la restauración de la democracia de una manera que sigue siendo ejemplar no iba a tener lugar en Europa, sino en otro continente situado al otro lado del océano.

CAPÍTULO III

LA DEMOCRACIA, UNA RECIÉN LLEGADA A LA HISTORIA (III):
la democracia moderna arraiga en América

El origen puritano de la democracia americana (I): la formulación de los derechos y la Declaración de Independencia

En el capítulo anterior, señalamos cómo mientras la Europa católico-romana se hundía cada vez más en una visión absolutista del poder tanto político como religioso, la Europa reformada fue avanzando en el camino que desembocaría en la democracia. El mayor avance tuvo lugar en Inglaterra, y ese progreso se debió directamente al influjo de los puritanos. Esos puritanos marcharían a las Indias occidentales en busca de mayor libertad de conciencia, serían la columna vertebral de la resistencia parlamentaria contra el absolutismo de Carlos I y, finalmente, asentarían definitivamente las bases del triunfo del parlamentarismo antes de que concluyera el siglo XVII. Mientras que un sector considerable de la Iglesia anglicana se sentía a gusto con una forma de protestantismo muy moderado que, históricamente, se consolidaría como la confesión protestante más cercana a Roma, otro muy relevante abogaba por profundizar esa reforma amoldando la realidad eclesial existente al modelo contenido en el Nuevo Testamento. Los partida rios de esta postura recibieron diversos nombres: puritanos, porque perseguían un ideal de pureza bíblica; presbiterianos, porque sus iglesias se gobernaban mediante presbíteros elegidos en lugar de siguiendo un sistema episcopal como el católico-romano o el anglicano; y también calvinistas, porque su teología estaba inspirada vehementemente en las obras del reformador francés Juan Calvino. Este último aspecto tuvo enormes consecuencias en muchas áreas. Podemos señalar entre ellas no solo la consolidación del sistema parlamentario, como ya veremos, sino también un notable desarrollo económico y social en Inglaterra.

La victoria de Cromwell y de los puritanos en la guerra civil (1642-49) desembocó en una victoria coronada con el proceso y decapitación del rey Carlos I. De hecho, semejantes pasos se dieron con tan extraordinaria exactitud jurídica que, con el paso de los siglos, sentarían en el siglo XX las bases del derecho internacional contra los crímenes de guerra.[1] Sin embargo, aquel triunfo relevante no consagró el parlamentarismo. En 1660, se inició la Restauración que trajo al trono inglés a Carlos II, hijo del monarca ejecutado. Desde ese momento hasta su fallecimiento en 1685, Carlos II —un rey notablemente inmoral en su vida privada— no solo persiguió a los parlamentarios, sino que conspiró contra la voluntad popular para someter a Inglaterra a la iglesia católico-romana. El objetivo perseguido por Carlos II fue proseguido por su hijo Jacobo II.

Visto con perspectiva, resulta inquietante pensar en lo que hubiera podido ser de Inglaterra —y de la libertad en el mundo— si Jacobo II hubiera alcanzado su meta. Empeñado en arrastrar a Inglaterra a la sumisión a la iglesia católico-romana, Jacobo II desplazó al obispo de Londres y eliminó a profesores protestantes del Magdalen College de Oxford sustituyéndolos por católico-romanos. En paralelo, Jacobo II creó un ejército permanente y colocó en las posiciones de mando a católicos mientras que purgó de protestantes el ejército inglés en Irlanda. No contentó con intentar controlar la educación universitaria y las

---

[1.] Al respecto, véase el magnífico libro de Geoffrey Robertson, *The Tyrannicide Brief. The Story of the Man Who Sent Charles I to the Scaffold* (Nueva York, 2005).

fuerzas armadas, Jacobo II prorrogó la acción del Parlamento en contra de la legalidad, intentó crear un partido monárquico que neutralizara a conservadores (tories) y liberales (whigs) e incluso ordenó la detención de William Sancroft, el arzobispo de Canterbury, y otros seis obispos. La acción despótica del rey fue anulada por los tribunales, y los siete obispos fueron declarados inocentes en medio de los vítores del pueblo.

La tensión entre los partidarios de la libertad y el rey Jacobo II llegó a una verdadera crisis cuando tuvo un hijo que, previsiblemente, consumaría la tarea de someter a Inglaterra al despotismo regio y a la iglesia católico-romana. Hasta ese momento, la esperanza de los parlamentarios ingleses había sido que reinara la hija del rey, María, que era protestante, lo que significaría la salvación del parlamentarismo y de la libertad religiosa. Ahora ante lo que podía convertirse en una verdadera desgracia nacional, *tories* y *whigs* decidieron defender la libertad de Inglaterra. En 1688, María, su esposo, el Estatúder holandés Guillermo de Orange y el Parlamento iniciaron una revolución que pasaría a la Historia con el sobrenombre de Gloriosa, ya que transcurrió sin derramamiento de sangre.

De manera bien significativa, Guillermo fue aclamado cuando la población vio que en sus estandartes aparecía la consigna «Mantendré las libertades de Inglaterra y la religión protestante». Incluso la princesa Ana, hija de Jacobo II, se pasó al bando protestante. Jacobo II hubiera podido aceptar la ayuda de Luis XIV, el monarca absoluto de Francia, pero comprendió que no tenía la menor garantía de ganar una guerra civil.[2] Capturado mientras intentaba huir del país —del que ya habían escapado la reina y el príncipe de Gales— Jacobo intentó mantenerse en el trono, pero era consciente de que no existía esa posibilidad. Con posterioridad, intentó regresar al poder apoyándose en la población católico-romana de Irlanda, pero fue derrotado, y en 1691 pudo darse por consumada la victoria del parlamentarismo.

La Gloriosa Revolución tuvo una importancia extraordinaria en la Historia de la democracia. La Declaración de derechos nacida de la

---

2. No deja de ser revelador que el papa Inocencio XI decidiera ayudar financieramente a Guillermo de Orange porque consideraba más importante frenar el poderío de Luis XIV de Francia, aliado de Jacobo II, que someter Inglaterra a la Santa Sede. Como en tantas otras ocasiones de la Historia, antes y después, la mera política pesó más en la decisión papal que los principios que, supuestamente, defendía.

misma eliminó la posibilidad de una monarquía absoluta y católico-romana. El Parlamento limitaba el poder regio de manera esencial impidiendo que pudiera arbitrariamente suspender leyes, establecer impuestos o mantener un ejército permanente en tiempo de paz. Desde 1689, el régimen inglés sería ya ininterrumpidamente una monarquía parlamentaria en la que, por añadidura, el Parlamento elegido por el pueblo no ha dejado de aumentar su poder en paralelo a la pérdida del mismo por el rey. La influencia de los puritanos habían consolidado un sistema parlamentario que acabaría convirtiéndose en una democracia. Sin embargo, su mayor logro lo obtendrían menos de un siglo después y al otro lado del Atlántico.

Es de conocimiento común que en 1776, los colonos de un territorio que ahora forma parte de los Estados Unidos se rebelaron contra la monarquía inglesa declarándose independientes. Semejante hecho, enormemente relevante para la Historia universal, suele ser explicado en la actualidad como una derivación de la Ilustración europea y llevado a cabo por un conjunto de políticos mayoritariamente teístas o descreídos. La visión ha podido extenderse considerablemente, pero, lisa, clara y llanamente, no se corresponde con la realidad. A decir verdad, la Revolución americana acabó derivando en el establecimiento de una democracia sobre la base de una población y de una cosmovisión que eran medularmente puritanas. Sin esas dos circunstancias centrales, la revolución no habría desembocado jamás en la creación de la primera democracia de la Historia contemporánea y, sobre todo, nunca habría disfrutado del éxito que ha alcanzado, de manera ininterrumpida, durante más de dos siglos.

De entrada, debe quedar claramente establecido que la base de la Revolución americana NO fue la Ilustración. En contra de lo que se afirma con frecuencia, la Ilustración no sostuvo una visión democrática, sino despótica y oligárquica del poder político. Su meta no era que el poder político estuviera en manos del pueblo, sino que el absolutismo regio se «ilustrara» con el consejo de los «philosophes». El filósofo alemán Immanuel Kant consideraba que el príncipe ilustrado era aquel que permitía la libertad religiosa, sin duda, una cuestión esencial para los Padres Fundadores, pero no suficiente.[3] Personajes como Voltaire aspiraban —y, ciertamente, hicieron esfuerzos al respecto— a que reyes como Federico II de Prusia o Catalina la Grande se dejaran inspirar por ellos, pero no a que renunciaran, siquiera en parte, al poder para entregárselo al pueblo.[4] Por el contrario, el lema de ese «Despotismo ilustrado» era «todo para el pueblo, pero sin el pueblo». Por supuesto, los ilustrados podían compartir metas concretas con los puritanos como la necesidad de juicios justos, la libertad religiosa o la abolición de la tortura, pero su cosmovisión difería más que notablemente. La visión de la Ilustración no era, desde luego, la visión de los patriotas americanos, e insistir en identificar ambas constituye un grave error.

En segundo lugar, debe señalarse que la población de lo que sería Estados Unidos era mayoritariamente puritana. Este aspecto venía teniendo una enorme relevancia desde hacia siglo y medio. Debemos ahora detenernos en su influjo en la política de los patriotas americanos.

Durante el siglo XVII, los puritanos, ansiosos de contar con una libertad mayor de la que disfrutaban en Inglaterra, optaron fundamentalmente por dos vías. Los que permanecieron en Inglaterra formaron el núcleo esencial del partido parlamentario —en ocasiones hasta republicano— que fue a la guerra contra Carlos I, lo derrotó y, a través de diversos avatares, resultó esencial para la consolidación de un sistema representativo en Inglaterra. Pero también hubo no pocos que decidieron emigrar a Holanda —donde los calvinistas habían establecido un peculiar sistema de libertades que proporcionaba refugio a judíos y seguidores de diversas fes— o a las colonias inglesas de América del Norte. De hecho, los famosos y citados Padres peregrinos del barco *Mayflower* no eran sino un grupo de puritanos.

Más allá del Día de acción de gracias celebrado por ellos por primera vez, la llegada de los puritanos a lo que después sería Estados Unidos constituyó uno de los acontecimientos más relevantes de la Historia universal. Puritanos fueron entre otros John Endicott, primer gobernador de Massachusetts; John Winthrop, el segundo gobernador de la citada

---

3. Immanuel Kant, *Contestación a la pregunta ¿Qué es la Ilustración?* (Madrid, 2012).
4. J. I. Israel, *Democratic Enlightenment* (Oxford, 2013), pp. 110 ss.

colonia; Thomas Hooker, fundador de Connecticut; John Davenport, fundador de New Haven; y Roger Williams, fundador de Rhode Island. Incluso un cuáquero como William Penn, fundador de Pennsilvania y de la ciudad de Filadelfia, tuvo influencia puritana, ya que se había educado con maestros de esta corriente teológica. Desde luego, la influencia educativa fue esencial, ya que no en vano Harvard —como posteriormente Yale y Princeton— fue una universidad fundada en 1636 por los puritanos.

Cuando estalló la Revolución americana a finales del siglo XVIII, el peso demográfico de los puritanos en las colonias inglesas de América del Norte era enorme. De los aproximadamente tres millones de americanos que vivían a la sazón en aquel territorio, 900.000 eran puritanos de origen escocés, 600.000 eran puritanos ingleses, y otros 500.000 eran calvinistas de extracción holandesa, alemana o francesa, es decir, su cosmovisión era semejante a la de los puritanos. No terminaba ahí su influencia. De hecho, los anglicanos, como George Washington, que vivían en las colonias eran en buena parte de simpatía puritana, ya que se regían por los Treinta y nueve artículos, un documento doctrinal con esta orientación. Así, dos terceras partes al menos de los habitantes de los futuros Estados Unidos eran calvinistas o, si se prefiere, reformados de inspiración puritana, y el otro tercio en su mayoría se identificaba con grupos de disidentes como los cuáqueros o los bautistas. La presencia, por el contrario, de los católico-romanos era casi residual, y los metodistas aún no habían hecho acto de presencia con la fuerza que tendrían después en Estados Unidos.

Semejante circunstancia no fue pasada por alto por las autoridades inglesas. A decir verdad, el panorama espiritual en las colonias insurrectas resultaba tan obvio que en Inglaterra se denominó a la guerra de independencia de Estados Unidos «la rebelión presbiteriana»[5] y un

---

5. Al respecto, véase Kevin Phillips, *The Cousins' Wars: Religion, Politics and the Triumph of Anglo-America* (Nueva York: Basic Books, 1999), pp. 92, 177. En un sentido semejante: Henry Ippel, «British Sermons and the American Revolution», *Journal of Religious History* (1982), Vol. 12, p. 193; James Graham Leyburn, *The Scotch-Irish: A Social History* (Chapel Hill: University of North Carolina Press, 1962), p. 305; *The Journal of Presbyterian History* 54, n.º 1 (1976); David Calhoun, *Princeton Seminary* (Edimburgo: Banner of Truth, 1994), Vol. 1, p. 15; H.M.J. Klein, ed., *Lancaster County, Pennsylvania: A History* (Nueva York y Chicago: Lewis Historical Publishing Co., 1924), Vol. 1, p. 86; Paul Johnson, «God and the Americans», *Gilder Lehrman Institute Lectures in American History*, Oct. 1999; John A. Mackay, «Witherspoon of Paisley and Princeton», *Theology Today*, enero 1962, Vol. 18, n.º 4.

partidario del rey Jorge III afirmó: «Atribuyo toda la culpa de estos extraordinarios acontecimientos a los presbiterianos». Por lo que se refiere al primer ministro inglés Horace Walpole, resumió los sucesos ante el Parlamento afirmando que «la prima América se ha ido con un pretendiente presbiteriano». No se equivocaban y, por citar un ejemplo significativo, cuando Cornwallis fue obligado a retirarse para, posteriormente, capitular en Yorktown, todos los coroneles del ejército americano salvo uno eran presbíteros de iglesias presbiterianas. Por lo que se refiere a los soldados y oficiales de la totalidad del ejército, algo más de la mitad también pertenecía a esta corriente religiosa. Desde luego, los ingleses sabían perfectamente con quién se enfrentaban en América. Como señaló George Trevelyan, un historiador británico especialista en la Revolución americana, los partidarios del rey Jorge III sostenían que «la agitación política contra el Gobierno regio había sido planeada deliberadamente por los presbiterianos... fue impulsada y sostenida por los presbiterianos en todas las colonias».[6] De manera semejante, John C. Miller afirmó que «al final, los hombres de iglesia creían que la revolución fue un complot presbiteriano-congregacionalista».[7]

Esta aplastante mayoría demográfica de reformados influyó, como no podía ser menos, en la configuración del nuevo sistema ya de carácter democrático. Como señalaría el estadista inglés sir James Stephen, el calvinismo político se resumía en cuatro puntos: (1) La voluntad popular era una fuente legítima de poder de los gobernantes; (2) Ese poder podía ser delegado en representantes mediante un sistema electivo; (3) En el sistema eclesial clérigos y laicos debían disfrutar de una autoridad igual aunque coordinada; y (4) Entre la iglesia y el estado no debía existir ni alianza ni mutua dependencia. Sin duda, se trataba de principios que, actualmente, son de reconocimiento prácticamente general en occidente, pero que en el siglo XVI distaban mucho de ser aceptados de manera amplia.

Esta cosmovisión quedaría reflejada desde el principio en los pronunciamientos legales de los patriotas americanos comenzando por la Declaración de Independencia. De hecho, el primer texto

---

6. Sir George Otto Trevelyan, *The American Revolution* (Nueva York, 1915), Vol. III, pp. 311-312.
7. John C. Miller, *Origins of the American Revolution* (Boston, 1943), p. 186.

independentista norteamericano no fue, como generalmente se piensa, la Declaración de Independencia redactada por Thomas Jefferson, sino el texto en el que el futuro presidente norteamericano se inspiró. Este no fue otro que la Declaración de Mecklenburg, un documento suscrito por presbiterianos de origen escocés e irlandés, en Carolina del Norte el 20 de mayo de 1775.[8] La Declaración de Mecklenburg contenía todos los puntos que un año después desarrollaría Jefferson desde la soberanía nacional a la lucha contra la tiranía pasando por el carácter electivo del poder político y la división de poderes. Por añadidura, fue aprobada por una asamblea de veintisiete diputados —todos ellos puritanos— de los que un tercio eran presbíteros de la Iglesia presbiteriana incluyendo a su presidente y secretario.

La Declaración de Independencia conmueve no solo por la belleza de sus expresiones, sino también por la profundidad y el realismo de sus planteamientos. Baste recordar las partes que quizá constituyen su corazón: «Sostenemos que estas verdades son autoevidentes, que todos los hombres son creados iguales, que son dotados por su Creador de ciertos derechos inalienables, que entre estos están la vida, la libertad y la búsqueda de la felicidad; que para asegurar estos derechos, los gobiernos son instituidos entre los hombres, derivando sus justos poderes del consentimiento de los gobernados; que cuando cualquier forma de gobierno se convierte en destructiva de estas finalidades, es el derecho del pueblo alterarla o abolirla, e instituir un nuevo gobierno, colocando su fundamento sobre tales principios y organizando sus poderes de tal forma como les parecerá más probable efectuar su seguridad y felicidad». En otras palabras, la Declaración afirmaba la igualdad de los seres humanos, el hecho de que estaban dotados de derechos inalienables que procedían del Creador, que entre ellos estaban la vida, la libertad y la búsqueda de la felicidad, y que los gobiernos, derivados de la voluntad popular, tenían como finalidad asegurar esos derechos, y que la forma de gobierno podía ser alterada o sustituida cuando no cumplía con ese deber.

---

8. Se ha discutido la autenticidad de la Declaración de Mecklenburg. A favor de la misma puede verse: http://charlottemuseum.org/the-evidence-in-favor-of-the-mecklenburg-declaration/.

Todos estos aspectos resultan de enorme relevancia. Fijémonos, por ejemplo, en la formulación de derechos contemplada en la Declaración.[9] Lejos de sostener que su autoridad derivaba de sí mismos, los patriotas americanos apelaban a las «leyes de la naturaleza y del Dios de la naturaleza». En otras palabras, creían que había leyes naturales, que esas leyes naturales procedían del mismo Dios y que era el rey inglés —y no ellos— quien las estaba quebrantando. Por lo tanto, la causa de la independencia era una causa legal y noble no nacida solo de la voluntad humana, sino del respeto y el amor por unas leyes que derivaban del mismo Dios. Esta visión era ajena a la Ilustración, pero armonizaba totalmente con la visión de los puritanos. Los derechos de los ciudadanos no son fruto del capricho de los hombres, sino que emanan del propio Dios y están por encima de otras consideraciones.

Con anterioridad, en 1764, doce años antes de la Declaración de Independencia, James Otis ya había apelado a esos derechos naturales procedentes de Dios para oponerse a la legalidad de las leyes del Sello y del Azúcar (Stamp and Sugar Acts), que pretendían hacer recaer nuevos e injustos impuestos sobre los americanos. Al año siguiente, en 1765, Massachusetts afirmó que «hay ciertos derechos esenciales de la Constitución y el gobierno británicos que están fundados en la ley de Dios y de la naturaleza, y que son los derechos comunes de la Humanidad». A continuación, indicaba que «los habitantes de esta provincia están inalienablemente legitimados para esos derechos esenciales, en común con todos los hombres, y que ninguna ley de la sociedad puede, en consistencia con la ley de Dios y de la naturaleza, privarles de esos derechos».[10] Estas afirmaciones resultan de una extraordinaria relevancia porque los derechos reconocidos en Inglaterra y, por eso mismo, también en las colonias inglesas no eran fruto de la mera voluntad humana o de la graciosa concesión del rey. Se limitaban a reconocer la existencia de unos derechos comunes a

9. De especial relevancia al respecto: G. T. Amos, *Defending the Declaration. How the Bible and Christianity influenced the Writing of the Declaration of Independence* (Charlottesville, 1994).
10. Alden Bradford (ed.), *Speeches of the Governors of Massachusetts, From 1765 to 1775; and the Answers of the House of Representatives to the Same; With Their Resolutions and Addresses for That Period* (Boston, 1818), microficha, 50, LAC 15249.

todos los seres humanos —no solo a los ingleses o a los súbditos de aquellas naciones que los reconocían en su legislación—, derechos que tenían un carácter natural y que derivaban de Dios. Esa idea procedía de los puritanos, pero estos, a su vez, no se atribuían su concepción, sino que señalaban que su origen estaba en la Biblia y, especialmente, en el capítulo segundo de la carta de Pablo a los Romanos. Así lo había señalado, por ejemplo, Sir Edward Coke en 1610 en su *Calvin's Case*, pero Coke, prácticamente, se limitaba a repetir lo escrito dos generaciones antes por el reformador francés.[11] Por lo tanto, a diferencia de lo que podían sostener los teólogos católico-romanos, los derechos no derivaban de su aceptación y legitimación por las autoridades eclesiásticas —que, supuestamente, representaban a Dios— ni de la benevolencia regia, sino de una ley superior procedente de Dios.

Tanto John Adams[12] como Thomas Jefferson,[13] los autores de la Declaración de Independencia, estaban profundamente impregnados por el pensamiento de Edward Coke y lo dejaron reflejado claramente en el texto. A una conclusión semejante había también llegado el puritano John Locke, que no solo sostenía que la Biblia era «infaliblemente verdadera»,[14] sino que además albergaba en su corazón una teología profundamente bíblica. Así llegó a afirmar verdades como la sola Escritura o la justificación por la fe. Sobre la primera escribió: «La Santa Escritura es para mí, y siempre lo será, la guía constante de mi creencia, y siempre la escucharé como conteniendo la verdad infalible relacionada con las cosas de la más elevada relevancia... donde carezco de prueba de las cosas, siempre hay terreno suficiente para que crea porque Dios lo ha dicho: y yo inmediatamente condenaré y abandonaré cualquier opinión mía tan pronto como se me muestre que es contraria a cualquier revelación en la Sagrada Escritura».[15]

De manera semejante, sobre la justificación por la fe Locke —al que se suele acusar de ser un simple deísta— afirmó: «Todos siendo

---

11. *Institución de la religión cristiana*, libro IV, capítulo 20, sección 16.
12. Louis Wright, *Magna Carta and the Tradition of Liberty* (Washington, 1976), p. 45.
13. Daniel J. Boorstin, *Hidden History* (Nueva York, 1987), p. 103.
14. John Locke, *An Essay Concerning Human Understanding* (Nueva York, 1959), tomo 2, p. 120.
15. Locke, Essay, tomo 1, prolegomena en 1.

pecadores y transgresores de la ley y, por lo tanto, injustos, son todos dignos de condenación, a menos que crean y así por gracia sean justificados por Dios por esta fe que será contada a los hombres por justicia».[16] Lejos de ser un deísta, Locke aparece como un más que convencido puritano, algo lógico, por otro lado, ya que, por ejemplo, ésa era la fe que le había transmitido su padre, un pastor protestante, y ya que citaba con enorme frecuencia *The Laws of Ecclesiastical Polity* del teólogo puritano Richard Hooker (1554-1600).[17]

Esa visión de los derechos comunes al género humano —derechos como la vida, la libertad y la búsqueda de la felicidad— formaba parte de unas verdades no surgidas del corazón humano, sino «evidentes por sí mismas», un término tomado directamente de las afirmaciones de Pablo en Romanos 1:19-20. Tal y como señalaba la Declaración: «Sostenemos que estas verdades son evidentes por sí mismas, que todos los hombres son creados iguales, que son dotados por su Creador con ciertos derechos inalienables, que entre estos están la vida, la libertad y la búsqueda de la felicidad. Que para asegurar estos derechos, se instituyen los gobiernos entre los hombres». La propia enumeración de derechos no podía ser más clara. Lejos de prometer la dicha a todos los ciudadanos, señalaba que el gobierno existía para garantizar la vida, la libertad y que pudieran buscar la felicidad porque —¿qué persona sensata puede dudarlo?— no existe instancia humana que pueda garantizar la felicidad a nadie.

Los Padres Fundadores conocían, ciertamente, a los «philosophes» de la Ilustración e, igualmente, dejaron de manifiesto un conocimiento no pequeño de los clásicos griegos y romanos.[18] Sin embargo, la base real e indiscutible de su visión política arrancó de la cosmovisión bíblica de los puritanos configurando así una visión de los derechos políticos que era tributaria de una serie de autores que comenzaban

---

16. John Locke, *The Reasonableness of Christianity with A Discourse on Miracles and part of A Third Letter Concerning Toleration* (Stanford, 1958), p. 52, sec. 227.
17. En ese sentido W. von Leyden (ed.), en John Locke, *Essays on the Law of Nature* (Oxford, 1954), pp. 17, 67.
18. Al respecto, véase: Carl J. Richard, *Greeks and Romans Bearing Gifts. How the Ancients Inspired the Founding Fathers* (Nueva York, 2009) e Idem, *The Founders and the Classics. Greece, Rome, and the American Enlightenment* (Cambridge, MA, 1995).

en las páginas de la Biblia y que, a través de Calvino y distintos juristas y teólogos protestantes, llegaban a Locke y a Coke. No se trataría, sin embargo, únicamente de la visión de los derechos y de la legitimación de la independencia, sino que también inspiraría profundamente la primera constitución democrática de la Historia contemporánea, la Constitución de los Estados Unidos de América.

El origen puritano de la democracia americana (II): la Constitución[19]

Si el influjo de la cosmovisión de los puritanos resultó especialmente decisivo en la redacción de la Declaración de la Independencia y se remonta a una forma de pensamiento que llega a Calvino y a Pablo de Tarso, esa influencia se percibe igualmente en la Constitución de los Estados Unidos. Ciertamente, los cuatro principios del calvinismo político arriba señalados fueron esenciales a la hora de darle forma, pero a ellos se unió otro absolutamente esencial que, por sí solo, sirve para explicar el desarrollo tan diferente seguido por la democracia en el mundo anglosajón y en el resto de Occidente. La Biblia —y al respecto las confesiones surgidas de la Reforma fueron muy insistentes— enseña que el género humano es una especie profundamente afectada por la caída de Adán. Por supuesto, los seres humanos pueden hacer buenos actos y realizar acciones que muestran que, aunque empañadas, llevan en sí la imagen y semejanza de Dios. Sin embargo, la tendencia al mal

---

[19]. La bibliografía relativa a los verdaderos orígenes de la Constitución de los Estados Unidos es abundante, aunque, de manera paradójica, no muy conocida. Hemos abordado el tema en un capítulo específico de *Nuevos enigmas históricos al descubierto* (Barcelona, 2003 [en prensa]). Un estudio enormemente interesante sobre sus orígenes en el pensamiento colonial del siglo XVII puede hallarse en P. Miller, *The New England Mind. The 17th Century* (Harvard, 1967). La relación entre el pensamiento reformado y la democracia puede examinarse en R. B. Perry, *Puritanism and Democracy* (Nueva York, 1944) y, de manera más específica, en D. F. Kelly, *The Emergence of Liberty in the Modern World. The Influence of Calvin on Five Governments from the 16th Through 18th Centuries* (Phillipsburg, 1992), y J. J. Hernández Alonso, *Puritanismo y tolerancia en el período colonial americano* (Salamanca, 1999). Los acercamientos desde una perspectiva teológica —directa o indirecta— resultan indispensables para analizar este tema. Pueden hallarse de forma más o menos concreta en J. A. Froude, *Calvinism* (Londres, 1871) y L. Boettner, *The Reformed Doctrine of Predestination* (Phillisburg, 1932). Finalmente, debo hacer mención de un ensayo notable debido a J. Budziszewski, *The Revenge of Conscience. Politics and the Fall of Man* (Dallas, 1999), en el que se retoman desde una perspectiva filosófica algunos de los aspectos más relevantes del análisis político de los puritanos.

resulta innegable y hay que guardarse de ella cuidadosamente. Por ello, el poder político debe dividirse para evitar que se concentre en unas manos —lo que siempre derivará en corrupción y tiranía— e igualmente debe ser controlado. Esta visión pesimista —¿o simplemente realista?— de la naturaleza humana ya había llevado en el siglo XVI a los puritanos a concebir una forma de gobierno eclesial que, a diferencia del episcopalismo católico o anglicano, lo dividía en varias instancias que se frenaban y contrapesaban entre sí evitando la corrupción.

Al respecto, los Padres Fundadores fueron claramente transparentes. Uno de los pasajes bíblicos más citados en sus debates, escritos y correspondencia es el contenido en Jeremías 17:9, donde se indica con claridad que el corazón del hombre es engañoso —es decir, se engaña y engaña— más que todas las cosas, es perverso y plantea serios problemas para su comprensión. Dada esa inclinación del ser humano al mal, parece inaceptable correr el riesgo de que el poder se concentre en unas solas manos. Los testimonios de los Padres Fundadores al respecto resultan de inmensa relevancia. Así, John Adams, citando a Jeremías, afirmó: «Dejadme concluir advirtiendo a todos los hombres que miren en sus propios corazones, que ellos encontrarán «engañosos sobre todas las cosas y desesperadamente inicuos».[20] Que Adams no creía —a diferencia de los *"philosophes"*— en una bondad innata en el ser humano fue algo que repitió en no pocas ocasiones siempre a partir del texto de la Biblia. Así, en su carta VI acerca de *The Right Constitution of a Commonwealth, examined*[21] afirmó: «Esperar la autonegación de los hombres cuando tienen una mayoría en su favor, y consiguientemente el poder para gratificarse a sí mismos, es no creer en toda la historia y la experiencia universal, es no creer en la revelación y en la Palabra de Dios, que nos informa que «el corazón es engañoso sobre todas las cosas y desesperadamente inicuo» (Jeremías 17:9). No existe un hombre tan ciego como para que no vea que hablar de fundar un gobierno sobre la suposición de que las naciones y los grandes

---

[20] John Adams, *On Private Revenge* III, publicado el 5 de septiembre de 1763 en la *Boston Gazette*, reproducido en *The Works of John Adams* (Boston, 1851), vol. III, p. 443.

[21] Recogida en *A Defense of the Constitutions of Government of the United States of America* (Londres, 1794), vol. III, p. 289.

cuerpos de hombres dejados a sí mismos seguirán un curso de autone-gación es o balbucir como un niño recién nacido o engañarse como un impostor sin principios». Adams no solo se basaba en lo contemplado en la Biblia, sino que además dejaba de manifiesto que no asumir esa visión implicaba una peligrosa necedad.

No menos contundente sería el propio George Washington al señalar dirigiéndose al pueblo americano: «Una estimación justa de ese amor por el poder y la inclinación a abusar de él que predominan en el corazón humano es suficiente para satisfacernos con la verdad de esta posición. La necesidad de frenos recíprocos en el ejercicio del poder político dividiendo y distribuyéndolo entre distintos deposi-tarios... ha sido demostrada por experimentos antiguos y modernos, algunos de ellos en nuestro país y bajo nuestros propios ojos».[22] De nuevo, quedaba de manifiesto una visión no optimista, pero sí sana-mente realista del ser humano y de la política.

A la desconfianza profunda —y más que justificada— ante la natu-raleza humana, los Padres Fundadores añadieron una concepción del sistema político que ya habían iniciado los puritanos en Inglaterra, pero que llegaría a su consumación en Estados Unidos. Nos referimos a la tesis de la separación de poderes, una tesis surgida directamente de la Biblia. El poder —cuyo modelo era Dios— debía estar dividido en judicial, legislativo y ejecutivo como indicaba el pasaje de Isaías 33:22. Dios, ciertamente, podía concentrar esos tres poderes sin degenerar en un comportamiento tiránico. Definitivamente, los hombres no podían hacerlo. Precisamente por ello, esos poderes debían estar sepa-rados y además ejercerse dentro de unos límites. Como señaló con toda claridad, Samuel Adams: «En todos los buenos gobiernos, los poderes legislativo, ejecutivo y judicial están confinados dentro de los límites de sus respectivos departamentos».[23]

---

22. *Address of George Washington, President of the United States, and Late Commander in Chief of the American Army to the People of the United States, Preparatory to His Declination* (Baltimore, 1796), p. 13.

23. Palabras dirigidas a la legislatura de Massachusetts el 19 de enero de 1796. En Samuel Adams, *The Writings of Samuel Adams* (Nueva York), 1908, vol. IV, pp. 388-389.

Exactamente en el mismo sentido, James Madison afirmó en 1785: «La preservación de un gobierno libre requiere no meramente que las metas y límites que separan cada departamento de poder sean universalmente mantenidos, sino más específicamente que no se tolere a ninguno de ellos sobrepasar la gran barrera que defiende los derechos del pueblo. Los gobernantes que son culpables de tal invasión exceden la comisión de la que derivan su autoridad y son unos tiranos».[24] La Constitución de los Estados Unidos no solo arrancaba de un análisis realista de la condición humana, sino que, por añadidura, incidía en ideas como las del poder limitado y la separación de poderes, unos poderes que debían frenarse y contrapesarse para no degenerar en tiranía. Esa división incluso permitía salvar uno de los defectos del sistema parlamentario inglés que era la sumisión del ejecutivo a un Parlamento del que nacía. Sin embargo, no fueron la Declaración de Independencia y la Constitución de los Estados Unidos los únicos aportes de los puritanos a la configuración de la democracia americana. A ellos se sumó la Carta de Derechos.

El origen puritano de la democracia americana (III): la Carta de Derechos

Tras la firma de la Constitución en la convención de Filadelfia, el 17 de septiembre de 1787, resultaba obligado que el texto fuera ratificado por nueve de los trece estados para que se convirtiera en legal. Delaware, Pennsilvania, Nueva Jersey, Georgia y Connecticut la ratificaron rápidamente, pero, de repente, el procedimiento se detuvo cuando Massachusetts insistió en que la Constitución debía contar con una Carta de Derechos. Esa posición tuvo una clara resonancia en las convenciones estatales de New Hampshire, Virginia y Nueva York, lo que se convirtió en una amenaza de que la Constitución no sería ratificada. La amenaza se transformó en más que tangible cuando

---

24. James Madison, *A Memorial and Remonstrance Presented to the General Assembly of the State of Virginia at Their Session in 1785 in Consequence of a Bill Brought into That Assembly for the Establishment of Religion* (Massachusetts), 1786, pp. 4-5.

en agosto de 1788, Carolina del Norte declaró que no ratificaría la Constitución mientras no incluyera la Carta de Derechos. Solo la promesa de los Federalistas —como se denominaba a los defensores de la Constitución— de que la Carta de Derechos se añadiría en la primera reunión del Congreso celebrado tras la ratificación llevó a los trece estados a ratificar la Constitución el 13 de septiembre de 1788.

La Carta de Derechos es, sustancialmente, un conjunto de diez enmiendas redactadas por James Madison[25] —un más que convencido creyente protestante— que se unieron a la Constitución. Su importancia para la Historia de los Estados Unidos es absolutamente esencial. No lo es menos para la de la democracia porque implicaba la consumación de un desarrollo cuyo antecedente más cercano era la Carta de Derechos de 1689.

De manera bien significativa, el primer derecho reconocido era el de libertad religiosa, un extremo absolutamente imposible en las naciones católico-romanas, musulmanas o budistas de la época. Tal y como señalaría el propio Madison: «La religión de... todo hombre tiene que ser dejada a la convicción y conciencia de cada hombre; y es el derecho de cada hombre ejercerlo como estas puedan indicar. Este derecho por su naturaleza es un derecho inalienable. Es inalienable porque las opiniones de los hombres... no pueden seguir los dictados de otros hombres: Es inalienable también porque lo que es aquí un derecho para los hombres es un deber hacia el Creador... Este deber precede tanto en cuanto al tiempo como a los grados de obligación a las reclamaciones de la sociedad civil».

De esa libertad de conciencia —imposible en sociedades católico-romanas o islámicas— la Carta de Derechos desprendía otras cuatro libertades indispensables para una sociedad democrática: «El Congreso no hará ninguna ley... que disminuye la libertad de expresión o de prensa; o el derecho de la gente a reunirse pacíficamente; y a presentar peticiones al gobierno para una reparación de agravios».

[25.] James Madison es uno de los personajes más extraordinarios del más que extraordinario grupo de los Padres Fundadores. Acerca de él, resulta de especial interés el reciente estudio de Rodney K. Smith, *James Madison. The Father of Religious Liberty* (Springville, 2019). También de relevancia son: Randolph Ketcham, *James Madison* (Charlottesville, 1990); William C. Rives, *History of the Life and Times of James Madison* (Boston, 1859); Michael Signer, *Becoming Madison* (Nueva York, 2015).

La segunda enmienda —tan controvertida hoy en día— consagraba el derecho a «tener y llevar armas». Las enmiendas tercera, cuarta y, en parte, la quinta estaban diseñadas para proteger la propiedad privada de los ciudadanos. El resto de la quinta enmienda y la sexta se relacionaron con las garantías procesales de los ciudadanos, algo impensable en las naciones católico-romanas, pero cuyo origen puede encontrarse en los límites señalados en la Biblia al poder judicial, incluso en casos de crímenes especialmente horribles (Deuteronomio 17:2-7). Lo mismo puede decirse en el caso de las enmiendas sexta y séptima donde el jurado —de nuevo, algo desconocido en las naciones católico-romanas— hunde sus raíces en Números 35:24-25, donde se establece el juicio por la congregación o de la enmienda octava formulada contra las multas y fianzas excesivas y contra el castigo cruel y desusado, circunstancias ambas que eran comunes en unas naciones católico-romanas donde la Inquisición seguía utilizando la tortura para obtener confesiones de los reos, donde las quemas de brujas eran todavía comunes y donde las ejecuciones de herejes continuarían produciéndose hasta bien entrado el siglo XIX.

La novena enmienda resulta también de especial relevancia porque establece que los derechos no surgen de la Constitución, sino que son anteriores a la misma, todo ello de acuerdo con la interpretación protestante de los derechos presente, por ejemplo, en la Declaración de Independencia. Finalmente, la décima subraya la limitación del poder gubernamental estableciendo que «los poderes no delegados a los Estados Unidos por la Constitución, ni prohibidos por ella a los estados, están reservados a los estados y al pueblo». A diferencia de concepciones políticas que arraigarían en otras naciones, la Carta de Derechos dejaba de manifiesto que el pueblo no se limitaba a votar transfiriendo así la soberanía a las instituciones. Por el contrario, seguía siendo soberano.

No deja de ser significativo que el mismo día en que el primer Congreso federal aprobó la Carta de Derechos, el 25 de septiembre de 1789, también impulsó una resolución que afirmaba: «Que un comité conjunto de ambas cámaras sea dirigido a solicitar del presidente de los Estados Unidos que recomiende al pueblo de los Estados Unidos un día público de acción de gracias y oración, para que sea observado reconociendo con corazones agradecidos los muchos favores señalados de Dios Todopoderoso». Semejante iniciativa del poder legislativo constituía un indiscutible homenaje a los puritanos que habían celebrado el primer día de acción de gracias en 1621. No sorprende que Roger Sherman justificara ese día de Acción de gracias apelando a precedentes contenidos en la Biblia y, de manera muy especial, a los contenidos en 2 Crónicas 5-7 y 1 Reyes 7-8. La recomendación que fue entregada a George Washington se tradujo en la primera proclamación federal de un día de oración y acción de gracias. En ella, el presidente proclamó:

«Dado que es el deber de todas las naciones reconocer la Providencia de Dios Todopoderoso, obedecer Su voluntad, ser agradecidos a Sus beneficios y humildemente implorar Su protección y favor... Ahora, por lo tanto, recomiendo... que podamos entonces unirnos todos en rendirle a Él nuestras gracias sinceras y humildes por Su cuidado y protección amorosos del pueblo de este país... Y también que podamos unirnos entonces ofreciendo de la manera más humilde nuestras oraciones y súplicas al gran Señor y Regidor de las Naciones, y suplicarle que perdone nuestras transgresiones nacionales y otras... para promover el conocimiento y la práctica de la religión y la virtud verdaderas».[26]

Los Padres Fundadores habían consumado con sus acciones una línea de restauración de la democracia que había dado sus primeros pasos con la Reforma protestante del siglo XVI, que había obtenido resonantes victorias con las revoluciones puritanas del siglo XVII y con la obra de autores como Locke y Coke y que se había cristalizado en un sistema político concreto, un sistema realmente excepcional. Se trataba de una excepción en su época, pero de una excepción llamada a perdurar a lo largo de los siglos.

---

[26]. *The Providence Gazette and Country Journal* de 17 de octubre de 1789, p. 1. George Washington, «A Proclamation» de 3 de octubre de 1789, fecha de observancia de 26 de noviembre de 1789.

CAPÍTULO IV

LA DEMOCRACIA, UNA RECIÉN LLEGADA A LA HISTORIA (IV):
la excepcionalidad de la democracia americana

La excepcionalidad americana

Es muy común hacer referencia a la excepcionalidad americana. Cuestión aparte es que esas referencias sean acertadas. En un sentido muy real, la democracia americana fue de carácter excepcional. Esa circunstancia explica su éxito, ilumina las razones de los fracasos de las democracias en otras naciones y permite delimitar los riesgos que la amenazan en la actualidad.

La excepcionalidad americana fue reconocida explícitamente por el liberal francés Alexis de Tocqueville, que afirmó en su obra *La democracia en América*: «La posición de los americanos es, por tanto, bastante excepcional y se puede creer que ningún pueblo democrático nunca se verá colocado en una semejante».[1] Esa circunstancia derivaba indiscutiblemente de la herencia puritana y de una serie de características obvias desprendidas de ésta. En primer lugar, como hemos

---

[1.] Alexis de Tocqueville, *Democracy in America* (Nueva York, 1840), vol. II, pp. 36-7.

visto, implicaba el reconocimiento del papel de Dios en la Historia de la Humanidad, un Dios al que hay que reconocer y agradecer públicamente Sus bondades. En segundo lugar, afirmaba un conjunto de derechos inalienables que procedían no de los hombres, sino de ese Dios y que incluían, entre otros, la vida, la libertad y la búsqueda de la felicidad. A la hora de concretar esos derechos, el primer lugar lo ocupa el de libertad religiosa. Este no implica la sujeción a una confesión religiosa concreta, sino, precisamente, todo lo contrario, es decir, la libertad de cada ser humano para rendir culto a Dios de acuerdo a sus convicciones. En tercer lugar, el gobierno es limitado y tiene como finalidad proteger los derechos inalienables y no otorgarlos o controlarlos. Este gobierno deriva del consentimiento de los gobernados y de su sometimiento a ese cuadro de derechos. Finalmente y dada la pecaminosa naturaleza humana, los poderes del Estado deben estar divididos y separados, frenándose y contrapesándose mutuamente para evitar degenerar en tiranía.

Estas características —sin duda, excepcionales en el siglo XVIII, pero no tan comunes hoy en día— explican el éxito de la democracia americana y también los fracasos repetidos de otros intentos para implantarla. También señalan las líneas rojas cuyo paso puede colocar la supervivencia de la democracia en una situación peligrosa.

Las limitaciones de las otras democracias

El siguiente intento por crear un sistema democrático tuvo lugar en Francia antes de que concluyera el siglo XVIII. Dale K. Van Kley dejó en su día de manifiesto que los orígenes de la lucha por la libertad en Francia TAMBIÉN estuvieron en el calvinismo[2] y, de hecho, antecedieron a la Ilustración en casi dos siglos. Sin embargo, existía una diferencia fundamental. Mientras que en Estados Unidos, la inmensa mayoría de la población sostenía una cosmovisión puritana; en Francia, no se

---

2. Dale K. Van Kley, *The Religious Origins of the French Revolution. From Calvin to Civil Constitution, 1560-1791* (New Haven, 1996).

daba ni lejanamente esa circunstancia. Seguramente, ese aspecto pesó de manera fundamental en el hecho de que la Revolución francesa pasara por alto las lecciones de la democracia americana. Ciertamente, abrió el camino a la libertad de conciencia, reconociendo, por primera vez en la Historia francesa, la libertad religiosa de protestantes y judíos. Sin embargo, derivada de una sociedad católico-romana, ni supo ni quiso evitar un tono adoctrinador surgido del propio poder. El gobierno no reconocía unos derechos cuyo origen se remontaba a Dios —como habían afirmado Thomas Jefferson o James Madison—, sino que los imponía. Aún más. Pretendía llevar al pueblo hacia la felicidad independiente de lo que este pudiera pensar. Poco puede sorprender que la monarquía constitucional se transformara en una república regicida y que esa república regicida cayera en el Terror, la única salida para imponer los derechos del hombre. Rousseau y otros *"philosophes"* podían haber creído en la bondad natural del hombre, pero la realidad es que, al fin y a la postre, para imponer la dicha se recurrió a derramar ríos de sangre. De manera nada sorprendente, la Revolución francesa frenó el Terror mediante un golpe oligárquico en el mes de Termidor y, finalmente, desembocó en la dictadura militar de Napoleón Bonaparte vestida de imperio.

Ciertamente, la Revolución francesa no fue estéril y logró algunas conquistas como liberarse del yugo de la Iglesia católico-romana, reconocer la libertad religiosa, y abrir la educación y la administración del Estado a todos, pero la realidad es que no solo no implantó la democracia en Francia, sino que colocó a la nación en el camino de vaivenes entre reacción y liberalismo que se repitieron a lo largo del siglo XIX. En no escasa medida, tan aterradores resultados derivaron de que las influencias que modelaron la revolución fueron mucho más allá del calvinismo e incluyeron la Ilustración francesa y la masonería. Por añadidura, la población, mayoritariamente católico-romana, no estaba formada en esos principios.

No fue mejor el caso de España. En 1808, la nación fue invadida por las tropas de Napoleón. Los ejércitos españoles no fueron adversario digno de las armas francesas y, derrotados una y otra vez, la resistencia quedó reducida a las guerrillas populares y, posteriormente, a un pequeño contingente inglés que desembarcó en la Península Ibérica. Una tras otra, las ciudades españolas fueron capitulando con la excepción de la sureña Cádiz. En este enclave, se reunirían las Cortes españolas, un equivalente al Parlamento inglés, y se redactaría la primera constitución española. Sobre la misma se han emitido los juicios más diversos, pero lo que resulta innegable es que la Constitución de 1812 fracasó. Al fin y a la postre, la revolución liberal se vio yugulada por la acción del rey Fernando VII, y el siglo XIX español se convirtió en un enfrentamiento continuo entre los que creían en la modernización de una España destrozada y los que, por el contrario, pensaban que el aferramiento al Antiguo Régimen conduciría a la nación a una Arcadia feliz en la que, dicho sea de paso, nunca estuvo por la sencilla razón de que nunca había existido. La realidad es que, al menos en teoría, la Constitución de 1812 podía haber triunfado en su noble empeño; que los defectos que la condenaban al fracaso ya fueron señalados en su tiempo por José María Blanco White y que el desoír semejante voz tuvo funestas consecuencias.

José María Blanco White es una de las figuras más extraordinarias del siglo XIX español, aunque su condición de *heterodoxo* haya determinado su desconocimiento —provocado desde arriba— por parte de la inmensa mayoría de los españoles. Clérigo católico-romano, de origen sevillano, que acabó abrazando el protestantismo en uno de los viajes espirituales más interesantes de su siglo, representante insigne de la denominada generación de 1808 y liberal convencido, contaba con treinta y cinco años de edad cuando las Cortes se reunieron en la isla de León para llevar a cabo su tarea legisladora. Redactor de la parte política del *Semanario Patriótico*, desde 1808 defendió la necesidad de redactar una constitución liberal a la vez que se convertía en uno de sus propagandistas de la necesidad de formar una opinión pública favorable.

En 1810, al caer Sevilla en manos de los franceses, Blanco se trasladó a Inglaterra desde donde continuó escribiendo desde la barbacana en que había convertido su periódico, *El Español*. Publicación liberal y patriótica, *El Español* constituye una de las fuentes indispensables para comprender la Historia de España, así como la andadura de los liberales. A través de miles de páginas, Blanco se convirtió en un testigo de excepción del proceso constitucional, pero también en uno de sus críticos más lúcidos fundamentalmente porque supo prever como nadie que el proceso iniciado con la reunión de las Cortes acabaría trágicamente.

Los antecedentes de Blanco hundían sus raíces en la Ilustración. Ya en 1796 —cuando solo tenía veintiún años y era un sacerdote intachable— Blanco había leído en la Academia de Letras Humanas una epístola a don Juan Pablo Forner en la que ya aparecen algunos de sus temas esenciales como la defensa de la ciencia —motejada por algunos eclesiásticos como «insuficiente»—, la resistencia frente al «tirano opresor» que podía ser la religión y el fanatismo como enemigo de la Verdad. Durante los años 1803-1808, en *El Correo de Sevilla* fueron apareciendo escritos suyos en los que elogiaba el modelo británico de sociedad y educación. A la sazón, no solo se dedicaba al aprendizaje de lenguas, sino que además se entregaba a la lectura de libros prohibidos, no pocas veces prestados por el ilustrado Forner.

En 1805, Blanco se trasladó a Madrid donde, además de sus actividades en el Instituto Pestalozziano —una verdadera revolución educativa debida a un protestante centro-europeo[3]— asistía con frecuencia a la tertulia donde se reunían otros intelectuales españoles como Quintana, Juan Nicasio Gallego o Campmany. Permaneció en la capital de España hasta la llegada de los invasores franceses, cuando decidió regresar a Sevilla. El viaje —detallado en sus *Cartas*, una de las lecturas absolutamente obligadas para conocer y comprender el siglo XIX español— le fue mostrando una España muy alejada de los ideales de la Ilustración y del liberalismo en la que el pueblo era presa del atraso social y económico y del fanatismo religioso. Consternado, Blanco White comprobaría cómo, so capa de patriotismo, en muchas

---

[3]. Al respecto, véase: J. M. Quero Moreno, *Enseñar para la vida. El Protestantismo en Pestalozzi y en el krausismo español* (Madrid, 2015).

poblaciones solo se estaban produciendo terribles estallidos de violencia y derramamiento de sangre. Una vez en Sevilla, Blanco se entregó a la causa de la libertad, pero sin engañarse a sí mismo. Era dolorosamente consciente de que «el grito popular, aunque exprese el sentir de una mayoría, no merece el nombre de opinión pública, de la misma manera que tampoco lo merecen las unánimes aclamaciones de un auto de fe» y no lo era porque «la disidencia es la gran característica de la libertad». Mal podía darse la disidencia en una España marcada por la actividad de la Inquisición, por la prohibición de lecturas y por un cerril monolitismo religioso católico-romano.

Durante esos años sevillanos, Blanco —en contacto con personajes como Saavedra, Jovellanos, Garay o Quintana— se convirtió en paradigma de la defensa de la redacción de una constitución, precisamente cuando la idea era ajena, ajenísima, a la inmensa mayoría de los españoles. No causa sorpresa que Quintana, fundador del *Semanario Patriótico*, encomendara a su amigo Isidoro Antillón la sección de Historia, pero la de política se la entregara a Blanco. El lema de la publicación era obvio: «Defendiendo por encima de todo, la naciente libertad española». Por eso, el *Semanario* duraría «en tanto que en él respire la verdad sencilla, en tanto que la adulación no venga a mancharlo; mientras que el odio a la tiranía le comunique su fuego, mientras que el patriotismo le dé su intrepidez altiva».

Blanco lanzó desde el *Semanario* sus propuestas a favor de una constitución; de la reunión de una representación nacional, llámese Cortes, o como se quiera; de la independencia de millones de españoles frente al «capricho de uno solo» y de que «cada ciudadano llegue a sentir sus propias fuerzas en la máquina política». Si, por un lado, clamaba contra el invasor; por otro, elevaba la voz en pro de la libertad del pueblo. El 7 de diciembre de 1809, Blanco concluyó su *Dictamen sobre el modo de reunir las Cortes en España*. En él, señalaba que no tenía sentido insistir en los precedentes históricos de las Cortes en la medida en que salvo algunos eruditos nadie las conocía. Por el contrario, lo esencial era reunirlas con urgencia para evitar las ambiciones de los que ya habían concebido esperanzas de mando y conseguir que lo cedieran «no a una clase de hombres, sino a la patria, no a una corporación, sino a la nación entera».

Ya desde Londres, Blanco aplaudió con entusiasmo los logros sucesivos de las Cortes como la aprobación de la libertad de imprenta o la declaración de soberanía de la nación. No es menos cierto que no tardó en lamentar otros aspectos. Por ejemplo, el reglamento de la libertad de imprenta en España promulgado por las Cortes disgustó a Blanco porque era muy restrictivo y eliminaba así la posibilidad de que una acción despótica de las Cortes pudiera verse frenada por la opinión pública. De la misma manera, Blanco se percató de que la Regencia seguía teniendo un poder no escaso sobre las Cortes cuando, a su juicio, de éstas debía salir el gobierno. Señalaría así: «Póngase, por ejemplo, a un Argüelles, en el ministerio de Estado, a un Torreros en el de Gracia y Justicia, a un González en el de Guerra, y se verá cómo crece la actividad y cómo se comunican fuerza los dos poderes».

Entre 1810 y 1814, la publicación dirigida por Blanco dio cabida a las instrucciones dadas por las Juntas a los diputados, al dictamen de Jovellanos ante la Junta Central, a las *Reflexiones sobre la Revolución española* de Martínez de la Rosa, al texto completo de la Constitución de 1812, pero, sobre todo, analizó los textos con un rigor que casi sobrecoge por su lucidez. De manera muy especial, Blanco redactó un conjunto de escritos conocidos como las *Cartas de Juan Sintierra* donde señalaba los problemas que veía en la actividad de las Cortes y en las posibilidades de que la Constitución tuviera un futuro feliz.

Blanco se quejaba, por ejemplo, de que no pocas cuestiones se solventaban no en las Cortes de manera abierta, sino en los pasillos y en reuniones secretas o de que los diputados parecían más estar en una tertulia que al servicio de la nación. También de que, buscando el lucimiento, se elevaban perdiendo el contacto con la realidad. Para colmo, las Cortes adolecían de defectos que a Blanco no se le escapaban. Así, fue mencionando cómo las Américas, parte de España a la sazón, no estaban suficiente y legítimamente representadas; cómo además se pretendía que los diputados no tuvieran empleo en el Estado y, sobre todo, cómo constituía un gran error que las Cortes no fueran las que decidieran la regulación de los impuestos. Sin embargo, donde más certero se expresó Blanco fue en los defectos de la Constitución.

En primer lugar, la Constitución carecía de realismo al abordar las relaciones entre las Cortes y la Corona. De momento, los diputados podían pensar que el legislativo no tendría problemas con el ejecutivo dado el escaso peso de la Regencia, pero «llegue a ponerse en el trono una persona real, y verán las Cortes cuán vano es el triunfo que han ganado en ausencia de contrario». La Constitución, a juicio de Blanco, era «tan poco mirada en sus precauciones contra el poder real» que podía acabar teniendo un trágico final. En segundo lugar, la Constitución negaba un principio tan importante como el de la libertad religiosa para complacer a la iglesia católica. Esa circunstancia dolía a Blanco hasta el punto de lamentar la intolerancia religiosa «con que está ennegrecida la primera página de una Constitución que quiere defender los derechos de los hombres». De hecho, las Cortes, «convertidas en concilio no solo declaran cuál es la religión de la España (a la cual tienen derecho incontestable), sino condenan a todas las otras naciones» no católicas. En otras palabras, «los españoles han de ser libres, en todo, menos en sus conciencias», según se desprende de su artículo 12, «una nube que oscurece la aurora de libertad que amanece en España». Blanco no pretendía que se constituyera un sistema laicista como el implantado en Francia durante la revolución e incluso insistía en que había que ser muy cuidadoso en el trato con la aristocracia y la iglesia católica. Sin embargo, estaba convencido de que esa prudencia no podía implicar la eliminación de la libertad religiosa, ya que, de admitirse ese hecho, un derecho absolutamente esencial como la libertad de conciencia quedaría conculcado, y si la libertad de conciencia quedaba en manos de una institución como la iglesia católico-romana que se valía de la Inquisición, ¿qué otras libertades, en la práctica, les iban a quedar a los españoles?

En 1814, Blanco White señalaría que «errores muy graves han cometido los jefes de las Cortes, pero son errores que tuvieron origen en un principio muy noble —en el amor a su patria». Sin embargo, había dejado de manifiesto por qué la Constitución de 1812 estaba condenada al fracaso. Estas no serían otras que la falta de mecanismos de control parlamentario sobre el rey y la ausencia de libertad religiosa que, al impedir la libertad de conciencia, acabaría invalidando otros derechos como, por ejemplo, el de libertad de expresión. Para colmo, la manera en que se había abordado la representación hispanoamericana no era correcta y llevaba a prever conflictos futuros.

El fracaso de la Constitución de Cádiz fue una tragedia para la libertad, pero no puede dudarse que Blanco White acertó en todas sus prevenciones, en todos sus avisos, en todos sus pronósticos. De entrada, el regreso de Fernando VII se tradujo de manera inmediata en la supresión de la Constitución y en un intento —absurdo, pero determinado— de regresar al Antiguo Régimen. Lo había indicado Blanco. La llegada de un rey nada dispuesto a capitular iba a convertir en nada la obra de las Cortes.

Acto seguido, el mantenimiento de los privilegios disfrutados por la Iglesia católico-romana tuvo un efecto pésimo sobre el desarrollo del constitucionalismo español. Todavía en la tercera década del siglo XIX, la Inquisición española ejecutó a un hereje —el protestante Cayetano Ripoll[4]— cuyo horrendo delito había sido no rezar el Ave María en clase. A decir verdad, en no escasa medida, el siglo XIX español estuvo caracterizado por los intentos de los liberales —¡que eran católico-romanos!— por crear un estado moderno y los de la Iglesia católico-romana por impedirlo convencida de que semejante paso traería consigo el final de sus privilegios y, tarde o temprano, la libertad de conciencia.[5] El hecho de que semejante circunstancia quedara enmascarada en una sucesión de guerras dinásticas no niega su terrible realidad —si acaso la acentúa— como tampoco que, por desgracia, sus estribaciones se prolongarían todavía mucho más.

La Constitución de 1812 —uno de los logros más nobles de la Historia de España— acabó fracasando no por la falta de patriotismo o de brillantez de sus redactores, sino, fundamentalmente, por la manera en que éstos se dejaron llevar —el juicio también es de Blanco

---

4. Sobre el mismo, véase: C. Vidal, *El último ajusticiado* (Barcelona, 1996).
5. Al respecto, véase: C. Vidal, *Historia secreta de la Iglesia católica en España*, pp. 419-423; 453 ss; 473 ss.

White— por un idealismo que les cegó ante la reacción que los grandes beneficiarios del Antiguo Régimen —la monarquía absoluta y la Iglesia católica— opondrían a sus avances. El parlamentarismo español fracasó y durante todo el siglo XIX quedó de manifiesto la absoluta incapacidad española para crear un estado democrático al que siempre se opuso la Iglesia católico-romana y que nunca recibió un apoyo de la mayoría de la población. A diferencia de lo acontecido en Estados Unidos, no existía una cosmovisión que sustentara semejante sistema. En 1931, la proclamación de la Segunda república abrió el paso a una democracia, pero ésta quedó sumergida en un enfrentamiento de revolución y contrarrevolución que desembocó en una guerra civil y en una dictadura militar que se extendió durante casi cuatro décadas. En 1978, fue aprobada una constitución democrática, pero, a día de hoy, el sistema atraviesa una profunda crisis y la nación afronta un futuro incierto.[6]

No fue mejor la situación en aquellas naciones surgidas del final del Imperio español. En ellas, el principal referente fue —y resulta lógico— la más que imperfecta Constitución de Cádiz donde ni existía el derecho a la libertad de conciencia ni la separación de poderes.[7] Tras llevarse a cabo la restauración del absolutismo en España —como había anunciado Blanco White— los independentistas de la Nueva España proclamaron el 20 de octubre de ese mismo año la Constitución de Apatzingán. Su inspiración en la Constitución de Cádiz resultaba obvia y no fue única. A decir verdad, fue la solución adoptada de manera interina en numerosos lugares[8] a la espera de una nueva constitución. Como ha señalado Mario Rodríguez, «el liberalismo español que se forjó en Cádiz aportó líneas ideológicas clave para un programa de modernización y de existencia independiente».[9] El influjo más que notable de la Constitución de Cádiz se percibe en la

---

6. Sobre el tema, véase la obra ganadora del Premio Stella Maris de ensayo: César Vidal, *El traje del emperador* (Barcelona, 2015).
7. Un panorama general de estas influencias en: Alberto Ramos Santana (coord.), *La Constitución de Cádiz y su huella en América*, 2011.
8. Demetrio Ramos, *América en las Cortes de Cádiz, como recurso y esperanza* (1987), pp. 116-117.
9. Mario Rodríguez, *El experimento de Cádiz en Centroamérica, 1808-1826* (1984), p. 108. Sobre la influencia de Cádiz en Centroamérica, véase Jorge Mario García Laguardia, *Centroamérica en las Cortes de Cádiz* (1994).

Constitución uruguaya de 1830,[10] en la chilena de 1822,[11] en las argentinas de 1819 y 1826, en la boliviana de 1826[12] o en las peruanas del primer tercio del siglo XIX.[13] A decir verdad, la influencia de la constitución de Cádiz superó el ámbito estrictamente hispano para influir en constituciones como la portuguesa de 1822, la brasileña de 1824, y en general, el desarrollo del constitucionalismo brasileño.[14] En general, los textos —totalmente diferentes de la constitución de los Estados Unidos— no reconocían el principio de libertad de conciencia y mantenían una más que deficiente separación de poderes. No puede sorprender que la Historia constitucional de toda Hispanoamérica haya constituido un verdadero vaivén en el que los golpes de estado, las revoluciones y las dictaduras —militares o de izquierdas— hayan ocupado muchísimo más espacio que siquiera las apariencias de un sistema democrático. A fin de cuentas, la tradición puritana, absolutamente esencial para la formación de la democracia americana, estuvo ausente y se vio sustituida por un liberalismo herido de muerte por la Iglesia católico-romana, enemiga encarnizada de la libertad de conciencia y de enseñanza. A estos factores —suficientes para explicar el fracaso de la democracia en Hispanoamérica— se sumó otro de no escasa relevancia. Nos referimos al peso de la masonería.

El inicio de la lucha independentista en la América hispana contra España tuvo lugar al amanecer del 16 de septiembre de 1810 en México, y el protagonista principal de este intento era un masón llamado Miguel Hidalgo y Costilla Gallaga. La masonería se había introducido en México tan solo cuatro años antes. En enero de 1809, un agente francés llamado Octaviano d'Alvimar estableció contacto con Hidalgo con la intención de ofrecerle ayuda para la subversión antiespañola.

10. Al respecto, véase Héctor Gros Espiel, *La Constitución de Cádiz de 1812, la Constitución del Reino de Portugal de 1822, la Constitución del Imperio de Brasil y la Constitución de Argentina de 1826 como precedentes de la Constitución uruguaya de 1830* (2004); Ana Frega Novales, *Ecos del constitucionalismo gaditano en la Banda Oriental de Uruguay* (2011).

11. Cristián E. Guerrero Lira, *La Constitución de Cádiz y Chile* (2011).

12. Véase F. Javier Limpias, *¡Viva la Pepa!* (2011).

13. Teodoro Hampe Martínez, *Sobre la Constitución de 1812: las Cortes gaditanas y su impacto en Perú* (2011).

14. Véase: Vicente de Paulo Barreto, *A Constituiçao de Cádiz e as origens do constitucionalismo brasileiro* (2004); Andrea Slemian y João Paulo G. Pimenta, *Cádiz y los imperios portugués y brasileño,* (2011).

No pasó mucho tiempo antes de que Hidalgo efectivamente se alzara en armas contra España y, ciertamente, supo actuar con notable habilidad porque el levantamiento lo situó bajo el estandarte de Nuestra Señora de Guadalupe, y la causa de la independencia la vinculó con promesas de despojar a los ricos para dar a los pobres y de venganza contra los españoles. La diferencia con el proceso de independencia de Estados Unidos salta a la vista.

La dureza de la sublevación fue extraordinaria. El cura Hidalgo asesinó, por ejemplo, a todos los criollos cuando tomó la ciudad de Guanajuato, y su enemigo, el general Calleja, cuando la recuperó, ordenó que los presos fueran degollados para no malgastar munición fusilándolos. Finalmente, tras medio año de lucha, Hidalgo fue capturado y fusilado. De momento, el peligro independentista quedaba conjurado. No iba a ser por mucho tiempo y, de manera bien significativa, la masonería iba a tener un papel extraordinario en la Historia ulterior de México.

Posiblemente, el personaje más sugestivo del proceso de independencia de la América hispana sea no Simón Bolívar, como suele afirmarse, sino José de San Martín.[15] La figura de San Martín no suele ser analizada en profundidad a menudo, e incluso cuando se aborda su estudio suele ser habitual el caer en tópicos y eludir datos comprometidos como el de su pertenencia a la masonería, un trago difícil de trasegar para no pocos católico-romanos argentinos. San Martín era masón, así lo reconoció en varias de sus cartas y su trayectoria en la masonería está más que documentada. Por si fuera poco, su carrera política sería totalmente incomprensible —quizá ni siquiera hubiera tenido lugar— sin la masonería.

Es sabido que la salida de San Martín de España en 1811 tenía una clara conexión con la idea de llegar a Hispanoamérica y allí desatar una revolución contra España, revolución que la metrópoli invadida no iba a poder repeler. Es menos conocido que San Martín abandonó España

---

15. Sobre el emancipador argentino, véase: J. L. Busaniche, *San Martín visto por sus contemporáneos* (Buenos Aires, 1942); E. Fontaneda Pérez, *Raíces castellanas de José de San Martín* (Madrid, 1980); J. Lynch, *San Martín. Argentine Soldier, American Hero* (New Haven, 2009); B. Mitre, *Historia de San Martín y de la emancipación sudamericana*, 3 vols, (Buenos Aires, 1950); P. Pasqual, *San Martín: La fuerza de la misión y la soledad de la gloria* (Buenos Aires, 1999).

con el respaldo de las autoridades francesas de ocupación y el apoyo de la masonería. El investigador José Pacífico Otero descubrió, de hecho, en el archivo militar de Segovia una autorización de 6 de septiembre de 1811 que permitía a San Martín dirigirse a Lima. El 14 de ese mismo mes, San Martín abandonó España acompañado de algunos amigos, todos ellos masones. Como ha puesto de manifiesto Enrique Gandía, todos ellos partían provistos de fondos franceses para desatar la subversión al otro lado del Atlántico. Sin embargo, antes de partir para el continente americano, San Martín recaló en Londres, donde se reunió con miembros de otra logia masónica, la Gran Reunión americana, inspirada por el masón venezolano Francisco de Miranda —que ya en 1806 había intentado llevar a cabo una sublevación contra España— y en la que San Martín había sido iniciado hasta el quinto grado. Fue a bordo de una fragata inglesa, la *George Canning*, como los conspiradores masónicos llegaron al Río de la Plata en 1812, una circunstancia ésta muy conveniente, ya que la nacionalidad del buque ocultaba el origen de la empresa.

¿Eran San Martín y sus acompañantes meros agentes de la masonería napoleónica? Es difícil responder de manera tajante a esa cuestión por la ausencia de fuentes. Seguramente, cabría hablar más bien de una confluencia de intereses entre Napoleón y los insurrectos. Más relevante es señalar que para lograr el avance de sus objetivos, San Martín, junto a Carlos María de Alvear y José Matías Zapiola, creó una organización que recibiría la denominación de Logia Lautaro, tomando su nombre de un indio mapuche que se había enfrentado en Chile a los españoles y que, finalmente, había sido derrotado y muerto por las tropas de Juan Jufré. El carácter masónico de la Logia Lautaro ha querido ser obviado por algunos autores como el jesuita Ferrer Benimeli, que incluso ha negado que San Martín fuera masón, pero la verdad es que el mismo resulta indiscutible y que los documentos no escasean. Es conocida, por ejemplo, la carta que en 1812 envió a Juan Martín de Pueyrredón, también masón, en la que San Martín utiliza la rúbrica masónica de los tres puntos. Así como el testimonio del yerno del Libertador, Mariano Balcarce cuando, a petición de Benjamín Vicuña

Mackenna, respondió: «Siguiendo fielmente las ideas de mi venerado señor padre político, que no quiso en vida se hablase de su vinculación con la masonería y demás sociedades secretas, considero debo abstenerme de hacer uso de los documentos que poseo al respecto». De hecho, la visión de Dios que tenía San Martín no era la católica que hubiera cabido esperar —sí existen textos de encendido anticlericalismo, por otra parte— sino la del Creador, muy en armonía con la tradición masónica. También en consonancia con ésta dejó establecido su destino final: «Prohíbo que se me haga ningún género de funeral y desde el lugar en que falleciere se me conducirá directamente al cementerio, sin ningún acompañamiento, pero sí desearía que mi corazón fuera depositado en el de Buenos Aires». En 1824, San Martín se retiró a Francia, cuya masonería había tenido tan importante papel en el proceso emancipador. Fallecería el 17 de agosto de 1850 en una casa de Boulogne sur-Mer, pero hasta tres décadas después sus restos no serían enviados a Buenos Aires.

Sin embargo, no se trata tan solo de la filiación masónica de San Martín. Las constituciones de la logia Lautaro[16] son bien explícitas y constituyen la encarnación de uno de los sueños fundacionales de la masonería, el de provocar el cambio político no por impulso del pueblo, sino mediante una minoría iluminada destinada por añadidura a regir la nueva sociedad. El texto citado constituye, desde luego, la exposición de un auténtico plan para conseguir, primero, y monopolizar, después, el poder en la nueva sociedad americana nacida del movimiento emancipador. Esa circunstancia explica que como señala su constitución 5: «No podrá ser admitido ningún español ni extranjero, ni más eclesiástico que uno solo, aquel que se considere de más importancia por su influjo y relaciones» o —todavía más importante— que de acuerdo con la Constitución 11, los hermanos de la Logia adoptarán el compromiso de que «no podrá dar empleo alguno principal y de influjo en el estado, ni en la capital, ni fuera de ella, sin acuerdo de la Logia, entendiéndose por tales los enviados interiores y exteriores,

---

16. Reproducida en B. Vicuña Mackenna, *El ostracismo del general O'Higgins* (Valparaíso, 1860).

gobernadores de provincias, generales en jefe de los ejércitos, miembros de los tribunales de justicia superiores, primeros empleados eclesiásticos, jefes de los regimientos de línea y cuerpos de milicias y otros de esta clase».

Naturalmente, los componentes y fundadores de la logia Lautaro eran conscientes de que en una sociedad poscolonial donde desaparecería, siquiera en parte, la censura de prensa y donde existiría, al menos formalmente, un cierto peso de la opinión pública, el control sobre esta resultaría esencial y así su constitución 13 indica: «Partiendo del principio de que la Logia, para consultar los primeros empleos, ha de pesar y estimar la opinión pública, los hermanos, como que estén próximos a ocuparlos, deberán trabajar en adquirirla».

Ese cuidado por la opinión pública debía incluir, por ejemplo, apoyar en toda ocasión a los hermanos de la logia pero con discreción. Al respecto, la constitución 14 señala: «Será una de las primeras obligaciones de los hermanos, en virtud del objeto de la institución, auxiliarse y protegerse en cualquier conflicto de la vida civil y sostenerse la opinión de unos y otros; pero, cuando ésta se opusiera a la pública, deberán, por lo menos, observar silencio».

Por supuesto, un plan de conquista del poder de esas dimensiones no podía admitir filtraciones, y la Constitución general de la logia Lautaro incluía un conjunto de leyes penales de las que la segunda afirmaba: «Todo hermano que revele el secreto de la existencia de la logia, ya sea por palabra o por señales, será reo de muerte, por los medios que se halle conveniente».

La logia fundada en 1812 en Buenos Aires logró todos y cada uno de sus objetivos. No solo provocó y afianzó la independencia americana, sino que además derrocó al denominado segundo triunvirato argentino y colocó en su lugar a otro formado por miembros de la logia. En 1816, a pesar de diferencias internas, San Martín presidía la logia Lautaro —que contaba con sucursales en Mendoza, Santiago de Chile y Lima— y se preparaba para crear el Ejército de los Andes, una formidable máquina militar que debía expulsar a los españoles del continente y llegar al Perú. Y es que San Martín, como buen masón, estaba obsesionado por el simbolismo del sol que incluyó en la bandera argentina y recibió con verdadero placer los gritos que le tributaron como hijo de este astro cuando entró triunfante en Lima. El 26 de julio de 1822, San Martín se reunió con Simón Bolívar en Guayaquil para proceder a la planificación de lo que debía ser el futuro de la América hispana.

Sin embargo, San Martín no fue el único masón importante en el movimiento de emancipación.[17] Bernardo O'Higgins, el emancipador de Chile; y Simón Bolívar, que resultó un instrumento esencial en la independencia de naciones como las actuales Colombia, Venezuela y Panamá también eran masones. También lo fue el almirante William Brown,[18] un irlandés que colaboró de manera posiblemente decisiva en la causa de la independencia o Pedro I del Brasil que fue el impulsor de la emancipación de esta colonia portuguesa.

No deja de ser significativo que Simón Bolívar, el otro gran protagonista de la emancipación junto con San Martín, a pesar de su condición de masón acabara sus días aborreciendo a las sociedades secretas. El 8 de noviembre de 1828, cuando resultaba obvio que el gran sueño de libertad controlada por los masones iba a convertirse en una inmanejable pesadilla, Bolívar promulgó un decreto en el que se proscribían «todas las sociedades o confraternidades secretas, sea cual fuere la denominación de cada una». La razón para dar semejante paso no podía resultar más explícita en el texto legal señalado: «Habiendo acreditado la experiencia, tanto en Colombia como en otras naciones, que las sociedades secretas sirven especialmente para preparar los trastornos políticos, turbando la tranquilidad pública y el orden establecido; que ocultando ellas todas sus operaciones con el velo del misterio, hacen presumir fundamentalmente que no son buenas, ni útiles a la sociedad, y que por lo mismo excitan sospechas y alarman a todos aquellos que ignoran los objetos de que se ocupan...». Bolívar —no cabe duda alguna— sabía de lo que estaba hablando.

---

17. Seal-Coon, «Spanish-American Revolutionary Masonry» en AQC, 94, 98-103.
18. Sobre Brown, puede consultarse Levi-Castillo, «Admiral William Brown» en AQC, 102, 16-24 y, muy especialmente, H. R. Ratto, *Almirante Guillermo Brown* (Buenos Aires, 1961).

Poco puede dudarse del fracaso de los regímenes democráticos hasta el día de hoy en Hispanoamérica. Sin embargo, no debería de sorprender. Su cimiento no fue una cosmovisión como la puritana basada en la Biblia y, por lo tanto, inclusiva de realidades como la insistencia en la libertad de conciencia, en el origen divino de los derechos humanos o en el pesimismo antropológico que dio lugar a la limitación del poder político o la separación de poderes. Por el contrario, los procesos constituyentes fueron fruto de la dialéctica entre una Iglesia católico-romana ferozmente enemiga de la libertad de conciencia, entre otras, y una masonería que soñaba con manipular a la población y gobernar desde la sombra. Partiendo de esa base —tan diferente de los Estados Unidos— ¿puede sorprender el fracaso de los intentos democráticos? Aún más. ¿Puede sorprender que fracasara en naciones católico-romanas como España, Portugal e Italia hasta bien entrado el siglo XX e incluso entonces dando lugar a sistemas claramente deficientes? Dando un paso más: ¿puede extrañar que si ha tenido resultados penosos en las naciones católico-romanas, los mismos hayan sido peores en las naciones islámicas o budistas?

Lejos de ser un mero sistema de elecciones periódicas, aparente libertad de expresión y prensa o pluralidad de partidos, la democracia va mucho más allá como dejó de manifiesto, desde sus inicios, el sistema americano. Implica además un soporte moral sin el cual la democracia no puede sobrevivir. John Adams, el segundo presidente de los Estados Unidos (1797-1801) en una carta dirigida en octubre de 1798 a la milicia de Massachusetts afirmaba tajantemente: «No tenemos un gobierno armado con poder capaz de contender con las pasiones humanas no controladas por la moralidad y la religión. La avaricia, la ambición, la venganza o la bravura quebrarían las cuerdas más fuertes de nuestra Constitución como una ballena pasa a través de una red. Nuestra Constitución fue hecha solamente para gente moral y religiosa. Es totalmente inadecuada para el gobierno de cualquier otra». Sin embargo, no cualquier moralidad ni cualquier religión encajaban en el molde constitucional. El 28 de junio de 1813, John Adams señalaba en una carta dirigida a Thomas Jefferson[19] que «los principios generales sobre los que los padres consiguieron la independencia fueron... los principios generales del cristianismo... Ahora confesaré que entonces creía (y ahora creo) que esos principios generales del cristianismo son tan eternos e inmutables como la existencia y los atributos de Dios».

Los Padres Fundadores habían resuelto el gran problema de fondo que acabó con la democracia griega. Sobre la base de un pueblo asentado en la cosmovisión de los puritanos era posible crear un sistema donde el pesimismo antropológico limitara el poder y lo dividiera, donde se considerara la libertad de conciencia y religión como el primer derecho, donde se concediera el ejercicio de derecho a cualquier persona incluso a aquellos que pertenecían a una entidad como la iglesia católico-romana que la perseguía encarnizadamente y donde la acción del político no pudiera basarse en adular al pueblo y comprarlo electoralmente porque el gobierno se ceñía a defender unos derechos —como la vida, la libertad y la búsqueda de la felicidad— que no eran concesiones del poder, sino que se originaban en el mismo Dios, algo que constituía una verdad autoevidente. La pregunta ineludible es si la democracia puede sobrevivir cuando no se asienta en bases semejantes. A responder esa pregunta dedicaremos las páginas que vienen a continuación.

19. *The Works of John Adams* (Boston, 1850), vol. X, pp. 45-46.

PARTE II

LOS PELIGROS QUE ACECHAN A LA DEMOCRACIA

CAPÍTULO V

LA CRECIENTE INTERVENCIÓN ESTATAL (I):
el Estado intervencionista

Piketty y la falacia de la igualdad

En los últimos tiempos, ha adquirido una notable popularidad un economista francés llamado Thomas Piketty. Director de estudios en la Escuela para estudios avanzados en ciencias sociales, catedrático asociado en la escuela de economía de París y Centennial professor en el International Inequalities Institute, que es parte de la London School of Economics, Piketty es un firme partidario de las tesis que defienden un intervencionismo creciente del Estado. Piketty publicó en 2013 *Capital in the Twenty-First Century*, una obra en la que sostenía que la tasa de retorno del capital es superior en los países desarrollados a la tasa de crecimiento económico. Esta circunstancia va a causar una desigualdad de riqueza que no dejará de crecer y que tendrá que ser combatida mediante un impuesto creciente que lleve a su redistribución. Las tesis de Piketty encajan perfectamente con la izquierda, pero han encontrado también repercusión en fuerzas de derechas. En no escasa medida, son la consumación de toda una trayectoria histórica que comenzó con sus padres —que eran *trotskistas* y participaron en el mayo del 68— y que continuó con el propio Piketty que enseñó en el Instituto de Tecnología de Massachusetts (1993-1995) y que, tras pasar por distintas instituciones docentes, se integró en la junta de orientación científica de la asociación À *gauche*, que fue fundada en Europa por Michel Rocard y Dominique Strauss-Kahn. En 2006, Piketty se convirtió en el primer presidente de la Escuela de economía de París, donde solo trabajó unos meses, dejando esta posición para servir como asesor económico de la candidata socialista Ségolène Royal. Royal fracasó y, en 2007, Piketty regresó a la enseñanza. En 2009, Piketty se vio implicado en una denuncia por violencia doméstica de su novia Aurélie Filippetti. De tan delicada situación, salió Piketty reconociendo la verdad de las acusaciones y pidiendo disculpas. En 2013, Piketty ganó el Yrjö Jahnsson Award, para economistas de menos de cuarenta y cinco años. Dos años después, Piketty no solo se permitió rechazar la Legión de honor, sino que fue nombrado asesor económico del partido laborista británico.

Piketty no ha tenido el menor éxito en cuanto a resultados de los políticos a los que ha asesorado, pero se ha convertido en un icono de la economía occidental. Basándose en la tesis de que la primera finalidad de la democracia ha de ser acabar con la desigualdad, Piketty sostiene que la meta se alcanzará privando a los ciudadanos de su propiedad por vía impositiva para luego proceder a distribuirla. De esta manera, el estado cuidaría de los ciudadanos desde la cuna hasta la tumba cubriendo necesidades como la educación, la sanidad e incluso la percepción de un ingreso social mínimo. Se entregaría casi todo el fruto del trabajo a cambio de que todos reciban servicios que acabarían consiguiendo la igualdad. No sorprende que semejante visión haya tenido repercusión, porque en distintos países los sistemas democráticos han ido siguiendo una evolución semejante a la que vimos en la antigua Atenas, donde el halago de las pasiones de los ciudadanos se convirtió en el motor de la política. Resulta, sin embargo, discutible, primero, que la finalidad del estado —especialmente el democrático— sea lograr la igualdad de todos los ciudadanos y que incluso determinados fines que podríamos denominar sociales tengan que conseguirse mediante impuestos crecientes y el despojo del fruto del trabajo.

Detengámonos, primero, en la igualdad como valor. Creo que un ejemplo dejará claro lo que deseo comunicar. Pensemos en dos sociedades. Imaginemos que todos los que viven en la sociedad A ganan veinte unidades de valor. Todos son iguales y la meta —supuestamente deseada— de la igualdad ha sido conseguida. Ahora imaginemos otra sociedad a la que llamaremos B. En ella, las diferencias de ingresos son considerables, incluso astronómicas. La persona que más gana puede llegar a conseguir mil o incluso diez mil unidades de valor, pero los situados en el escalón inferior ganan solo cincuenta. Ahora reflexionemos un poco. ¿Es preferible vivir en una sociedad igualitaria donde todos ganan lo mismo, aunque sea una cantidad pequeña, o lo sería vivir en una sociedad donde existe la desigualdad, pero donde se gana dos, cuatro, diez veces más? Por dar un ejemplo, ¿preferiría el lector tener que ir en una bicicleta en una sociedad donde la gente solo puede adquirir una bicicleta, o preferiría contar con un automóvil aunque ese automóvil sea peor que el de los más acaudalados? Sigamos con más ejemplos. ¿Preferiría vivir en una casa de treinta metros cuadrados igual a la del resto de los ciudadanos, o preferiría vivir en una de cien metros aunque haya gente que viva en mansiones inmensas? Por resumir la tesis, ¿prefiere vivir en igualdad aunque esa igualdad implique miseria, o prefiere vivir bien, muy bien aunque haya gente que todavía viva mejor?

La realidad es que la batalla por la igualdad encierra una enorme falacia, y es la de pensar que esa igualdad es el bien máximo cuando la verdad es que no lo es. No solo eso. En realidad, constituye un gran mal y una inmensa injusticia. Pensar que aquellos que más trabajan, que tienen más talento, que se esfuerzan más, que más sacrifican profesionalmente tienen que recibir la misma recompensa que los holgazanes, los estúpidos o los carentes de preparación constituye un atentado no solo contra la justicia, sino contra el mismo sentido común. La justicia no es la igualdad, sino dar a cada uno lo que se merece. Sí es cierto que cuando esa igualdad se pretende imponer el resultado es injusticia, despojo de los bienes de aquellos que han ganado más, pérdida de libertad y creación de un estado que podrá presentarse como democrático, pero que, en realidad, va aumentando su intervención hasta convertirse en un peligroso enemigo de la libertad, de la propiedad e incluso de la vida. Quizá si examinamos el origen de esa búsqueda contemporánea de la igualdad podamos comprender la realidad que se agazapa tras esta causa.

El origen del estado intervencionista (I): Marx y Engels[1]

Los procesos revolucionarios en que tan pródigo fue el siglo XIX, la creencia en una evolución de la Humanidad supuestamente de carácter científico, la fe en las utopías y el desasimiento de cualquier norma de carácter moral dieron lugar, entre otros frutos, al nacimiento del socialismo. Su peso en el siglo XX iba a ser extraordinario, y teniendo en cuenta que tan solo el comunismo se tradujo en la muerte por represión o hambre de más de cien millones de personas resulta difícil considerar que el balance sea positivo. Sin embargo, nada de lo sucedido debería haber causado sorpresa. Marx lo había anunciado punto por punto en su obra más leída: el *Manifiesto comunista*. No deja de ser significativo que el socialismo fuera en el curso de pocos años conectado casi de manera única con los nombres de Marx y Engels, y es que, como nadie antes, ambos captaron y expresaron la esencia de esa doctrina política.

Los años que fueron de 1844 a 1846 resultaron de una extraordinaria importancia para Marx y Engels. Precisamente en la primera de las fechas ambos se conocieron y descubrieron que habían llegado a un acuerdo completo en los aspectos teóricos. La pareja volvió a reunirse en la primavera de 1845 y, según relata Engels, para aquel entonces, Marx ya había terminado de perfilar su concepción materialista

---

1. La bibliografía sobre Marx y Engels es inmensa. De entre los últimos estudios, destacamos M. Gabriel, *Love and Capital. Karl and Jenny Marx and the Birth of the Revolution* (Nueva York, 2011); S-E. Liedman, *A World to Win. The Life and Works of Karl Marx* (Londres, 2018); G. Stedman Jones, *Karl Marx. Greatness and Illusion* (Cambridge, MA: 2016). Para el análisis del *Manifiesto comunista*, hemos seguido César Vidal, *Camino hacia la cultura* (Barcelona, 2005).

de la Historia, y ambos comenzaron a elaborar con más detalle aquel resultado. Según relataría el mismo Engels, aquella teoría de Marx era, en realidad, un «*descubrimiento*» que «*iba a revolucionar la ciencia de la historia*». En otras palabras, la concepción de Marx era más un hallazgo científico que una elucubración filosófica. Precisamente, por ello, pensaba Engels que en adelante no solo había que «*razonar científicamente*» sus puntos de vistas, sino que además había que hacer lo posible por «*ganar al proletariado europeo*» a la nueva «*doctrina*».

Marx y Engels iban a iniciar ciertamente una fecunda colaboración y ésta transcurrió en aquellos primeros años precisamente sobre los dos canales señalados por el segundo. En primer lugar, intentaron dar una forma más acabada a lo que, bastante pretenciosamente, consideraban un descubrimiento científico del que surgirían obras como las *Tesis sobre Feuerbach*, la *Ideología alemana* y la *Miseria de la Filosofía*. En segundo, dieron algunos pasos más prácticos como la entrada en la Liga de los Justos, que desde el congreso obrero de junio de 1847, se convirtió en la Liga de los comunistas. Fue precisamente esta entidad la que en su congreso de noviembre-diciembre de 1847 encomendó a ambos la redacción de un documento programático que sería conocido como el *Manifiesto comunista*. El momento parecía el más adecuado para mantener el optimismo. Especialmente Alemania parecía madura para la revolución. En el verano de 1844, se había producido una insurrección de tejedores en Silesia. Ese mismo año comenzaron las malas cosechas que se extendieron hasta 1845. Durante 1845 y 1846, se sufrió una plaga que afectó especialmente a la patata, el alimento básico de los obreros. En agosto de 1846, la población de Colonia se enfrentó con la guarnición. En 1847, estallaron revueltas causadas por el hambre en Berlín, Ulm y Stuttgart.

La caldeada situación alemana tenía su paralelo en otras naciones. En Francia, el gobierno del rey Luis Felipe se enfrentaba con revueltas ocasionadas por el hambre y con una pequeña burguesía que deseaba la ampliación del censo electoral, lo que, fácilmente, podía desembocar en la proclamación de la República. En el verano de 1847, distintos estados italianos se agitaban contra el dominio austríaco. En octubre-noviembre del mismo año, Suiza se vio desgarrada por una guerra civil.

Marx y Engels sostenían en sus escritos que la revolución mundial, la revolución que impondría el dominio del proletariado, estaba por llegar de manera inminente. Engels se refería, por ejemplo, al «*corto plazo*» que le quedaba a la burguesía, y en su *Catecismo comunista* (o *Principios del comunismo*) escrito en el otoño de 1847 afirmaba que la «*revolución del proletariado se acerca de acuerdo con todos los indicios*». En medio de ese clima enfervorizado, casi febril, Marx y Engels escribieron su obra más leída, el denominado *Manifiesto comunista*.

El propio inicio del *Manifiesto* resulta magistral. De hecho, desde las primeras líneas pretende conceder una importancia —que no se corresponde con la realidad— al movimiento comunista y, a la vez, erigirlo como poseedor de un mensaje redentor que se escuchará internacionalmente:

«*Un fantasma recorre Europa: el fantasma del comunismo. Todas las potencias de la vieja Europa se han coligado en una Santa Alianza para acorrarlarlo: el papa y el zar, Metternich y Guizot, los radicales franceses y los policías alemanes.*

¿Qué oposición no ha sido tildada de comunista por sus enemigos en el poder? ¿Qué oposición, por otro lado, no ha arrojado sobre sus adversarios a uno y otro lado el epíteto denigrante de comunista?

De aquí se desprende una enseñanza doble:

Primero. El comunismo es reconocido como una fuerza por todas las potencias de Europa; y

Segundo. Ha llegado la hora de que los comunistas manifiesten a la faz de todo el mundo su forma de ver, sus objetivos y sus tendencias; que enfrente a la leyenda del fantasma del comunismo una realidad, un manifiesto del partido.

Con esta finalidad, comunistas de diversas nacionalidades se han reunido en Londres y han redactado el «Manifiesto» siguiente que será publicado en inglés, francés, alemán, italiano, flamenco y danés».

No vamos a detenernos en un análisis pormenorizado del Manifiesto, pero sí vamos a hacerlo en algunas de las medidas que Marx y Engels propugnaban para poder implantar la dictadura comunista.

Tras una primera parte de su exposición en la que indicaban que la lucha de clases es inevitable y que el proletariado debe aniquilar a la burguesía para liberarse, Marx introduce el tema del Partido Comunista y su papel en este proceso histórico:

«¿Cuál es la postura de los comunistas ante los proletarios en general?

Los comunistas no forman un partido diferente, opuesto a los demás partidos obreros.

No tienen ningún interés que los separe del conjunto del proletariado.

El propósito inmediato de los comunistas es el mismo que el de todos los partidos obreros: constitución de los proletarios en clases, destrucción de la supremacía burguesa, conquista del poder público por el proletariado.

Justo en ese momento del hilo discursivo, Marx introduce la crítica que los comunistas realizan de la cultura, del derecho, de la familia o de la patria según el esquema burgués. Desde su punto de vista, estos no son sino conceptos que solo pretenden perpetuar el poder de la burguesía y la explotación del proletariado:

«Vuestras ideas son en si producto de las relaciones de producción y de propiedad burguesas, al igual que vuestro derecho sólo es la voluntad de vuestra clase erigida en ley...

¿Sobre qué base descansa la familia burguesa de nuestra época? Sobre el capital, el provecho individual en pleno. La familia sólo existe para la burguesía que halla su complemento

en la supresión obligatoria de toda familia para el proletario y en la prostitución pública.

La familia burguesa se desvanece de manera natural con el desvanecimiento de su complemento necesario, y tanto la una como la otra desaparecen con la desaparición del capital.

... Los obreros no tienen patria. No se les puede quitar lo que no poseen.

... La revolución comunista es la ruptura más radical con las relaciones de propiedad tradicionales. No resultaría por eso nada extraño que en el curso de su desarrollo rompiera igualmente de la manera más radical con las ideas tradicionales».

La meta, finalmente, del proletariado es, por lo tanto, hacerse con el poder político y desde el mismo llevar a cabo «una violación despótica del derecho de propiedad» que en los países más avanzados se encarnará en medidas muy concretas:

1. Expropiación de la propiedad territorial y aplicación de la renta a los gastos del estado.
2. Impuestos fuertemente progresivos.
3. Abolición de la herencia.
4. Confiscación de la propiedad de los emigrados y rebeldes.
5. Centralización del crédito en manos del estado mediante un banco nacional, en el que el estado poseerá el capital y disfrutará de un monopolio exclusivo.
6. Centralización en manos del estado de todos los medios de transporte.
7. Multiplicación de las manufacturas nacionales y de los instrumentos de producción, roturación de los terrenos sin cultivar y mejora de las tierras cultivadas de acuerdo con un sistema general.

8. Trabajo obligatorio para todos, organización de ejércitos industriales para la agricultura.

9. Combinación del trabajo agrario e industrial, medidas cuya finalidad sea la desaparición gradual de la diferenciación entre la ciudad y el campo.

10. Educación pública y gratuita de todos los niños, abolición del trabajo infantil en las fábricas tal y como se practica hoy, combinación de la educación con la producción material, etc.

Las palabras de Marx y Engels constituyen una descripción ciertamente inquietante de lo que ha sido la evolución de las democracias en las últimas décadas. De manera sistemática, se intentaría avanzar hacia la sociedad socialista mediante un creciente intervencionismo estatal. Ese intervencionismo iría privando de su propiedad a los ciudadanos, hurtándoles el derecho a educar a sus hijos, erosionando la familia —a la que se ve como un enemigo que debe ser destruido— y controlando la economía desde arriba. Resulta enormemente interesante el ver que Marx y Engels no pensaban que esas medidas se adoptaran tras la conquista del poder —como ha sucedido en naciones como Rusia, China o Cuba—, sino, previamente, para facilitar la conquista del poder de los comunistas. Para lograrlo, los comunistas respaldarían cualquier movimiento que creara tensiones dentro de la sociedad:

«En resumen, los comunistas apoyan en los diferentes países a cualquier movimiento revolucionario contra el estado social y político existente.

En todos esos movimientos anteponen la cuestión de la propiedad, sea cual sea la forma más o menos desarrollada que presente, como la cuestión fundamental del movimiento.

Finalmente, los comunistas trabajan por la unión y las relaciones cordiales entre todos los partidos democráticos de todos los países.

Los comunistas no se preocupan de disimular sus opiniones y sus proyectos. Proclaman abiertamente que sus propósitos sólo pueden ser alcanzados mediante el desplome violento de todo el orden social tradicional. ¡Que las clases dirigentes tiemblen ante la idea de una revolución! Los proletarios solo pueden perder sus cadenas. Tienen, por el contrario, un mundo que ganar.

¡Proletarios de todos los países, uníos!

La revolución esperada por Marx y Engels estalló en 1848, pero contra lo que habían preconizado ambos no trajo consigo la victoria del proletariado y la aniquilación de la burguesía, sino resultados muy diversos. Entre 1848 y 1852, no sólo las revoluciones fueron siendo sofocadas, sino que además Luis Bonaparte dio un golpe de estado en Francia, iniciando el II Imperio. Así se produjo la disolución de la Liga de los comunistas. Como pronóstico del futuro inmediato, las líneas redactadas por Marx y Engels no podían haber resultado más fallidas.

A más prolongado plazo sucedió lo mismo con la visión *científica* que Marx y Engels afirmaban haber descubierto. A lo largo de décadas, los países capitalistas más avanzados no sólo alejaron el fantasma de una crisis que provocara el desplome del sistema, sino que acabaron por primera vez en la Historia con el trabajo infantil. Lograron no sólo que las clases medias no se proletarizaran, sino que el proletariado se convirtiera en clase media. Por otro lado, los países que habían adoptado como auténtico dogma de fe los principios marxistas acabaron asistiendo, uno tras otro, al final del sistema. Al fin y a la postre, sus trabajadores habían estado sufriendo un nivel de vida muy inferior al de aquellos que vivían en los países de sistema capitalista.

Sin embargo, las tesis de intervencionismo estatal no desaparecieron con el colapso de la URSS. Por el contrario, décadas antes de que se produjera ese evento encontraron una manifestación extraordinariamente importante en el fascismo.

El origen del estado intervencionista (II): el fascismo[2]

La palabra «fascismo» no es comprendida, lamentablemente, por la mayor parte de la población mundial. La izquierda la convirtió en un término mordaza que lo mismo servía para denigrar a Ronald Reagan y a Margaret Thatcher que a las políticas conservadoras o clásicamente liberales. Tildar a alguien de fascista implica estigmatizarlo y denigrarlo, sacarlo del debate social y condenarlo de la misma manera que los regímenes fascistas quedaron condenados por su derrota en la Segunda Guerra Mundial. Esa conducta puede tener réditos en el terreno de la propaganda y de la lucha política, pero presenta como un gran inconveniente el no ver hasta qué punto muchas de las políticas seguidas en el seno de las democracias, especialmente por las izquierdas, son abiertamente fascistas. Una vez más el conocimiento de la Historia arroja no poca luz sobre lo que vivimos en la actualidad.

De entrada, hay que subrayar el hecho de que el fascismo es solo una forma de socialismo que contó con enormes admiradores en su día. Winston Churchill llegó a afirmar en relación con Mussolini: «Si yo hubiera sido un italiano, estoy seguro de que habría estado de todo corazón con usted desde el principio para acabar en su lucha triunfal contra los apetitos y pasiones bestiales del leninismo».[3] Gandhi visitó a Mussolini en los años veinte encantado de conocer a un político de su categoría y dejando un testimonio gráfico del evento.[4] En 1934, incluso Cole Porter incluyó entre lo que era «top» en el mundo a Mussolini... aunque finalmente tuvo que cambiar la letra de la canción. Todo esto sucedía mientras la Italia fascista era el estado más intervencionista del planeta con la única excepción de la Unión Soviética. Para comprender esta circunstancia, hemos de examinar la Historia.

---

[2]. Sobre el fascismo, véase: J. P. Diggins, *Mussolini and Fascism: The View from America* (Princeton, 1972); R. Eatwell, *Fascism: A History* (Nueva York, 1995); A. J. Gregor, *The Ideology of Fascism: The Rationale of Totalitarianism* (Nueva York, 1969); R. O. Paxton, *The Anatomy of Fascism* (Nueva York, 2004); W. Schivelbusch, *Three New Deals: Reflections on Roosevelt's America, Mussolini's Italy and Hitler's Germany, 1933-1939* (Nueva York, 2006); Z. Sternhell, *The Birth of Fascist Ideology* (Princeton, 1994).

[3]. M. Gilbert. *Winston S. Churchill. V: Prophet of Truth, 1922-1939*, p. 226.

[4]. https://www.youtube.com/watch?v=ZcUPkbYuhok.

Mussolini nació en 1883 y en 1900, siendo todavía un menor de edad, ingresó en el Partido Socialista Italiano (PSI). Tras obtener el título de maestro de escuela, en 1902 se refugió en Suiza, donde desarrolló actividades socialistas revolucionarias y comenzó a escribir en medios de comunicación. Tras una amnistía, regresó a Italia en 1904. En 1910 fue nombrado secretario de la federación socialista provincial de Forli y poco después se convirtió en editor del semanario socialista de esta región *La Lotta di Classe* (La lucha de Clases), aumentando sus ventas. La victoria del ala dura socialista en el Congreso de Reggio Emilia, celebrado en 1912, le proporcionó una enorme relevancia, ya que defendió la expulsión de los socialistas reformistas. Consiguió en esa época la dirección del principal periódico socialista milanés *Avanti*, órgano oficial del partido, a la vez que dirigía *Utopia*, un medio defensor de la revolución socialista, donde se expresaban debates ideológicos y se daba amplia cabida al sindicalismo revolucionario y sus exponentes.

La ruptura con el PSI se produjo al estallar la Primera Guerra Mundial. Mussolini no era partidario de la neutralidad defendida por el PSI y en 1915 fundó el periódico *Il Popolo d'Italia*, al que denominó diario proletario. Desde él defendió la intervención en el conflicto al lado de los aliados y en contra de Alemania. En agosto de 1915, se presentó voluntario para ir al frente donde fue herido de gravedad en 1917, convirtiéndose en héroe de guerra. En 1919, Mussolini creó en Italia los Fasci italiani di combattimento, que, en 1920, se convertirían en el Partido Nacional Fascista. El propio Mussolini explicaría que el fascismo era un socialismo, pero no internacionalista como el marxista, sino nacionalista.

El 25 de mayo de 1922, organizó su asalto al poder a través de la denominada Marcha sobre Roma. Cuando Mussolini y sus fascistas se encaminaron masivamente a Roma para tomar el poder, el rey Víctor Manuel III se negó a firmar el decreto de Estado de Asedio propuesto por el jefe del gobierno Ivanoe Bonomi, imposibilitando así cualquier oposición armada por parte del ejército. No solo eso. El 30 de octubre de 1922, el rey encargó además formar nuevo gobierno a Mussolini, pese a que no contaba con una mayoría en el parlamento. Lo que vino a continuación fue una creciente intervención del Estado en la vida de los ciudadanos todavía bajo ropaje parlamentario.

Mussolini llegó a un acuerdo con la Iglesia católico-romana vigente todavía en la actualidad —Pactos de Letrán— y además emprendió un ambicioso programa de obras estatales, impulsó la economía estatal y el control de la privada y dictó una legislación laboral que provocó el aplauso de la OIT (Organización Internacional del Trabajo) que afirmó que Italia contaba con el mejor sistema social del mundo, sostenido por estructuras como el *dopolaboro* (después del trabajo) y los sindicatos. Jonah Goldberg ha sostenido la tesis, adelantada por otros autores, de que el New Deal de Roosevelt absorbió el intervencionismo de Mussolini.[5] Paralelos existen aunque, muy posiblemente, Roosevelt se inspirara más en legislaciones como las del canciller prusiano Bismarck.

Tras una victoria electoral innegable, Mussolini mantuvo la monarquía, pero desarboló el sistema parlamentario instaurando una dictadura que suprimió los partidos políticos, las libertades y cualquier asomo de sistema representativo. Sin embargo, la oposición política fue muy escasa hasta el punto de que Mussolini no tuvo que recurrir durante años a medidas represivas extremas y se limitó a encarcelar o desterrar a unos centenares de opositores. La Iglesia católico-romana y la monarquía lo apoyaban, pero, por encima de todo, Mussolini era respaldado por grandes masas populares que no habían tenido problema alguno en cambiar su libertad por el disfrute de leyes socialistas.

Si Mussolini se hubiera limitado a mantener el régimen socialista —el fascismo— en Italia, es posible que hubiera conservado el poder indefinidamente con un creciente aplauso internacional. Solo su deseo de crear un Imperio italiano invadiendo en 1935 Etiopía —un paso que fue respaldado calurosamente por los obispos italianos— colocó en su contra a una parte de la comunidad internacional. Ese repudio fue el que impulsó a Mussolini a aliarse con un hombre al que despreciaba: Adolf Hitler. Fundador del nacional-socialismo alemán, una versión

---

5. Jonah Goldberg, *Liberal Fascism. The Secret History of the American Left from Mussolini to the Politics of Meaning* (Nueva York, 2007).

germánica del fascismo, Hitler también había llegado al poder demo-cráticamente y había presidido un gobierno de intervencionismo esta-tal que acabó convirtiéndose en dictadura. Al final, la derrota de Hitler en la Segunda Guerra Mundial provocaría también la de Mussolini y su muerte en 1945. El fracaso militar, el antisemitismo —ausente ini-cialmente en el fascismo italiano al que se afiliaron numerosos judíos— y, sobre todo, los horribles crímenes de guerra desprestigiaron a Mussolini y llevaron a olvidar su política de intervencionismo estatal y, sobre todo, hasta qué punto inspiraría e inspira muchas de las políticas actuales en sistemas dictatoriales, pero también democráticos.

Como en la Antigua Grecia, la creación de enormes masas clien-telares encantadas por los supuestos beneficios sociales habían terminado por acabar con sistemas parlamentarios y democráticos ins-tituyendo dictaduras. Era un paso que Marx y Engels habían previsto y que Mussolini y Hitler habían aprovechado para instaurar sus sistemas de socialismo nacionalista. Ese peligro persiste a día de hoy.

El creciente intervencionismo estatal —supuestamente provocado por la búsqueda de la igualdad y de la justicia social— erosiona las bases de la democracia, abriendo el camino a la toma del poder por parte de determinados políticos sobre la base de clientelas a las que se halaga y cuyo aplauso se busca. Las enormes masas subvencionadas en Hispanoamérica, los inmigrantes —no pocas veces ilegales— de origen hispano en Estados Unidos y de origen musulmán en la Unión Europea, los sectores de población —generalmente étnicos— recepto-res de ayudas sociales que puedan inclinar su voto hacia determinadas opciones políticas son los arietes, no pocas veces inconscientes, lanza-dos contra el sistema democrático con la finalidad de colapsarlo de la misma manera que sucedió en la antigua Atenas.

Sin embargo, esas fuerzas políticas no cuentan, por sí mismas, con el poder económico suficiente como para llevar a cabo esos progra-mas. ¿Cómo, pues, los costean? Nos acercaremos a esa cuestión en el capítulo siguiente.

CAPÍTULO VI

LA CRECIENTE INTERVENCIÓN ESTATAL (II): los impuestos crecientes

Otros tiempos, otros lugares

Como vimos en el capítulo anterior, Marx y Engels vieron con enorme claridad que el camino a la conquista del poder y la implantación de la dictadura del proletariado pasaba necesariamente por un ataque encarnizado contra la propiedad privada. Uno de los instrumentos privilegiados para alcanzar esa meta era la subida progresiva de impuestos, el despojo creciente de las herencias, y el emprendimiento de programas que podríamos denominar sociales. Si, por un lado, las dos primeras medidas crearían un empobrecimiento creciente de las clases medias y su proletarización; por otro, esas nuevas masas lanzadas al empobrecimiento se convertirían en sectores clientelares que respaldarían a los comunistas en su asalto al poder. El fascismo no llevó a cabo esas medidas confiscatorias, pero sí supo utilizar las medidas sociales para conquistar una enorme base social que, satisfecha por las ayudas estatales, contempló con pasividad e incluso con complacencia la desaparición de los regímenes parlamentarios. En las democracias actuales, la bandera de la igualdad y de la justicia social se están enarbolando de manera semejante para empobrecer y proletarizar incluso a las clases medias a la vez que se crean clientelas inmensas que, llegado el caso, alcen al poder a partidos impulsores de medidas socialistas abocando a esos sistemas democráticos hacia su conclusión. No todos los partidos tienen por qué asumir tesis como las de Piketty que implicarían desproveer de la práctica totalidad de sus ganancias a las clases medias a cambio de una supuesta igualdad. Sin embargo, la estrategia es la misma, y lo es porque constituye una forma privilegiada de convertir a los ciudadanos en meros súbditos sometidos al estado. Semejante idea cuenta con numerosos partidarios incluso en partidos situados a la derecha del mapa político. Tan es así que esas subidas de impuestos son respaldadas incluso por sectores de la población que se ven totalmente perjudicados por esas medidas, pero que son incapaces de verlo gracias a la propaganda política y mediática. Sin embargo, esa concepción no ha sido siempre así y, a decir verdad, choca con la trayectoria propia de las democracias. Un ejemplo, al respecto, lo encontramos en la propia Historia de los Estados Unidos.

Como indicamos en la primera parte del libro, la democracia americana surgió modelada por la cosmovisión de los puritanos. El enfoque que dio a los impuestos no fue, al respecto, una excepción. En la Biblia, hay referencias a los impuestos que son dignas de consideración. Por ejemplo, la Torah contemplaba un impuesto fijo situado en la décima parte del beneficio obtenido (Deuteronomio 26). De manera bien significativa, ese diezmo era pagado anualmente, pero se dividía en períodos de tres años. Un año, el dinero era recogido, pero el israelita no lo entregaba, sino que lo gastaba en sí y en su familia a fin de que fuera consciente de que lo que recibía procedía de la generosidad de Dios y de que Dios deseaba que disfrutara del fruto de su trabajo con los suyos. Otro año, ese diezmo era destinado a los servidores del templo, ya que no contaban con otro tipo de ingresos al estar excluida la tribu de Leví del reparto de la tierra. Finalmente, un tercer año, el diezmo era destinado a los realmente desprotegidos de la sociedad, como podían ser las viudas y los huérfanos. De manera bien significativa, ese impuesto del diezmo no aumentaba porque la persona tuviera más ingresos, sino que se aplicaba por igual a todos en el entendimiento de que el diezmo del rico siempre sería mayor que el del pobre. Se trataba, pues, del impuesto que suele denominarse de capitación, es decir, cada cabeza pagaba la misma proporción de sus ingresos aunque la cantidad variaría finalmente.

Por supuesto, el Antiguo Testamento no pasaba por alto que habría gobernantes que intentarían aumentar los impuestos por encima de ese nivel pero, de manera bien significativa, esa práctica no se presentaba como buena, sino que se señalaba que formaría parte de los abusos de poder. Así, al señalar los riesgos de tener «un rey como las naciones», el profeta Samuel se preocupó de señalar que, entre ellos, estaría no solo la creación de un funcionariado que deberían mantener los israelitas (1 Samuel 8:11-13), sino también de clientelas (vv. 14) y un diezmo adicional (v. 15 y 17), lo que, lógicamente, acabaría provocando el malestar del pueblo (v. 18). Lamentablemente, Israel no escuchó los sabios consejos de Samuel empeñado en ser como otras naciones (v. 19-20). Con todo, las cifras dadas no dejan de ser significativas. La suma de impuestos, como máximo, alcanzaría al 20% de los ingresos de cada persona. La idea de la redistribución de la riqueza, por añadidura, aparecía absolutamente ajena a la enseñanza de Moisés y los profetas.

Resulta enormemente llamativa la manera en que el tema de los impuestos es abordado por el apóstol Pablo, precisamente, en relación con una descripción de las finalidades del Estado. El texto en cuestión se encuentra en Romanos 13:3-6 y dice así:

Porque los magistrados no están para infundir temor en el que hace el bien, sino en el malo. ¿Quieres, pues, no temer la autoridad? Haz lo bueno, y tendrás su alabanza porque es servidor de Dios para tu bien. Pero si haces lo malo, teme; porque no lleva la espada inútilmente porque es servidor de Dios, vengador para castigar al que hace lo malo. Por lo que es necesario que estemos sujetos, no solamente por razón del castigo, sino también por causa de la conciencia. Porque por esto pagáis también impuestos, porque son servidores de Dios que atienden continuamente a esto mismo.

Las palabras de Pablo son dignas de reflexión. El apóstol no era un anarquista ni tampoco pensaba que el poder estatal era ilegítimo. Por el contrario, afirmaba que el orden estatal resulta indispensable en un mundo caído. De ahí que Dios señale su necesidad. Ahora bien, su finalidad no es otra que mantener el orden y castigar a aquellos que quebrantan la ley. Precisamente por eso, tiene en sus manos el poder de la espada. Esa defensa de la seguridad y de la integridad de los ciudadanos es lo que justifica su existencia y además legitima que pueda cobrar impuestos.

La enseñanza del apóstol resulta más que interesante, ya que realiza una descripción de lo que hoy algunos denominarían estado mínimo. La finalidad del estado no es regar a los ciudadanos con servicios y mucho menos forzar la igualdad, sino simplemente mantener la seguridad y el orden castigando a los que lo quebrantan. Semejante principio es de aplicación general y no diferencia entre regímenes democráticos y los que no lo son. Por añadidura, indica que ésa es la finalidad de los impuestos.

De manera nada sorprendente, estas visiones quedaron reflejadas en la labor de los Padres Fundadores. Ya antes de la revolución, Benjamin Franklin escribiría en 1758 en el *Poor Richard's Almanac* que «sería un gobierno duro aquel que hiciera a su pueblo pagar un impuesto de una décima parte de sus ingresos». Aún resulta más significativo que en el artículo I, sección 9 de la Constitución de los Estados Unidos se indique que «ninguna capitación u otro impuesto directo será impuesto salvo en proporción al censo o enumeración existente antes de que se tome». En otras palabras, para los Padres Fundadores —que se habían alzado contra el dominio inglés precisamente cuando éste descargó sobre los americanos nuevos impuestos— la capitación constituía, como en la Biblia, el modelo de impuesto, aunque se aceptara la posibilidad de algún otro impuesto directo. Con todo, esos impuestos «serán UNIFORMES a través de todos los Estados Unidos» (Art. I, Sec. 8).

Semejante visión —de honda raigambre bíblica y puritana— solo comenzó a quebrarse a finales del siglo XIX por efecto de ideologías como el progresismo y el posestructuralismo que implicaban no ver a los ciudadanos como parte de la nación, sino como parte de grupos sociales concretos. Semejante visión tiene, entre otras consecuencias negativas, la de enfrentar a unos sectores de la población con otros. Bajo este enfoque, que chocaba frontalmente con el pensamiento de los Padres Fundadores, en 1894, el Congreso aprobó una ley que diferenciaba en el trato a ricos y pobres. El senador —y antiguo congresista— Justin Morrill (1810-1898) captó a la perfección algunos de los peligros inherentes a esa medida afirmando: «En este país, ni creamos ni toleramos ninguna distinción por razón de rango, raza o color y no deberíamos tolerar nada más que la igualdad completa en relación con nuestros impuestos». Morrill no era, ni de lejos, una persona insensible a las necesidades de la sociedad. Fundador del partido republicano, a él se debe las Morrill Land-Grant Acts que establecían la financiación federal para la creación de *colleges* y universidades públicas. Fue así como se fundaron nada menos que ciento seis *colleges* incluyendo universidades estatales, *colleges* politécnicos y *colleges* agrícolas y mecánicos. A él se deberían además no sólo la actual Biblioteca del Congreso, sino también la creación de varios *colleges* y universidades destinados a estudiantes negros. En otras palabras, dejó de manifiesto que se podía mantener un sistema tributario más acorde con el espíritu de los Padres Fundadores —y de la Biblia— sin desatender necesidades como la educación universitaria.

Morrill no estaba solo en sus planteamientos. A decir verdad, en 1895, el Tribunal supremo dictó una sentencia contra la ley de 1894 alegando que sería un paso hacia «una guerra de los pobres contra los ricos —una guerra que crecería constantemente en intensidad y amargura».

Sin embargo, los denominados progresistas decidieron continuar su plan y en 1913 lograron que la décimosexta enmienda sustituyera la imposición por capitación por unos impuestos progresivos. El sistema impositivo dejaba de tratar a los americanos como ciudadanos iguales para convertirlos en parte de grupos, una medida extraordinariamente dañina para la democracia. Por un lado, los muy ricos intervendrían crecientemente en política para escapar de una presión fiscal cada vez mayor; por otro, sectores enteros de la población serían convertidos en clientes por los políticos y, finalmente, las clases medias acabarían pagando las cuentas en términos de empleo, de crecimiento económico y de prosperidad, ya que la subida de impuestos tiene como consecuencia directa la reducción del crecimiento económico y de la inversión y el aumento del desempleo.

Por si todo lo anterior fuera poco, la suma de políticos decididos a conquistar y mantener el poder y a utilizar el dinero de los impuestos para crear clientelas electorales acaba provocando una espiral de subidas impositivas que terminan destruyendo la democracia. A fin de cuentas, recaudar y recaudar cada vez más se convierte en una de las primeras metas de la acción política. Algunas historias reales dejarán más claramente de manifiesto lo que pretendo relatar.

Dos historias reales... y reveladoras

Permítanme contarles en primer lugar una historia de un empresario cuyas iniciales son M. F. Este empresario era dueño de una empresa, principal distribuidora de Airtel, primero, y Vodafone, después, en su país. La empresa de M. F. poseía 320 tiendas en su nación de origen y planeaba llevar a cabo una importante inversión para lanzar una operadora de telefonía a través de la compañía extranjera. Los negocios de M. F. marchaban tan bien que se convirtió en el dueño de la mayor colección privada de coches de lujo de su país. En 2006, un inspector corrupto de Hacienda que extorsionaba a los contribuyentes en colaboración con un despacho de abogados le abrió un expediente fiscal y le embargó más de tres millones de euros. Esta acción del inspector corrupto tuvo como consecuencia directa que, ante la falta de liquidez, M. F. se viera obligado a despedir a trescientos de sus empleados. Por si lo anterior fuera poco, la Agencia Tributaria, el IRS de este país, lo denunció ante la Fiscalía por fraude fiscal y el Ministerio Público se adhirió a la acusación. Como consecuencia de la acción del inspector de la Agencia Tributaria, M. F. fue, primero, imputado y, más tarde, juzgado por este delito. El fiscal pedía que se le impusieran doce años de cárcel. Ninguna de las acusaciones de la Agencia Tributaria fue probada, y casi diez años después, en 2015, la juez absolvió a M. F. La absolución dejó claramente de manifiesto la inocencia de M. F., pero mientras duró el proceso, el empresario perdió buena parte de sus empresas y casi la totalidad de la facturación.

Ciertamente, la juez también obligó a la Agencia Tributaria a devolver a M. F. ocho millones y medio de euros que se había deducido del pago del IVA, además de un Rolls Royce, un Aston Martin, un BMW, un Audi y un Jaguar que habían sido incautados. Entonces, la Agencia Tributaria, en una muestra palmaria de fraude de ley, recurrió el fallo ante el tribunal superior de la provincia, con lo que esta devolución quedó paralizada. Por si todo lo anterior fuera poco, entre enero y septiembre de 2016, cuando el tribunal superior ratificó la sentencia absolutoria, antiguos miembros del Servicio de Aduanas de la provincia entraron en contacto con M. F. y le garantizaron la devolución inmediata de los ocho millones y medio si se comprometía, por escrito, a no iniciar acciones legales contra la Agencia Tributaria de la ciudad y, en concreto, contra el inspector corrupto. El empresario M. F. se negó rotundamente a garantizar la impunidad del inspector corrupto. A día de hoy, no se ha hecho justicia a M. F., ni tampoco se ha castigado a un inspector corrupto que formaba parte de una trama en la que miembros de la Agencia Tributaria acosaban; abogados en comandita con los inspectores corruptos se ofrecían a mediar a cambio de sustanciosas sumas de dinero, y después esas cantidades obtenidas mediante la extorsión se repartían entre los inspectores corruptos y los abogados fiscales no más honrados.

En el caso de M. F., la primera consecuencia de no aceptar la extorsión fue el embargo de sus cuentas empresariales y que trescientas personas se vieran sin empleo. Lo que vino después fue un calvario judicial en el curso del cual la Agencia Tributaria se incautó de los bienes del empresario y además inició una acción judicial por la que le pedían prisión. Al cabo de diez años, M. F. fue declarado inocente, pero incluso en esta época no pudo evitar la acción de funcionarios que le ofrecieron que recuperara antes los bienes de los que se había apoderado injustamente la Agencia Tributaria a cambio de no iniciar acciones legales contra el inspector corrupto. M. F., de manera ejemplar, se negó, pero ya su vida había sido arruinada por una Agencia Tributaria que, a fin de cuentas, solo deseaba recaudar más para mantener el aparato del Estado.[1] Ciertamente, cuando se considera lícito privar a otro de sus bienes para utilizarlos en una redistribución social el abuso está esperando ¿Excepción? ¡¡¡No!!! Norma general. Permítanme contarles otra de estas historias reveladoras.

Cuatro funcionarios de la Agencia Tributaria —recordemos que es el equivalente del IRS—, acompañados de policías de la Brigada Provincial de Extranjería y Fronteras, se presentaron de improviso el 30 de marzo de 2017, autorizados por un juzgado de lo contencioso-administrativo, en uno de los burdeles más importantes de la ciudad. La intención de los agentes de la Agencia Tributaria era extorsionar a las prostitutas para obtener información que les permitiera recaudar todavía más. A fin de que no pudiera quedar huella de sus acciones que podían ser ilícitos penales, los funcionarios de la Agencia Tributaria, acompañados de policías, dieron orden de apagar los videos que grababan lo que sucedía en el prostíbulo. A pesar del interés de los miembros de la Agencia Tributaria por borrar las huellas de sus acciones, uno de los videos permaneció encendido y pudo grabar lo que llevaron a cabo en el interior del prostíbulo con las mujeres. Así quedó constancia de cómo uno de los funcionarios de la Agencia Tributaria le decía a un policía: «¿No has puesto nada de lo que hemos hablado con las chiquitas? Por poner lo que nos conviene y lo que no, no». En otras palabras, el funcionario de la Agencia Tributaria pretendía que el policía falseara los interrogatorios. A esas alturas, eran ya las 12.15 de la noche, y varios funcionarios de la Agencia Tributaria llevaban ya siete horas realizando

---

[1]. https://www.farodevigo.es/galicia/2019/01/19/redcom-9-millones-bloqueados-trama/2035491.html; https://www.farodevigo.es/gran-vigo/2019/01/17/caso-redcom-epicentro-investigacion-trama/2034572.html; https://www.elconfidencialdigital.com/articulo/dinero/corrupcion-agencia-tributaria-asi-operaba-trama-inspectores-hacienda-desarticulada-galicia/20190116173527120499.html.

la inspección fiscal. En su intento de que las mujeres confesaran que eran trabajadoras encubiertas del local y no prostitutas que alquilaban las habitaciones tras conseguir un cliente, el funcionario de la Agencia Tributaria dijo a una de las mujeres: «Esto va a ser fácil si tú colaboras y nos dices lo que queremos oír, vamos a ir rápido. Si no nos lo dices, vamos a tardar más, ¿me entiendes?».

En la grabación se podía ver con toda claridad cómo las prostitutas eran presionadas, extorsionadas y amenazadas por los agentes de la Agencia Tributaria, que incluso impedían que una de las mujeres pudiera atender a su hijo pequeño durante horas para forzar una confesión en el sentido que deseaban. Por si lo anterior fuera poco, dos de los miembros de la Agencia Tributaria hicieron referencia al bonus que iban a cobrar mientras el jefe del operativo decía que con esta inspección «cumplo el cupo del año».

Uno de los casos más graves recogidos en la grabación fue el de una joven llamada Diandra, a quien los agentes de la Policía Nacional pusieron dos boletines de denuncia con la amenaza de cursarlos. Uno de los funcionarios le dijo mientras se los enseñaba: «Así, la próxima vez estarás más calladita». Las grabaciones mostraron cómo entonces una compañera de Diandra la separó del grupo y le pidió que se tranquilizara porque «te van a dar una hostia». «Me quiero ir ya, coño», respondió ella. Las grabaciones mostraban también cómo Diandra agarraba su bolso, intentaba irse, y entonces un agente la devolvía dentro de la sala donde estaba retenida.

A las ocho de la noche, los agentes de la Policía Nacional habían llegado a la conclusión de que no había ningún delito de trata y comentaron a los funcionarios de Hacienda que lo mejor era irse. Sin embargo, los miembros de la Agencia Tributaria decidieron continuar la extorsión que estaban ejerciendo sobre las prostitutas. Así cuando el policía le dijo al jefe de la Agencia Tributaria: «Las chicas, vamos a dejarlas, ya que se vayan, ¿queréis alguna cosa?», el jefe de la Agencia Tributaria respondió: «Que no se vayan todavía».

Ante la imposibilidad de conseguir que las mujeres confesaran lo que deseaban los inspectores de Hacienda, estos pidieron la colaboración de los policías para poder provocarles un mayor miedo. Así en una de las grabaciones se recoge el siguiente diálogo entre un policía y una de las prostitutas:

Policía: «Ellos no son la policía, son de la Agencia Tributaria, te van a hacer unas preguntas. Solo te pido que digas la verdad y más teniendo en cuenta tu situación».

Chica: «¿Cuál es mi situación? (...) Yo estoy totalmente legal, soy abogada en mi país, ¿dónde está la ilegalidad?».

Policía: «Yo te digo que...».

Chica: «Sí yo sé cuáles son mis derechos. Soy abogada (...)».

Policía: «Lo tuyo va a ser rápido. Lo que pasa es que acabaremos pronto cuanto mejor tú lo hagas. Cuanto más tardes tú, más vamos a tardar nosotros. Esto va a ser fácil si tú colaboras y nos dices lo que queremos oír, vamos a ir rápido. Si no nos lo dices, vamos a tardar más, ¿me entiendes?».

Chica: «Sí».

En las grabaciones también se puede ver cómo el responsable del operativo de la Agencia Tributaria y un policía agarraban a una chica (Cristina, de nacionalidad paraguaya) y se la llevaban a una sala aparte para decirle con amenazas que lo mejor era que colaborara. El diálogo se desarrollaba de la siguiente manera:

Policía: «Vamos a ver, empiezo desde el principio, o acabo, o les digo que te vas y cojo a los de extranjeros y te vienes conmigo, no vas a figurar en ningún sitio ni lo que cuentes. Cuéntamelo a mí y acabamos rápido. ¿Cuánto pagáis al día por estar aquí?».

Cristina: «El alquiler de la habitación».

Policía: «Cada vez que haces el alquiler, ¿cuánto pagas por una hora?».

Cristina: «60».

Policía: «¿Y por media?».

Cristina: «30».

Policía: «Cuando entras tú, ¿cuánto pagas sin servicios?».

Cristina: No pagamos por el día».

Policía: «No me lo creo. Y las que viven arriba, ¿no pagan nada?».

Cristina: «Nada, nada, te lo juro. Entramos y salimos, pero no pagamos nada si no trabajamos. Depende de nosotras que queramos trabajar, pero por vivir arriba no pagamos nada».

En la grabación también se podía ver cómo los agentes de Hacienda intentaban que las chicas dieran la versión que querían oír amenazando con una persecución económica desde la Agencia Tributaria: «Lo que os va a pasar es que si vosotras decís que el dinero de los clientes va para vosotras (...) nosotros al final como sabemos quiénes sois. Os vamos a abrir una inspección a todas y os vamos a reclamar un montón de dinero (...) y os vamos a abrir unas actas impresionantes. Eso supone que nunca podréis tener una nómina o un bien porque esa deuda se va a quedar para toda la vida, y en el momento en que tú ingreses un dinero o una cuenta o intentes comprar una casa os van a embargar. Así os vais a encontrar».

Uno de los inspectores, en una brutal muestra de extorsión, decía a una de las prostitutas: «Os vamos a abrir unas actas importantísimas, os van a subir un dineral, os va a generar una deuda que no vais a poder pagar y vais a tener toda la vida esa deuda. Vosotras no vais a poder tener nunca una nómina porque os la embargarán. No vais a poder tener nada a vuestro nombre porque os lo embargarán». En otro caso, la amenaza del funcionario de la Agencia Tributaria se expresó de la siguiente manera: «En todos los ficheros del estado os va a salir una deuda brutal. Lo que os salga entonces, lo que estamos hablando con vosotras, es si te das cuenta de momento sin escribir nada, simplemente que nos digas la verdad, para que nos digas la verdad, para saber cuánto dinero gana la empresa, porque yo estoy convencido de que todo el dinero no es vuestro».

Según la grabación, uno de los policías decía a una de las prostitutas: «Lo que te quiero decir es que nosotros somos la policía y vamos a por los malos, pero éstos te cogerán mañana y te dirán (...) cómo puedes tener un piso sin haber declarado nada y te van a coger, van a ir a por ti y te fusilan y te meten en la cárcel».

La grabación recoge también el siguiente diálogo amenazante:

Policía: «¿De qué nacionalidad eres?».

Chica: «Española, canaria».

Policía: «Ahora digo, me dirás soy de por ahí y me voy, pero tú no te vas, tú no te escapas».

Chica: «No, no, me lo como».

Policía: «Enterito».

Chica: «¡Ay! Que me dan los calores».

Funcionario de Hacienda: «No. Vas a tener un problema, porque la deuda siempre la tendréis ahí. Siempre la tendrás ahí, pendiente».

Policía: «Vendré un día de éstos y lo vas a pasar mal. No te voy a invitar a un cortado. Te voy a decir, ya veremos, y cuando te diga esto te vamos a llevar y vamos a saber lo que es».

Chica: «¡Ay, ay mi madre!».

Policía: «¿Entiendes lo que te estoy diciendo?».

También la grabación muestra cómo los funcionarios incluso amenazaron a las mujeres con falsear las declaraciones porque no decían lo que querían oír. Así pues, se presenta el siguiente diálogo:

Chica: «Yo no te voy a confirmar nada».

Policía: «Ya lo confirmaré yo y si yo ahora digo que me has contado todo, ¿qué?».

Chica: «Dilo, dilo, pero dilo completo».

Policía: «Yo diré lo que quiera de lo que tú me estás diciendo. No lo has entendido» (mientras los funcionarios se ríen).

Funcionario de Hacienda: «Lo que él quiera».

Chica: «¡Uy, tengo miedo!».

Policía: «No me quieres contar nada, ni a él, no me parece bien. Vendré un día a tomar café contigo».

Por si todo lo anterior fuera poco abuso de poder, los inspectores de la Agencia Tributaria subieron a las habitaciones para verlas desnudas. En una de las grabaciones se contempla cómo los funcionarios, mientras una técnica de Hacienda terminaba de hacer copias de la documentación que se llevaron, mantenían la siguiente conversación:

Funcionario de la Agencia Tributaria: «¿Subimos a la cuarta ahora a ver si alguien? (...) Porque aquí duermen».
Funcionario de la Agencia Tributaria: «¿Subimos a verlas? Total, para no hacer nada aquí».
Funcionario de la Agencia Tributaria: «Nosotros hemos subido al cuarto piso y estaban todas las camas deshechas».

Al fin y a la postre, las mujeres mantuvieron su declaración y la Agencia Tributaria tuvo que elevar un acta señalando que «las contestaciones dadas coincidieron en todos los casos con las explicaciones dadas por la empresa». Sin embargo, el acoso no concluyó. En junio de 2018, la Agencia Tributaria notificó al propietario del local expedientes sancionatorios por 934.777 euros. En otras palabras, a pesar de carecer de pruebas, los inspectores de la Agencia Tributaria decidieron apoderarse de un millón de euros del empresario.[2]

Como era de esperar, algunas de las mujeres denunciaron ante la justicia esta intervención e interpusieron, ante uno de los juzgados de la ciudad, una querella por delitos de allanamiento de morada, prevaricación, falsificación de documento público, coacciones, amenazas y detención ilegal. La denuncia dirigida contra tres policías nacionales y tres funcionarios de Hacienda fue archivada el 5 de febrero de 2019 por el juzgado tras asegurar en un auto que «la actuación de todos los intervinientes en relación a las mujeres «clientes» del hotel no puede tildarse más que de estrictamente correcta; en ningún momento de las horas que constan en las grabaciones se

---

2. https://www.elconfidencial.com/espana/2019-07-12/inspectores-hacienda-burdel-prostitutas
-presiones_2118287/; https://twnews.es/es-news/los-videos-de-un-burdel-que-salpican-a-hacienda-y-policias
-te-van-a-fusilar.

aprecia una mala actitud, prepotencia, desprecio, presión o mal trato a ninguna de ellas, y mucho menos una actitud amenazante y coactiva, más bien al contrario, el trato es excelente, propio y adecuado a las circunstancias de la entrada y registro en toda intervención policial». La historia, con todo, no terminó ahí. El dueño de la empresa se dio cuenta, tras recibir el expediente que utilizó Hacienda para sancionarle, de que en su computadora aparecían 3.801 archivos que no estaban en ella cuando los inspectores visitaron de improviso su negocio. Entre estos nuevos documentos que el fisco ubicaba en la computadora de su oficina estaban 185 fotografías de chicas desnudas o semidesnudas.

Las grabaciones de las acciones llevadas a cabo por los funcionarios de la Agencia Tributaria y la policía sobrevivieron de manera casi milagrosa.[3] De hecho, el inspector de Hacienda que dirigió el operativo quiso borrar todas las grabaciones cuando se dieron cuenta de que habían sido monitorizados por las dieciocho cámaras de seguridad que hay en el local. El propio funcionario de la Agencia Tributaria era consciente de la situación y aseguró a uno de sus compañeros que había «metido de por medio a la policía». Igualmente, advirtió al abogado de la empresa, que se personó en el local y al que intentaron quitar el móvil, que si no procedía a la destrucción de las imágenes tendrían «a primera hora una incidencia con el abogado del Estado». Su actitud con el letrado de la empresa propició incluso un escrito de amparo del propio Colegio de Abogados de la ciudad.

Por si lo anterior fuera poco, los funcionarios de la Agencia Tributaria tuvieron que llamar a un compañero, de nombre Álvaro (que no aparece en el acta de inspección como funcionario habilitado para el operativo) y que permaneció en el local hasta las tres de la madrugada intentando destruir las grabaciones. Cuando se fueron, no se percataron de que había un sistema doble de grabaciones que no borraron. Gracias a él, se puede saber cómo actúa la Agencia Tributaria de ese país.

---

3. https://www.youtube.com/watch?v=1hted7P0zZ4.

Las dos historias relatadas —y sin castigo— forman parte de un elenco que se podría extender a multitud de casos. No tuvieron lugar bajo un gobierno comunista ni tampoco en una nación regida por una dictadura de cualquier signo, ni mucho menos en una atrasada nación del Tercer mundo. Los hechos tuvieron como escenario una de las primeras naciones de la Unión Europea, más concretamente en España. El ministro de Hacienda, Cristóbal Montoro, pertenecía a un partido de centro-derecha, pero subió los impuestos más allá de las propuestas del Partido Comunista Español. Cuando abandonó el poder dejó tras de sí una terrible estela de incapacidad profesional y escandalosa corrupción.[4]

Como sucede con todos los sistemas de elevados impuestos y grandes clientelas políticas, llega un momento en que ni siquiera legalmente es posible sostener el gigantesco sistema público y, muy especialmente, sus enormes clientelas, indispensables para conquistar el poder político y mantenerlo. Entonces, a los elevadísimos impuestos, se suma la extorsión desde los organismos tributarios, una extorsión que desciende hasta capas sociales especialmente humildes como pueden ser las prostitutas y que castigan con efectos pavorosos a los empresarios. El dinero tiene que fluir hacia el aparato del Estado para mantener en el poder a este u otro partido y fluirá de manera crecientemente despótica. El hecho de que el escenario sea una democracia no constituye ninguna garantía. Es más, la democracia se va destruyendo de manera difícilmente reversible gracias a estas conductas desencadenadas desde el poder. De los partidos, la corrupción del sistema pasa al aparato del Estado e impregna el funcionamiento de la agencia tributaria, de la policía, de los fiscales y de los jueces. Quizá la mayoría de los ciudadanos lo ignore, pero el sistema en el que viven va avanzando día a día, quizá hora a hora, hacia una dictadura que de democracia apenas conserva el ropaje. Sin embargo, ese despotismo económico no ha llegado todavía al fondo. En paralelo, aparece otra gran amenaza para la democracia, la que significa la deuda nacional.

---

4. https://www.abc.es/espana/abci-montoro-llevo-equipo-economico-cenas-banqueros-y-empresarios -ibex-organizadas-rato-201706280637_noticia.html; https://www.libremercado.com/2015-04-12/ un-doble-informe-destapo-los-favores-de-montoro-a-su-antiguo-despacho-1276543854/; https://www.elespanol .com/economia/empresas/20170430/212478994_0.html.

CAPÍTULO VII

LA CRECIENTE INTERVENCIÓN ESTATAL (III): la deuda nacional

La deuda, un mecanismo de desgracia

Permítanme comenzar este capítulo con una anécdota personal. Al poco de exiliarme a Estados Unidos, recibí una llamada del banco en que tenía abierta una cuenta corriente citándome para una entrevista con uno de sus empleados. La persona que me atendió —una agradable y educada señora de mediana edad— tras ofrecerme un café, comenzó a ofrecerme distintos productos bancarios. Sería demasiado prolijo extenderme en su exposición, pero sí puedo decir que todo lo que expuso ante mí con una sonrisa fueron maneras de endeudarme. Había rechazado ya tres o cuatro cuando, finalmente, le dije que no estaba interesado en endeudarme y que cuando deseaba comprar algo ahorraba. Si no era capaz de esperar ahorrando para comprar, entonces es que no merecía la pena. La empleada insistió y tuve que decirle que no estaba interesado en endeudarme porque además estaba convencido de que entrar en deudas era una desgracia. La mujer se quedó callada por un instante y, finalmente, me dijo: «La verdad es que tiene usted razón». Hizo una pausa y añadió: «No sabe usted cuánta gente se ahorraría mucho sufrimiento si pensara como usted». Antes de que pudiera hacer algún comentario, la empleada sonrió repentinamente y dijo: «Claro que entonces yo no tendría trabajo».

Esta anécdota, personal y sin importancia, dice mucho del mundo en que vivimos. El endeudamiento no es la respuesta generosa o siquiera equilibrada a las necesidades de personas o naciones. Por el contrario, la deuda es un mecanismo de sometimiento a los intereses de otros que afecta lo mismo a particulares que a estados. No deja de ser significativo que así lo vieron tanto los autores de la Biblia como los Padres Fundadores.

La deuda, la Biblia y los Padres Fundadores

En Proverbios 22:7 aparece una afirmación que debería escribirse a la entrada de los bancos y de las organizaciones internacionales: «Los deudores son esclavos de sus acreedores». La afirmación puede resonar exagerada y áspera, pero es cierta. El deudor ha entregado una parte, al menos, de su vida a aquellos a los que debe. De ahí que también el libro de los Proverbios (17:18; 22:26-27) señale que sumarse a la deuda de alguien es un acto de necedad que puede llevar a que uno pierda incluso el lecho en el que duerme. De esa situación, se libra únicamente el que se niega a garantizar deudas (Proverbios 11:15). No sorprende que la Torah enseñara que una muestra de la bendición divina es precisamente que no haya que pedir prestado (Deuteronomio 15:6) ni tampoco que Jesús enseñara que entrar en gastos que no se pueden sufragar es un signo de necedad (Lucas 14:28). A fin de cuentas, ese horror a las deudas es lo contrario a los malvados que «piden prestado y no pagan» (Salmos 37:21).

Partiendo de esa base no puede sorprender que los Padres Fundadores contemplaran la deuda como una verdadera desgracia que había que eludir. En 1799, Thomas Jefferson escribía a Elbridge Gerry: «Estoy por un gobierno rigurosamente frugal y sencillo, que aplique todos los posibles ahorros de los ingresos públicos a desembarazarse de la deuda nacional». Lejos de considerar la deuda como algo normal e incluso deseable como la práctica totalidad de los políticos actuales, Jefferson era partidario de un gobierno que no gastara y que se aplicara cuando tenía superávit a liquidar totalmente la deuda.

La razón, como explicaría Jefferson, en una carta escrita el 12 de julio de 1816 a Samuel Kercheval, se debía al bien de los ciudadanos. Efectivamente, en el texto, Jefferson afirmó: «Y para preservar su independencia, no tenemos que dejar que nuestros gobernantes nos carguen con una deuda perpetua. Tenemos que realizar nuestra elección entre la economía y la libertad, o entre la profusión y la servidumbre». Jefferson era más que consciente de que los políticos se inclinan a contraer deudas nacionales. Jamás son ellos los que las pagan y de un mayor gasto se puede derivar el tener a su disposición fondos con los que alimentar clientelas políticas y mantenerse en el poder. Frente a esa conducta, el autor de la Declaración de Independencia señalaba algo absolutamente cierto y es que los ciudadanos no pueden consentir que los políticos descarguen sobre ellos la deuda. Tendrían que elegir entre el control del gasto y la libertad o el aumento de gasto y la esclavitud. El texto tiene ya más de dos siglos y es incluso más verdadero que cuando salió de la pluma de su autor.

Jefferson era además más que consciente de que esa situación no surgía de la noche a la mañana, sino que derivaba de un proceso en el que todo iría de mal en peor. En esa misma carta subrayaba que «un apartarse del principio en un caso se convierte en un precedente para otro... hasta que el conjunto de la sociedad se ve reducido a ser simples autómatas de la miseria... y el caballo de cabeza de ese pavoroso equipo es la deuda pública». Las palabras de Jefferson difícilmente hubieran podido ser más claras. Lo primero que viene es un apartarse de los principios morales, y cuando eso se da en un caso pronto van siguiendo otros. El resultado al final es que buena parte de la sociedad se ve reducida a la miseria porque, como si se tratara de un tiro de caballos, aparecen la deuda pública, los impuestos y, finalmente, la tiranía y la pobreza. Cierto. Esa inquietante realidad nunca iba a ser denunciada por los políticos que se benefician de ella o por las clientelas que aprovechan de esa situación, pero, sin duda, la sucesión de falta de principios morales, deuda pública, impuestos, pobreza y opresión resultaría innegable.

El 21 de julio de 1816, escribiendo a William Plumer, Jefferson volvió a remachar sus tesis: «Yo, sin embargo, coloco la frugalidad entre las primeras y más importantes virtudes republicanas, y la deuda pública como el mayor de los peligros que hay que temer». La democracia no se caracteriza —como afirmaría Piketty— por regar con subsidios y subvenciones a sectores enteros de la sociedad, subir impuestos y recurrir a la deuda para alcanzar la igualdad. Por el contrario, una de las primeras y más importantes de sus virtudes es saber economizar, y el mayor peligro contra ella es la deuda pública.

La posición de Thomas Jefferson no fue aislada o solo propia del partido demócrata que fundó. A decir verdad, recibía el respaldo de otros Padres Fundadores. La joven república tuvo que hacer frente a notables desafíos y el económico no fue el menor. El encargado de ocuparse de semejante desafío fue Alexander Hamilton, el secretario del tesoro. El 14 de enero de 1790, presentó un informe relacionado con la deuda pública. La posición de Hamilton era tajante. Tras negar que «las deudas públicas son beneficios públicos» porque era «una posición invitando a la prodigalidad y susceptible de un abuso peligroso», Hamilton dejó de manifiesto que «deseaba ardientemente ver incorporada como la máxima fundamental en el sistema de crédito público de los Estados Unidos, que la creación de deudas debería ir siempre acompañada de los medios para su extinción».

El 5 de diciembre de 1791, en un informe relacionado con las manufacturas, Alexander Hamilton volvió a repetir sus puntos de vista. Tras indicar que la acumulación de deuda nunca podía ser considerada «deseable», Hamilton afirmó: «Y dado que las vicisitudes de las naciones crean una tendencia perpetua a la acumulación de deuda, debería haber en todo gobierno un esfuerzo perpetuo, ansioso e incesante para reducir la que existe en cualquier tiempo, tan rápido como sea practicable, de manera consistente con la integridad y la buena fe».

El 16 de marzo de 1792, en relación con los suministros que debían proporcionarse para la guerra contra los indios, Hamilton volvió a incidir en el peligro de la deuda pública: «Nada puede interesar más al crédito y a la prosperidad nacionales que una atención constante y sistemática para reunir todos los medios previamente poseídos a fin de extinguir la deuda presente y evitar, tanto como sea posible, el incurrir en cualquier nueva deuda».

El mismo Washington, en su discurso de despedida de 17 de septiembre de 1796, abordaría también el tema de la deuda por resultar de importancia nacional. La conducta esperada de los gobernantes sería la de «evitar de manera semejante la acumulación de deuda, no solo rehuyendo las ocasiones de gasto, sino mediante vigorosas acciones en tiempo de paz para descargar las deudas, que las guerras inevitables pueden haber ocasionado, arrojando de manera nada generosa sobre la posteridad la carga que nosotros mismos debemos llevar». La afirmación de Washington resulta reveladora. En términos generales, no debía existir deudas que pesaran sobre la nación, pero, en caso de que esa deuda se produjera a causa de guerras inesperadas, habría que adoptar enérgicas medidas para quitar esa carga de encima de los hombros de los ciudadanos.

Debe decirse en honor a la verdad que la lucha contra la deuda emprendida por los Padres Fundadores concluyó con un triunfo, pero eso no los llevó a bajar la guardia. El 11 de octubre de 1809, Thomas Jefferson escribía desde su residencia de Monticello a Albert Gallatin: «Considero que fortuna de nuestra república como dependiendo, en un grado eminente, de la extinción de la deuda pública, antes de que nos involucremos en cualquier guerra, porque, hecho eso, tendremos ingresos suficientes para mejorar nuestro país en paz y defenderlo en guerra, sin recurrir a nuevos impuestos o préstamos, pero si la deuda una vez más se hincha hasta un tamaño formidable, su pago entero resultará desesperado y nos veremos entregados a la carrera inglesa de deuda, corrupción y podedumbre que concluyen en revolución. La descarga de la deuda es, por tanto vital, para los destinos de nuestro gobierno».

Las afirmaciones de Thomas Jefferson casi abruman por su enorme lucidez. Desde su punto de vista, no acabar con la deuda nacional solo podía llevar a un encadenamiento de desgracias. No solo implica perder recursos que podrían emplearse en el bien de la nación sin tener que recurrir a nuevos impuestos o préstamos. De hecho, del aumento de la deuda solo cabía esperar una corrupción que, al fin y a la postre, condujera a una situación revolucionaria.

La lección que nadie quiere aprender

Cualquiera que examine las opiniones que sobre la deuda tuvieron los fundadores de la primera democracia de la Historia contemporánea pueden extraer lecciones muy prácticas. Sin embargo, debe decirse que esos consejos que previenen no solo contra el empeoramiento de las cuentas del estado, sino también contra el establecimiento de un sistema corrupto que llevará a la democracia a su final no han sido escuchados. El deseo de intervención del estado y los beneficios que los políticos obtienen de esos fondos públicos que no tendrán que pagar ellos lo han impedido.

A día de hoy, la nación con mayor deuda pública del planeta es Estados Unidos, una situación que reviste algo menos de gravedad por el hecho de que el dólar es la moneda de intercambio universal y, precisamente por eso, buena parte de esa deuda es, al fin y a la postre, pagada por el resto del mundo. La nación subcampeona mundial de la deuda pública es España. En este caso concreto, perteneciente a una economía que está muy detrás de la de naciones como Alemania, China, Japón o Reino Unido, los pasivos en circulación ascienden a 1.777.000 millones de euro, lo que sitúa la deuda en el 145% del PIB. Según los datos publicados por el Banco de España, la deuda pública aumentó en 10.470 millones en el segundo trimestre del año 2019 y marcó un nuevo récord. La deuda de las Comunidades autónomas —los ineficaces y costosísimos gobiernos regionales— aumentó en 3.706 millones, hasta los

300.587 millones, el 24,6% del PIB. Del total de esas diecisiete Comunidades autónomas, solo Cantabria y Madrid redujeron su deuda en el segundo trimestre en relación con el anterior, en tanto que las otras quince la aumentaron. De hecho, Cataluña, a pesar de las astronómicas cantidades de dinero público procedente del resto de España que se le han inyectado, es la Comunidad autónoma más endeudada. Como queda señalado, estas cifras convierten a España en subcampeón mundial de la deuda con el exterior. De hecho, solo los Estados Unidos tiene más de un trillón de dólares de desequilibrio en la llamada Posición de Inversión Internacional con más pasivos contraídos con el exterior que activos. El documento del FMI señala que «sus amplias necesidades de financiación externa tanto del sector privado como del público dejan a España vulnerable a súbitos cambios en el mercado». De hecho, España encabeza las listas de números rojos de la Eurozona y, además, ha batido este verano un nuevo récord de deuda pública. Lamentablemente, el tristísimo caso de España no es una excepción.

La deuda atenaza a buena parte de las naciones de la Unión Europea. Sucede lo mismo con la mayor parte de las naciones de África y Asia y, de manera muy especial, con las de Hispanoamérica. Esa deuda tiene consecuencias pavorosas sobre las economías nacionales, pero van mucho más allá de la economía. Una nación endeudada es una nación que pierde a ojos vista su soberanía nacional. Una nación endeudada es una nación que no puede decidir sobre su presente ni su futuro. Una nación endeudada es una nación que se convertirá en presa fácil del despojo. Cuando el pago de la deuda se convierte en difícil o incluso en imposible, la nación acaba en manos de sus acreedores y asiste indefensa al proceso de descuartizamiento de sus recursos en beneficio de oscuros intereses. Al final, se consuma el cuadro que aparece tanto en la Biblia como en los escritos de los Padres Fundadores. Ha llegado la corrupción del sistema y con ella, la servidumbre y la miseria. Debe añadirse que, precisamente, esa situación ha sido ya vivida por las suficientes naciones como para que resulte obvio cuál es su más que previsible porvenir.

«Nunca sucederá aquí...»

El lector puede sentirse tentado de pensar que el panorama descrito en las páginas anteriores tendrá lugar al sur del río Grande o al sur del estrecho de Gibraltar, pero es imposible que pueda reproducirse en su nación avanzada y democrática. Sí, ese intervencionismo estatal podemos observarlo en Somalia y Venezuela, en Vietnam y Cuba, en el Chad y Nicaragua, en Angola y México, pero jamás, jamás, jamás arraigará en otras naciones. El autor de estas líneas no es tan optimista. En noviembre de 2018, se publicó en los Estados Unidos el tercer informe anual de actitudes hacia el socialismo.[1] Los datos que aparecían en el citado documento resultaban, ciertamente, llamativos. De entrada, el informe concluía que la población de los Estados Unidos carece de una comprensión seria de lo que es el socialismo y el comunismo. Tres de cada cuatro norteamericanos no son capaces de señalar cuántas personas fueron asesinadas en dictaduras comunistas. A esto se añadía que el 52% de los mileniales preferiría vivir en una Sociedad socialista (46%) o comunista (6%) mientras que solo desearía vivir en una capitalista el 40%. Por añadidura, el 26% de los norteamericanos nunca ha recibido ninguna enseñanza sobre el comunismo en ningún contexto educativo o profesional. Además, la mitad de los norteamericanos asocia el socialismo con los estados del bienestar en Europa occidental y Escandinavia, pero no con las dictaduras marxistas. Semejante muestra de ignorancia llega hasta el extremo de que solo la mitad de los norteamericanos puede identificar Cuba como un país comunista y un 41% no considera que Corea del Norte sea comunista. De manera todavía más inquietante, uno de cada tres norteamericanos asocia socialismo con la sanidad, especialmente los favorables al sistema. Aunque el capitalismo sigue siendo el sistema favorito en los Estados Unidos, la mitad de la generación Z y de los mileniales es más favorable al socialismo que los *baby boomers*. En relación con el peligro comunista, un 6% considera que es algo del

---

[1]. https://www.victimsofcommunism.org/2018-annual-report; https://www.victimsofcommunism.org/voc-news/third-annual-report-on-us-attitudes-toward-socialism.

Siglo XX, un 43% que también afecta a este siglo, un 33% que no fue justificable el temor en el siglo XX y tampoco en el XXI y un 19% que estuvo justificado en el siglo xx, pero no en el XXI. Finalmente, solo uno de cada cuatro americanos asocia socialismo con «control total», y casi la mitad de los mileniales, en concreto un 47%, está de acuerdo en todo o en parte con las restricciones para asegurarse de que lo que se diga en público no es ofensivo.

Ante el horror, constituye una reacción muy común afirmar que «esto no puede suceder aquí». En algunas ocasiones, esa frase se sustenta en la realidad especialmente cuando las bases de una nación son sólidas. El caso de los Estados Unidos es, al respecto, paradigmático. Basado en el espíritu de la Reforma con todos los valores bíblicos que esta recuperó, el sistema estadounidense ha funcionado muchísimo mejor que el de las naciones al sur del río Grande deudoras de la Contrarreforma católico-romana y también mejor que el de la mayoría de las naciones europeas. Sin embargo, ese sistema se enfrenta con una serie de circunstancias que lo ponen en serio peligro. En primer lugar, la juventud, los famosos mileniales no solo sufre una ignorancia sobrecogedora sobre lo que es el comunismo, sino que además han llegado a identificar el socialismo con los logros de las sociedades del norte de Europa y con el remedio para los problemas con los que se enfrenta la sociedad. En segundo lugar, el avance en esa dirección se ve facilitado por una inmigración masiva procedente sobre todo de Hispanoamérica, una inmigración que viene de una cultura hispano-católica en la que el asistencialismo clerical se suma a la fe en el socialismo de Cuba y Venezuela y no pocas veces a un profundo resentimiento contra los Estados Unidos. No deja de constituir una paradoja sangrante que gentes que han huido hacia el norte para librarse de los perniciosos efectos de sistemas políticos intervencionistas pretendan ahora implantar sistemas semejantes de gasto público, corrupción y clientelismo en el suelo de los Estados Unidos. Finalmente, ese cambio se puede ver facilitado por la creciente convicción de que hay que silenciar a los que no estén dispuestos a comulgar con las tesis de lo políticamente correcto, unas tesis que abrazan con entusiasmo no pocos de los mileniales. Sin embargo, el intervencionismo estatal no es el único peligro que amenaza a las democracias. Sin duda, un estado que gasta, recauda, mantiene clientelas y se endeuda es un estado que aniquilará la democracia y NO traerá justicia. Esa agenda nacional constituye el gran peligro interno, sin duda, pero el externo —que cuenta con él como aliado— resulta aún más formidable y no tiene intención de cejar hasta aniquilar los sistemas democráticos y las naciones. Se trata de una agenda que va mucho más allá en su lucha contra la libertad y que es asumida no solo por la izquierda, sino también por la derecha. A ella dedicaremos la siguiente parte del libro.

PARTE III

LA AGENDA GLOBALISTA

CAPÍTULO VIII

LA AGENDA GLOBALISTA (I):
Qué es y cómo se impone

¿Qué es la agenda globalista?

El 23 de octubre de octubre de 1995, tuvo lugar un acontecimiento que fue pasado por alto en toda su trascendencia por la inmensa mayoría de los medios y de los círculos políticos. Se cumplía el quincuagésimo aniversario de la Organización de las Naciones Unidas y al Consejo de Relaciones Exteriores confluyeron una serie de dirigentes políticos de repercusión internacional con la intención de poder pronunciar sus respectivos discursos. La ocasión resultaba llamativa porque, salvo alguna excepción como Vaclav Havel, un antiguo disidente checo, el resto era gente que se había manifestado una y otra vez contraria a los Estados Unidos. Ahora, con el final de la Guerra Fría, todos acudían a la ciudad de Nueva York, la capital mundial del capitalismo, para reunirse con financieros norteamericanos. En esa reunión, Fidel Castro, el dictador cubano, se haría una foto histórica al lado de David Rockefeller, uno de los símbolos del capitalismo multinacional. La imagen recorrería el planeta, pero era mucho menos sabido que Peggy, la hija de David, había visitado frecuentemente Cuba desde 1985 o que David Rockefeller se reuniría al día siguiente con Castro en el edificio del Consejo de Relaciones Exteriores en Park Avenue.[1] Para muchos podía parecer un simple gesto de cortesía social o un acto incomprensible, pero sería el propio David Rockefeller el que explicaría perfectamente su conducta en el año 2002 en sus *Memorias*.

Millonario, filántropo, participante habitual en los círculos más elevados del poder, David Rockefeller realizaría la siguiente confesión: «Algunos creen incluso que nosotros —los Rockefeller— somos parte de una cábala secreta que trabaja contra los mejores intereses de los Estados Unidos, caracterizando a mi familia y a mí como «internacionalistas» que conspiran alrededor del mundo con otros para construir una estructura global política y económica más integrada —un mundo, si se quiere. Si esa es la acusación, me declaro culpable y estoy orgulloso de ello».

La afirmación de Rockefeller resultaba de enorme relevancia no solo por su sinceridad, sino por su contundencia. Ante la acusación de que desarrollaba una agenda que no era la de los Estados Unidos y que incluso iba contra los intereses de esta nación, una agenda que manifestaba en su cordialidad ante el dictador cubano Fidel Castro, David Rockefeller se declaraba culpable y además orgulloso de serlo. Ante la acusación de ser un internacionalista que conspiraba con otros en todo el mundo, se declaraba culpable y orgulloso de serlo. Ante la acusación de estar construyendo una estructura política y económica de carácter global que avanzara hacia un solo mundo se declaraba culpable y orgulloso de serlo. A inicios de este siglo, apenas perpetrados los atentados del 11-S, Rockefeller no tenía el menor reparo en reconocer públicamente que sostenía una agenda globalista cuya finalidad era someter al mundo a un nuevo orden que chocaba incluso con los intereses de naciones como los Estados Unidos.

David Rockefeller no exageraba. Su familia, su fundación, él mismo eran parte clave de una agenda globalista que había comenzado

---

[1]. David Rockefeller, *Memoirs* (Nueva York, 2002), p. 405.

décadas antes, pero que a inicios de este siglo ya podía comenzar a presentarse de manera algo más abierta.

La finalidad de esa agenda aparece claramente establecida en sus *Memorias* en cuanto al objetivo final. Ese objetivo implica, en primer lugar, acabar con las naciones como entidades independientes y soberanas y con las culturas sobre las que están basadas. En segundo lugar, pretende apoderarse de sus riquezas fáciles de saquear en la medida en que las naciones habrán pasado a ser meros protectorados. En tercer lugar, ese control sobre la política y la economía llevarán también a la imposición de una política antifamiliar que permita reducir drásticamente la población y privar de defensas a los individuos. Finalmente, todo lo anterior irá unido a una ofensiva de primer orden contra el cristianismo para someterlo o aplastarlo en la medida en que presenta una escala de valores contraria a ese despotismo universal. El desarrollo de esas metas lo iremos viendo con más detalle en las próximas páginas.

¿Cómo se impone la agenda globalista?

El plan de la agenda globalista es, ciertamente, muy ambicioso y, en apariencia, debería encontrar enormes resistencias en la medida en que choca con los intereses nacionales y pretende modelar la realidad mundial. Lo cierto, sin embargo, es que ha avanzado de manera inexorable y lo ha hecho gracias a la concentración de medios y a las disposiciones emanadas de entidades internacionales. Para el año 2020, los grandes conglomerados como Comcast, The Walt Disney Company, AT&T y ViacomCBS ejercen un control extraordinario sobre buena parte de lo que consumen, en información y entretenimiento, las poblaciones del globo. A ellos habría que sumar otros grupos menores, pero gigantescos como Bertelsmann, Sony Corporation, News Corp, Fox Corporation, Hearst Communications, MGM Holdings Inc., el Grupo Globo y Lagardère Group. En conjunto, una docena de compañías reúnen el 80% de la producción mediática mundial, y su influencia puede considerarse mayor cuando tenemos en cuenta que en otras naciones como China, Rusia o India no cuentan con un control ni de lejos tan absoluto. En la práctica, las fusiones, alianzas y participaciones de los medios han convertido el mercado de la información en un conjunto de oligopolios que constituyen un riesgo creciente para la veracidad y la neutralidad informativas de la prensa escrita, radiada y televisada así como de la industria del entretenimiento.

Fue Thomas Jefferson[2] quien en su día afirmó que «la única seguridad de todos está en una prensa libre. La fuerza de la opinión pública no puede ser resistida cuando se permite libremente que se exprese. Hay que someterse a la agitación que produce. Es necesario mantener las aguas puras». Esa realidad no ha sido nunca tan angustiosa como en la actualidad.

Jefferson tenía mucha razón, pero lo cierto es que de los programas de televisión a las películas de dibujos animados, de las agencias de prensa a la prensa escrita, de la radio a los documentales y películas, todo se encuentra concentrado en muy pocas manos. No puede sorprender que, aún desconociendo estos datos, una encuesta Gallup realizada en 2019[3] muestre que, en los Estados Unidos, solo el 41% de la población crea que los medios —prensa escrita, radio y televisión— informan de manera «plena, cuidadosa y justa». La cifra es cuatro puntos menor de la de 2018. De manera bien significativa, la cifra es de un 69% entre los demócratas —un partido que apoya con entusiasmo los dogmas de la agenda globalista— mientras que en el caso de los republicanos se queda en tan solo un 15%. Sin embargo, no se trata únicamente de cuestión de partido. A decir verdad, solo el 36% de los independientes confía en los medios. Si esto sucede en una nación basada en la libertad de prensa desde su nacimiento y con una legislación considerablemente abierta en cuanto a la libertad de expresión y empeñada en resistir los monopolios, no cuesta sacar conclusiones sobre lo que sucede en el resto del mundo donde grupos políticos o familiares controlan los medios en regímenes que pueden ser lo

---

[2.] Thomas Jefferson a Lafayette, 4 de noviembre de 1823.
[3.] https://news.gallup.com/poll/267047/americans-trust-mass-media-edges-down.aspx.

mismo democracias que dictaduras. De hecho, en Europa, con los matices que se desee para cada nación, la comunicación está controlada de manera gigantesca por cuatro grupos mediáticos RTL Group, CEME, Modern Times Group y Sanoma. En diecinueve de las naciones europeas, las cuatro citadas multinacionales son los cuatro primeros grupos de referencia y en otras diecisiete se encuentran entre los principales. De manera bien significativa, Pan-European Broadcasters opera como una marca, y sus componentes tienen su base en los Estados Unidos. Entre esos grupos pan-european están Discovery, Viacom, WarnerMedia y The Walt Disney Company.

Poco puede dudarse de que en esa aplastante hegemonía mediática puede impulsar los cambios de opinión de naciones enteras en áreas que jamás han sido proclives a ellos. Así, por ejemplo, una opinión pública favorable a la familia puede ser cambiada en favor de la ideología de género, de una visión positiva de la homosexualidad o de un respaldo a los transgénero. Nada difícil teniendo en cuenta lo fácil que ha sido históricamente utilizar los medios de comunicación para iniciar una guerra o la manera en que son usados por servicios de inteligencia.[4]

En segundo lugar, la acción de organizaciones internacionales que no derivan de mecanismos democráticos ni nacen de la voluntad popular es esencial para el avance de la agenda globalista. El propio David Rockefeller menciona varias en sus *Memorias* y es justo que así lo haga. Entre ellas, ocupa un lugar destacado el Consejo de Relaciones Exteriores. Fundado en 1921, con la intención de apoyar a la Liga de Naciones, antecedente directo de la ONU, teóricamente buscaba informar a los ciudadanos americanos sobre la realidad mundial. La realidad es que marcó directrices políticas muy claras. En su seno, Winthrop Aldrich, tío de David Rockefeller, apoyó la intervención de los Estados Unidos en la Segunda Guerra Mundial. De manera semejante, fue esencial en modelar la doctrina de la contención, y en los años cincuenta ya estaba defendiendo el control de la población.

---

4. Udo Ulfkotte, *Presstitutes* (Middletwon, 2019).

Como era de esperar en una institución globalista, los debates han estado dominados por banqueros —David Rockefeller formó parte de la junta de directores desde 1949—, financieros y abogados a los que se fueron sumando representantes de los medios, la academia y las ONGs. En los ochenta, había sumado a sus causas los derechos humanos, la degradación del medio ambiente y el desarrollo económico. En otras palabras, no quedaba prácticamente fuera ninguna de las áreas desde las que se impulsa la agenda globalista. Desde 2001, mantuvo unas relaciones estrechas con la dictadura cubana...[5]

Otra instancia globalista es el Club Bilderberg.[6] Su primera reunión tuvo lugar en mayo de 1954 a convocatoria del príncipe Bernardo de Holanda siguiendo indicaciones de Joseph Retinger.[7] El nombre del hotel donde se celebró el evento daría nombre al grupo. En ese primer evento, los presentes fueron cincuenta —once americanos entre los que se encontraba David Rockefeller— procedentes de once naciones occidentales. En este caso, los orígenes profesionales incluían gente del mundo de la economía y de los medios, pero también había políticos y sindicalistas. El Club Bilderberg estuvo a punto de desaparecer a causa de un escándalo de corrupción que tuvo lugar en 1976. El príncipe Bernardo fue acusado de haber ofrecido a la Lockheed contratos con el ministerio de defensa holandés a cambio de recompensa. Ese año, el Club Bilderberg no celebró reunión alguna y llegó a pensarse que su historia había concluido. No fue así. En 1977, reanudó sus reuniones a las que han ido acudiendo un número mayor de personas —varios aspirantes al poder en su país— que no revelarán lo que sucedió en ellas.

No menos importante que estas dos entidades es la Comisión trilateral. Fundada a inicios de los años setenta, pretendía extender un dominio global más allá de lo que pudiera acometer los Estados Unidos. Hija de David Rockefeller y del polaco Zbigniew Brzezinski,

5. D. Rockefeller, *Memoirs*, p. 410.

6. El libro de referencia sobre esta entidad sigue siendo Daniel Estulin, *The True Story of the Bilderberg Group* (Walterville, 2009). De manera no reconocida, buena parte de lo que se ha escrito con posterioridad sobre el tema está tomado del trabajo de Estulin.

7. Sobre Retinger, véase: *Joseph Retinger, Memoirs o fan Eminence Grise* (Toronto, 1972).

que serviría como director, sumó a Japón —la primera reunión se celebró en Tokyo en octubre de 1973— y a Europa occidental. De manera significativa, en la primera reunión estuvo presente un oscuro gobernador de Georgia llamado James Earl Carter. En diciembre de 1975, Carter anunció que se presentaría a las elecciones presidenciales de los Estados Unidos. Cuando llegó a la Casa Blanca —con una campaña contra Washington y contra el establishement— nombró a quince miembros de la Trilateral para que trabajaran en su administración. Brzezinski, de hecho, se convirtió en el asesor de seguridad nacional. A su cercanía a la presidencia se debe, por ejemplo, que los Estados Unidos financiaran a los talibán y a Osama bin Laden. A pesar de que no puede decirse que Brzezinski defendiera los intereses de los Estados Unidos más que sus resentimientos históricos como polaco, el peso de la Trilateral no disminuyó. En abril de 1984, todos sus miembros fueron recibidos por el presidente Ronald Reagan en la Casa Blanca. En contra de lo que puedan pensar los ciudadanos de a pie, la política exterior de las últimas décadas ha debido mucho más a la labor de personajes como Brzezinski que a la acción del Congreso o del Senado. Cuando se contemplan los resultados de la labor de estas entidades, en cuya formación no existe el menor resquicio de democracia, puede comprenderse el avance de la agenda globalista.

CAPÍTULO IX

LA AGENDA GLOBALISTA (II):
sus iconos (I): George Soros

El omnipresente George Soros

La agenda globalista se ha mantenido en no escasa medida en el secreto durante décadas. A decir verdad, buena parte de su éxito descansa sobre la base de que sus dirigentes no sean reconocidos. Con todo, a pesar de esa circunstancia, la realidad es que Györgi Schwartz, más conocido como George Soros, es, desde hace pocos años, uno de los rostros visibles de la agenda globalista. Nacido el 12 de agosto de 1930, en Hungría, en el seno de una familia judía, el joven Györgi no tuvo problema alguno en colaborar con los ocupantes nazis precisamente cuando estaban llevando a cabo las deportaciones de judíos a Auschwitz. El hecho —ciertamente escandaloso— ha sido reconocido por el propio Soros alegando que nunca se sintió culpable.[1] Tras la Segunda Guerra Mundial, Soros marchó a Inglaterra donde estudió en la London School of Economics graduándose como *bachelor*

---

1. https://www.youtube.com/watch?v=X9tKvasRO54.

obteniendo después el máster en Filosofía. Se ha discutido si Soros recibió respaldo de los Rothschild y, muy posiblemente, ese aspecto no quedará nunca esclarecido. Sí es cierto que, en 1969, fundó su primer *hedge fund* conocido como Double Eagle. De esta empresa surgiría en 1970 su segundo *hedge fund*, el Soros Fund Management. Antes de que acabara la década, Soros había logrado poner de rodillas a la libra esterlina ganándose el sobrenombre de «el hombre que quebró el Banco de Inglaterra» y obteniendo en ese episodio unas ganancias de un billón de dólares. Se trataba de una operación especulativa que repetiría con éxito posteriormente contra distintas monedas asiáticas de las que solo la China —que había salido en defensa de la moneda de Hong Kong— consiguió resistir la acometida. Como reconocería tiempo después, no se detenía a pensar en los efectos que estas operaciones podían tener sobre la gente.[2] Para ese entonces, Soros ya se había convertido en un abierto financiador de causas políticas. Según algunas estimaciones, para el año 2017, Soros había gastado en ellas una cifra no inferior a los doce billones de dólares. El poder de Soros, sin embargo, se ha extendido más allá de simplemente financiar la agenda globalista a escala internacional. Implica impulsar programas políticos en presidentes de gobierno, lanzar cambios legislativos en distintas naciones y contar con una influencia extraordinaria en organizaciones internacionales que van más allá de la filantropía y siempre se encauzan hacia la imposición de la agenda globalista. Gracias a los miles de millones de dólares gastados por Soros, la inmigración ilegal y masiva, la ideología de género, la legalización de la droga, las tesis del calentamiento global y la especulación inmisericorde han sido impulsadas en todos los lugares del mundo salvo en aquellos donde ha tenido lugar una resistencia clara a su agenda como es el caso de la Hungría de Orbán, la Rusia de Putin o la China de Xi. Enumerar todos estos episodios supera con mucho la finalidad del presente libro, pero resulta indispensable dar algunos ejemplos para poder captar, siquiera *grosso modo*, el papel de George Soros en la agenda globalista.

[2.] https://www.youtube.com/watch?v=Alyi7PjZljI.

Soros, asesor de gobiernos

El 31 de mayo de 2018, comenzó la tramitación de una moción de censura en el Parlamento español que concluyó el 1 de junio con la dimisión del presidente del gobierno Mariano Rajoy por corrupción. Se discute a día de hoy si Rajoy no tendría que haber sido procesado con posterioridad por varios cargos penales, pero lo cierto es que su caída se tradujo en que Pedro Sánchez, secretario general del Partido Socialista Obrero Español (PSOE), se convirtiera en presidente del gobierno. Ese mismo mes, Pedro Sánchez se reunió en Moncloa, la sede del presidente del gobierno español, con George Soros. La reunión no se encontraba en la agenda pública del presidente, duró cerca de una hora y media y, en la misma, estuvieron presentes otras dos personas no identificadas. Por añadidura, cuando tuvo lugar ya eran más que evidentes las pruebas de que Soros estaba colaborando y financiando a los nacionalistas catalanes que habían dado un golpe de estado en Cataluña y que incluso alguna de sus organizaciones recibió en dos años 1,6 millones de euros del gobierno nacionalista catalán.[3] En otras palabras, el recién designado presidente se reunía de manera especial con alguien que había ayudado a fuerzas que buscaban desmembrar la nación.

El qué pudiera justificar aquella reunión con alguien que había mantenido esas relaciones con unos golpistas contrarios a la constitución y a la integridad territorial de España es algo que no ha trascendido hasta la fecha. Sin embargo, tres meses después de aquel encuentro con Soros, en septiembre de 2018, Sánchez fue promocionado en Nueva York por un grupo de empresarios entre los que se encontraba la jefa de inversiones de Soros, Dawn Fitzpatrick, en el Soros Fund Management. Por esas fechas, Dawn Fitzpatrick gestionaba 25.000 millones de dólares siendo responsable de los fondos de la organización Open Society Foundation, a la que Soros ha destinado en los últimos años 18.000 millones de dólares.

---

3. https://www.elmundo.es/comunidad-valenciana/2018/05/15/5af9b016268e3e71298b45f7.html;
https://cronicaglobal.elespanol.com/politica/george-soros-financio-impulso-proces_137477_102.html;
https://okdiario.com/investigacion/especulador-soros-dio-solo-ano-300-000-grupos-mas-radicales
-del-separatismo-catalan-3092935.

El encuentro de Soros con Sánchez había tenido lugar un mes después de que Soros alertase de que en Europa se estaba gestando otra gran crisis financiera. En esa ocasión, Soros había arremetido contra los estados miembros de la Unión Europea y afirmado que la Unión Europea debía dar el visto bueno a los presupuestos de España e Italia para cumplir los objetivos de déficit y deuda. Pedro Sánchez fue, desde luego, sensible a la agenda de Soros. En su viaje a Nueva York para asistir a la Cumbre del clima, se comprometió a gastar una elevada suma en la lucha contra el calentamiento global.[4] Era solo el primer paso porque Pedro Sánchez ha desarrollado desde entonces, paso a paso, todo el contenido de la agenda globalista.

En otras ocasiones, Soros no ha entregado directrices en privado a los políticos, sino que ha publicado desde distintos medios lo que se supone que deben hacer los gobiernos nacionales. Así en junio de 2018, *El Confidencial* publicó un artículo de George Soros aconsejando lo que deben hacer Italia y la Unión Europea.[5] En el citado artículo, Soros señalaba que: «Tras una crisis que ha durado tres meses, Italia ya tiene un Gobierno basado» en lo que denomina «una inquietante coalición entre el Movimiento 5 Estrellas y la Liga». Según Soros, «es posible que el Gobierno caiga y que se lleven a cabo elecciones este año o, lo que es más probable, a principios del año que viene». El filántropo de origen húngaro añadía que la UE no podía intentar «darle una lección a Italia» porque, en ese caso, el «electorado italiano, en consecuencia, reelegirá al M5S y la Liga reforzando su mayoría». Soros atacaba, de manera más que comprensible, la política de inmigración llevada a cargo por el gobierno italiano opuesto firmemente a la entrada descontrolada de inmigrantes y partidario del control de fronteras. Así, Soros afirmaba en el artículo —de manera bastante discutible— que los italianos lamentaban la política de inmigración existente en Italia y se refería al Reglamento Dublín III, alegando que se aplica a todos los estados miembros y que sostiene que los refugiados son responsabilidad del país

---

4. https://elpais.com/sociedad/2019/09/23/actualidad/1569239746_777826.html.
5. https://blogs.elconfidencial.com/mundo/tribuna-internacional/2018-06-13/union-europea-ayuda-italia-inmigracion-desintegracion_1578320/.

en el que desembarcan primero. Según Soros, esa situación provocaba «un impacto desproporcionado para Italia, debido a la norma internacional que exige que las embarcaciones que rescatan a refugiados en alta mar los desembarquen en el puerto seguro más cercano, lo que en la práctica significa Italia». En opinión del magnate, la UE «debería alterar las normas de Dublín III y aceptar pagar el grueso de la integración y el apoyo a migrantes desproporcionadamente atrapados en Italia».

Como era de esperar, el artículo aprovechaba para acusar al primer ministro húngaro, Viktor Orbán, de haber ganado las últimas elecciones basando su campaña en la afirmación —según Soros, falsa y ridícula— de que quería inundar Hungría de inmigrantes». Según Soros, parte de la solución sería que la UE financiara un Plan Marshall para África —que pagaría endeudándose aún más— y resaltaba que había que «influir constructivamente en las próximas elecciones italianas» y para ello, Emmanuel Macron y Angela Merkel debían «asumir el liderazgo y persuadir a las fuerzas disidentes en la UE para que los sigan». Tras atacar a Polonia y Hungría —dos naciones especialmente opuestas a la agenda globalista— Soros insistía en que «la UE tiene pocas posibilidades de evitar la desintegración, a menos que la alianza francoalemana se mantenga» y controlaran las elecciones al Parlamento Europeo de 2019 y la selección del próximo presidente de la Comisión Europea. ¿Puede alguien considerar normal —y adecuado— que un millonario diga a las naciones de la Unión Europea lo que tienen que hacer hasta el punto de marcar las acciones que deberían determinar el resultado de las elecciones nacionales de algunos de sus miembros? Es dudoso, pero, en cualquiera de los casos, cuesta mucho no ver en ello una injerencia totalmente inaceptable en una democracia. Con todo, las acciones de Soros van mucho más allá.

Soros, impulsor de campañas

La influencia de George Soros en otros casos supera la cercanía del gobierno para extender a otras instancias de la sociedad. Es el caso, por ejemplo, de Argentina y de la campaña para la legalización del comercio de las drogas. En 2009, un grupo de ochenta magistrados argentinos denunciaron que la oferta y la demanda de drogas «registra niveles sin precedentes» en el país hispanoamericano, señalando igualmente que las bandas de narcotraficantes «en muchos casos recibieron protección política, administrativa y judicial».[6] Esta protesta judicial discurría en paralelo con el hecho de que tanto el gobierno como fuerzas vinculadas al kirchnerismo estaban impulsando la despenalización de estupefacientes. Ese impulso a la despenalización transcurría a la vez que tenía lugar un crecimiento espectacular del consumo y de la llegada de narcotraficantes a la Argentina. Por añadidura, el consumo de drogas está despenalizado en Argentina desde hace veinte años por lo que toda la campaña presente sólo tenía sentido como una manera de difundir la comercialización de la droga. Lo cierto es que, a pesar de la propaganda de algunos políticos y medios sobre la denominada «reducción del daño» que implicaría la legalización de la tenencia de drogas, los datos de diferentes naciones donde se ha aplicado esta medida señalan exactamente lo contrario.

De manera bien significativa, detrás del debate sobre la despenalización de las drogas, se cernía la sombra de George Soros.[7] Desde 1992, George Soros ha mantenido una política encaminada a liberalizar el consumo y el comercio de drogas en Europa y América. La vía para impulsar esta medida ha sido, como en los casos del aborto, del matrimonio homosexual o de la inmigración descontrolada, la insistencia en que se trata de un derecho humano más que tiene que contar con su reconocimiento en las legislaciones nacionales. De esta manera, Soros tuvo un papel en la legalización de la marihuana en Uruguay.[8] Igualmente, Colombia, Jamaica y Paraguay han aparecido como otras naciones objetivo de Soros para que se abran al cultivo de marihuana con fines comerciales. Lo mismo sucede con Argentina donde la empresa Cannabis Avatora Sociedad del Estado pretende

---

6. https://www.ultimahora.com/jueces-argentinos-denuncian-la-proteccion-los-narcos-y-el-aumento-la-venta-drogas-n200652.html.

7. https://www.taringa.net/+tsindrogas/george-soros-y-su-lobby-para-despenalizar-las-drogas_16m5g9.

8. https://www.bbc.com/mundo/noticias/2013/12/131216_george_soros_marihuana_jgc.

comercializar el cultivo de marihuana e incluso ha solicitado ya ayuda económica a los Estados Unidos.

El consumo de drogas es una de las peores plagas que aquejan a nuestra sociedad en la actualidad. Ciertamente, es una de las formas de tráfico más lucrativas y no es menos cierto que ha implicado la sumisión de instituciones y gobiernos a las instancias que lo realizan. Precisamente, esas dos circunstancias lo convierten en más peligroso porque pueden acabar provocando la aniquilación de una sociedad y la pérdida de soberanía de una nación.

Para enfrentarse con las terribles consecuencias de la droga no se puede abogar, como si de un derecho humano se tratara, por su legalización. Si realmente se desea acabar con el tráfico de drogas y con sus trágicos efectos, la medida no es legalizarlas ni siquiera parcialmente de la misma manera que no reduciría el número de violaciones el considerarlas legales de 12 de la noche a las 2 de la madrugada o que no acabaría con el robo el convertirlo en legal los sábados por la tarde. Para acabar con el tráfico de drogas la vía es un mayor control de fronteras, una mayor coordinación entre las fuerzas policiales, una mayor colaboración internacional y un aislamiento de aquellos gobiernos e instituciones que se lucran con el narcotráfico.

Lejos de constituir un derecho humano, como pretende Soros, el consumo de drogas es una verdadera plaga, y la manera de erradicarla no es tolerarla y alentarla, sino perseguirla de manera contundente. Precisamente por ello, no sorprende que entre los objetivos de la agenda globalista —de la que George Soros es uno de los protagonistas— no solo se encuentre la ideología de género, la expansión del aborto o la inmigración masiva y descontrolada, sino también la expansión de la droga supuestamente como un derecho humano.

Soros y su influencia en organizaciones internacionales

La influencia real de Soros, seguramente, no puede ser calibrada hasta el último detalle, pero resulta, indiscutiblemente, extraordinaria para una persona que no ha sido elegida para ningún cargo, que no cuenta con respaldo popular, y que pretende imponerse sobre las instituciones de manera más que dudosamente democrática. Hasta qué punto esa influencia es real puede desprenderse del hecho de que las mismas entidades de Soros se jactan de ello. Por ejemplo, en 2017, la Open Society European Policy Institute y la red de la Open Society, ambas entidades dependientes de George Soros, publicaron una lista con los parlamentarios del parlamento europeo propensos a apoyar los valores de la Open Society del multimillonario George Soros.[9] La lista que tenía el nombre de «Reliable Allies in the European Parliament» [«Aliados fiables en el Parlamento Europeo»] incluía los nombres de 226 diputados (de un total de 751) que potencialmente apoyaban a Soros y sus campañas para favorecer la ideología de género, el aborto, la inmigración de puertas abiertas y la erosión de la soberanía nacional.

En contra de lo que podía esperarse, los eurodiputados confiables de Soros no estaban situados solamente en la izquierda, sino que iban de la derecha a la extrema izquierda, incluyendo además a miembros de fuerzas independentistas. Un ejemplo de lo que significa esa influencia de Soros en el parlamento europeo puede contemplarse cuando se examina las distintas naciones representadas. Por ejemplo, en el caso de España, en la lista aparecían nada menos que 24 eurodiputados. Entre esos diputados se encuentra, en primer lugar, Marina Albiol de Izquierda Plural a la que se incluye por su apoyo de la ideología de género, el aborto, la inmigración y las minorías. Compañero suyo por el sector catalán estaba Ernest Urtasunal al que se presenta también como partidario de la ideología de género y del aborto. En esa misma línea política se encontraban también Javier Couso de Izquierda Unida por su respaldo al aborto, a los derechos de las minorías y a la ideología de género y Paloma López Bermejo a la que se describía como partidaria de la ideología de género y del aborto. Era el

9. file:///C:/Users/Cesar/Desktop/USA/Radio3/-Europe-OSI%20Brussel%20EU%20Advocacy%20calendar-European%20Elections-reliable%20allies%20in%20the%20european%20parliament%202014%202019%20(1).pdf.

caso igualmente de la alcaldesa Ángela Vallina a la que se presentaba como defensora de la ideología de género y del aborto.

Por el PP, un partido de centro-derecha entonces en el gobierno en España, estaban incluidos en la lista Agustín Díaz de Mera por su papel en la política de inmigración; Rosa Estarás por su respaldo a la ideología de género a la que se alababa porque, al ser progresista, estaba dispuesta a oponerse a las directrices teóricas del PP; y Santiago Fisas al que se presentaba como defensor de la agenda gay, calificado como «progresista» de corazón dispuesto a oponerse a la línea de su partido.

Entre los políticos del PSOE, el primer partido de la oposición, aparecía, en primer lugar, Irache García Pérez a la que se presentaba como defensora de la ideología de género —se la definía como inevitable en esa área— y del aborto. Un lugar relevante lo ocupaba igualmente Enrique Guerrero Salom, que tuvo importantes cargos durante el gobierno del socialista José Luis Rodríguez Zapatero y al que se consideraba de interés en áreas como la economía posterior a la crisis. También del PSOE y entonces secretario general de las Juventudes Socialistas (JJSS) aparecía Sergio Gutiérrez al que se recomendaba por el respaldo a la ideología de género, a la inmigración, a las minorías y significativamente a los impuestos. No menos importantes dentro del PSOE eran Juan Fernando López Aguilar, antiguo ministro de Rodríguez Zapatero, al que se consideraba importante en asuntos relacionados con la inmigración y Elena Valenciano, también considerada partidaria del aborto y de la ideología de género.

Perteneciente a la alianza progresista de socialistas y demócratas aparecía Eider Gardiazábal a la que se contemplaba como posible aliada en cuestiones regionales.

También Podemos, un partido comunista con estrechas relaciones con las dictaduras de Irán y Venezuela, contaba con varios europarlamentarios a los que Soros consideraba aliados. El que más destacaba obviamente era Pablo Iglesias, número uno del partido, pero a él se sumaban Teresa Rodríguez a la que se contemplaba como partidaria de la ideología de género y del aborto o Lola Sánchez, también descrita como defensora de la ideología de género.

Ciudadanos, un partido de centro-izquierda, tenía también su cuota de diputados potencialmente aliados con Soros representada por Fernando Maura y Javier Nart. Incluso aparecía en la lista de Soros UPyD, un partido prácticamente extinto en España, pero que aportaba a Maite Pagazaurtundua.

Como era de esperar, los nacionalistas también aparecían en la enumeración de Soros. Era el caso de Jordi Sebastiá de Compromís al que se presentaba como defensor de la ideología del género. Los nacionalistas catalanes y vascos —que han sido financiados en distintas ocasiones por Soros— estaban representados por Josep-Maria Terricabras de la Esquerra Republicana de Catalunya (ERC); Ramón Tremosa i Balcells de Convergencia e Izaskun Bilbao del Partido Nacionalista Vasco (PNV) a la que se mencionaba por su respaldo al nacionalismo, a la ideología de género y a los derechos de las minorías.

Naturalmente, resulta difícil saber hasta qué punto los políticos de la lista son accesibles de manera total, parcial o mínima a las sugerencias, acciones, campañas y objetivos de George Soros, pero el hecho de que organismos dependientes del magnate se permitieran publicar la lista de europarlamentarios a los que consideraban accesibles resulta muy revelador. Que con toda confianza, Soros pueda pensar que más de un tercio del parlamento europeo responderá a sus objetivos lleva, desde luego, a concebir serias dudas sobre la representatividad de ese parlamento y sobre las razones por las que se presentan los candidatos al mismo.

No menos inquietante resulta el hecho de que se trate de políticos de todo tipo que van desde la extrema izquierda a la derecha pasando por los secesionistas. De semejante hecho, solo cabe deducir que pocos partidos son sólida garantía de defender los intereses de los ciudadanos porque incluso la extrema izquierda colaboraría gustosamente con un millonario como George Soros, y la derecha volvería la espalda a los intereses de su nación en favor de la agenda globalista.

Todavía más reveladoras e inquietantes son las razones por las que Soros considera que conseguirá el respaldo de esos políticos. La causa fundamental es que coinciden con su agenda globalista en áreas como la implantación de la ideología de género, la extensión masiva del aborto y la política laxa de inmigración. Todos estos aspectos que constituyen una amenaza directa contra la cultura occidental van a encontrar, presumiblemente, el apoyo de un sector más que considerable del parlamento europeo sea cual sea el color de sus diputados. Sin duda, es un tema más que serio para reflexionar acerca de la representatividad real de nuestros políticos, de las agendas reales que gobiernan a las naciones y de los que realmente dirigen la política internacional.

Soros y la política interna de los Estados Unidos

En las páginas anteriores, hemos podido ver cómo la influencia de Soros en favor de la agenda global se ha extendido sobre organizaciones supranacionales, sociedades americanas y naciones europeas. Ni siquiera los Estados Unidos se encuentra a cubierto de sus acciones y, en buena medida, es lógico que así sea. Naturalmente, no faltan los analistas que consideran que Soros es, sustancialmente, un agente de la política exterior americana, una política que contemplan caracterizada por un intervencionismo intolerable. Semejante análisis no se corresponde con la realidad. A decir verdad, Soros ha dado multitud de pasos para controlar *también* la política de los Estados Unidos, amoldándola a la agenda globalista. David Horowitz y Richard Poe han documentado con abundancia cómo Soros se ha ido apoderando de la política del partido demócrata marcando su desarrollo.[10] De hecho, incluso aprovechó los atentados del 11 de septiembre para avanzar sus ideas en su libro de 2002 *George Soros on Globalization*. Así retomó, por ejemplo, la de un banco que controlara el crédito mundial como ya había señalado en 1998.[11]

Sea como sea, pocas dudas puede haber de que Soros ha identificado al presidente Trump como uno de los enemigos de su agenda

---

[10]. D. Horowitz y R. Poe, *The Shadow Party. How George Soros, Hillary Clinton and Sixties Radicals Seized Control of the Democratic Party* (Nashville, 2006).
[11]. George Soros, *The Crisis of Global Capitalism* (1998), p. 28, 155.

globalista. Así se pudo ver con claridad desde la misma toma de posesión. Justo cuando ésta tuvo lugar, se produjo una marcha de mujeres sobre Washington. De manera bien reveladora, *The Guardian* definió la citada marcha como una acción «espontánea» en favor de los derechos de la mujer. Igualmente, VOX, otro medio de izquierdas la definió como «enorme, espontánea, pegada al suelo». En claro paralelo con esas afirmaciones, el manifiesto de la marcha afirmó El levantamiento de la mujer = El levantamiento de la nación.

A pesar de las afirmaciones, ni la marcha fue una marcha de las mujeres ni fue, en absoluto, espontánea. Por el contrario, se trató de la marcha de las mujeres opuestas a Trump y estuvo pagada por importantes instancias anti-Trump. De hecho, George Soros subvencionaba o mantenía relaciones con al menos cincuenta y seis organizaciones de las que patrocinaron la marcha. Entre las organizaciones que reciben dinero de Soros y que intervinieron en la marcha de las mujeres se encontraba Planned Parenthood, responsable directa de millones de abortos. Igualmente, entre las organizaciones supuestamente no partidistas que recibieron dinero de Soros y apoyaron la Marcha se hallaba National Resource Defense que se aprovecha de la tesis del calentamiento global. Fue también el caso del movimiento MoveOn.org —que apoyó encarnizadamente a Hillary Clinton en las últimas elecciones— y el National Action Network. A este conjunto de entidades que apoyaron la marcha estaba también el Council on American-Islamic Relations que se opone frontalmente a reformas como el que las mujeres no se vean obligadas a llevar velo y la Arab-American Association of New York, cuya directora ejecutiva Linda Sarsour también se opone a una reforma que permita que las musulmanas no lleven velo.

Soros y el papa

Para terminar, sin ánimo de ser exhaustivos, esta breve relación de áreas de influencia de Soros hay que señalar a otro de los rostros visibles de la globalización. Nos referimos al papa Francisco. Según datos publicados por Wikileaks, George Soros ha contado desde hace años con «*comprometer al papa en asuntos de justicia económica y racial*» sumando al Vaticano a su agenda globalista.[12]

La citada alianza apareció expuesta, por ejemplo, en la página 16 del filtrado libro de la reunión de mayo 2015 del directorio norteamericano de la OSF donde se señalaba la entrega de 650.000 dólares para financiar la visita del papa a los Estados Unidos. En el texto se indicaba además que «la primera visita del papa Francisco a los Estados Unidos en septiembre incluirá un discurso histórico en el Congreso, un discurso en Naciones Unidas, y una visita a Filadelfia para el "*Encuentro Mundial de las Familias*". Para aprovechar este acontecimiento, apoyaremos las actividades organizadas por PICO para comprometer al Papa en asuntos de justicia económica y racial...».[13] El texto añadía a continuación que semejante meta contará con «la influencia del cardenal Rodríguez, el principal asesor del papa» y que se enviará «una delegación de visita al Vaticano en primavera o verano para permitir que escuche en directo a los católicos de bajos recursos de América».

El objetivo de la colaboración de Soros con el Vaticano incluía además influir en las elecciones norteamericanas de 2016 para asegurar la presidencia del candidato elegido por Soros que no era otro que Hillary Clinton. Así, el documento mostraba igualmente que el dinero de Soros «respaldará los medios de comunicación, las estrategias, y las acciones de opinión pública de FPL, incluyendo el desarrollo de una encuesta que demuestre que los votantes católicos son receptivos al mensaje del papa sobre la desigualdad económica y consiguiendo cobertura en los medios para transmitir el mensaje de que ser «*pro-familia*» requiere enfrentar la creciente desigualdad".

Al utilizar la visita papal para reforzar la fuerte crítica del papa Francisco contra lo que él llama «*una economía de exclusión y desigualdad*», las entidades de Soros deberían modificar los paradigmas y prioridades nacionales en la carrera electoral de la campaña

---

12. https://gaceta.es/noticias/soros-soborno-los-obispos-durante-visita-papa-eeuu-24082016-1725/; https://www.religionenlibertad.com/opinion/51575/iglesia-cae-manos-soros.html.
13. https://adelantelafe.com/jefe-del-papa-wikileaks-papa-soros-una-alianza-profana/.

presidencial 2016. En la ayuda para la consecución de los objetivos de Soros, aparte del cardenal Rodríguez Madariaga, amigo personal del papa Francisco, se mencionaba una entidad denominada PICO que es una red de organizaciones religiosas de izquierdas fundada en 1972 por el jesuita John Baumann. De hecho, una de las iniciativas de PICO tiene como objetivo redistribuir el ingreso demandando que *«los líderes en la fe tomen puestos en los directorios de los grandes bancos»*.

El *Open Society Institute* dependiente de Soros, de hecho, describe a PICO como *«una red de organizaciones comunitarias con base en congregaciones, que eleva las voces de la gente de fe y de los líderes en la fe al debate público sobre prioridades nacionales»*, y menciona otras financiaciones de Soros aparte de la colaboración principal. Por añadidura, Soros también financia a FPL, *«Fe en la Vida Pública»*, otra organización que agrupa a clérigos de izquierdas, que apoyó calurosamente la visita del papa Francisco a los Estados Unidos, que defiende la ideología de género y que, según una de las entidades de Soros, da resultados en encuestas de acuerdo a lo solicitado con anticipación por Soros. Entre esas encuestas, se encuentra una que supuestamente demuestra que los votantes católicos son receptivos al mensaje del papa Francisco sobre la desigualdad económica.

Los datos expuestos en este capítulo no pretenden ser una descripción exhaustiva de las actividades de George Soros. Sí que deja de manifiesto, al menos, una parte de su agenda y también la manera en que consigue que avance a través de diversas vías. Sin embargo, como veremos en el capítulo siguiente, Soros no es el único icono del plan globalista.

CAPÍTULO X

LA AGENDA GLOBALISTA (III):
sus iconos (II): el papa Francisco

Antes del papa Francisco

El papa Francisco es uno de los grandes iconos de la agenda globalista en la actualidad. Para algunos, esa circunstancia constituye un fenómeno aberrante que indicaría un enfrentamiento en el seno de la iglesia católico-romana. Puede que semejante razonamiento tranquilice las conciencias de algunos católico-romanos inquietos, pero la realidad es que el respaldo que el actual pontífice proporciona a la agenda globalista y a un gobierno mundial no es algo nuevo, sino que tiene claros e indiscutibles antecedentes en los papas que lo precedieron.

Así, el 1 de enero de 2004, tuvo lugar una de las iniciativas diplomáticas más relevantes del pontificado de Juan Pablo II al lanzar la idea de un nuevo orden mundial.[1] Acompañado del secretario de Estado, cardenal Angelo Sodano, y del presidente del Consejo

1. https://www.theguardian.com/world/2004/jan/02/catholicism.religion.

pontificio Justicia y Paz —personajes ambos que el mes anterior habían expresado su «piedad» hacia el capturado Saddam Hussein— el papa afirmó rotundamente que «más que nunca, necesitamos un nuevo orden mundial que se sirva de la experiencia y de los resultados conseguidos en estos años por Naciones Unidas». La declaración tenía una enorme relevancia, primero, porque se pronunció ante los representantes de las misiones diplomáticas acreditadas ante la Santa Sede; segundo, porque se refería claramente a un nuevo orden mundial que iría más allá de lo que había representado hasta entonces la Organización de las Naciones Unidas y, finalmente, porque, supuestamente, «sería capaz de proporcionar soluciones a los problemas de hoy». En otras palabras, ese nuevo orden mundial iría mucho más allá del sistema de organizaciones internacionales existentes y, por supuesto, de los estados.

Semejante afirmación revestía una enorme importancia no por el número de católico-romanos que pueda haber en el planeta o por la autoridad moral del pontífice que no va más allá de su iglesia y que incluso en el seno de esta es abiertamente desafiada por millones de católicos en aspectos concretos. La importancia deriva de que la Santa Sede es un estado que cuenta con el estatus de observador en la ONU y con representación diplomática en más de ciento setenta países. En otras palabras, su capacidad para actuar como un *lobby* de determinados intereses no es desdeñable.

La línea de respaldo a un nuevo orden mundial expresada por Juan Pablo II prosiguió de manera más acentuada con su sucesor Benedicto XVI. En el año 2009, su encíclica *Caritas in Veritate* (Amor en verdad) se refirió de manera expresa e imperativa a la necesidad de un gobierno: «Para gestionar la economía global, para reavivar la economía golpeada por la crisis; para evitar cualquier deterioro de la presente crisis y los mayores desequilibrios que resultarían de ella; para proporcionar un desarme integral y en tiempo, seguridad de alimentos y paz; para garantizar la protección del medio ambiente y regular la migración: para todo esto, existe una urgente necesidad de una verdadera autoridad política mundial».

El pasaje difícilmente hubiera podido ser más claro y revelador. Frente a los problemas con que pudieran enfrentarse los países, la solución propugnada por el papa no era la acción adecuada de sus respectivos gobiernos o la cooperación internacional en casos concretos. Por el contrario, la meta debía ser la de la implantación de un gobierno mundial que se ocuparía, por ejemplo, de algunas de las competencias irrenunciables del Estado cómo es la regulación de la inmigración. A decir verdad, buena parte de la agenda globalista quedaba dibujada en estas frases de Benedicto XVI.

En octubre de 2011, el Vaticano dio un paso más en favor de la agenda globalista.[2] Así, el Consejo pontificio de Justicia y Paz publicó un documento titulado «Hacia reformar los sistemas internacionales financiero y monetario en el contexto de una autoridad pública global». El documento arremetía contra la economía de libre mercado. No era difícil porque la Santa Sede siempre se manifestó contraria al sistema de libre mercado —para desazón de no pocos católicos— y resultaba fácil citar al respecto a Pablo VI o a Juan Pablo II junto a papas de los últimos cuatro siglos. A decir verdad, la Santa Sede se manifestaba coherente con su trayectoria de oposición a la libertad. Precisamente por ello, el texto hablaba de la necesidad de establecer una «autoridad política mundial» con amplios poderes para regular los mercados financieros y acabar con las «desigualdades y distorsiones del desarrollo capitalista». Naturalmente, cabía preguntarse que quedaría del desarrollo capitalista si se viera controlado por una autoridad política mundial.

En cuanto a la creación del nuevo gobierno mundial resultaba obvio en el citado documento que se construiría sobre la base de vaciar a los gobiernos nacionales de sus competencias. Como señalaba el documento, «esta transformación será hecha al coste una transferencia gradual y equilibrada de una parte de los poderes de cada nación a una autoridad mundial y a autoridades regionales».

---

2. https://catholicherald.co.uk/news/2011/10/28/vatican-calls-for-global-government-to-oversee-markets/.

Por si a alguien le quedaba alguna duda del significado del documento, en la rueda de prensa de presentación, el cardenal Peter Turkson, presidente del Consejo pontificio de Justicia y Paz afirmó que «el sentimiento básico» detrás de las protestas del movimiento Ocupa Wall Street estaba en armonía con la enseñanza social de la Iglesia católica o «las inspiraciones básicas pueden ser las mismas». Desde luego, resulta obligado preguntarse qué residuos de democracia pueden quedar en cualquier nación que entrega su soberanía económica a un gobierno mundial, que condena el libre mercado y que considera que el mundo debería regirse por los principios del movimiento Ocupa Wall Street. En cualquiera de los casos, todo esto era una realidad antes de la llegada al trono pontificio del papa Francisco.

Por añadidura debe señalarse que no puede decirse que Juan Pablo II o Benedicto XVI partieran de cero. En 1963, en su encíclica *Pacem in Terris*, el papa Juan XXIII adelantó conceptos semejantes. Así, por ejemplo, escribió: «Hoy el bien común universal nos presenta problemas que son mundiales en sus dimensiones; problemas, por tanto, que no pueden ser solucionados excepto por una autoridad pública con poder, organización y medios coextensivos con estos problemas y con una esfera de actividad mundial. Consecuentemente el orden moral mismo exige el establecimiento de alguna forma semejante de autoridad pública». Es posible que la muerte, muy cercana en el tiempo, de Juan XXIII y la conclusión del Vaticano II por su sucesor opacaran estas afirmaciones, pero en la segunda mitad del siglo XX, la Santa Sede había decidido abrazar la idea de una autoridad política mundial encargada de resolver, supuestamente, problemas que quedan en la esfera de los estados. Juan Pablo II y Benedicto XVI avanzaron más en esa dirección aprovechando coyunturas como la guerra de Irak o la crisis económica mundial. El papa Francisco abundaría más en ello precisamente en el momento álgido de imposición de la agenda globalista, pero para cualquiera que conociera los antecedentes de los papas anteriores o del propio Francisco no debería haber resultado una sorpresa.

Los antecedentes ideológicos del papa Francisco: la alabanza de la dictadura castrista

En 1998, se publicó en Buenos Aires un libro titulado *Diálogos entre Juan Pablo II y Fidel Castro*.[3] El texto no tenía mayor relevancia y se limitaba a recoger las homilías de Juan Pablo II y los discursos de Fidel Castro, todos ellos pronunciados durante la visita del pontífice a Cuba. Sin embargo, el libro contaba con un prólogo de Jorge María Bergoglio, arzobispo de Buenos Aires extraordinariamente revelador. En las páginas siguientes, vamos a ver como ya hace más de veinte años, la posición ideológica del futuro papa Francisco estaba más que definida. Así, señala que «a partir de la Encíclica *Laborem Exercens*, Juan Pablo II ha contribuido con un aporte notable a abrir el *diálogo* entre el cristianismo y el marxismo. Considera que es el sistema marxista el punto de partida para poder develar y visualizar los límites y los obstáculos erigidos contra la concreción de un proyecto humanístico».[4] Bergoglio sostenía que Juan Pablo II «se muestra dispuesto a escuchar, pero específicamente necesita y desea escuchar la verdad del pueblo cubano, de su gobierno, de la revolución, de la religión y de la relación entre la Iglesia y el Estado».[5] De ese diálogo entre Juan Pablo II y Fidel Castro había emergido la existencia de «básicas convergencias» entre las visiones de ambos.[6] No sorprende que Bergoglio afirmara que los dos «a través de los discursos pudieron dialogar, confrontarse, coincidir y en definitiva dejar abierto un amplio margen de tolerancia».[7] Partiendo de esa base, se podía afirmar que «no todo será igual después de su partida (la del papa), el diálogo habrá quedado instaurado entre la Iglesia y las instituciones cubanas».[8]

Esta visión positiva de las relaciones entre el papa y el dictador cubano da paso a un análisis de la realidad económica en el que Bergoglio aceptaba las tesis expuestas por la dictadura castrista. Así,

---

3. *Diálogos entre Juan Pablo II y Fidel Castro*, Buenos Aires, 1998.
4. *Diálogos...*, p. 13.
5. *Diálogos...*, p. 14.
6. *Diálogos...*, p. 14.
7. *Diálogos...*, p. 15.
8. *Diálogos...*, p. 16.

afirmaba que «Cuba presenta, por ejemplo, unas finanzas vapuleadas por los imposibles y las atrofias del modelo económico, el endeudamiento externo, las trabas comerciales del embargo estadounidense y las dificultades crediticias».[9] La supuesta culpa de Estados Unidos en el desastroso estado de la economía cubana queda remachada cuando Bergoglio sostenía que «otra fuente de agobios económicos es la llamada *fuga de cerebros*, principalmente hacia Estados Unidos».[10] A fin de cuentas, Bergoglio citaba casi literalmente a Juan Pablo II que había culpado de la situación económica sufrida por Cuba a «las medidas económicas restrictivas impuestas desde fuera del país, injustas y éticamente inaceptables».[11]

Con esos antecedentes, no sorprende que Bergoglio afirmara sin sonrojo que «desde que en 1990 Fidel Castro propone *una alianza estratégica entre cristianos y marxistas*, no ha cesado en sus intenciones por encontrar y demostrar convergencias o puntos de conexión entre el catolicismo y los postulados de la revolución».[12] Por si quedara alguna duda de lo que esto significa, Bergolio señalaba que «sus dos pensamientos confluyen en el tratamiento de *importantes cuestiones del mundo de hoy y ello nos satisface grandemente*».[13]

En un gesto más de adulación hacia el dictador cubano, Bergoglio añadía: «Fidel Castro fue más allá de la mera búsqueda de convergencias, al efectuar en esa comparación un reconocimiento explícito a la labor del Papa y resaltar la importancia del logro de una convivencia y tolerancia pacíficas».[14] Pero por si fuera poco, Bergoglio sostenía que «no hay otro país en mejores condiciones para comprender la misión del papa, ya que la labor desplegada por el pontífice coincide con la predicada por el gobierno cubano, especialmente en cuanto a la distribución equitativa de la riqueza y a las aspiraciones de globalización de la solidaridad humana».[15] Causa verdaderamente inquietud pensar que el Vaticano y la

---

9. *Diálogos...*, p. 20.
10. *Diálogos...*, p. 21.
11. *Diálogos...*, p. 22.
12. *Diálogos...*, p. 23.
13. *Diálogos...*, p. 23.
14. *Diálogos...*, p. 24.
15. *Diálogos...*, p. 24.

dictadura cubana, tal y como afirmaba Bergoglio, coincidieran en la distribución de las riquezas y en la globalización de la solidaridad.

No puede caber la menor duda de que Bergoglio sí que se sentía muy cercano a la dictadura cubana, puesto que en las páginas siguientes afirmaba, entre otras cuestiones, que «la doctrina de Carlos Marx está muy próxima al Sermón de la Montaña»,[16] califica de «genocidio» y «asfixia económica» el embargo impuesto por Estados Unidos desde 1962[17] señalando que el papa había condenado los «bloqueos o embargos»[18] y, sobre todo, sosteniendo que «la reivindicación de los derechos del hombre que la Iglesia reclama sin cesar —alimentación, salud, educación, entre otros— se inscriben en los alcances del concepto de derechos humanos al que Fidel Castro adhiere y se muestra orgulloso de defender en Cuba».[19]

Partiendo de estas bases, no sorprende que Bergoglio defendiera que «muchas son las hipótesis enunciadas en cuanto a la voluntad de Fidel Castro de obtener una transición pactada en base a la intermediación papal. Es lógico que vea en la Iglesia un aliado para proceder al cambio en forma gradual y no traumática. Una transición pactada, con el propio Pontífice como supervisor de la misma, sería una salida digna, airosa, aceptable».[20]

Esta cercanía de la Santa Sede con la dictadura castrista, con la que desea colaborar, asumiendo incluso la propaganda cubana sobre el embargo y señalando las coincidencias enormes entre ambas cosmovisiones aparecía en el texto de Bergoglio unida a unos ataques encarnizados contra el sistema de libre mercado. El futuro papa Francisco subrayaba que la «doctrina (de la Iglesia católica) ha condenado en reiteradas oportunidades al capitalismo liberal».[21] Como causas de esa condena, Bergoglio afirmaba que «los principios fundamentales del sistema capitalista se sustentan en la libre concurrencia y en la libertad de mercado. Sin lugar a dudas, estos principios anidan en el hombre emancipado, en el individuo utilitario, posibilitando el accionar de una

---

[16]. *Diálogos...*, p. 25.
[17]. *Diálogos...*, p. 25.
[18]. *Diálogos...*, p. 26.
[19]. *Diálogos...*, p. 26.
[20]. *Diálogos...*, p. 31.
[21]. *Diálogos...*, p. 46.

economía que no reconoce a la sociedad en su conjunto».[22] Desde luego, no deja de ser revelador que la misma persona que alaba a Fidel Castro condene al mismo tiempo el sistema de libre mercado. La condena, sin embargo, no parecía desinteresada porque, a continuación, señalaba «es imperioso que la economía se subordine a otros aspectos de la vida humana, dikelógicamente más elevados como la cultura, la moral y la religión».[23] El panorama que Bergoglio presentaba como deseable es, a fin de cuentas, coherente con la trayectoria histórica de la iglesia católico-romana. Una vez más, la libertad es vista con desconfianza cuando no con abierta aversión mientras que se contempla con agrado la alianza con un poder absoluto que controle totalmente la vida de sus súbditos y que la subordine a condicionantes que no son, ni lejanamente, los de la libertad.

Dentro de esa ortodoxia izquierdista, Bergoglio afirmaba rotundamente que «no se pueden admitir los postulados del neoliberalismo y considerarse cristiano».[24] De hecho, para Bergoglio, el neoliberalismo se encuentra «precisamente en las antípodas del Evangelio».[25] A fin de cuentas, «Juan Pablo II… ha enviado un mensaje a aquellos *super-poderes* que presionan, que excluyen, que aíslan, al pueblo cubano en el contexto de la economía mundial».[26] Ciertamente, no dejaba de ser revelador que Bergoglio pudiera manifestarse abiertamente enemigo de la economía de libre mercado y, a la vez, prodigara los elogios de la dictadura cubana asumiendo su propaganda y condenando no los excesos de la tiranía castrista, sino el embargo decretado por Estados Unidos. Ese arzobispo en 2001 fue creado cardenal y en 2013 fue elegido papa.

Bergoglio, papa

En 1452, el papa Nicolás V, deseoso de fortalecer las relaciones con el reino de Portugal, a la sazón, la primera potencia del mundo, promulgó

22. *Diálogos…*, p. 47.
23. *Diálogos…*, p. 47.
24. *Diálogos…*, p. 48.
25. *Diálogos…*, p. 49.
26. *Diálogos…*, p. 49.

una bula de contenido ciertamente llamativo. En la misma, se autorizaba literalmente al rey de Portugal para «invadir, buscar, capturar, vencer y someter a todos los sarracenos y paganos de cualquier tipo... y reducir a sus personas a esclavitud perpetua y a apropiarse para sí mismo y para sus sucesores de los reinos, ducados, condados, principados, dominios, posesiones y bienes y a utilizarlos para su uso y beneficio». La bula papal —que vendría acompañada por otra semejante tres años más tarde— tuvo una enorme trascendencia porque proporcionó legitimidad para iniciar una de las páginas más negras de la Historia de la Humanidad, la de la trata de esclavos procedentes del continente africano. Que el hecho de capturar, someter a esclavitud y explotar a millones de seres humanos cuyo único delito era ser africanos nocatólicos chocaba frontalmente con la enseñanza de Jesús resulta más que obvio, pero el papa Nicolás V se estaba limitando a actuar de acuerdo con el comportamiento de siglos de la institución que gobernaba. Por un lado, podía hacer referencia a la caridad y, por otro, tenía unos intereses políticos que colocaban en primer lugar las buenas relaciones con Portugal hasta el punto de justificar la comisión masiva de crímenes contra la Humanidad. Semejante hecho que puede provocar un comprensible malestar en no pocos católico-romanos obedecía, sin embargo, a una coherencia de siglos, la de que el Vaticano es un estado —así es reconocido por el derecho internacional— que antepone sus intereses de poder a los principios morales que dice defender y que, en no pocas ocasiones, adapta incluso los principios a sus intereses. La misma elección de los papas ha venido determinada históricamente por relaciones de poder entre los aspirantes[27] y por el deseo de proporcionar a la Santa Sede una situación de mayor influencia aunque eso implicara legitimar la captura de africanos para convertirlos en esclavos o firmar un concordato con Hitler.

Bergoglio fue elegido papa por varias razones. La primera que procedía de la única parte del mundo donde la iglesia católico-romana no solo cuenta con influencia económica, política y social, sino donde además la

---

27. Ejemplos de esas luchas por el poder entre los siglos X y XV pueden encontrarse expuestos en E. R. Chamberlin, *Los malos papas* (Barcelona, 1970).

mayoría de la población pertenece a esta confesión. En África y Asia, la iglesia católico-romana tiene una presencia testimonial, y en Europa, ha ido retrocediendo de manera espectacular en las últimas décadas. En segundo lugar, Bergoglio era hispanoamericano, pero un hispanoamericano no étnico. Ni mestizo ni mulato, cualquier europeo o norteamericano podía identificarse racialmente con él, algo lógico porque, a fin de cuentas, era hijo de italianos emigrantes a Argentina. En tercer lugar, Bergoglio era la persona idónea para mantener unas relaciones ideales con los dictadores del denominado socialismo del siglo XXI. No solo Fidel Castro sino Evo Morales, Hugo Chávez, Daniel Ortega o Rafael Correa podían sentirse más que a gusto con un papa que condenaba el libre mercado, que atacaba a los Estados Unidos, y que consideraba que existían enormes coincidencias entre la doctrina social católica y el comunismo castrista. Por añadidura, en el momento de su elección, parecía que ese tipo de regímenes se prolongaría en el tiempo y que incluso se extendería a otras naciones. En cuarto lugar, Bergoglio era un personaje en apariencia ideal para intentar neutralizar el avance de las iglesias evangélicas en Hispanoamérica, iglesias que han desplazado a la iglesia católico-romana en zonas enteras del subcontinente como es el caso de la Amazonia. Finalmente, Bergoglio podía encarnar perfectamente el respaldo a la agenda globalista que ya había sido avanzado por pontífices como Juan XXIII, Juan Pablo II o Benedicto XVI. Debe reconocerse que Bergoglio, convertido en el papa Francisco, ha estado totalmente a la altura de esa misión.

El 24 de mayo de 2015, se publicó la carta encíclica *Laudato si* que entraba totalmente dentro de la visión globalista. Ese mismo año, por si podía quedar alguna duda, el papa Francisco, en una carta dirigida a los obispos católicos, afirmó: «El cambio climático es real y peligroso. Se necesita un nuevo sistema de gobierno mundial para hacer frente a esta amenaza sin precedentes. Esta nueva autoridad política estaría a cargo de la reducción de la contaminación y del desarrollo de los países y regiones pobres».[28] De manera bien reveladora, el pontífice unía el

---

[28.] https://verdadyvida.org/francisco-pide-un-nuevo-gobierno-mundial/.

deseo de un gobierno mundial con la afirmación del cambio climático y del deseo de un control de la economía global.

En 2017, el papa Francisco volvió a repetir su apoyo a un gobierno mundial y en declaraciones al periódico italiano *La Repubblica* afirmó que los Estados Unidos de América tienen «*una visión distorsionada del mundo*» y que los estadounidenses deben ser gobernados por un gobierno mundial, lo antes posible, «*por su propio bien*».[29] Se trataba de una afirmación que solo podía considerarse una verdadera amenaza para la democracia americana. Ciertamente, las simpatías del papa Francisco estaban en otro lugar. Así, no sorprende que ese mismo año, el 14 junio, apareciera junto al ayatola Al-Milani, el Dalai Lama y el rabino Abraham Skorka en un video respaldando la misma visión globalista.[30]

En mayo de 2019, en una reunión con la Academia pontificia de ciencias sociales, el papa Francisco volvió a señalar su apoyo a la idea de un gobierno supranacional.[31] La declaración del papa atacaba lo que denominaba la «excesiva reivindicación de soberanía por parte de los estados» insistiendo en que «a menudo precisamente en áreas donde ya no son capaces de actuar de manera efectiva para proteger el bien común». El papa Francisco insistió igualmente en que «tanto en la encíclica *Laudato si* como en el Discurso a los miembros del Cuerpo Diplomático de este año, llamé la atención sobre los desafíos globales que enfrenta la Humanidad». A continuación, en plena armonía con la agenda globalista, el papa Francisco señaló que esos desafíos globales son «el desarrollo integral, la paz, el cuidado de la casa común, el cambio climático, la pobreza, las guerras, las migraciones, la trata de personas, el tráfico de órganos, la protección del bien común, las nuevas formas de esclavitud». Por si pudiera caber alguna duda sobre lo que eso significaba, el papa Francisco expresó la preocupación de la iglesia católico-romana por la actitud de corrientes

[29.] https://www.thetrumpet.com/12819-pope-calls-for-new-world-government.
[30.] https://apnews.com/f79dd15461f24e6297f439d254be8a26/Global-religious-leaders-join-for-online-friendship-appeal; https://articles.aplus.com/a/pope-francis-dalai-lama-elijah-interfaith-institute-make-friends?no_monetization=true.
[31.] http://www.vatican.va/content/francesco/es/speeches/2019/may/documents/papa-francesco_20190502_plenaria-scienze-sociali.html.

contrarias a la inmigración y lamentó que así «se obstaculiza el logro de los Objetivos de Desarrollo Sostenible aprobados por unanimidad en la Asamblea General de las Naciones Unidas el 25 de septiembre de 2015». Acto seguido, el papa se manifestó en contra de la asimilación de los inmigrantes considerando que esa no es la verdadera integración. El papa enfatizó igualmente en la citada comunicación que «el Estado nacional ya no es capaz de procurar por sí solo el bien común de sus poblaciones» y que, por lo tanto, es necesaria una autoridad supranacional que aborde esa cuestión. De manera coherente con esa visión globalista, añadió que «cuando se identifica claramente un bien común supranacional es necesario contar con la oportuna autoridad, legal y concordantemente constituida, capaz de facilitar su implementación». La justificación para esa entidad supranacional sería, según el papa Francisco, «los grandes desafíos contemporáneos del cambio climático, de las nuevas formas de esclavitud y de la paz». Según el papa, «Este bien común universal, a su vez, debe adquirir una valencia jurídica más pronunciada a nivel internacional».

A esas alturas, se podía pensar a favor o en contra del papa Francisco, pero no se le puede acusar de no hablar con claridad en torno a determinados temas. Desde luego, resultaba ya más que revelador el que hubiera callado clamorosamente ante el avance feroz de la ideología de género o antes gravísimos problemas morales y, a la vez, defendiera la lucha contra el cambio climático como un objetivo de primer orden.

El papa Francisco se manifestaba claramente como un defensor encarnizado y persistente de la agenda globalista que pretende imponer un gobierno supranacional, que aspira a ir privando a los estados de competencias hasta vaciarlos prácticamente de contenido, que intenta justificar esos pasos apelando a cuestiones más que discutibles como el calentamiento global y que tiene como una de sus hojas de ruta los objetivos de desarrollo sostenible aprobados por la Asamblea general de Naciones Unidas de 2015.

El apoyo cerrado y expreso del papa Francisco a ese documento de Naciones Unidas deja totalmente de manifiesto donde se halla porque entre sus objetivos se encuentra la implantación de la ideología de género en todo el planeta y así lo hace, expresamente, al señalar como objetivo quinto tras la Educación de calidad y antes del Agua limpia y saneamiento la denominada Igualdad de género.

Partiendo de esa base no puede causar sorpresa que el 11 de noviembre de 2019, la Santa Sede iniciara un seminario de dos días en el que, en colaboración con la fundación Rockefeller, presentó como finalidad confesa luchar contra la pérdida y el desperdicio de alimentos.[32] El seminario fue organizado por la Academia de Ciencias del Vaticano, en el cual participaron más de cuarenta expertos y dirigentes religiosos y tenía la pretensión de concluir con una declaración que señalara las directrices que han de ser seguidas por los poderes públicos y los sectores privados de la sociedad. El propio papa Francisco apoyó la iniciativa desde su cuenta de Twitter afirmando que «debemos poner fin a la cultura del descarte, nosotros que pedimos al Señor que nos dé el pan nuestro de cada día. El desperdicio de alimentos contribuye al hambre y a los cambios climáticos».

Resulta un verdadero misterio saber la relación entre el desperdicio de alimentos y el cambio climático, pero no es ningún secreto que, respaldando la conferencia impulsada por el Vaticano y la fundación Rockefeller se encontraba también la ONU y, más específicamente, el nuevo titular del organismo de Naciones Unidas para la Alimentación y la Agricultura, Dongyu Qu. Tal y como señalaría el canciller de la Pontificia Academia, el argentino Marcelo Sánchez Sorondo, durante la inauguración, el seminario se encontraba dentro de establecer prioridades incluidas en «los Objetivos de Desarrollo Sostenible (SDG) de las Naciones Unidas». No sorprende que sobre esas bases, el titular de la FAO anunciara que uno de los objetivos del seminario fuera la reducción de las emisiones de dióxido de carbono. Los participantes en el seminario afirmaron que el desperdicio alimentario «es perjudicial para el planeta debido a las emisiones de gases de efecto invernadero». Según los organizadores, la conferencia quería llegar

---

32. https://www.youtube.com/watch?v=oeMwp23GKr8; https://www.sol915.com.ar/vaticano-la-fundacion -rockefeller-se-unen-desperdicio-alimentos/; https://infovaticana.com/2019/11/12/el-vaticano-y-la- fundacion-rockefeller-juntos-contra-el-desperdicio-de-alimentos/.

a «una declaración que haga un llamamiento a la acción conjunta de políticas públicas y del sector privado; un esfuerzo coordinado de comunicación para movilizar a la sociedad civil y a las comunidades religiosas». De manera semejante, la conferencia perseguía fijar «un camino hacia un plan de acción y compromisos globales».

De manera bien significativa, la Fundación Rockefeller respalda en estos momentos un plan global que, potencialmente, habría cambiado el mundo para el año 2030. Entre sus diecisiete metas globales se encuentran difundir la ideología de género como la quinta, apoyar las tesis de los calentólogos como la décimo tercera y globalizar el control de la energía como la séptima, décima y duodécima. La misma meta décimoséptima es la de establecer alianzas para lograr el avance de esos objetivos, una tarea a la que se ha sumado con innegable entusiasmo el Vaticano. Sin embargo, no se trataría ni de lejos de la única iniciativa de la Santa Sede para implantar la agenda globalista.

El Pacto de las catacumbas por la casa común

En 1965, una cuarentena de prelados hispanoamericanos, que se encontraban participando en el concilio Vaticano II, aprovecharon la ocasión para llegar a un pacto singular. Tras celebrar misa en la catacumba de Domitila, firmaron un pacto —al que posteriormente se adhirieron más obispos— en el que se comprometían a dedicarse de manera especial a los pobres y a «personas y grupos trabajadores y económicamente débiles y subdesarrollados», para impulsar el «advenimiento de otro orden social, nuevo, digno de los hijos del hombre y de los hijos de Dios». El texto estaba firmado por el denominado «obispo rojo» Hélder Câmara así como por prelados como Antônio Fragoso, Luigi Betazzi, Manuel Larraín, Leonidas Proaño, Vicente Faustino Zazpe y Sergio Méndez Arceo. No sorprende, por lo tanto, que se convirtiera en la base del movimiento de colaboración con los partidos de izquierdas y comunistas que, cuatro años después, se presentó como la teología de la liberación. Concebida como una fusión del catolicismo romano y del marxismo,[33] la teología de la liberación tendría una extraordinaria relevancia durante los años siguientes. Esa teología de la liberación defendió la revolución en Hispanoamérica teniendo un papel relevante en la implantación del régimen sandinista en Nicaragua y en las acciones de la guerrilla comunista en El Salvador o Guatemala, llegando incluso a contar focos más al sur del continente que mantuvieron siempre una visión positiva de la dictadura de Fidel Castro en Cuba.

La teología de la liberación fue perdiendo peso como consecuencia del fracaso de los partidos comunistas en América si bien el Foro de Sao Paulo incluyó entre sus objetivos resucitarla. Así, el 21 de marzo de 2013, apenas una semana después de ser elegido papa, Francisco recibió al Premio Nobel de la Paz, el argentino Adolfo Pérez Esquivel, quien le entregó una copia del Pacto de las Catacumbas a petición del obispo español y teólogo de la liberación Pedro Casaldáliga. La petición consistía en que «trate de escuchar, reflexionar y de llegar a un acuerdo, una reconciliación con los teólogos latinoamericanos».[34] En julio de 2014, Leonardo Boff, un teólogo de la liberación que expresó claramente que su visión era una fusión de marxismo y catolicismo, afirmaba en un artículo titulado «El pacto de las catacumbas vivido por el Papa Francisco» que el pacto de las catacumbas contenía los ideales presentados por el Papa Francisco.[35] De manera bien reveladora no mucho después, aprovechando el Sínodo de la Amazonia, un conjunto de prelados suscribió el denominado «Pacto de las catacumbas por la Casa Común».[36]

En el curso de una misa celebrada por el cardenal Claudio Hummes y a la que también asistió el cardenal Pedro Barreto, unos cuarenta obispos acompañados por otros padres sinodales, auditores de ambos sexos, peritos también de ambos sexos, así como algunos de los participantes en la Amazonía Casa Común suscribieron un nuevo Pacto de

---

[33.] Leonardo Boff y Clodovis Boff, *Cómo hacer Teología de la liberación* (Madrid, 1985), p. 40 ss.

[34.] https://www.lavoz.com.ar/noticias/mundo/perez-esquivel-papa-pacto-catacumbas.

[35.] http://www.servicioskoinonia.org/boff/articulo.php?num=651.

[36.] https://www.vidanuevadigital.com/documento/pacto-de-las-catacumbas-por-la-casa-comun/; https://www.vaticannews.va/es/vaticano/news/2019-10/casa-comun-en-centro-nuevo-pacto-catacumbas.html; https://jesuitas.lat/es/noticias/1653-padres-sinodales-firman-historico-pacto-de-las-catacumbas-por-la-casa-comun; https://www.youtube.com/watch?v=t_12SxMZSjI.

las catacumbas por la Casa Común. El Pacto de las Catacumbas por la Casa Común aparecía suscrito, literalmente, «por una Iglesia con rostro amazónico, pobre y servidora, profética y samaritana». El texto afirmaba que «nosotros, los participantes del Sínodo Pan-Amazónico, compartimos la alegría de vivir entre numerosos pueblos indígenas, quilombolas, ribereños, migrantes, comunidades en la periferia de las ciudades de este inmenso territorio del Planeta».

El texto rendía a continuación un homenaje a la teología de la liberación afirmando que «recordamos con gratitud a los obispos que, en las Catacumbas de Santa Domitila, al final del Concilio Vaticano II, firmaron *el Pacto por una Iglesia servidora y pobre*. Recordamos con reverencia a todos los mártires miembros de las comunidades eclesiales de base, de las pastorales y movimientos populares; líderes indígenas, misioneras y misioneros, laicos, sacerdotes y obispos, que derramaron su sangre debido a esta opción por los pobres, por defender la vida y luchar por la salvaguardia de nuestra Casa Común». A continuación, señalaba su decisión «de continuar su lucha con firmeza y valentía. Es un sentimiento de urgencia que se impone ante las agresiones que hoy devastan el territorio amazónico, amenazado por la violencia de un sistema económico depredador y consumista».

El pacto señalaba como objetivo «asumir, ante la extrema amenaza del calentamiento global y el agotamiento de los recursos naturales, un compromiso de defender en nuestros territorios y con nuestras actitudes la selva amazónica en pie. De ella provienen las dádivas del agua para gran parte del territorio sudamericano, la contribución al ciclo del carbono y la regulación del clima global, una incalculable biodiversidad y una rica socio diversidad para la humanidad y la Tierra entera». A este objetivo se sumaba el de «reconocer que no somos dueños de la madre tierra, sino sus hijos e hijas... Por tanto, nos comprometemos a una ecología integral, en la cual todo está interconectado, el género humano y toda la creación porque todos los seres son hijas e hijos de la tierra».

Igualmente el nuevo pacto de las catacumbas se imponía como objetivo «renovar en nuestras iglesias la opción preferencial por los pobres, especialmente por los pueblos originarios, y junto con ellos garantizar el derecho a ser protagonistas en la sociedad y en la Iglesia. Ayudarlos a preservar sus tierras, culturas, lenguas, historias, identidades y espiritualidades». De manera semejante, el nuevo pacto de las catacumbas señalaba como meta «caminar ecuménicamente con otras comunidades cristianas en el anuncio inculturado y liberador del evangelio, y con otras religiones y personas de buena voluntad, en solidaridad con los pueblos originarios, los pobres y los pequeños, en defensa de sus derechos y en la preservación de la Casa».

Otra meta señalada por el nuevo pacto de las catacumbas fue la de «reconocer los servicios y la real diaconía de la gran cantidad de mujeres que dirigen comunidades en la Amazonía hoy y buscar consolidarlas con un ministerio apropiado de mujeres líderes de comunidad». Igualmente, el nuevo pacto de las catacumbas afirmaba como misión, la de captar a «periferias y migrantes, trabajadores y desempleados, los estudiantes, educadores, investigadores y al mundo de la cultura y de la comunicación».

Tras afirmar su deseo de «reducir la producción de residuos y el uso de plásticos, favorecer la producción y comercialización de productos agroecológicos», el nuevo pacto de las catacumbas afirmaba que los prelados se ponen «al lado de los que son perseguidos por el servicio profético de denuncia y reparación de injusticias, de defensa de la tierra y de los derechos de los pequeños, de acogida y apoyo a los migrantes y refugiados». Finalmente, el texto concluía afirmando que en el Pan Eucarístico «la creación tiende a la divinización, a las santas nupcias, a la unificación con el mismo Creador»; el texto concluye con la data en las Catacumbas de Domitila, *Roma, el 20 de octubre de 2019.*

La teología de la liberación era, sin ninguna duda, teología, pero fue una teología encaminada a implantar dictaduras comunistas en Hispanoamérica, totalmente entrelazada con la acción de grupos subversivos y guerrilleros y simpatizante de manera descarada con las tesis de la dictadura cubana a través del obras como *En Cuba* del sacerdote nicaragüense Ernesto Cardenal o *Fidel y la religión* del sacerdote brasileño Frei Beto. Esa misma línea fue la manifestada, como ya vimos, por un personaje conocido entonces como Bergoglio y ahora como papa Francisco en el prólogo del libro *Diálogos entre Juan Pablo II y Fidel Castro* donde asumía toda la propaganda comunista sobre la tragedia cubana y llegaba incluso a afirmar que, salvo por el ateísmo, la dictadura castrista era semejante a la doctrina social católica.

La teología de la liberación fue derrotada en toda línea en el campo de batalla y, al fracasar los experimentos revolucionarios, se fue extinguiendo poco a poco de manera no pocas veces penosa e incluso ridícula. Regresa ahora de la mano de la agenda globalista como una nueva fuerza que puede desencadenar la miseria, el dolor y la muerte sobre centenares de millones de hispanoamericanos. Con claras referencias al papa Francisco y a lo referido en el Sínodo de la Amazonia, el nuevo Pacto de las Catacumbas defiende cuatro ejes muy claros de la agenda globalista. El primero es la calentología, asumiendo las tesis del calentamiento global y llegando a extremos ridículos como calificar a los seres humanos de hijos de la madre tierra al igual que sucedía en las religiones precristianas o de pretender reducir el uso de plásticos o aumentar la producción de agroecológicos. El segundo es la inmigración descontrolada. De nuevo, esos inmigrantes —a los que se denomina con el término políticamente correcto de migrantes— se convierten en un objetivo y un aliado para planes de trastorno social. De ellos se espera, como también de los indígenas a cuya visión espiritual se rinde pleitesía, que se conviertan en instrumentos de una política concreta. El tercero es la ideología de género a la que se rinde aquí tributo de manera más limitada y mediante un apartado específico dedicado a las mujeres a las que se promete convertir en líderes de comunidad. El cuarto, finalmente, es vaciar de contenido la soberanía nacional lo que se consigue mediante la reunión de elementos que se pueden utilizar de manera clara contra la misma como pueden ser los inmigrantes ilegales y las comunidades indígenas y también como se anuncia de manera expresa, al pretender sustraer de las competencias estatales la gestión de zonas de su territorio como sucede con la Amazonia.

Estos cuatro puntales de la agenda globalista serán avanzados, según el nuevo Pacto de las Catacumbas, mediante la captación de jóvenes o la utilización de los medios de comunicación así como a través de la defensa de elementos subversivos como antaño ya lo hizo la jerarquía partidaria de la teología de la liberación con la guerrilla y la condena del desarrollo capitalista. En realidad, tiene lógica porque el freno del crecimiento económico implicaría el final de enormes masas que, al convertirse en clases medias, no serían susceptibles de engrosar las filas del totalitarismo.

El documento se firmó, por añadidura, cuando, entre otras circunstancias, los indígenas ponían de rodillas al gobierno de Ecuador, los jóvenes subvertían de manera prodigiosamente pavorosa la situación en Chile, un presidente partidario de la ideología de género daba un golpe de estado en Perú, George Soros se impacientaba porque la agenda global no avanzaba con suficiente rapidez y el papa Francisco no tenía problema alguno en que el Sínodo de la Amazonia fuera inaugurado con ceremonias paganas ejecutadas por un shamán[37] aunque algunos fieles católicos, con posterioridad, arrojarían algunas de las imágenes indígenas al río.[38]

El nuevo Pacto de las Catacumbas por la casa global no es un mero documento de teología. Constituye, por el contrario, un programa de acción política con legitimación religiosa similar a la Teología de la liberación que tanta sangre derramó en Hispanoamérica durante décadas. La amenaza ahora no es menor e incluso podría decirse que el peligro para la libertad y la prosperidad de los pueblos resulta muy superior. Sin embargo, más grave que el nuevo Pacto de las Catacumbas iba a revelarse el reciente Sínodo de la Amazonia.

El Sínodo de la Amazonia

En 1890, John Henry Newman publicó un libro en el que pretendía justificar los cambios que había experimentado en sus creencias y prácticas la Iglesia católico-romana a lo largo de los siglos. Fue así

---

37. https://infovaticana.com/2019/08/20/el-sinodo-cuenta-ya-con-las-bendiciones-del-chaman-amazonico/.

38. https://www.aciprensa.com/noticias/roban-polemicas-imagenes-del-sinodo-amazonico-y-las-arrojan-al-rio-tiber-video-61653.

como dejó escrito lo siguiente: «En el curso del siglo cuarto dos movimientos o desarrollos se extendieron por la faz de la cristiandad, con una rapidez característica de la Iglesia: uno ascético, el otro, ritual o ceremonial. Se nos dice de varias maneras en Eusebio (V. Const III, 1, IV, 23, &c), que Constantino, a fin de recomendar la nueva religión a los paganos, transfirió a la misma los ornamentos externos a los que aquellos habían estado acostumbrados por su parte. No es necesario entrar en un tema con el que la diligencia de los escritores protestantes nos ha familiarizado a la mayoría de nosotros. El uso de templos, especialmente los dedicados a casos concretos, y adornados en ocasiones con ramas de árboles; el incienso, las lámparas y velas; las ofrendas votivas al curarse de una enfermedad; el agua bendita; los asilos; los días y épocas sagrados; el uso de calendarios, las procesiones, las bendiciones de los campos; las vestiduras sacerdotales, la tonsura, el anillo matrimonial, el volverse hacia Oriente, las imágenes en una fecha posterior, quizás el canto eclesiástico, y el Kirie Eleison son todos de origen pagano y santificados por su adopción en la Iglesia».[39] El texto de Newman resultaba especialmente interesante porque contenía tres afirmaciones de relevancia. La primera que en el siglo IV, la Iglesia católico-romana había dejado que en su práctica se introdujera una verdadera transfusión de paganismo que persistía hasta el mismo siglo XIX en que escribía Newman; la segunda, que semejante permisividad se debía, fundamentalmente, al deseo de aumentar su poder, algo que derivaría del hecho de que la población pagana se sentiría cómoda con aquella paganización del cristianismo y la tercera, que aquella inmensa absorción de elementos paganos no tenía importancia, ya que fueron santificados a ser adoptados por la iglesia. Se puede discutir este último extremo de la misma manera que se puede cuestionar si un veneno deja de serlo simplemente porque se vierte en un vaso de agua, pero lo que no se puede negar es que la Iglesia católico-romana absorbió en masa un conjunto considerable de prácticas paganas y que lo hizo para aumentar su influencia social y política en un mundo

39. J. H. Newman, *An Essay on the Development of Christian Doctrine* (Londres, 1893), p. 373.

mayoritariamente pagano. Sin duda, se trata de unos hechos sobre los que hay que reflexionar. Por cierto, el autor de las citadas líneas las escribió cuando ya se había convertido al catolicismo. Posteriormente, fue creado cardenal por el papa León XIII y en octubre de 2019, fue canonizado oficialmente. Resulta difícil no encontrar paralelos en esa conducta con lo sucedido en el denominado Sínodo de la Amazonia, uno de los acontecimientos centrales en el desarrollo de la agenda globalista.

El 19 de enero de 2018, el papa Francisco visitó la Amazonia iniciándose toda una andadura que se tradujo durante el mes de octubre de 2019 en la celebración del Sínodo de la Amazonia a lo largo de veintiún días. El documento final del sínodo constituye todo un programa de acción política con supuesta legitimación espiritual. De entrada, hace una referencia a que «el clima fue de intercambio abierto, libre y respetuoso de los obispos pastores en la Amazonía, misioneros y misioneras, laicos, laicas, y representantes de los pueblos indígenas de la Amazonía». En el documento se alaba igualmente que «hubo una presencia notable de personas venidas del mundo amazónico que organizaron actos de apoyo en diferentes actividades, procesiones, como la de apertura con cantos y danzas acompañando al Santo Padre, desde la tumba de Pedro al aula sinodal».

El documento añade que «todos los participantes han expresado una conciencia aguda sobre la dramática situación de destrucción que afecta a la Amazonía. Esto significa la desaparición del territorio y de sus habitantes, especialmente los pueblos indígenas. La selva amazónica es un «corazón biológico» para la tierra cada vez más amenazada. Se encuentra en una carrera desenfrenada a la muerte. Requiere cambios radicales con suma urgencia, nueva dirección que permita salvarla. ¡Está comprobado científicamente que la desaparición del bioma amazónico tendrá un impacto catastrófico para el conjunto del planeta!». Igualmente, el documento señala, de manera programática, que «la celebración finaliza con gran alegría y la esperanza de abrazar y practicar el nuevo paradigma de la ecología integral, el cuidado de la «casa común» y la defensa de la Amazonía».

El documento califica a continuación como «atentados contra la naturaleza» y «amenazas contra la vida: apropiación y privatización de bienes de la naturaleza, como la misma agua; las concesiones madereras legales y el ingreso de madereras ilegales; la caza y la pesca predatorias; los mega-proyectos no sostenibles (hidroeléctricas, concesiones forestales, talas masivas, monocultivos, carreteras, hidrovías, ferrocarriles y proyectos mineros y petroleros); la contaminación ocasionada por la industria extractiva y los basureros de las ciudades y, sobre todo, el cambio climático».

Tras respaldar las tesis de los calentólogos sobre el cambio climático, el documento se centra en las denominadas «migraciones» lo que, supuestamente, «exige atención pastoral transfronteriza capaz de comprender el derecho a la libre circulación de estos pueblos». Habiendo afirmado un más que discutible derecho a la libre de circulación sin fronteras, el documento señala que «la vida de las comunidades amazónicas aún no afectadas por el influjo de la civilización occidental se refleja en la creencia y los ritos sobre el actuar de los espíritus de la divinidad, llamados de innumerables maneras, con y en el territorio, con y en relación con la naturaleza (*LS* 16, 91, 117, 138, 240). Reconozcamos que desde hace miles de años han cuidado su tierra, sus aguas y sus bosques, y han logrado preservarlos hasta hoy para que la humanidad pueda beneficiarse del goce de los dones gratuitos de la creación de Dios».

No deja de ser significativo que, tras afirmar que los espíritus han cuidado de la Amazonia durante miles de años, el documento indique que en la Amazonía, «las relaciones entre católicos y pentecostales, carismáticos y evangélicos no son fáciles. La aparición repentina de nuevas comunidades, vinculada a la personalidad de algunos predicadores, contrasta fuertemente con los principios y la experiencia eclesiológica de las Iglesias históricas y puede ocultar el peligro de ser arrastrados por las ondas emocionales del momento o de encerrar la experiencia de la fe en ambientes protegidos y tranquilizadores».

Aún más revelador es el hecho de que, tras alabar la acción de los espíritus y criticar la acción de los evangélicos porque crean «ambientes protegidos y tranquilizadores» —¿cómo puede considerarse esa realidad como algo negativo?— el documento afirma que «en la Amazonía, el diálogo interreligioso se lleva a cabo especialmente con las religiones indígenas y los cultos afrodescendientes. Estas tradiciones merecen ser conocidas, entendidas en sus propias expresiones y en su relación con el bosque y la madre tierra».

Llegado a ese punto, el documento vuelve a incidir en el «fenómeno de las migraciones» para volverse a continuación hacia los jóvenes a los que define «con rostros e identidades indígenas, afrodescendientes, ribereños, extractivistas, migrantes, refugiados, entre otros». A estos jóvenes, la Iglesia católico-romana pretende darles «un acompañamiento adecuado y una educación apropiada». Precisamente entonces, el documento reconoce lo que denomina «nuevos formatos familiares: familias monoparentales bajo la responsabilidad de las mujeres, aumento de las familias separadas, uniones consensuadas y familias reunidas, disminución de los matrimonios institucionales», una afirmación que resulta, cuando menos llamativa, desde una perspectiva católico-romana.

El documento se enfoca entonces en la situación de los indígenas. Así, afirma que «es necesario defender el derecho de todas las personas a la ciudad» insistiendo en que «una atención especial merece la realidad de los indígenas en los centros urbanos, pues son los más expuestos a los enormes problemas de delincuencia juvenil, falta de trabajo, luchas étnicas e injusticias sociales». En esta misma línea, el documento señala que «es preciso defender los derechos a la libre determinación, la demarcación de territorios y la consulta previa, libre e informada», añadiéndose que «en todo momento se debe garantizar el respeto a su autodeterminación y a su libre decisión sobre el tipo de relaciones que quieren establecer con otros grupos».

En la misma línea indigenista, el documento afirma que «motivados por una ecología integral, deseamos potenciar los espacios de comunicación ya existentes en la región, para así promover de modo urgente una conversión ecológica integral. Para ello, es preciso colaborar con la formación de agentes de comunicación autóctonos, especialmente indígenas» con cuya finalidad creará «una red de comunicación eclesial panamazónica».

A continuación, el documento se suma a las tesis ambientalistas afirmando que «la ecología integral no es un camino más que la Iglesia puede elegir de cara al futuro en este territorio, es el único camino posible, pues no hay otra senda viable para salvar la región». Tras esta afirmación, el documento afirma: «Asumimos y apoyamos las campañas de desinversión de compañías extractivas relacionadas al daño socio-ecológico de la Amazonía, comenzando por las propias instituciones eclesiales y también en alianza con otras iglesias; c) llamamos a una transición energética radical y a la búsqueda de alternativas».

Acto seguido, pasando por alto, la soberanía de las distintas naciones sobre su territorio, el documento afirma que «los protagonistas del cuidado, la protección y la defensa de los derechos de los pueblos y de los derechos de la naturaleza en esta región son las mismas comunidades amazónicas. Son ellos los agentes de su propio destino, de su propia misión. En este escenario, el papel de la Iglesia es el de aliada. Ellos han expresado claramente que quieren que la Iglesia los acompañe, que camine junto a ellos, y no que les imponga un modo de ser particular, un modo de desarrollo específico que poco tiene que ver con sus culturas, tradiciones y espiritualidades».

Tras afirmar que «la Iglesia reconoce la sabiduría de los pueblos amazónicos sobre la biodiversidad, una sabiduría tradicional que es un proceso vivo y siempre en marcha», el documento sinodal señala que «se necesita de manera urgente el desarrollo de políticas energéticas que logren reducir drásticamente la emisión de dióxido de carbono (CO_2) y de otros gases relacionados con el cambio climático. Las nuevas energías limpias ayudarán a promover la salud. Todas las empresas deben establecer sistemas de monitoreo de la cadena de suministro para garantizar que la producción que compran, crean o venden sea producida de una manera social y ambientalmente sostenible».

Por si estas afirmaciones destinadas a intervenir las economías nacionales fueran poco, a continuación, el documento afirma que «proponemos definir el pecado ecológico como una acción u omisión contra Dios, contra el prójimo, la comunidad y el ambiente... También proponemos crear ministerios especiales para el cuidado de la "casa común" y la promoción de la ecología integral».

Este deseo de establecer estructuras políticas concretas queda aún más de manifiesto cuando, acto seguido, el documento afirma que «como manera de reparar la deuda ecológica que tienen los países con la Amazonía, proponemos la creación de un fondo mundial para cubrir parte de los presupuestos de las comunidades presentes en la Amazonía que promueven su desarrollo integral y autosostenible y así también protegerlas del ansia depredadora de querer extraer sus recursos naturales por parte de las empresas nacionales y multinacionales».

En la misma línea de intervencionismo en la vida económica de los pueblos, el documento sinodal afirma que «debemos reducir nuestra dependencia de los combustibles fósiles y el uso de plásticos, cambiando nuestros hábitos alimenticios (exceso de consumo de carne y peces/mariscos) con estilos de vida más sobrios... Promover la educación en ecología integral en todos los niveles, promover nuevos modelos económicos e iniciativas que promuevan una calidad de vida sostenible» y «crear un observatorio socioambiental pastoral».

Tras suscribir con entusiasmo las tesis de los calentólogos, el documento pasa a realizar varias concesiones a la ideología de género. Así, afirma que «valoramos la función de la mujer, reconociendo su papel fundamental en la formación y continuidad de las culturas, en la espiritualidad, en las comunidades y familias. Es necesario que ella asuma con mayor fuerza su liderazgo en el seno de la Iglesia, y que esta lo reconozca y promueva reforzando su participación en los consejos pastorales de parroquias y diócesis, o incluso en instancias de gobierno».

Tras asumir el discutible término «feminicidio», el texto afirma sobre las mujeres que «la Iglesia se posiciona en defensa de sus derechos y las reconoce como protagonistas y guardianes de la creación y de la «casa común» señalando que «queremos fortalecer los lazos familiares, especialmente a las mujeres migrantes». Igualmente, señala que «pedimos que sea creado el ministerio instituido de "la mujer dirigente de la comunidad"».

En comprensible continuación de esas tesis intervencionistas que controlarían la economía, el desarrollo, las fronteras y que utilizarían las estructuras estatales además de a los estudiantes, a los emigrantes y a las mujeres, el documento también se detiene en la educación afirmando que «ha de incluir en los contenidos académicos disciplinas que aborden la ecología integral, la ecoteología, la teología de la creación, las teologías indias, la espiritualidad ecológica, la histórica de la Iglesia en la Amazonía, la antropología cultural amazónica, etc.». Finalmente, el documento, tras defender la creación de un rito específicamente amazónico, concluye considerándose «bajo el amparo de María, Madre de la Amazonía, venerada con diversas advocaciones en toda la región».

El documento final del Sínodo de la Amazonia apenas es un texto religioso y, por el contrario, constituye un alegato más que decidido en favor de las metas globalistas. No deja de ser significativo que apenas contenga referencias a documentos papales, a teólogos católico-romanos o a textos de la Biblia, pero, por el contrario, reproduce, defiende e impulsa la agenda globalista.

El documento sinodal comienza así con el lenguaje inclusivo que gramaticalmente resulta inaceptable, pero que constituye una característica ineludible de esa agenda globalista. A continuación, reproduce de manera totalmente acrítica, sectaria y dogmática la visión de los calentólogos. Incluso el documento se permite dar directrices concretas sobre la política económica y energética y el adoctrinamiento educativo en ese sentido.

No menos significativo que el apoyo entusiasta a las tesis de los calentólogos es la manera en que el documento sinodal se refiere a las denominadas migraciones. El texto no solo niega a los gobiernos el derecho a establecer fronteras, sino que insiste en que las migraciones no puedan ser contenidas por las fronteras, así como en apoyar a los que protagonizan esos flujos migratorios. Las consecuencias de esa visión, totalmente contraria a la legalidad, pueden resultar verdaderamente pavorosas.

No menos significativo es el conjunto de concesiones al feminismo adoptando el lenguaje inclusivo, refiriéndose a la empoderación de la mujer e incluso señalando que ha de potenciarse su posición de liderazgo incluso en el ámbito eclesial, algo verdaderamente llamativo en el seno de la iglesia católico-romana. También resulta revelador que, al mismo tiempo que se hurta a los gobiernos nacionales sus derechos de gestión, el documento afirme el derecho de autodeterminación de los indígenas sembrando las semillas para infinidad de conflictos políticos futuros.

Todo esto va unido a un ataque directo a los evangélicos —que, por cierto, son el 80% de los habitantes de la Amazonia— y a una serie de concesiones al paganismo de los indígenas como la de reconocer que los espíritus a los que rinden culto han cuidado durante siglos la Amazonia, como la de insistir en que el diálogo interreligioso ha de ir unido sobre todo al paganismo indígena o la de crear un rito especialmente amazónico. De manera apenas oculta, el documento deja de manifiesto qué visiones espirituales pueden integrarse en la agenda globalista y cuáles son claramente incompatibles.

El Sínodo de la Amazonia ha constituido un verdadero hito para la extensión masiva de la agenda globalista en Hispanoamérica y no deja de ser significativo que haya tenido lugar en paralelo a un estallido de conflictos sociales en la zona y del avance de la izquierda en algunas naciones relevantes.

Lejos de tratarse de un texto religioso, el documento del Sínodo de la Amazonia defiende una agenda globalista fácilmente reconocible.

Asume la visión de la ideología de género hasta extremos ridículos como el de considerar que las mujeres especialmente dignas de interés son las indígenas, solas y emigradas a la ciudad.

Asume la calentología hasta el punto de pretender que se adopten políticas que tendrán pésimas consecuencias para el bienestar de la zona.

Asume la visión globalista de las migraciones negando la legitimidad de las fronteras.

Asume la visión globalista del uso de las minorías —en este caso, indígenas y jóvenes— que pueden ayudar a debilitar los gobiernos nacionales. Así, repara en los jóvenes, pero, especialmente, en los pertenecientes a ciertos sectores que pueden ser instrumentalizados y en los indígenas para subrayar un principio de autodeterminación que convertiría todavía en más frágiles las estructuras políticas de las naciones de Hispanoamérica.

Asume la visión globalista de la economía llamando a adoptar medidas que provocarían la paralización del crecimiento económico de las naciones hispanoamericanas y su consecuente pobreza.

Asume el vaciamiento de soberanía de las naciones de manera que la Amazonia en la que la Iglesia católico-romana tiene una representación minoritaria sea regida internacionalmente y sin fronteras.

Asume la visión globalista en una zona estratégica para el desarrollo de las naciones y donde ya la mayoría de la población ha dejado de ser católico-romana para convertirse en evangélica. De hecho, José Luis Azcona, obispo emérito de Marajó, en el delta del Amazonas, así lo señaló.[40] Ciertamente, los obispos debatieron sobre las razones para el crecimiento de los evangélicos y el decrecimiento de los católico-romanos.[41]

En otras palabras, el documento asume toda una agenda globalista, una agenda que solo puede tener funestas consecuencias no solo para Hispanoamérica, sino para el conjunto del planeta. Ese apoyo entusiasta a la agenda globalista que lleva a cabo la iglesia católico-romana recuerda considerablemente a la manera en que respaldó en el siglo IV el constantinianismo. De hecho, igual que en el siglo IV aceptó en su seno infinidad de prácticas paganas porque eso permitía ampliar su poder, ahora no solo ha absorbido la agenda globalista, sino que además ha rendido tributo a los espíritus a los que rinden culto los indígenas y ha manifestado su voluntad de dialogar espiritualmente, en especial, con esos mismos chamanes que realizaron sus ceremonias religiosas delante del papa Francisco y que colocaron en iglesias católico-romanas las imágenes de la Pachamama, la madre tierra.

Por encima de lo que puedan pensar y sentir millones de católico-romanos decentes, la realidad es que puesta a elegir entre el bien

40. https://infovaticana.com/2019/08/25/la-amazonia-ya-no-es-catolica/.
41. https://www.aciprensa.com/noticias/obispos-debaten-por-que-los-protestantes-crecen-en-la-amazonia-y-los-catolicos-no-25972.

y el mal, la Santa Sede, de manera oficial, se ha colocado en el lado del mal más siniestro, más pavoroso y más totalitario.

El papa Francisco: ¿un papa gayfriendly?

Todos los aspectos descritos en las páginas anteriores dejan claramente de manifiesto que el papa Francisco, siguiendo una línea ya presente en pontífices anteriores, es un activo protagonista y defensor de la agenda globalista. Estos aspectos escapan, sin embargo, a muchos fieles católico-romanos que se aferran a la idea de que el papa no puede cambiar aspectos de la moral. Esa ilusión no se corresponde con la realidad, ya que la Santa Sede ha señalado que apoya las metas del milenio. De hecho, existen indicios suficientes como para preguntarse si el papa no ha dado pasos considerables para, por ejemplo, asumir la ideología del género incluso en aspectos como la aceptación de las relaciones homosexuales.

Así, en 2018,[42] el jesuita norteamericano James Martin declaró en un encuentro de su orden que el papa Francisco ha elegido deliberadamente a obispos partidarios de la homosexualidad para cambiar la actitud de la iglesia católico-romana hacia esa conducta. Lejos de ser un jesuita más, el padre Martin es consultor para las comunicaciones vaticanas y, sobre todo, es un clérigo tenido en suficiente estima por Roma como para haber sido el ponente más relevante en el reciente Encuentro Mundial de las Familias celebrado en Dublín, invitado por el obispo Kevin Farrell. De hecho, el obispo Farrell es el responsable del Dicasterio para los Laicos, la Familia y la Vida y prologó el libro más famoso del jesuita titulado *Building a Bridge*.

En el curso del encuentro jesuita de la Ignatian Family Teachin for Justice 2018, el padre James Martin afirmó que, para entender el cambio hacia la homosexualidad experimentado por la Iglesia católica, «... Basta ver lo que ha pasado en los últimos cinco años, desde que Francisco fue nombrado Papa». Para mostrar las razones para su afirmación, el jesuita

---

[42.] https://infovaticana.com/2018/11/09/james-martin-el-papa-nombra-obispos-gay-friendly-para-cambiar-la-iglesia-sobre-los-lgbti/.

James Martin señaló que «para empezar, los comentarios del Papa Francisco sobre la gente LGBT como "¿Quién soy yo para juzgar?"». Sus cinco palabras más famosas fueron en respuesta a preguntas sobre personas gays, ¿no es cierto? Es el primer papa, ya saben, en pronunciar la palabra «"gay" en una frase». El jesuita Martin también afirmó que el papa Francisco «tiene amigos gays, ha hablado de cómo quiere que los gays se sientan acogidos en la Iglesia. Eso es mucho».

Por si pudiera quedar alguna duda sobre lo que estaba señalando, el jesuita Martin añadió que «además, ha nombrado obispos y arzobispos y cardenales proLGBT, como el cardenal Tobin, arzobispo de Newark que, por ejemplo, celebro una "Misa de Acogida" para los católicos LGBT en su catedral. Eso es una tendencia». Según Martin, esa tendencia resultaba «imparable» y animó a sus oyentes para que se identificaran como «católicos LGBT» para contribuir al cambio.

El jesuita también citó más pruebas de la conducta del papa Francisco favorable a la agenda gay en el reciente sínodo, supuestamente centrado en la juventud, al que considera «un gran paso hacia adelante». Según el jesuita Martin, «La semana pasada, por ejemplo, en el Sínodo de la Juventud en el Vaticano, estaban reunidos obispos y expertos de todo el mundo... para hablar sobre los jóvenes. Y se discutieron las cuestiones LGBT más abiertamente que en ningún sínodo anterior». Así, el jesuita Martin señaló que «en su documento final, los delegados del sínodo hablaron sobre un acompañamiento a las personas LGBT, sobre escucharles y reconocer la labor de mucha gente en la Iglesia que atiende a esta comunidad». Martin lamentó que en el sínodo, en el que el papa Francisco lució una cruz con la bandera de arco iris, se eludieran las siglas LGTBI en el texto a causa de, dijo, la oposición de alguna diócesis americana y, sobre todo, del África Subsahariana y la India. Con todo, según el jesuita Martin, «En general, la Iglesia ha avanzado en estas cuestiones. La Iglesia está aprendiendo». De manera bien reveladora, las palabras de Martin coincidían con las denuncias del arzobispo Carlo María Viganò[43] si bien, lejos de

---

43. https://infovaticana.com/2019/09/11/vigano-denuncia-que-se-esta-construyendo-una-nueva-iglesia/.

considerar los hechos como algo negativo, los presentaba como un avance positivo. Viganó había ido incluso más lejos desvelando que el papa Francisco había mentido en relación con los abusos sexuales perpetrados por el clero.[44]

El caso del jesuita dista mucho de ser una excepción. El cardenal Reinhard Marx, presidente de la Conferencia Episcopal de Alemania, aseguró el 3 de febrero de 2018, que, para él, los sacerdotes católicos pueden realizar ceremonias de «bendición» de parejas homosexuales.[45] En declaraciones a la radio alemana Bavarian State Broadcasting, el cardenal Marx señaló que «no puede haber reglas» sobre este tema y que la decisión de si una unión homosexual debería recibir la bendición de la Iglesia católico-romana debería estar en manos de «un sacerdote o un agente de pastoral». En la entrevista, realizada en el marco del décimo aniversario del cardenal Marx como arzobispo de Munich y Freising, en Alemania, el prelado señaló también que la forma litúrgica específica de esa bendición, u otra forma de «aliento», era un tema bastante diferente. Preguntado si realmente estaba diciendo que «podría imaginar una forma de bendecir a parejas homosexuales en la Iglesia católica», el cardenal respondió que «sí», añadiendo que, sin embargo, no podrían ser «soluciones generales». El cardenal Marx no fue objeto de amonestación alguna y, de hecho, en diciembre de 2019, volvió a reiterar que la Iglesia católico-romana podía bendecir las uniones homosexuales.[46]

No puede sorprender que la noticia provocara el entusiasmo de entidades como cristianos gays.[47]

No se trata solo de sacerdotes y obispos. Existen poderosos indicios de que es el mismo papa Francisco el que está respaldando la aceptación de las conductas homosexuales en el seno de la iglesia católica. Así ha salido a la luz recientemente gracias al testimonio de

---

44. https://www.dw.com/es/exembajador-del-vaticano-acusa-al-papa-de-mentir-sobre-abusos-sexuales/a-49132792.

45. https://www.aciprensa.com/noticias/cardenal-marx-en-algunas-regiones-se-podria-permitir-sacerdotes-casados-97798.

46. https://www.aciprensa.com/noticias/cardenal-aprueba-ceremonias-de-bendicion-de-parejas-homosexuales-37536 y https://infovaticana.com/2019/12/24/cardenal-marx-bendecir-las-uniones-homosexuales-es-licito/.

47. https://www.cristianosgays.com/?s=Reinhard+Marx.

un sacerdote homosexual que afirma que recibió una llamada del papa Francisco en la que éste le dijo que deseaba que caminara con profunda libertad interior y que le daba el poder de las llaves.[48] El papa concedía así libertad al sacerdote para practicar la homosexualidad. No sorprende que el sacerdote diga que está arrepentido no de haber cometido actos homosexuales, sino de haber seguido la enseñanza de la iglesia católico-romana sobre la homosexualidad. Hasta la fecha, la Santa Sede no ha desmentido las declaraciones del sacerdote homosexual.

Los hechos pueden resultar inquietantes para millones de católico-romanos de buena fe, pero la realidad no puede ser negada. Si existe un icono indiscutible de la agenda globalista además del magnate George Soros, ése es el papa Francisco y con él la Santa Sede. A los dogmas concretos de esa agenda globalista dedicaremos los próximos capítulos.

---

48. https://www.lifesitenews.com/news/openly-gay-priest-claims-pope-francis-affirmed-his-homosexuality -in-private-phone-call.

CAPÍTULO XI

LOS DOGMAS DE LA AGENDA GLOBALISTA (I): el calentamiento global

¿Qué es el calentamiento global (o cambio climático)?

El calentamiento global es una teoría. Aunque sus partidarios —a los que denominamos en este libro calentólogos— insisten en que se trata de una verdad indiscutible y aunque instancias nada científicas, como el Vaticano, pretenden que no se puede negar, la realidad es que las tesis del calentamiento global son discutibles y, efectivamente, son discutidas[1] y, por añadidura, por científicos de peso.[2] ¿Qué sostienen los calentólogos? Primero, que vivimos un proceso de calentamiento global —o cambio climático— que se percibe en el planeta. Segundo, que ese calentamiento no ha existido jamás con anterioridad. Tercero, que ese calentamiento es una consecuencia directa de la acción humana. Cuarto, que debe ser controlado porque,

---

[1]. De interés son las obras del climatólogo Tim Ball, *Human Caused Global Warming. The Biggest Deception in History. The Why, What, Where, When and How it Was Achieved*, 2016 y *The Deliberate Corruption of Climante Science* (Mount Vernon, 2014).
[2]. De especial interés al respecto es el documental *La gran estafa del calentamiento global*, https://www.youtube.com/watch?v=NWmMOoyCNYs.

de lo contrario, las consecuencias catastróficas de ese calentamiento afectarán al planeta y a la vida humana y animal.[3] Semejante visión ha sido difundida de manera especial, aunque no única, por el Intergovernmental Panel on Climate Change (IPCC). En su Quinto informe el IPCC concluyó que «es *extremadamente verosímil* que la influencia humana haya sido la causa dominante del calentamiento observado desde la mitad del siglo XX». La mayor influencia humana sería la emisión de gases de efecto invernadero como el dióxido de carbono, el metano y el óxido nitroso. Esta circunstancia nos obligaría a constituir autoridades supranacionales que, por encima de los distintos gobiernos y de la soberanía de las naciones, establecieran las directrices de la economía mundial y la de cada país en concreto. En el caso de los Estados Unidos, esta visión de control estatal ha cristalizado en el denominado Green New Deal a través de dos resoluciones —la 109 de la cámara impulsada por Alexandria Ocasio-Cortez— y la 59 del senado impulsado por Ed Markey. La resolución de Markey fracasó estrepitosamente en el senado. Entre la población de los Estados Unidos, el cambio climático es una tesis creída con verdadero entusiasmo por los partidarios de los demócratas mientras que es contemplada con escepticismo por los republicanos. A decir verdad, la creencia en el calentamiento global se ha convertido para muchos en una verdadera religión hasta el punto de anunciar incluso el fin del mundo como si se tratara de una secta milenarista. Por ejemplo, a inicios de 2019, la representante Alexandria Ocasio-Cortez señaló que el calentamiento global es «nuestra Segunda Guerra Mundial» y afirmó rotundamente que el mundo acabará en doce años si no corregimos el calentamiento global.[4]

La realidad, sin embargo, es que las afirmaciones de los calentólogos carecen de base sólida. Primero, si vivimos realmente un calentamiento global, en cualquier caso, no es algo excepcional en la Historia de este planeta y del ser humano. Con anterioridad, ambos han

---

3. IPCC AR5 WG1 «Summary for Policymakers» (2013), p. 17.
4. https://www.newsweek.com/alexandria-ocasio-cortez-climate-change-world-will-end-12-years-un-report-1300873.

atravesado por épocas de calentamiento mayores.[5] Una de esas épocas coincidió con el final de las glaciaciones, otra con el período micénico —para que el lector comprenda, con la guerra de Troya— otra con el siglo I a. de C. y la época de Julio César y la guerra de las Galias y otra con la Edad Media. En todas esas ocasiones, el género humano sobrevivió al calentamiento y, desde luego, no lo provocó porque los automóviles, las fábricas o las industrias fueran comunes en ninguno de esos tres períodos históricos. En segundo lugar, resulta obvio que esos períodos cíclicos de calentamiento no tuvieron que ver con la actividad humana y que la razón fue natural y relacionada con el sol. Que así sea resulta de enorme lógica porque la vida se extinguiría en la tierra si desapareciera la luz del sol y, de manera semejante, la mayor fuente de calor es precisamente este astro. En tercer lugar —y éste es un aspecto lastimosamente descuidado— las previsiones sobre el cambio climático-calentamiento global, como suele suceder en las sectas milenaristas, no se han cumplido ni de lejos en las últimas dos décadas como veremos a continuación.

Profecías incumplidas

El 25 de febrero de 2001, el suplemento *Crónica* del diario español *El Mundo* publicó en su Número 280 un reportaje titulado *PREDICCIONES | MEJOR QUE NO SE CUMPLAN*. En el citado texto se indicaba lo que sucedería en 2020 a tenor de lo anunciado por científicos de entonces. El texto, firmado por Paco Rego, iba encabezado por las siguientes afirmaciones: «2020: El Mediterráneo sin playas Y EL NORTE de España está salpicado de palmeras; la gente no lleva abrigo en invierno ante la subida de las temperaturas... Así será la vida si se cumple el informe de la ONU». El reportaje realizaba

---

5. De especial interés, en cuanto a la Historia de períodos de calentamiento y de enfriamiento global, son las obras del arqueólogo Brian Fagan, *The Great Warming. Climate Change and the Rise and Fall of Civilizations* (Nueva York, 2008) [sobre el calentamiento durante la Edad Media] e *Idem*, Brian Fagan, *The Little Ice Age. How Climate made History*, 1300-1850 (Nueva York, 2000) [sobre siglos de enfriamiento entre períodos cálidos].

a continuación una descripción de cuál sería la situación del planeta en el año 2020 de acuerdo con las tesis de los defensores del calentamiento global. Así se afirmaba: «En una de las cartas geográficas, actualizada a mediados de 2020, ya no queda rastro alguno de muchas de las playas bañadas por el Mediterráneo y del Atlántico. El nivel de sus aguas, como pronosticaba el Grupo Intergubernamental sobre Cambio Climático (IPCC), ha aumentado hasta cubrir gran parte de las costas europeas».

Igualmente, el texto explicaba que en 2020 «las olas de calor suben los termómetros por encima de los 40 grados. Debido al incremento de las temperaturas (entre 1,4 y 5,8 grados centígrados), las zonas frías se han convertido en calientes y viceversa. En el norte de España el paisaje está salpicado de palmeras y la gente prescinde de los abrigos en el invierno. Los glaciares alpinos han desaparecido. Los pocos que quedan siguen en retroceso, lo que añadirá más agua a los océanos».

En la misma línea que lo anunciado por el IPCC, el reportaje afirmaba que en 2020, «la dilatación de los mares no es el único regalo envenenado que nos ha legado el efecto invernadero del siglo XX. El calentamiento de la atmósfera también ha disparado la tasa de evaporación marítima, contribuyendo a aumentar el número y la violencia de tormentas y huracanes, además de inducir otros desequilibrios meteorológicos». Igualmente señalaba el reportaje que en 2020 «todo ello ha incidido sobre la alimentación, especialmente la agricultura, así como en la forma de vestir y planificar nuestras vacaciones».

Por si hubiera alguna duda de que estas condiciones serían las que se vivirían en 2020, el texto remachaba: «Las predicciones hechas por los 3.000 científicos del IPCC han resistido bien el paso del tiempo. Uno de ellos advirtió: "Las consecuencias de este calentamiento las pagará toda la Humanidad". Esto es lo que ocurre 20 años después de aquella alarma mundial que muchos prefirieron ignorar».

En la misma línea, el reportaje afirmaba que en 2020 «en los mapas del planeta se ve cada vez más agua. Casi 300 islas han ido a parar al fondo del Pacífico, engullidas por el aumento del nivel de los océanos. En Europa, los deltas del Rhin, del Ebro y del Guadalquivir ya han desaparecido ahogados por la subida imparable de los mares. Amsterdam parece Venecia. Los efectos del calentamiento terrestre han desfigurado por completo la fisonomía de las costas». Igualmente, el texto sostenía que «al otro lado de la Península Ibérica, el Mediterráneo amenaza la supervivencia de algunas de sus islas, como Sicilia o Córcega donde miles de personas se enfrentan a una subida de las aguas que ha puesto en serio peligro sus recursos pesqueros y agrícolas».

Entre las previsiones igualmente, el reportaje señalaba que en 2020, «Tierra adentro, la neblina tóxica, que como un sudario cubre las grandes ciudades y asfixia los pulmones de sus gentes, continúa, 20 años después, fumigando con sus venenos el Viejo Continente. Hubo quienes dudaron de que esta lluvia ácida perdurase durante tanto tiempo. Pero, desgraciadamente, la mayoría de los pronósticos del Centro Nacional de Investigaciones Atmosféricas de EE. UU. no fallaron, ni tampoco los que hablaban de veranos más largos y extremadamente tórridos».

De manera semejante, el reportaje señalaba también que, en 2020, «Esto ha provocado que algunas enfermedades tropicales, como la malaria o el cólera, hayan encontrado nuevas víctimas entre nosotros. Estaba escrito, como decía Félix Hernández, uno de los mayores expertos en cambio climático del Consejo Superior de Investigaciones Científicas. A los hospitales llegan cada vez más casos de cánceres de piel, cataratas y tuberculosis, así como más gente con estrés térmico, lo que ha ayudado a engrosar las listas de mortandad entre la población».

Además, en 2020, «La secuencia de inundaciones y sequías también ha favorecido la contaminación del agua potable con fertilizantes y lodos, contribuyendo a la propagación de infecciones. La mayoría de los casos se salda con vómitos y fuertes diarreas que, en ocasiones, terminan con la vida de los afectados, especialmente si son ancianos o niños». Y, por supuesto, el impacto en la economía era devastador, ya que, en 2020, «el calentamiento de la Tierra ha enfriado mucho los ánimos de los turistas. Las playas mediterráneas y atlánticas, donde hace poco más de dos décadas recalaba la mayoría de los europeos y españoles, son hoy unos de los lugares elegidos por los insectos venidos de África. Arena, ya queda poca. Se la tragó el mar. En Torremolinos, en Huelva, en Benidorm… Un calco del vaticinio que, allá por 1999, hacía el climatólogo británico David Viner, de la Universidad de East Anglia (Reino Unido), en un informe para el Fondo Mundial de la Naturaleza. El turismo de nieve, antaño una de las principales atracciones de invierno en Europa, es hoy escaso por el aumento de los deshielos».

El impacto en ríos y mares para 2020 era, según el reportaje, verdaderamente devastador: «Con el calor en alza, el mar también sube al ritmo de entre 4 y 10 centímetros por década. Y aunque parezca poco, es más que suficiente para que una gran parte de los ríos se vean afectados. Los nuestros ya ni siquiera se parecen a los que se ven en los libros. La evaporación ocasionada por las altas temperaturas, la contaminación y sobreexplotación de sus aguas para regadíos ha mermado los cauces del Ebro, Duero y Tajo hasta convertirlos en ríos prácticamente muertos».

Y a todas estas catástrofes se sumaba el inmenso flagelo del hambre. Así, en 2020, «a mediodía, todas las televisiones abren sus informativos con una estremecedora noticia: 1.600 millones de personas en todo el mundo pasan hambre. Justo el doble de las que estaban en iguales condiciones a finales del siglo XX». Nada sorprendente porque «en esa época, la lluvia ácida ya había arrasado el 50% de los árboles en extensas regiones de Europa, el aire de las principales urbes alcanzaban niveles de contaminación intolerables y España perdía, por erosión, 1.000 millones de toneladas de tierra por año».

Posiblemente, donde el reportaje alcanzaba una cima era al mencionar una serie de personas que, de manera supuestamente científica, habían anunciado todos aquellos desastres que, supuestamente, se cumplirían en el año 2020. Así, el texto señalaba que «hoy, recién entrado el 2020, casi la mitad del suelo fértil que aún queda en nuestro país está a punto de agotarse. Lo que concuerda con los temores de la asesora de Naciones Unidas, Teresa Mendizábal, quien hace dos décadas aseguraba que el 40% del territorio sufría la lepra de la tierra o desertificación». Era una afirmación situada antes de anunciar que en 2020, «Los cereales, el maíz y los pastos, como ya preveían en aquellos años algunos estudios, se llevan la peor parte. Sobre todo, en los países mediterráneos, donde las grandes extensiones de cultivos han sido invadidas por las megaciudades. Estos asentamientos, responsables de más del 80% de la reducción de la cubierta vegetal, han obligado a echar mano de las técnicas genéticas, con lo que se ha podido multiplicar las cosechas y compensar así la falta de terreno fértil. Es el triunfo definitivo de los campos transgénicos».

Resulta casi conmovedor contemplar las predicciones de los calentólogos pronunciadas hace casi dos décadas. Resulta conmovedor porque no se ha cumplido ni una sola ni por aproximación. Ciertamente, esos errores verdaderamente espectaculares no parecen haber repercutido en el devenir profesional de los que los anunciaron. Teresa Mendizábal, asesora de dirección del Centro de Investigaciones Energéticas, Medioambientales; directora del Departamento de Medio Ambiente del Centro de Investigaciones Energéticas, Medioambientales y Tecnológicas (CIEMAT) y asesora en la Convención de las Naciones Unidas por la Lucha contra la Desertificación no parece haber sufrido nada por dibujar un futuro que no se ha parecido nada con la realidad. Lo mismo puede decirse del calentólogo español Félix Hernández.

En cuanto a David Viner, ha logrado pasar de la universidad a ocupar distintos puestos en diferentes agencias del gobierno británico como Natural England o el British Council —donde cobró un salario superior—, y en 2012 se convirtió en Asesor principal para el cambio climático de Mott MacDonald, una compañía con intereses en más de 140 países.

En ninguno de los tres casos el no haber acertado un solo pronóstico los perjudicó. Por el contrario, incluso parece que sirvió para su ascenso, promoción y cobro de mayores salarios. Su caso no ha sido, desde luego, excepcional. Tampoco hay noticia alguna de que en el Grupo intergubernamental sobre el cambio climático o en el Centro nacional de investigaciones atmosféricas de los Estados Unidos alguien respondiera por errores tan groseros. Más bien, la sensación es que todos los que fallaron tan penosamente en sus pronósticos han conseguido alguna recompensa.

Al cabo de más de dos décadas es más que obvio que las previsiones de los calentólogos han fracasado estrepitosamente, pero también es más que innegable que son más populares que nunca gracias a políticos, financieros, periodistas y académicos que han encontrado en la calentología una forma de vida.

Lo cierto es que no debería extrañarnos porque el calentólogo más popular de todos los tiempos, el antiguo vicepresidente de los Estados Unidos, Al Gore, ya el 26 de enero de 2006, aseguró que nos quedaban diez años para tomar medidas drásticas respecto a nuestras emisiones de dióxido de carbono o el mundo llegaría a un punto sin retorno. Lo hizo en el curso del festival del cine de Sundance, donde presentaba su documental *Una verdad incómoda*. Gore consiguió, gracias al documental, un oscar y el premio Nobel de la paz. Sin embargo, lo cierto es que casi a década y media de su estreno, sus profecías no se han cumplido. De hecho, las temperaturas no han experimentado grandes variaciones y, para colmo, han seguido por debajo de las predicciones más bajas de los modelos climáticos. Sin embargo, al igual que en las sectas milenaristas, los fieles de la calentología se han mantenido anunciando que el fin del mundo está cerca. Incluso a doce años de distancia. Todo ello mientras hay razones para pensar que los mismos defensores de las tesis calentológicas *quizá* no crean en ellas.

De Greenpeace a Obama

Corría el año 1971 cuando en la ciudad de Vancouver, en Canadá, un grupo de jóvenes decidió cambiar el mundo y salvarlo de las amenazas que se cernían sobre el medio ambiente. Fue así como fundaron una entidad llamada *Greenpeace*. Del grupo inicial formado por científicos, activistas y periodistas destacaban Robert «Bob» Hunter, un periodista muy activo que se convirtió en su rostro visible, en su presidente y en una de las voces más potentes de la historia del ecologismo; Paul Watson un veinteañero convertido en marino que defendía la fauna acuática y Patrick Moore, el único que, por su formación académica, era ecólogo. Tras comenzar sus campañas contra los balleneros, especialmente los soviéticos, la repercusión pública de *Greenpeace* siguió creciendo. En un momento dado, en la década de los 80, *Greenpeace* llegó incluso a difundir un documental titulado *El apocalipsis según Greenpeace* donde se indicaba el futuro catastrófico que le esperaba al planeta para fines del siglo XX y se defendía la acción de políticos como el norteamericano Al Gore. El documental se difundió por las televisiones del planeta, pero, de manera bien significativa, ni una sola de las predicciones se cumplió. Mientras tanto la organización fue experimentando cambios notables.

En 1977, en una acción promovida por Patrick Moore, y apoyada aunque no sin quejas por Hunter, *Greenpeace* acabó expulsando de su seno a Watson. Unos meses después, Hunter, abrumado por lo que estaba pasando, optó por ceder la presidencia de *Greenpeace* a Patrick Moore. En 1985, Hunter y otros miembros decidieron que era el momento de parar los pies a Moore, con quien no compartían una visión de la organización que daba la impresión de ser sospechosamente utilitarista. El mecanismo para hacerlo fue crear *Greenpeace International*, formando sedes distintas y dando a Moore el mando en Canadá. Pasados unos años, y con la vuelta al activismo de la mano de Hunter, Moore decidió abandonar la organización. No creía en absoluto en las tesis del cambio climático y estaba convencido de que *Greenpeace* se había convertido en una organización guiada fundamentalmente por una agenda política rentable. A esas alturas, Watson ya había creado su propia organización dedicada sólo a proteger especies marinas, la *Sea Shepherd Conservation Society*, una ONG cuyo logo lleva una calavera pirata y que combate la captura de animales marinos incluso recurriendo a la violencia.

En 2005, Bob Hunter falleció tras haber regresado al periodismo y a la divulgación ecológica a la que se dedicaba en sus inicios. Así, *Greenpeace* se parecía poco o nada a lo que había sido en los inicios si bien, a pesar de no acertar en sus previsiones, había logrado alcanzar la categoría de negocio más que lucrativo y convertirse en uno de los iconos del cambio climático. No dejaba de ser una lección que pocos conocen y que menos han asimilado. No se trataba de algo excepcional. Veamos un ejemplo bien significativo.

En 2015, el presidente de los Estados Unidos, Barack Obama, anunció ante la ONU que la mayor amenaza para la especie humana era el cambio climático.[6] De esa manera, proporcionaba un respaldo extraordinario a las tesis de los calentólogos. Cuatro años después, Obama anunció la compra de una casa en Martha's Vineyard.[7] Se trataba de una propiedad de la que es dueño Wyc Grousbeck, propietario de los Boston Celtics. Durante el verano de 2019, Obama alquiló la casa y quedó tan satisfecho con ella que decidió comprarla. La propiedad está valorada en 14.850.000 dólares[8] y cuenta con 29 acres de superficie en la misma playa. Tiene además siete dormitorios, una piscina, un lugar para cocinar en el exterior, una cocina para un chef, techos abovedados y dos alas del edificio destinadas a invitados. Las vistas resultan impresionantes, en especial, desde el jacuzzi situado en el segundo piso.

Sin embargo, lo relevante no es el carácter de la vivienda, sino el hecho de que, de manera bien significativa, Climate Central, un ente subvencionado durante la época presidencial de Obama, incluye esa propiedad entre aquellas que acabarán bajo las aguas en este siglo a causa del cambio climático. En otras palabras, si las afirmaciones procedentes de los creyentes del cambio climático son ciertas, el antiguo presidente Obama no solo va a perder quince millones de dólares, sino que también está arriesgando su vida y la de su familia al adquirir esta propiedad.

Hasta la fecha, y se piense lo que se piense del presidente Obama, no hay razones para pensar que sufra algún tipo de trastorno mental

---

6. https://obamawhitehouse.archives.gov/president-obama-climate-action-plan; https://obamawhitehouse.archives.gov/the-record/climate.

7. https://www.forbes.com/sites/kathleenhowley/2019/12/08/barack-and-michelle-obama-buy-marthas-vineyard-estate/#3909ecda3167; https://www.townandcountrymag.com/leisure/real-estate/a30169311/barack-michelle-obama-buy-marthas-vineyard-house/.

8. https://nypost.com/2019/08/22/barack-and-michelle-obama-are-buying-15m-estate-in-marthas-vineyard/.

que lo arrastre a poner en peligro su vida y la de su familia. Existe, por supuesto, la posibilidad de que el antiguo presidente Obama sepa que las predicciones de los calentólogos se van a cumplir tan poco, es decir, nada, como, de hecho, ha sucedido hasta la fecha.

Una de las grandes ventajas de la Historia es que nos permite comprender hasta qué punto muchas de las tesis defendidas en la actualidad han sido ya refutadas en el pasado y, por lo tanto, carece de sentido enarbolarlas hoy. Las esgrimidas por los calentólogos se pueden agrupar sin ningún género de dudas en ese triste y lamentable grupo. No se trata solo de que aquellos que tenemos algunos años podemos recordar cómo infinidad de previsiones no se han cumplido ni por aproximación. También se trata de ver cómo se comportan aquellos que defienden estas tesis. Que de los tres fundadores originales de Greenpeace todos acabaran fuera de la organización y uno incluso no deje de expresar sus puntos de vista contrarios a las tesis de los calentólogos es bien significativo, pero que Al Gore derroche energía en su mansión de una manera verdaderamente colosal[9] o que Obama decida gastarse casi quince millones de dólares en una propiedad que, supuestamente, tiene que verse anegada por las aguas por efecto del cambio climático resulta aún más revelador. De especial gravedad es que entre los objetivos de la secta de los calentólogos ocupe un lugar especial la captación de niños y jóvenes.

Greta Thunberg y los gretinos

Corría el año 1384, cuando en las crónicas de la ciudad de Hamelin en Alemania se consignó la siguiente frase: «Ahora se cumplen cien años desde que nuestros niños se marcharon». La referencia, aunque con un siglo de distancia, es la más antigua relacionada con la desaparición de los niños de la localidad de Hamelin. La leyenda —que

9. https://nationalcenter.org/ncppr/2017/08/01/al-gores-inconvenient-reality-the-former-vice-presidents-home-energy-use-surges-up-to-34-times-the-national-average-despite-costly-green-renovations-by-drew-johnso/; https://www.washingtonexaminer.com/al-gore-used-over-20-times-more-energy-to-power-his-home-for-a-year-than-the-average-american-report.

ya existía a esas alturas— afirmaba que un flautista había librado de ratas la ciudad atrayendo a los molestos roedores con el sonido de su flauta hasta que se hundieron en un río ahogándose. Al no ser pagado por su labor, el flautista decidió aprovechar una fiesta en la que los habitantes de Hamelin estaban en misa, para volver a hacer acto de presencia. Sin embargo, esta vez, el flautista no se llevó a las ratas sino a los niños. Este hecho, de naturaleza ciertamente histórica, ha sido objeto de diversas interpretaciones. La más plausible es que, tras el desplome del poder danés en Pomerania, alguien logró llevarse a los niños de Hamelin a la zona para repoblarla. A día de hoy, por ejemplo, quedan restos de esa migración llevada a cabo de manera tan masiva por simples niños. Ignoramos si quien arrastró tras de sí a todos los niños de Hamelin se sirvió de una flauta para llevárselos, pero lo que sí parece innegable es que logró arrastrarlos tras de sí causando un trauma en Hamelin, trauma que se recordaba un siglo después con toda viveza, trauma que partía de unos padres que habían sido incapaces de proteger a sus hijos de la manipulación. Hoy en día, la agenda globalista tiene entre sus principales objetivos la captación de niños y adolescentes. Greta Thunberg es una prueba de la veracidad de esa tesis.

Greta Thunberg, una joven sueca de tan solo dieciséis años de edad, se ha convertido en uno de los rostros más conocidos de los calentólogos. En un reciente discurso ante la ONU, acusó a los dirigentes mundiales de haberle robado sus «sueños» y su «infancia» con palabras vacías.[10] Greta afirmó, en esa ocasión, que «estamos al inicio de la extinción masiva y de todo lo que hablan es de dinero y cuentos de hadas sobre un eterno crecimiento económico». Junto a otros quince niños, Greta Thunberg presentó una queja formal ante el Comité de las Naciones Unidas encargado de los derechos del niño que acusa a Argentina, Alemania, Francia, Brasil y Turquía de violar los derechos de los niños al no realizar lo suficiente acción para ocuparse del calentamiento global. De manera bien significativa, la queja de

---

10. Puede verse la grabación en https://twitter.com/reuters/status/1176170629588029441; https://www.gq.com/story/greta-thunberg-un-how-dare-you.

los niños no incluía a naciones como China e India que se encuentran entre los mayores contaminadores.

Greta se ha convertido en un verdadero icono de la calentología, pero su queja y la de otros niños no tardó en provocar reacciones negativas de distintos dirigentes mundiales. Así, el primer ministro australiano Scott Morrison[11] acusó a Greta Thunberg de someter a los niños australianos a una «ansiedad innecesaria». En palabras de Morrison, «tenemos que dejar que los niños sean niños... tenemos que poner algo de contexto en todo esto». El presidente francés Macron, que, inicialmente, apoyó a Greta Thunberg, se ha distanciado también de ella señalando que «estas posiciones radicales acabarán por crear antagonismos en nuestras sociedades».[12] De manera semejante, Brune Poirson, el ministro de ecología francés, también criticó a Greta Thunberg señalando que «no creo que podamos movilizar a la población con desesperación, casi con odio, creando divisiones que pueden resultar irreparables». Igualmente, Poirson señaló que «es importante que moviliza, pero ¿cuáles son las soluciones que pone sobre la mesa? No lo sé».

Incluso Angela Merkel, que había alabado a Greta Thunberg, señaló que «me gustaría aprovechar la oportunidad para contradecirla enérgicamente en una cuestión. No abordó de manera correcta el que la tecnología y la innovación, especialmente en el sector de la conservación de energía, aumentan las posibilidades para alcanzar nuestras metas».

De manera semejante, Vladimir Putin afirmó que se congratulaba por la preocupación de las generaciones jóvenes por los problemas actuales, incluidos los ecológicos, pero condenó su utilización «en interés de alguien».[13] Según Putin, «Nadie le ha explicado a Greta que el mundo actual es complejo, muy diverso, se desarrolla rápidamente y la gente en África y en muchos países asiáticos quiere tener

11. https://www.newsweek.com/australian-prime-minister-scott-morrison-greta-thunberg-impress-people-overseas-1478772.
12. http://www.rfi.fr/en/france/20190924-macron-hits-back-greta-thunberg-antagonistic-activism-despair-un-climate-conference.
13. https://www.youtube.com/watch?v=i2U4e9Yjgbo; https://www.youtube.com/watch?v=1CnyqLogH0Y.

el mismo nivel de bienestar que en Suecia. Pero ¿cómo conseguirlo? ¿Obligándoles a usar la energía solar que en África hay de sobra? ¿Alguien ha explicado cuánto va a costar eso?». Según Putin, los adultos debían esforzarse más para no «exponer a los adolescentes a situaciones extremas y protegerles de emociones innecesarias».

Las críticas expresadas por los políticos ya habían sido precedidas por las formuladas por científicos. El director de la Organización meteorológica mundial, Petteri Taalas,[14] denunció que los extremistas del clima y los «catastrofistas» estaban atacando a los científicos para arrastrarlos hacia un punto de vista extremista. Según Taalas, para conseguirlo, «recurren a las amenazas». Igualmente, Taalas acusó a los calentólogos de escoger de manera selectiva los informes del Panel intergubernamental de la ONU sobre el cambio climático lo que se asemeja al «extremismo religioso».

De manera semejante, Benny Peiser,[15] director de la Global Warming Policy Foundation de Londres, afirmó que «los dirigentes políticos de Europa están crecientemente preocupados por la pérdida de su agenda climática en manos de los eco-fanaticos y los extremistas». Peiser afirmó igualmente que «el apocalíptico movimiento de masas de Greta está volviendo a millones de niños y adolescentes franceses, alemanes y europeos en contra de sus propios gobiernos, de sus instituciones y de sus países, transformándolos en una turba resentida y airada». Según Peiser, «los funcionarios y los políticos están empezando a alzar la voz porque temen que pueden perder el control sobre este tigre crecientemente peligroso que pensaban que podrían cabalgar para siempre».

No deja de resultar llamativo que en la actualidad, niños y jóvenes que se muestran, vez tras vez, indisciplinados e incapaces de ordenar su habitación, sus actividades escolares o incluso su tiempo de ocio, pretendan ordenar el mundo en su conjunto. Se podría pensar que

---

14. https://www.climatedepot.com/2019/09/11/shock-head-of-world-meteorological-organization-slams-climate-doomsday-claims-it-is-not-going-to-be-the-end-of-the-world/.
15. https://www.theepochtimes.com/leaders-of-france-germany-and-australia-rebuke-greta-thunberg_3097308.html; https://www.thegwpf.com/political-leaders-turn-on-greta-thunberg-as-she-sues-france-germany/.

son una especie de supergeneración surgida con más inteligencia que las de sus mayores, con más compromiso social, con más nobleza. Se podría pensar, pero la realidad es que la mera observación deja claramente de manifiesto que no es así.

Por el contrario, en Greta y los gretinos solo se ve a críos a los que no les falta nada material, que viven considerablemente mejor que la inmensa mayoría de los niños del planeta y que dejan de manifiesto una ignorancia verdaderamente rampante de aquello sobre lo que pontifican. Ese desconocimiento escandaloso les permite, por ejemplo, atacar a naciones como Turquía o Argentina y callar totalmente ante China o India a pesar de la inmensa capacidad contaminante de estos dos colosos económicos.

Por añadidura, el mensaje no contiene un solo elemento racional ni práctico, sino que se limita a vocear un inmenso resentimiento contra los mayores, contra los gobiernos y contra las instituciones. Millones de niños son así sometidos a la nueva y totalitaria religión globalista y, más concretamente, a su sector calentólogo.

A nadie que conserve un mínimo de sentido común se le escapa que esta gigantesca manipulación es movida por un flautista como sucedió ya con la aldea medieval de Hamelin. Ese flautista arrastra a los niños en favor de sus intereses, pero la responsabilidad de los padres en la desgracia de las criaturas no es pequeña. Desde hace décadas, esos padres no han sabido enfrentarse con un flautista al que incluso llamaron en su día.

No han educado a sus hijos en sólidos principios morales, sino que han dejado que el flautista lo hiciera a través de unos medios y de un sistema educativo cada vez más degenerados. No han pasado tiempo con sus hijos, sino que han dejado que ese tiempo lo llenara el flautista con sus silbidos. No han enseñado disciplina y laboriosidad a sus hijos, sino que los han malcriado en muchos casos porque las madres se sentían culpables por no estar a su lado como antaño. No les han enseñado sobre Dios y su responsabilidad hacia Él porque ellos mismos, incluso siendo religiosos, no han tenido una vivencia personal de encuentro con el Todopoderoso, sino que, a lo sumo, se han limitado a la práctica de ritos y ceremonias. Al final, lo que tenemos tras décadas de mala conducta y pésima educación son generaciones de críos malcriados que acusan a los que los mimaron de haber destruido su infancia y que siembran el resentimiento con la mayor de las amarguras. Son Greta y los gretinos, pobres criaturas infelices que bailan al son del flautista rumbo hacia hundirse en su propia aniquilación.

La realidad es que las tesis de los calentólogos pretenden alcanzar dos objetivos fundamentales. El primero es hacerse con todo el dinero público y privado que sea posible mediante remesas económicas a ONGs, universidades, instancias académicas, partidos políticos y medios de comunicación. El segundo es controlar desde arriba la economía para ponerla al servicio de una pequeña Nomenklatura que acabe rigiendo los destinos bien miserables del género humano. En ambos casos, la amenaza a la libertad resulta verdaderamente colosal. Las tesis de los calentólogos —abrazadas con entusiasmo lo mismo por Pedro Sánchez que por el papa Francisco, por Al Gore o Barack Obama, por las izquierdas o el sector radical del partido demócrata en los Estados Unidos— no son ciertas, pero tampoco son inocentes y forman parte esencial de una siniestra y totalitaria agenda globalista.

CAPÍTULO XII

LOS DOGMAS DE LA AGENDA GLOBALISTA (II): la ideología de género

¿Qué es la ideología de género?

Los dogmas de la agenda globalista van entrelazados entre sí como sucede en cualquier religión. De hecho, no debería sorprender que a las tesis del calentamiento global se unan, aunque parezca irracional, la ideología de género.[1] A decir verdad, todos ellos aparecen expuestos por una propaganda más agresiva a la que casi nadie se atreve a oponer la menor resistencia. Resulta interesante, desde luego, comparar este fenómeno con lo que sucede con otras ideologías. Por supuesto, todavía existen personas que defienden el modelo de economía socialista, pero tras la caída del Muro de Berlín y la desaparición de la Unión Soviética a finales del siglo pasado, es obvio que resulta muy difícil de defender y, por supuesto, siempre encontrarán voces discordantes que nieguen lo sensato de seguir manteniendo esa postura. La «ideología de género» parece, sin embargo, haber conseguido silenciar

[1]. https://www.lavanguardia.com/vida/20191211/472180062442/ribera-cop25-cumbre-clima -negociaciones-genero.html.

173

prácticamente a todo el mundo, incluso a aquellos que sustentan una cosmovisión cristiana. A decir verdad, se ha ido filtrando también en los cuerpos eclesiales con un éxito que resulta inquietante.

La «ideología de género» pretende que el «hecho biológico» (una manera un tanto cursi de señalar que alguien es hombre o mujer) no resulta determinante, es reversible e incluso debe ser leído como un episodio más de la lucha de clases o, si se prefiere, del combate de los oprimidos contra los opresores. Solo que en este caso, la clase oprimida está formada, supuestamente, por las mujeres o por los homosexuales frente a los varones heterosexuales.

Desde ese punto de vista, cualquier reivindicación de las feministas o de los homosexuales estaría totalmente legitimada al tratarse de colectivos históricamente oprimidos, y la visión de la familia se vería desdibujada hasta el punto de no tener apenas puntos de contacto con lo que encontramos en el comportamiento de la Humanidad desde sus primeros pasos en la tierra. Sin embargo, la ideología de género todavía va más allá. Superando en ambición al comunismo o al nazismo, pretende cambiar la naturaleza humana a la que atribuye no un origen natural sino político. En otras palabras, lo que cualquier partera ha sabido nada más ver al niño a cuyo alumbramiento ayudó —que era varón o hembra— es negado totalmente por la ideología de género y atribuido al contexto social. Posiblemente, en pocos textos habrá quedado más clara esa visión que en el *Manifiesto contrasexual* de Beatriz Preciado.[2] Frente a la sexualidad natural, Preciado plantea lo que denomina contrasexualidad. Su definición es verdaderamente reveladora:

«La contrasexualidad no es la creación de una nueva naturaleza, sino más bien el fin de la naturaleza como orden que legitima la sujeción de unos cuerpos a otros. La contrasexualidad

---

2.   Las distintas ediciones del texto pueden encontrarse en Internet. Se puede observar en las referencias que incluyo que cuenta con el respaldo de medios de comunicación y también de organizaciones como la Fundación Henry Dunant; www.sertao.ufg.br/up/16/o/Beatriz_Preciado_-_Manifiesto_contra-sexual_(2002).pdf?1373809656; https://periodicoelamanecer.files.wordpress.com/2013/08/beatriz-preciado -manifiesto-contra-sexual-periodicoelamanecer-wordpress-com.pdf; www.fundacionhenrydunant.org/ images/stories/biblioteca/Derechos%20Sexuales%20y%20Reproductivos/Beatriz%20Preciado-%20 Manifiesto%20contrasexual.pdf.

es, en primer lugar, un análisis crítico de la diferencia de género y de sexo, producto del contrato social heterocentrado, cuyas performatividades normativas han sido inscritas en los cuerpos como verdades biológicas. En segundo lugar: la contrasexualidad apunta a sustituir este contrato social que denominamos naturaleza por un contrato contrasexual. En el marco del contrato contrasexual, los cuerpos se reconocen a sí mismos no como hombres o mujeres, sino como cuerpos hablantes, y reconocen a los otros como cuerpos hablantes».

En otras palabras, la ideología de género implicará el final de la Naturaleza y con ello el final de los sexos como los conocemos. En lugar de hombre y mujer, llegaremos a una sociedad ideal en la que habrá «cuerpos hablantes». En esa sociedad contrasexual se llevará a cabo «la deconstrucción sistemática de la naturalización de las prácticas sexuales y del sistema de género». La razón para ello es que «el sexo, como órgano y práctica, no es ni un lugar biológico preciso ni una pulsión natural. El sexo es una tecnología de dominación heterosocial que reduce el cuerpo a zonas erógenas en función de una distribución asimétrica del poder entre los géneros (femenino/masculino), haciendo coincidir ciertos afectos con determinados órganos, ciertas sensaciones con determinadas reacciones anatómicas. La naturaleza humana es un efecto de tecnología social que reproduce en los cuerpos, los espacios y los discursos la ecuación naturaleza = heterosexualidad».

Cuesta realmente creer que se pueda realizar semejante afirmación, pero lo cierto es que, de acuerdo al texto, el sexo ni es algo natural ni un impulso de la Naturaleza. Por el contrario, es una tecnología de dominación heterosocial. Así, según la citada obra, «Los hombres y las mujeres son construcciones metonímicas del sistema heterosexual de producción y de reproducción que autoriza el sometimiento de las mujeres como fuerza de trabajo sexual y como medio de reproducción. Esta explotación es estructural, y los beneficios sexuales que los hombres y las mujeres heterosexuales extraen de ella obligan a reducir la superficie erótica a los órganos sexuales reproductivos y a privilegiar el pene como único centro mecánico de producción del impulso sexual». Es decir que los órganos sexuales que, desde su aparición, han estado unidos al género humano no son sino un sistema de sometimiento de las mujeres.

En esta misma línea, el manifiesto añade: «Porque la heterosexualidad es una tecnología social y no un origen natural fundador, es posible invertir y derivar (modificar el curso, mutar, someter a deriva) sus prácticas de producción de la identidad sexual».

Naturalmente, semejante razonamiento choca con algo tan evidente como la existencia de órganos sexuales claramente diferenciados que indican quién es hombre y quién es mujer. Precisamente por ello, hay que negar esa realidad de plano y así se afirma: «Los órganos sexuales como tales no existen. Los órganos que reconocemos como naturalmente sexuales son ya el producto de una tecnología sofisticada que prescribe el contexto en el que los órganos adquieren su significación (relaciones sexuales) y se utilizan con propiedad, de acuerdo con su «naturaleza» (relaciones heterosexuales)».

Puede comprenderse que si se niega la función de los órganos sexuales porque ponen de manifiesto que existen dos sexos naturales, hay que buscar un sustituto a esa realidad natural. Así sucede y se encuentra precisamente en un órgano que, sin duda, es semejante en hombres y mujeres: «El ano es el espacio erógeno a potenciar, es el espacio neutro para todos los cuerpos hablantes y presenta 3 características: 1) El ano es el centro erógeno universal situado más allá de los límites anatómicos impuestos por la diferenciación sexual donde los roles son reversibles; 2) es una zona de pasividad privilegiada, un centro de excitación y placer que no figuraba en los puntos anatómicos placenteros, 3) el ano constituye un espacio de trabajo tecnológico, es una fábrica de reelaboración del cuerpo contrasexual».

De esa visión —ciertamente llamativa, pero no exenta de claridad— se derivan los denominados *Principios de la sociedad contrasexual*. Estos principios son los siguientes:

1. La sociedad contrasexual demanda que se borren las denominaciones masculina y femenina correspondientes a las

categorías biológicas del carnet de identidad, así como todos los formatos administrativos y legales de carácter legal. Serían registros abiertos para libre opción de cambio de los cuerpos hablantes.

2. Para evitar la reapropiación de los cuerpos como masculino y femenino en el sistema social, cada cuerpo llevará un nuevo nombre que escape a las marcas de género, sea cual fuera la lengua...

3. Tras la abolición del sistema de reproducción heterocentrada, la sociedad contrasexual impone:
   - Abolición del contrato matrimonial...

4. Universalización de las prácticas estigmatizadas como abyectas...
   - Resexualizar el ano como centro contrasexual universal.
   - Difundir, distribuir y poner en circulación los nuevos códigos díldicos. El primer período es el establecimiento masivo de otras prótesis para el placer: dedos, vibradores, pepinos, zanahorias, brazos, piernas, etc.
   - Parodiar y simular nuevas formas orgásmicas, no relacionadas con el romanticismo pudiendo desvelar los beneficios de la violencia y el dolor dentro de los cuerpos hablantes.

5. La relación contrasexual será válida y efectiva por un período de tiempo limitado, nunca debe suponer la totalidad de la vida del cuerpo hablante...

6. La sociedad contrasexual no conducirá jamás al acto de reproducción... Los métodos de contracepción y de interrupción del embarazo serán distribuidos por todas partes siendo obligatorios para todo cuerpo hablante.

7. La contrasexualidad denuncia, persigue y castiga las políticas psiquiátricas, médicas y jurídicas que impidan los cambios de sexo, facilitará los cambios de sexo a travestis...

8. La sociedad contrasexual decreta que las actividades contrasexuales serán consideradas un trabajo social, que será un

derecho y una obligación para cualquier cuerpo hablante y que estas prácticas se practicarán regularmente un número de horas al día.

9. La sociedad contrasexual demanda la abolición de la familia nuclear... Se establecerán e implantarán relaciones corporales individuales y prácticas en grupo que se enseñarán mediante imágenes y textos contrasexuales.

10. La sociedad contrasexual promueve la modificación de las instituciones educativas tradicionales y el desarrollo e implementación de una pedagogia contrasexual...

11. La sociedad contrasexual demanda la consideración de todo acto sexual potencialmente como trabajo. Cualquier práctica contrasexual debe elevarse a arte y disciplina. Se prevee la formación de nuevos centros universitarios destinados al aprendizaje de diferentes disciplinas contrasexuales; postcuerpos.

Más allá de sus pretensiones de convertir el ano en el centro de la experiencia sexual de ambos sexos o de sus llamamientos hacia una sexualidad basada en objetos más que en los órganos naturales, el manifiesto de la contrasexualidad expone una visión ideológica extraordinariamente clara. No se trata —como muchos esperarían— de un texto en favor de supuestos derechos femeninos u homosexuales. Por el contrario, resulta mucho más ambiciosa en sus fines. Tras manifestar un odio profundo hacia la sexualidad natural y la división natural en sexos anuncia un programa para acabar con la propia naturaleza sexual del género humano. Primero, hay que negar semejante realidad insistiendo en que los sexos diferentes se deben a una decisión del poder cuya finalidad es explotar a la mujer. Segundo, esa negación de la diferencia sexual debe incluir medidas políticas como los cambios de nombre, la ayuda a los cambios de sexo, la prohibición de cualquier ayuda a personas con problemas de identidad sexual, la abolición del matrimonio, la supresión de la familia, el adoctrinamiento en escuelas y universidades e incluso la búsqueda de prácticas sexuales impuestas que desplacen a las naturales.

Tras un examen de este texto paradigmático podría pensarse que no pasa de ser la obra de una mente trastornada o las páginas de una distopía como *Un mundo feliz* de Aldous Huxley, *1984* de George Orwell o *Nosotros* de Yevgueñi Zamiatin. La realidad, sin embargo, no está en el futuro sino en el presente. A inicios de 2020, se formó un nuevo gobierno en España formado por socialistas y comunistas. Ese nuevo gobierno se definió desde el primer momento como un instrumento de la agenda globalista y mostró sus estrechas vinculaciones con George Soros.[3] El ministerio de la mujer, creado para que lo ocupara Irene Montero, la pareja del comunista Pablo Iglesias, fue desde el primer momento un fiel reflejo de lo que significaría la ideología de género. Así, todos los altos cargos fueron ocupados única y exclusivamente por mujeres. Al parecer, la igualdad es que todos los altos cargos pertenezcan al mismo sexo y que éste sea el femenino.[4] La nueva ministra de Igualdad, Irene Montero, designó a la diputada regional de Podemos Beatriz Gimeno para dirigir el Instituto de la Mujer y a la antigua presidenta de la Federación LGTBI Boti García para la dirección general de Diversidad Sexual. Las dos se casaron en 2005 en el Ayuntamiento de Madrid en uno de los primeros matrimonios homosexuales de la capital. Ambas llevan viviendo de la ideología de género desde hace décadas. Gimeno fue presidenta de la FELGTB (Federación Española de Lesbianas, Gays, Transexuales y Bisexuales) entre 2003 y 2007 y responsable del área de Igualdad de Podemos en la Comunidad de Madrid. Además, lleva dos legislaturas como diputada de Podemos en la Asamblea de Madrid. Por su parte, Boti García, que ahora desempeñará la recientemente creada dirección general de Diversidad Sexual y LGTBI, fue antes directora general para la Igualdad de Trato y Diversidad. Las posiciones políticas de Beatriz Gimeno son claramente reveladoras. En 2013 escribió

---

3. https://okdiario.com/espana/sanchez-reune-secreto-moncloa-mayor-especulador-del-mundo-george-soros-2484178; https://casoaislado.com/pedro-sanchez-se-hace-un-selfie-con-el-hijo-de-george-soros-defensor-de-la-inmigracion-ilegal-masiva/.
4. https://www.larazon.es/espana/20200114/m6owbviphjct5l5bisrwu7h5zy.html.

un artículo afirmando que la heterosexualidad no es natural. En el mismo señalaba: «Es imprescindible asumir que homosexualidad y heterosexualidad no son equivalentes, ni son distintas maneras de vivir la sexualidad sin más, sino que son regímenes que cumplen distintas funciones sociales. La heterosexualidad, el régimen regulador por excelencia, no es la manera natural de vivir la sexualidad, sino que es una herramienta política y social con una función muy concreta que las feministas denunciaron hace décadas: subordinar las mujeres a los hombres».[5] Gimeno añadía que la heterosexualidad «tiene como finalidad contribuir a distribuir el poder de manera desigual entre mujeres y hombres construyendo así una categoría de opresores, los hombres, y una de oprimidas, las mujeres». Gimeno señalaba igualmente que «el poder masculino se ha ejercido sobre las mujeres, sobre todas las mujeres, a través de la institución de la heterosexualidad», concluyendo que «la heterosexualidad es la herramienta principal del patriarcado». La posición lesbiana de Gimeno es tan extrema que en ese mismo artículo también arremetía contra los hombres incluso homosexuales diciendo que «mientras el lesbianismo puede vivirse como una condición liberadora, esto es imposible para los hombres. Igualmente, señalaba que «la condición masculina significa la pertenencia al género que detenta todo el poder. Ser gay significa renunciar, o ser privado, de alguno de los privilegios masculinos, aunque nunca de todos o de ninguno en el caso de que la homosexualidad no se haga visible». En su ataque a los homosexuales masculinos, Gimeno continuaba afirmando que «el interés de los homosexuales varones pasa por despatologizar la homosexualidad masculina, pero por despolitizarla también, puesto que ellos, como varones, no tienen nada que ganar con la desaparición del patriarcado». Gimeno señalaba igualmente que «es cierto que la heterosexualidad oprime también a los gays, pero ese es precisamente el objetivo del movimiento de liberación homosexual: que deje de oprimirles en tanto que gays, pero que deje incólumes los beneficios que reciben en tanto que varones».

---

5. https://www.actuall.com/familia/podemos-asigna-el-instituto-de-la-mujer-a-una-extremista-que-justifico-la-quema-de-iglesias/.

En 2011, Gimeno escribió igualmente que «los derechos humanos y el capitalismo son incompatibles». En diciembre de 2017, Gimeno, en otro artículo publicado en otro digital de ultraizquierda, CTXT, afirmó que «necesitamos un nuevo pacto que rompa con este modelo social, económico y político pero también con este modelo patriarcal que es constitutivo de las democracias, y las constituciones liberales». Resulta obvio que si un alto cargo de cualquier gobierno en occidente exigiera que todos los miembros de ese gobierno fueran blancos y no pudieran incluir negros viviríamos un escándalo. Si un alto de cualquier gobierno en occidente exigiera que todos los miembros de ese gobierno fueran hombres y no pudieran incluir mujeres viviríamos un escándalo. Si un alto cargo de cualquier gobierno en occidente exigiera que todos los miembros de ese gobierno fueran heterosexuales y no pudieran incluir homosexuales viviríamos un escándalo. Si un alto cargo de cualquier gobierno en occidente exigiera que todos los miembros de ese gobierno fueran de una sola religión y no pudieran incluir a los de otras o a los no-creyentes viviríamos un escándalo. En todos y cada uno de los casos, se gritaría que semejante personaje no podía desempeñar un cargo público porque discriminaba a los diferentes y negaba la diversidad. Incluso es más que posible que acabara procesado por un delito de odio. Sin embargo, si una ministra nombra solo mujeres para alto cargos no se dice una palabra e incluso se considera que es un signo de progreso. Si una directora de una importante institución estatal afirma que la heterosexualidad es antinatural no se dice una palabra e incluso se considera que es un signo de progreso. Si esa misma persona afirma que incluso los hombres homosexuales son inaceptables porque son varones no se dice una palabra e incluso se considera que es un signo de progreso. Semejantes circunstancias son un atisbo de lo que significa la ideología de género en el poder y demuestran que el manifiesto en el que nos hemos detenido durante algunas páginas puede inspirar políticas concretas desde el poder.

Lamentablemente, lo expuesto en el manifiesto es mucho más. Constituye, a decir verdad, la consignación de una agenda que se ha venido desarrollando desde hace décadas. El primer paso, posiblemente, fue destruir la separación entre lo natural y lo no-natural, lo sano de lo enfermo. Ese paso se dio en los Estados Unidos a inicios de la década de los años setenta del siglo pasado y además tuvo lugar en el seno de la comunidad científica. De manera bien significativa, la acción debió más a las tácticas de subversión de Saul Alinsky[6] que al análisis científico.

Cuando la homosexualidad dejó de ser contraria a la Naturaleza

El término homosexualidad es, históricamente, reciente. De hecho, fue acuñado en 1869 por el psicólogo húngaro Karoly Maria Kertbeny (o Benkert), pionero él mismo del movimiento homosexual. A lo largo de la Historia, el juicio sobre la homosexualidad ha experimentado diversas variaciones, pero siempre sobre la base de una consideración moral sobre lo que se consideraba natural o antinatural. En general, las culturas de la Antigüedad la juzgaron moralmente reprobable. Egipcios, mesopotámicos y arios la contemplaron con desdén cuando no con abierto desprecio mientras que para el pueblo de Israel se hallaba incluida en el listado de una serie de conductas indignas del pueblo de Dios que se extendían del adulterio a la zoofilia pasando por el robo o la idolatría (Levítico 18, 22). Por lo que se refiere a las culturas clásicas de China y de la India también contemplaron de manera muy negativa las conductas homosexuales.

En la Antigüedad clásica, en Grecia, alguna forma de conducta homosexual —masculina y sin penetración— era tolerable, pero no, desde luego, todas las prácticas homosexuales. De hecho, las referencias negativas no son extrañas en fuentes helénicas y existieron incluso leyes, por ejemplo, en Atenas, que la condenaban de manera explícita.[7] Los médicos griegos, a su vez, la consideraban una enfermedad

---

6. S. Alinsky, *Rules for Radicals: A Pragmatic Primer for Realistic Radicals* (Nueva York, 1971).
7. http://local.droit.ulg.ac.be/sa/rida/file/2000/macdowell.pdf.

mental.[8] En Roma fue duramente fustigada por autores como Tácito[9] o Suetonio como un signo de degeneración moral e incluso de decadencia cívica.[10] El cristianismo mantuvo la misma línea contraria a las prácticas homosexuales que se encuentra en el Antiguo Testamento. No puede sorprender que la condena de las prácticas homosexuales[11] fuera común en los Padres de la iglesia y que en los documentos más antiguos de disciplina eclesial aparezca como uno de los pecados que se penan con la excomunión. Partiendo de esta base no resulta extraño que el mundo medieval —tanto judío y cristiano como musulmán— condenara las prácticas homosexuales e incluso las penara legalmente aunque luego en la vida cotidiana fuera tan tolerante —o tan intolerante— con esta conducta como con otras también consideradas pecado. Esta actitud fue aplastantemente mayoritaria en Oriente y en Occidente durante los siglos siguientes. Esencialmente, la visión negativa de la homosexualidad estaba relacionada con patrones naturales —si la homosexualidad fuera general se acabaría la especie— religiosos y morales y no con una calificación médica o psiquiátrica. El homosexual podía cometer actos censurables que incluso se calificaban de contrarios a la Naturaleza y de perversión. No obstante, no se identificaba su conducta con un trastorno mental o con un desarreglo físico. En realidad, para llegar a ese juicio habría que esperar a la consolidación de la psiquiatría como ciencia.

Partiendo de una visión que consideraba como natural el comportamiento heterosexual —lo que si atendemos meramente a criterios estadísticos no tiene discusión alguna— la psiquiatría incluyó desde el principio la inclinación homosexual —y no solo los actos como sucedía con los juicios teológicos— entre las enfermedades que podían y debían ser tratadas. Richard von Kraft-Ebing, uno de los padres de la moderna psiquiatría del que Freud se reconocía tributario, la consideró incluso como una enfermedad degenerativa en su *Psychopatia*

---

8. https://www.ncbi.nlm.nih.gov/pubmed/28541240.
9. *Anales* 14; 15.37.
10. *Julio* 2, 45, 49; Nerón 28-29; *Galba* 22.
11. *Didajé* 2-3, escrita a finales del siglo I, posiblemente sea la primera condena cristiana de la homosexualidad contenida ya fuera del Nuevo Testamento.

Sexualis. De manera no tan difícil de comprender, ni siquiera la llegada del psicoanálisis variaría ese juicio.

Es cierto que Freud escribiría en 1935 una compasiva carta a la madre norteamericana de un homosexual en la que le aseguraba que «la homosexualidad con seguridad no es una ventaja, pero tampoco es algo de lo que avergonzarse, ni un vicio, ni una degradación, ni puede ser clasificado como una enfermedad».[12] Sin embargo, sus trabajos científicos resultan menos halagüeños no solo para las prácticas, sino incluso para la mera condición de homosexual. Por ejemplo, en sus *Tres ensayos sobre la teoría de la sexualidad* (1905) Freud incluyó la homosexualidad entre las «perversiones» o «aberraciones sexuales», por usar sus términos, de la misma manera que el fetichismo del cabello y el pie o las prácticas sádicas o masoquistas. A juicio de Freud, la homosexualidad era una manifestación de falta de desarrollo sexual y psicológico que se traducía en fijar a la persona en un comportamiento previo a la madurez heterosexual. Entre las causas de lo que denominaba «inversión» podía estar una experiencia desalentadora con un objeto sexual «normal», es decir, heterosexual. En un sentido similar, e incluso con matices de mayor dureza, se pronunciaron también las otras grandes figuras del psicoanálisis, Adler y Jung. Adler consideraba que la homosexualidad era un fracaso como la prostitución y la criminalidad y ubicó su origen en un sentimiento de inferioridad relacionado con el propio sexo. Jung, convencido de que la meta de los seres humanos era el matrimonio heterosexual, veía la homosexualidad como la consecuencia de un proceso de mala adaptación y desarrollo psíquicos. Los psicoanalistas posteriores no solo no modificaron estos juicios, sino que incluso los acentuaron a la vez que aplicaban tratamientos considerados curativos contra la inclinación homosexual.

En los años cuarenta del siglo XX, por ejemplo, Sandor Rado sostuvo que la homosexualidad era un trastorno fóbico hacia las personas del sexo contrario, lo que la convertía en susceptible de ser tratada como otras fobias. Bieber y otros psiquiatras ya en los años sesenta,

---

12. Traducción al inglés de la carta en https://en.wikisource.org/wiki/A_Letter_from_Freud_(to_a _mother_of_a_homosexual).

partiendo del análisis derivado de trabajar con un considerable número de pacientes homosexuales, afirmaron que la homosexualidad era un trastorno psicológico derivado de relaciones familiares patológicas durante el período edípico. Charles Socarides en esa misma década y en la siguiente —de hecho, hasta su muerte— defendería, por el contrario, la tesis de que la homosexualidad se originaba en una época pre-edípica y que por lo tanto resultaba mucho más patológica de lo que se había pensado hasta entonces. Socarides es una especie de bestia negra del movimiento gay hasta el día de hoy, pero resulta difícil pensar en alguien que en el campo de la psiquiatría haya estudiado más minuciosa y exhaustivamente la cuestión homosexual. Para Socarides, la homosexualidad es «una adaptación neurótica a miedos inconscientes». El homosexual no ha nacido así. Según Socarides, esa afirmación sería solo una racionalización de sus miedos.[13]

Curiosamente, la relativización de esos juicios médicos procedió no del campo de la psiquiatría, sino de personajes procedentes de ciencias como la zoología (Alfred C. Kinsey) cuyas tesis fueron frontalmente negadas por la ciencia psiquiátrica y de cuya metodología se han ido descubriendo no pocos elementos más que inquietantes. De manera comprensible y partiendo de estos antecedentes, el DSM (*Diagnostic and Statistical Manual of Mental Disorders*) incluía la homosexualidad en el listado de desórdenes mentales. Sin embargo, en 1973 la homosexualidad fue extraída del DSM en medio de lo que el congresista norteamericano W. Dannemeyer denominaría «una de las narraciones más deprimentes en los anales de la medicina moderna».[14]

El episodio ha sido relatado ampliamente por uno de sus protagonistas, Ronald Bayer, conocido simpatizante de la causa gay, y ciertamente constituye un ejemplo notable de cómo la militancia política puede interferir en el discurso científico modelándolo y alterándolo.[15]

Según el testimonio de Bayer, dado que la convención de la Asociación psiquiátrica americana (APA) de 1970 iba a celebrarse en

13. Charles W. Socarides, *Homosexuality. A Freedom to Far* (Phoenix, 1995), pp. 16 ss.
14. http://www.city-data.com/forum/psychology/1768160-if-youre-self-described-gay-man-10.html.
15. Ronald Bayer, *Homosexuality and American Psychiatry. The Politics of Diagnosis* (Nueva York, 1981).

San Francisco, distintos dirigentes homosexuales acordaron realizar un ataque concertado contra esta entidad. Se iba a llevar así a cabo un innegable esfuerzo para sabotear las reuniones anuales de la APA. Cuando Irving Bieber, una famosa autoridad en trans-sexualismo y homosexualidad, estaba realizando un seminario sobre el tema, un grupo de activistas gays irrumpió en el recinto para oponerse a su exposición. Mientras se reían de sus palabras y se burlaban de su exposición, uno de los militantes gays le gritó: «He leído tu libro, Dr. Bieber, y si ese libro hablara de los negros de la manera que habla de los homosexuales, te arrastrarían y te machacarían y te lo merecerías».[16]

Igualar los prejuicios racistas con un diagnóstico médico era muestra de una demagogia de la peor especie y no resulta por ello extraño que los presentes manifestaran su desagrado ante aquella manifestación de fuerza. Era solo el principio. Cuando el psiquiatra australiano, Nathaniel McConaghy, se refería al uso de «técnicas condicionantes aversivas» para tratar la homosexualidad, los activistas gays comenzaron a lanzar gritos llamándole «sádico» y calificando semejante acción de «tortura». Incluso uno se levantó y le dijo: «¿Dónde resides, en Auschwitz?».[17] A continuación los manifestantes indicaron su deseo de intervenir diciendo que habían esperado cinco mil años mientras uno de ellos comenzaba a leer una lista de «demandas gays». Mientras los militantes acusaban a los psiquiatras de que su profesión era un instrumento de opresión y tortura, la mayoría de los médicos abandonaron indignados la sala. Sin embargo, no todos pensaban así. De hecho, algunos psiquiatras encontraron en las presiones gays alicientes inesperados. El Dr. Kent Robinson, por ejemplo, se entrevistó con Larry Littlejohn, uno de los dirigentes gays, y le confesó que creía que ese tipo de tácticas eran necesarias, ya que la APA se negaba sistemáticamente a dejar que los militantes gays aparecieran en el programa oficial.[18] A continuación se dirigió a John Ewing, presidente del comité de programación y le dijo que sería conveniente

16. *Idem, Ibidem*, p. 102.
17. *Idem, Ibidem*, pp. 102-103.
18. *Idem, Ibidem*, p. 104.

ceder a las pretensiones de los gays porque de lo contrario «no iban solamente a acabar con una parte» de la reunión anual de la APA. Según el testimonio de Bayer, «notando los términos coercitivos de la petición, Ewing aceptó rápidamente estipulando solo que, de acuerdo con las reglas de la convención de la APA, un psiquiatra tenía que presidir la sesión propuesta».[19]

Que la APA se sospechaba con quién se enfrentaba se desprende del hecho de que contratara a unos expertos en seguridad para que evitaran más manifestaciones de violencia gay. No sirvió de nada. El 3 de mayo de 1971, un grupo de activistas gays irrumpió en la reunión de psiquiatras del año y su dirigente, tras apoderarse del micrófono, les espetó que no tenían ningún derecho a discutir el tema de la homosexualidad y añadió: «Podéis tomar esto como una declaración de guerra contra vosotros».[20] Según refiere Bayer, los gays se sirvieron a continuación de credenciales falsas para anegar el recinto y amenazaron a los que estaban a cargo de la exposición sobre tratamientos de la homosexualidad con destruir todo el material si no procedían a retirarlo inmediatamente. A continuación se inició un panel desarrollado por cinco militantes gays en el que defendieron la homosexualidad como un estilo de vida y atacaron la psiquiatría como el enemigo más peligroso de los homosexuales en la sociedad contemporánea.[21] Dado que la inmensa mayoría de los psiquiatras podía ser más o menos competente, pero, desde luego, ni estaba acostumbrada a que sus pacientes les dijeran lo que debían hacer ni se caracterizaba por el dominio de las tácticas de presión violenta de grupos organizados, la victoria del *lobby* gay fue clamorosa.

De hecho, para 1972, había logrado imponerse como una presencia obligada en la reunión anual de la APA. El año siguiente fue el de la gran ofensiva encaminada a que la APA borrara del DSM la mención de la homosexualidad. Las ponencias de psiquiatras especializados en el tema como Spitzer, Socarides, Bieber o McDevitt[22] fueron ahogadas

19. *Idem, Ibidem*, p. 104.
20. *Idem, Ibidem*, pp. 105-106.
21. *Idem, Ibidem*, pp. 108-109.
22. *Idem, Ibidem*, pp. 114.

reduciendo su tiempo de exposición a un ridículo cuarto de hora mientras los dirigentes gays y algún psiquiatra políticamente correcto realizaban declaraciones ante la prensa en las que se anunciaba que los médicos habían decidido que los homosexuales no eran anormales. Finalmente, la alianza de Kent Robinson, el *lobby* gay y Judd Marmor, que ambicionaba ser elegido presidente de la APA, sometió a discusión un documento cuya finalidad era eliminar la mención de la homosexualidad del DSM.[23] Su aprobación, a pesar de la propaganda y de las presiones, no obtuvo más que el 58% de los votos. Se trataba, sin duda, de una mayoría cualificada para una decisión política, pero un tanto sobrecogedora para un análisis científico de un problema médico. No obstante, buena parte de los miembros de la APA no estaban dispuestos a rendirse ante lo que consideraban una intromisión intolerable y violenta de la militancia gay.

En 1980, el DSM incluyó entre los trastornos mentales una nueva dolencia de carácter homosexual conocida como ego distónico. Con el término se hacía referencia a aquella homosexualidad que, a la vez, causaba un pesar persistente al que la padecía. En realidad, se trataba de una solución de compromiso para apaciguar a los psiquiatras —en su mayoría psicoanalistas— que seguían considerando la homosexualidad una dolencia psíquica y que pensaban que era una obligación médica y moral ofrecer tratamiento adecuado a los que la padecían. Se trató de un triunfo meramente temporal frente a la influencia gay.

En 1986, los activistas gays lograban expulsar aquella dolencia del nuevo DSM e incluso obtendrían un nuevo triunfo al conseguir que también se excluyera la paidofilia —las relaciones sexuales con niños— de la lista de los trastornos psicológicos. En los Estados Unidos, al menos estatutariamente, la homosexualidad —y la paidofilia— había dejado de ser una dolencia susceptible de tratamiento psiquiátrico. Cuestión aparte es que millares de psiquiatras aceptaran aquel paso porque la realidad es que hasta la fecha han seguido insistiendo en que

23. *Idem, Ibidem*, pp. 132-37.

la ideología política —en este caso la del movimiento gay— no puede imponer sus decisiones a la ciencia y en que, al haber consentido en ello la APA, tal comportamiento solo ha servido para privar a los enfermos del tratamiento que necesitaban.

Se piense lo que se piense al respecto —y la falta de unanimidad médica debería ser una buena razón para optar por la prudencia en cuanto a las opiniones tajantes—, la verdad era que la decisión final que afirmaba que la homosexualidad no era un trastorno psicológico había estado más basada en la acción política —y no de la mejor especie— que en una consideración científica de la evidencia. Por ello, ética y científicamente no se diferenciaba mucho, por lo tanto, de aberraciones históricas como la condena de Galileo o las purgas realizadas por Lysenko en la Unión Soviética de Stalin.

Con todo, lo más importante no era el resultado final, a pesar de no ser de escasa envergadura, sino el hecho de que había quedado de manifiesto que la presión política del *lobby* gay, utilizando tácticas de Alinsky, podía torcer el brazo de cualquier segmento de la sociedad incluido el científico.

El matrimonio ya no es lo que era

El siguiente asalto en la modelación de la sociedad vino con el impulso para legalizar el matrimonio entre personas del mismo sexo y la adopción de niños por parejas homosexuales. Históricamente, las relaciones homosexuales han sido, por regla general, de breve duración, de libre unión y de poco o nulo interés por la formalización legal. No solo eso. Incluso era común que las parejas homosexuales se jactaran de la libertad de sus uniones comparadas con los matrimonios. El cambio de enfoque resulta llamativo y está relacionado no con la conquista de un «derecho al matrimonio», sino más bien al deseo de desvirtuar la familia natural como institución que debe ser aniquilada. A decir verdad, la batalla por el matrimonio homosexual obtuvo su primer éxito en Holanda en el año 2000 y en la católico-romana Bélgica en 2003.

Sin embargo, ahí quedó paralizada sin que diera la impresión de que su ejemplo fuera a ser seguido.

En 2005, la legalización del matrimonio homosexual en España impulsada por el gobierno del socialista José Luis Rodríguez Zapatero, conocido defensor de dictaduras socialistas y narco-dictaduras, en cuyas filas figuraban notorios homosexuales, implicó un salto adelante en la medida en que su influencia podía extenderse sobre Hispanoamérica y también el resto de la Unión Europea. Por otro lado, el paso dado por España tuvo una especial relevancia, primero, porque, al ser España una nación mayoritariamente católico-romana, parecía derribar cualquier objeción de este tipo en otros países de sociología similar como las repúblicas hispanoamericanas y, segundo, porque el acto ya fue ligado al adoctrinamiento educativo a través de la asignatura de Educación para la ciudadanía. No solo el matrimonio homosexual se imponía legislativamente a pesar de las encendidas protestas populares, sino que se abría el camino para lavar el cerebro a la sociedad desde el *kindergarden*.

El mismo año que en España, en Canadá se legalizó el matrimonio contraído por parejas del mismo sexo, pero hubo que esperar al final de la década —Suecia (2009), Noruega (2009), Portugal (2010)— para que se dieran más casos en el seno de la Unión Europea. Para la década siguiente, se fueron sumando naciones a uno y otro lado del Atlántico —Argentina (2010), Islandia (2010), Dinamarca (2012), Francia (2013), Brasil (2013), Inglaterra y Gales (2013), Nueva Zelanda (2013), Uruguay (2013), Escocia (2014), Luxemburgo (2014), Irlanda (2015), Finlandia (2015), Groenlandia (2015), Colombia (2016), Alemania (2017)— con métodos no pocas veces de dudosa legalidad, pero de innegable efectividad.

Un caso particular dentro de esta evolución legal fue el de los Estados Unidos. Once años después de la legalización del matrimonio homosexual en Massachusetts y después de que hubiera sido rechazado mediante referéndum y de manera unánime en distintos estados, el Tribunal supremo dictó una discutible resolución que abrió la puerta al mismo en toda la nación. De manera bien significativa, el voto decisivo —5 a 4— procedió de un magistrado conservador. La base para la resolución fue una interpretación más que dudosa de la décimo cuarta enmienda. Así se alegó que limitar el matrimonio a las parejas heterosexuales violaba la garantía de protección igual ante la ley. El argumento era muy débil y, en realidad, podría servir en el futuro para legalizar también la poligamia — ¿por qué restringir el matrimonio a los monógamos?— o las uniones con menores o parientes cercanos. La aprobación del matrimonio homosexual —con todo lo que implica de erosión de la familia natural— no ha sido la conclusión del proceso, sino solo un jalón más en el avance de la ideología de género.

La ideología de género llega a la educación

Tras lograr un supuesto respaldo científico a las prácticas homosexuales, tras consagrar legalmente que el matrimonio entre personas del mismo sexo es igual que el matrimonio natural, se ha iniciado un período en el que el adoctrinamiento social, primero, y la persecución de disidentes, después, se ha ido extendiendo. Junto con los programas educativos destinados a adoctrinar en la ideología de género a niños, adolescentes y universitarios; junto a la propaganda vertida en ese sentido por los medios de comunicación en los que la negativa a aceptar el nuevo dogma es impensable sin graves consecuencias, se han ido aprobando normas que impiden la existencia de disidentes.

Como sucedió en la época del socialista Rodríguez Zapatero, España ha vuelto a colocarse a la vanguardia de los avances de la ideología de género, y esta vez lo ha hecho incluso con gobiernos que pertenecen a fuerzas de derechas. Semejante circunstancia pone de manifiesto que, a diferencia de lo que muchos creen, la derecha ya no constituye una garantía de defensa de principios morales. Simplemente, la ideología de género ha sido asumida por todo el arco político. Así, distintas normas aprobadas por sus comunidades autónomas gobernadas por la izquierda y por la derecha, bajo la excusa de evitar la discriminación, no solo han impuesto programas educativos sobre la ideología de género y prohibido los tratamientos psicológicos para salir de la homosexualidad, sino que además incluyen penas —incluida la pérdida de empleo y la prisión— para aquellos que no se doblegen. La simple negativa a enseñar la ideología de género en una institución educativa o la formulación de críticas puede tener terribles consecuencias. Cuando se contempla todo esto se comprende que lo que aparece formulado en el texto que hemos reproducido antes no es, en absoluto, un delirio, sino un programa de acción concreta.

La ideología de género llega a las iglesias

El último paso dentro de esta imposición social de la ideología de género va referido a las iglesias. Que éstas tendrían que ser el bastión más sólido frente y firme contra la misma resulta obvio, pero que no está siendo siempre así es, a estas alturas, innegable. No se trata únicamente de que algunos teólogos de renombre lleven tiempo escribiendo libros para defender sus postulados y, por supuesto, la licitud de las relaciones homosexuales o de la agenda del feminismo actual. A ese triste capítulo hay que sumar las ediciones de la Biblia denominadas inclusivas donde se ha borrado toda referencia a la enseñanza de la Palabra de Dios sobre la homosexualidad o se amolda la traducción a la ideología de género. Es el caso de la Queen James Bible o de la Inclusive Bible; también los libros de la denominada teología *queer* que sostiene, en no pocos casos, que Dios mismo o, al menos, Jesús es homosexual. Uno de los casos más inquietantes de este tipo de literatura es *El evangelio subversivo* de Thomas D. Hanks publicado en español por una editorial que durante años fue conservadora.[24] Hanks fue misionero hasta que, en un momento determinado, decidió «salir del armario», romper su matrimonio y comenzar a llevar una vida abierta como homosexual. *El evangelio subversivo* es un comentario del Nuevo Testamento, pero en clave LGTBI hasta el punto de

---

[24.] https://www.amazon.com/-/es/gp/product/8482676644/ref=ppx_yo_dt_b_asin_title_o00_s00?ie=UTF8&psc=l.

que llega a afirmar que Juan era el amante homosexual de Jesús o que Jesús bendijo las relaciones homosexuales cuando curó al siervo del centurión, ya que ambos eran amantes. Ciertamente, el libro constituye una lectura blasfema y repugnante, pero lo peor no es sólo la perversión malvada que su autor realiza de la Biblia sino el hecho de que el libro, junto con otros de carácter marcadamente liberal teológicamente hablando, haya sido publicado por una editorial que tiempo atrás pudo ser fiable, pero que ahora ha perdido el más mínimo rastro de integridad espiritual. Resulta obvio que el pasado no constituye garantía alguna frente a la apostasía en favor de la ideología de género.

Esa lamentabilísima infiltración de la ideología de género y de sus defensores en editoriales, como la señalada, y organismos de enseñanza, como el SEUT en España, ha venido acompañada por la realizada en el seno de entidades supraeclesiales. A este respecto, debo señalar, con discreción, un caso especialmente grave sucedido en una nación situada en el sur de Europa. La cúpula de la federación donde se agrupa un número considerable de entidades religiosas evangélicas en España (FEREDE) decidió mantener en su seno a una denominación que casa a parejas del mismo sexo y que incluso defiende las relaciones homosexuales y la ideología de género como parte de su programa de actividad social.[25] Ante las protestas de algunos de los miembros de la federación que consideraban semejante conducta inaceptable, ya que implicaba una burla de la enseñanza de la Biblia y una clara apostasía, la cúpula no solo no dio marcha atrás, sino que afeó lo que denominó intransigencia e intolerancia entre los que deseaban ser fieles a los principios bíblicos. No era una acción excepcional, sino la continuación de un lamentable camino iniciado tiempo atrás. Esa misma federación pocos años antes había decidido retirar de circulación un libro en el que se hacía una referencia negativa a la ideología de género y lo había hecho porque, de lo contrario, no hubiera podido cobrar varias subvenciones que le había prometido el gobierno, un gobierno encarnizadamente comprometido con la tarea de avanzar la agenda del

---

25. https://www.youtube.com/watch?v=rhUI6YHxnsc.

lobby gay.[26] Cuesta trabajo pensar en casos de apostasía tan escandalosos. Se trata, sin duda, de un ejemplo de abandono de los principios bíblicos con el que, muy posiblemente, tendremos que enfrentarnos cada vez más a menudo. A fin de cuentas, es la acción de instituciones eclesiales dispuestas a aceptar una conducta que choca frontalmente con lo enseñado en la Palabra de Dios solo para mantener el aplauso —y el dinero— que procede del mundo. Bien es verdad que, en estos casos, la tarifa percibida es, por regla general, muy superior a treinta monedas de plata. La gran ventaja del protestantismo sobre el catolicismo-romano en este tipo de situaciones es que la decisión final de cada fiel se toma sobre la base de la Biblia y no de las decisiones de una jerarquía. Los creyentes de a pie pueden dejar, con pesar, pero con toda tranquilidad de conciencia, de comprar los libros de la editorial citada, de pertenecer a FEREDE o de ser miembros de una iglesia que decide casar parejas homosexuales. Esa ruptura resulta muchísimo más difícil para el simple católico que acaba, muchas veces, engañándose a sí mismo para continuar en el seno de su confesión a pesar de las acciones de la Santa Sede.

Por supuesto, esa imposición de la ideología de género ya está teniendo pésimas consecuencias sobre las libertades democráticas y todo permite augurar la implantación de una dictadura ideológica ante la que será muy costoso resistir. También ha comenzado a carcomer las bases de no pocas instituciones eclesiales de manera no poco dañina. Sin embargo, no se trata solo de la erosión, primero, y la destrucción, después, de nuestras libertades o de ciertos organismos religiosos. Dado que la sociedad se sustenta sobre un sinnúmero de células básicas constituidas por las distintas familias, el hecho de que la familia se vea sustituida por la práctica de lo que la Biblia denomina «abominación» tiene, lógicamente, consecuencias terribles.

La ideología de género cumple diversas funciones de enorme relevancia para la agenda globalista. En primer lugar, erosiona la familia natural, precisamente el último bastión con el que cuenta el ser

---

26. Información proporcionada por el autor de la obra retirada al autor del presente libro.

humano para defenderse ante las situaciones más difíciles de la existencia. La revolución, la guerra, la crisis económica, el desorden social pueden ser enfrentados con más facilidad cuando se cuenta con la protección que dispensa la familia. Sin ella, el individuo es un átomo sin conexiones a merced de la corriente social. Nada puede satisfacer más a un proyecto totalitario que verse libre del peligro de cualquier tipo de resistencia porque sólo tiene que dominar un rebaño inconexo. En segundo lugar, la ideología de género es un poderoso instrumento para acabar con conquistas legales indispensables para la supervivencia del sistema democrático e incluso de cualquier sistema político. La división de la sociedad en sexos —en lugar de la igualdad de los sexos ante la ley— y el establecimiento de leyes que castigan más a los varones que a las mujeres —aniquilando la igualdad ante la ley de todos los ciudadanos— agrietan la nación impidiendo que todos los ciudadanos se consideren miembros de la misma porque la solidaridad con cualquiera de los seguidores de la bandera del arco iris es mayor que con la de aquellos que se agrupan bajo la bandera nacional. Al fin y a la postre, la lesbiana de Washington se considera más cercana a la de Ucrania que a la mujer heterosexual, de su misma nacionalidad y ciudad. El fenómeno no es casual, sino buscado, e implica crear unos lazos supranacionales que ya no se amparan bajo la bandera roja sino la del arco iris. En tercer lugar, la imposición de la ideología de género permite educar a las masas en la aceptación del absurdo privándolas de un criterio racional. Permítaseme dar un ejemplo al respecto. Si la hija de uno de los lectores, extremadamente delgada, acudiera a su padre y le dijera que se ve como un hipopótamo y que no piensa comer, cualquier progenitor responsable la llevaría a un especialista para que la tratara. Daría lo mismo cómo se viera la hija porque la realidad objetiva es que estaba delgada y tenía que aceptar esa realidad por su bien y no adoptar conductas que la perjudicaran. Su anorexia tenía que ser objeto de tratamiento, no de aceptación. Pensemos, sin embargo, que la hija apareciera ante su padre y le dijera que ya no es Carlota sino Carlos porque se siente hombre. En ese caso, la propaganda de la ideología de género no permite que el preocupado progenitor la lleve a un médico para tratar la disforia de género, sino que lo obliga a aceptar lo que es, a todas luces falso, so pena de ser motejado como fanático y cruel. A día de hoy, multitud de padres aceptan que sus hijos comiencen a ser hormonados a temprana edad, se causen daños irreversibles y se expongan a una tasa de suicidio mucho mayor que la de menores que no padecen la disforia de género[27] sólamente por no enfrentarse con la ideología de género. Los políticos incluso aceptan de buen grado tan irracional comportamiento dando por buenas las declaraciones de una trangénero de ocho años.[28] Cuesta trabajo pensar que se pueda concebir un ejemplo mayor de lavado de cerebro colectivo. Se mire como se mire, la persistencia de la libertad y de la democracia se ven más que comprometidas por la ideología de género. Finalmente, la ideología de género persigue otra meta nacida de la extensión de la homosexualidad —estéril por definición— y del odio sembrado en las mujeres contra los hombres. Se trata de una de las metas más ambicionadas por la agenda globalista, la de reducir la población mundial. A ese tema, dedicaremos el próximo capítulo.

[27.] https://cnnespanol.cnn.com/2018/09/13/suicidio-adolescentes-hombres-transgeneropropensos
-estudio/. https://www.telemundo62.com/noticias/local/suicidio-en-la-comunidad-transgenero-filadelfia
-pensilvania/79510/.
[28.] https://www.lavanguardia.com/vida/20191203/472043167659/nina-transexual-conquista-asamblea
-extremadura-nadie-arrebate-felicidad.html.

CAPÍTULO XIII

LOS DOGMAS DE LA AGENDA GLOBALISTA (III):
la reducción de la población

La meta de reducción de la población

En 1972, se publicó el libro *The Limits to Growth* (*Los límites del crecimiento*). Se trataba de un informe encargado al MIT por el Club de Roma. La autora principal del texto fue Donella Meadows, biofísica y científica ambiental, especializada en dinámica de sistemas. La obra tendría una repercusión extraordinaria hasta el punto de vender más de treinta millones de copias en treinta idiomas. De hecho, el éxito se prolongaría durante décadas y daría lugar a continuaciones como *The Limits to Growth: The 30-Year Update* en 2004 y *2052: A Global Forecast for the Next Forty Years* en 2012. El texto llegaba a una conclusión bien significativa, la de que «*si el actual incremento de la población mundial, la industrialización, la contaminación, la producción de alimentos y la explotación de los recursos naturales se mantiene sin variación, alcanzará los límites absolutos de crecimiento en la Tierra durante los próximos cien años*». La solución frente a ese desafío era el «crecimiento cero» tanto de la economía como de la población.

El Club de Roma carecía de la menor legitimidad democrática. Nadie había procedido a su elección. Nadie le había encomendado esta tarea de acuerdo a un procedimiento democrático. Nadie garantizaba tampoco su solvencia científica. Sin embargo, el texto se convertiría en un claro referente a finales del año de su publicación gracias a la *Declaración de Estocolmo*, un acuerdo nacido tras la Conferencia de Naciones Unidas sobre el Medio Humano, celebrada en Estocolmo en junio de 1972. Veinte años después, se publicó *Más allá de los límites del crecimiento*, donde se afirmaba que la humanidad ya había superado la capacidad de carga del planeta para sostener su población. Las actualizaciones del informe abundarían en las mismas tesis. Especialmente, en el texto de 2012 se asumiría la tesis de que la situación es desesperada y de que la única manera de enfrentarse con el calentamiento global y con una supuesta escasez de recursos sería una economía planificada internacionalmente y una reducción drástica de la población.

En su forma más extrema, ese ansia por reducir la población mundial —uno de los dogmas esenciales de la agenda globalista— encuentra su manifestación en el denominado Movimiento por la Extinción Humana Voluntaria. Fundado en 1991 por Les U. Knight y ubicado en los Estados Unidos, este grupo realiza un llamamiento al género humano para que se abstenga de reproducirse a fin de llegar a la extinción gradual de la especie humana. Les U. Knight había llegado a la conclusión de que la mayoría de las desgracias sufridas por el planeta se debían a los seres humanos, lo que lo llevó a unirse a la organización Cero Crecimiento de la Población (*Zero Population Growth*), hoy en día conocida como *Population Connection*. A los veinticinco años, Knight se practicó la vasectomía convencido de que la extinción del género humano era la mejor solución a los problemas ambientales de la Tierra. En 1991, Knight comenzó también a publicar el boletín de noticias de VHEMT, conocido como *These Exit Times* («Estos tiempos de salida»). En sus páginas, insta a no reproducirse. La posición, ciertamente, resulta extrema, pero, curiosamente, no más dramática que la marcada por la agenda globalista. De hecho, esa agenda lleva décadas impulsando otros mecanismos de reducción de la población que, como suele ser habitual, como sucede también con la ideología de género, aparecen enmascarados como derechos que han de entrar en el derecho interno de las naciones.

El avance del aborto

En el curso de la Antigüedad clásica, de manera bien significativa, el juramento hipocrático, pronunciado por los médicos, obligaba a estos por Apolo, Asclepio, Higueia y Panacea a no provocar abortos. Por supuesto, había abortos y, sobre todo, se daba el abandono de niños ya nacidos —niños que, no pocas veces, eran recogidos por traficantes y convertidos en esclavos— como algo normal. Las políticas natalistas de algunos emperadores romanos intentaron contrarrestar, siquiera en parte, esa visión. Sin embargo, fue precisamente el cristianismo la fuerza que cambiaría de manera radical esa conducta. Al defender la vida como un don de Dios y al ofrecer un abrazo compasivo a los más débiles, el cristianismo excluyó el aborto de las conductas socialmente aceptables llegando incluso a penarla.

El repudio del aborto fue, durante siglos, innegable aunque no todas las legislaciones fueran igual de rigurosas. Por ejemplo, la Ley de Lord Ellenborough de 1803 convirtió el aborto después del parto en un delito capital a la vez que castigaba con distintas penas el previo al alumbramiento. En 1861, el Parlamento inglés ratificó la ilegalización del aborto, pero a esas alturas, en los Estados Unidos, desde hacía décadas, los esfuerzos de distintos médicos pertenecientes a la American Medical Association habían impuesto una batería de normas legislativas que colocaron fuera de la ley la mayoría de los abortos. Esta visión contó con paralelos en otras naciones.

De manera bien significativa, entre las personas más encarnizadamente opuestas al aborto se encontraron algunas de las sufragistas y feministas de finales del siglo XIX e inicios del siglo XX. Fue el caso de Elizabeth Cady Stanton, de Mary Wollstonecraft y de

Margaret Sanger. Este último caso resulta especialmente notable porque Margaret Sanger es citada hoy en día —por ejemplo, por Hillary Clinton— como justificación de la ideología de género. Pocas cosas se encuentran más lejos de la realidad. Sanger deseaba la difusión de los métodos anticonceptivos —algo no muy bien visto a la sazón— y sufría viendo la situación de muchas mujeres, pero, también como otras proto-feministas, aborrecía el aborto. Todas ellas captaron con facilidad que el aborto no era ni podía ser una especie de derecho femenino, sino solo una imposición masculina que pretendía librar a los futuros padres varones de toda responsabilidad por sus actos.

Semejante visión cambió de manera radical con la implantación de la primera dictadura totalitaria de la Historia, la de la Unión Soviética. En 1920, Lenin procedió a la legalización del aborto y su iniciativa, poco a poco, fue seguida por distintas naciones. En 1931, México, una nación de tradición católico-romana aunque con gobierno anticlerical, legalizó el aborto en caso de violación. Se trataba de la primera nación del mundo en dar ese paso que fue seguido en 1932 por la también católico-romana Polonia que amplió incluso los supuestos de aborto que resultaban legales. Con todo, la aceptación del aborto no conseguía abrirse camino e incluso recibió serios golpes en los años treinta. En 1936, en la Unión Soviética, Stalin procedió a anular buena parte de la legislación abortista convencido de que era contraria al bien nacional. De manera bien curiosa, el gobierno del Frente popular en España, en contra de la orientación de Stalin, legalizó el aborto en 1937, un paso que se vio revertido por la victoria del general Franco en 1939. Por lo que se refiere a la Unión Soviética, la legislación proabortista no volvería a implantarse hasta 1955.

Fue precisamente durante los años cincuenta —la época en que empezaron a revertirse los terribles efectos de la Segunda Guerra Mundial— cuando se dieron los primeros pasos en favor de la legalización del aborto. En 1959, la American Law Institute (ALI) redactó un modelo de ley proabortista que podía ser adoptada por los diferentes estados. En 1966, Mississippi se convirtió en el primer estado que legalizó el aborto por causa de violación. Al año siguiente, el Reino

Unido —con la excepción de Irlanda del Norte— legalizó el aborto y los estados de Carolina, Colorado y Carolina del Norte hicieron lo mismo sobre la base del modelo de la ALI. Era solo el inicio porque en 1968, al mismo tiempo que Georgia y Maryland establecían leyes proabortistas basadas en el texto de la ALI, el Comité para el status de las mujeres del presidente Johnson publicó un informe exigiendo la derogación de todas las leyes contra el aborto. Al año siguiente, Arkansas, Delaware, Kansas, Nuevo México y Oregón reformaron su legislación de acuerdo al modelo abortista de la ALI mientras Canadá y Australia daban pasos semejantes. Antes de que acabara la década, Hawái, Nueva York, Alaska y Washington se habían sumado a esta corriente.

Con todo, fueron los años setenta, los mismos del informe sobre los límites del crecimiento, los que resultaron testigos de un extraordinario impulso proabortista. Sin duda, la sentencia del Tribunal supremo de los Estados Unidos conocida como Roe vs. Wade marcó un punto de inflexión en 1973, pero vino precedida por hechos de tanta relevancia como la ley india de terminación médica del embarazo de 1971 que cambió el rumbo moral de una de las naciones más pobladas del mundo y también de las más opuestas al aborto.

La sentencia Roe v. Wade contó con una proyección extraordinaria porque emanaba de la nación más poderosa del globo. De acuerdo con su contenido, el aborto durante el primer trimestre no podía ser prohibido; el perpetrado durante el segundo podía ser regulado, pero no prohibido y el que tuviera lugar en el tercero podía ser prohibido, pero siempre que las limitaciones no afectaran la salud física y mental de la madre. A pesar de las disquisiciones, resultaba obvio que se había abierto la puerta a que el aborto fuera practicado sin restricciones como, efectivamente, sucedería.

En los años siguientes, distintas naciones se fueron sumando a la legalización del aborto. Fue el caso de Francia en 1975, la RFA en 1976, Nueva Zelanda en 1977, Italia en 1978, Holanda en 1980 y España en 1985. Durante las décadas sucesivas, la visión proabortista siguió obteniendo un triunfo tras otro. No solo las normas que lo permitían fueron haciendose más y más laxas, sino que, por añadidura, hubo programas de ayuda internacional al Tercer mundo que se subordinaron a la legalización del aborto. Pero, por encima de todo, la visión del aborto fue cambiando y pasó de considerarse como un mal menor —el argumento utilizado al inicio de su legalización— a predicarse como un derecho del que no puede privarse a las mujeres. En ese intento de legitimar el acabar con una vida ha llegado a afirmarse que antes de su nacimiento, un feto de trece semanas es un ser vivo pero no es un ser humano.[1] La falsedad de este argumento queda de manifiesto cuando se piensa que no pocas clínicas abortistas, como las dependientes de Planned Parenthood, venden después los restos del feto precisamente porque son humanos y, como tales, pueden ser utilizados para experimentos.[2]

Durante este proceso de décadas, la pérdida de vidas humanas relacionada con el aborto se ha contado por millones y millones superando en mortandad a los peores conflictos de la Historia del género humano. En 2014, en los Estados Unidos tuvieron lugar 926.240 abortos registrados. Durante la década anterior, varios años la cifra de abortos había superado el millón y solo desde 1973 a 2011, el número de abortos perpetrados en los Estados Unidos ya había superado los 53 millones. En otras palabras, de manera legal, se había dado muerte a un número de seres humanos superior al de todos los que perdieron la vida durante la Segunda Guerra Mundial incluidos los judíos que perecieron durante el Holocausto. La tasa de abortos en los Estados Unidos en 2014 alcanzaba a un 18.9% de los embarazos —¿qué futuro le puede esperar a una nación que extermina a casi una quinta parte de los niños que van a hacer?— y, por añadidura, no era la peor tasa del globo. Por delante de los Estados Unidos se encontraban Bulgaria, Cuba, Estonia, Georgia, Kazajistán, Rumanía, Rusia, Suecia y Ucrania.

Este exterminio masivo se sigue practicando, por añadidura, so capa de defender los derechos de la mujer. Esa es la razón principal por la

---

[1]. https://www.abc.es/sociedad/abci-aido-feto-semanas-vivo-pero-no-humano-200905190300-921017161079_noticia.html.
[2]. https://www.elmundo.es/internacional/2015/08/05/55c1946c22601d4e5e8b456c.html.

que la agenda globalista pretende imponerlo en toda Hispanoamérica, África y Asia. A día de hoy, desde los procesos de legalización de los años setenta, el número de criaturas abortadas en todo el mundo supera los mil cuatrocientos millones, es decir, el equivalente a la población total de China.

Las alternativas al aborto —entrega en adopción, tener el niño, etc.— siempre son presentadas como más costosas, desde cualquier punto de vista, que simplemente quitar la vida a un feto inocente que no puede defenderse. Incluso la madre que está dispuesta a dar a su hijo a otros padres al término de la gestación sabe que tendrá que pasar un embarazo que se ahorra la que aborta. La situación es más difícil cuando la mujer en cuestión decide sacar a un hijo adelante con dificultades económicas e incluso sola. Reconozcámoslo. Desde el punto de vista de millones de personas, el aborto constituye un método ideal para quitarse problemas de encima... al coste, claro está, de una vida humana y de otros daños colaterales de no escasa envergadura. Ignoran que son simples marionetas de una agenda globalista decidida a reducir drásticamente la población mundial.

Hacia la implantación de la eutanasia

Si el aborto se ha manifestado como un instrumento de colosal éxito a la hora de reducir la población mundial de acuerdo con la agenda globalista, algo similar sucede con la eutanasia para cuya legalización se movilizan cada vez más colectivos sociales. Si el antecedente de la legalización del aborto fue la legislación soviética de inicios de los años veinte, el de la eutanasia se encuentra directamente en el nacional-socialismo hitleriano. Aunque existía un precedente en Uruguay en 1933 que legalizaba el suicidio asistido, fue el programa Aktion-4 (1933) el que permitió dar muerte, primero, a niños incurables extendiéndose rápidamente a enfermos terminales y personas que padecían minusvalías o dolencias mentales. Aunque el programa se vio detenido por la protesta de las iglesias, lo cierto es que aquellos precedentes de asesinato con gas fueron retomados durante la guerra en tareas de exterminio de los reclusos en los campos de concentración.

Por supuesto, como es habitual en todos los proyectos totalitarios, los nazis prepararon a la opinión pública para aceptar la legalización de la eutanasia. Es ignorado, pero el antecedente de la multipremiada película española *Mar adentro* (2004), donde se realizaba la apología de la eutanasia, fue la nazi *Ich Klage An* (1941), un episodio, por cierto, mencionado de pasada en la excelente cinta *Good* (2008), donde se describe la transformación de un hombre «bueno» en un colaborador del régimen nazi. En todos y cada uno de los casos, queda de manifiesto algo elemental, pero que suele pasarse por alto. La manipulación de determinados sentimientos lleva a las masas a aceptar atrocidades como las de legitimar el exterminio de sus semejantes. Sin embargo, no todo debe atribuirse a la propaganda. Esta obtiene resultados porque las semillas se plantan en suelo ya abonado. Al respecto, el caso de la eutanasia no puede ser más claro.

Posiblemente, el recuerdo de los horrores del nazismo y el deseo de prolongar la vida humana retrasó la aprobación de la eutanasia durante décadas. Paradójicamente, el éxito en dilatar la existencia y el crecimiento del número de ancianos la impulsaron. Así, en 1997, se admitió legalmente en Colombia gracias a una decisión de la Corte constitucional. Con todo, fue la aprobación por Bélgica, otra nación católico-romana, en 2002 la que abrió el camino a la extensión a otros países. Ese mismo año, Holanda legalizó también la eutanasia siendo seguida en 2008 por dos naciones católico-romanas: Luxemburgo y México. En 2011, India aprobó la eutanasia.

Aún no eran muchas las naciones que estaban dispuestas a admitir en su seno la práctica de la eutanasia, pero el movimiento de propaganda en su favor no solo creció haciéndose cada vez más combativo, sino que comenzó a ampliarse. En 2013, por ejemplo, Bélgica, nación pionera en tan lamentable circunstancia, amplió la eutanasia a los niños teniendo lugar el primer caso en 2016. En ese mismo año, Canadá legalizó la eutanasia y Francia aprobó una norma que permitía a los médicos mantener sedados a los pacientes hasta su muerte, a un paso más formal que real de la eutanasia.

No concluye ahí la lista. En algunas naciones como Dinamarca la eutanasia no es legal, pero un estudio del año 2003 dejó de manifiesto que el 41% de las muertes bajo supervisión médica mostraban que el facultativo era el que decidía acabar con la vida del paciente. En otras, como España o los Estados Unidos, la eutanasia es legal localmente. Si el estatuto de autonomía de Cataluña, una región de España, abre la puerta a la eutanasia; en paralelo, el suicidio asistido — un eufemismo para designar la eutanasia— ha ido siendo aprobado en Washington D. C., Colorado, Oregón, Washington, Vermont, California, un condado de Nuevo México y de facto Montana.

Es cierto que la eutanasia sigue siendo ilegal en naciones como Finlandia y que han fracasado los intentos de esta década por imponerla en Nueva Zelanda o Noruega, pero, como en el caso del aborto, encuentra oídos dispuestos en no pocas sociedades. En su seno, los ancianos —esas personas que cuando yo era niño se veían en todas las casas como seres sin los que no podía concebirse una familia— son considerados por muchos como otro incordio más. Una prueba de ello es que, a medida que las viviendas se han ido agrandando y mejorando y la gente que vivía en ellas disminuía, por ejemplo, por tener menos hijos, los ancianos, en vez de disfrutar de más espacio, se han ido viendo confinados a residencias. Naturalmente, eso es si han tenido suerte porque los más desafortunados se han visto abandonados —los casos son muy numerosos— en una gasolinera o en un hospital en época de vacaciones.

Lamentablemente, debe decirse que la eutanasia ya se practica en naciones como España incluso antes de que se haya procedido a su legalización formal. En 2019, un amigo cercano al autor pudo comprobar cómo a su suegro le privaban de alimentación en el hospital para que muriera, lentamente, de hambre y de sed. Solo el hecho de que mi amigo había sido director de planta de un hospital le permitió descubrir el trato criminal al que sometían a su suegro y salvarle la vida. Causa terror pensar cuántos ancianos en España son sometidos ya a ese tratamiento en un proceso verdaderamente genocida nacido de la agenda globalista.

Para una sociedad que se siente molesta por los ancianos, la legalización de la eutanasia constituye una verdadera bendición. Liquidar a los mayores abre la puerta a disfrutar de las vacaciones sin apenas molestias, permite hacer más divertida la agenda familiar e incluso agiliza los plazos para cobrar la ansiada herencia. El problema —una vez más— es que todos esos disfrutes se obtienen, como en el caso del aborto, a costa de la muerte de inocentes.

Esta reducción drástica de la población gracias a la ideología de género, al aborto y a la eutanasia no es el único experimento demográfico impulsado por la ideología de género. Junto al exterminio, verdaderamente genocida, de centenares de millones de seres humanos, la agenda globalista está impulsando un desplazamiento de las poblaciones mundiales que concluirá con el aniquilamiento de las identidades nacionales —uno de sus peores enemigos— y de culturas milenarias.

CAPÍTULO XIV

LOS DOGMAS DE LA AGENDA GLOBALISTA (IV):
la defensa de la inmigración ilegal

La necesidad de las fronteras

Corría el año 122 d. de C., cuando el emperador Adriano realizó una visita a los confines de Roma situados en la lejana Britannia. Adriano era consciente de que la seguridad de las fronteras constituía un elemento indispensable no solo para el bienestar, sino incluso para la supervivencia del imperio romano. Cualquier invasión —fuera pacífica o guerrera— que violara los límites del imperio e introdujera importantes masas de población en su interior solo podía tener consecuencias negativas. Desde hacía tiempo, Roma dispensaba su ciudadanía a bárbaros y no eran pocos los que, individualmente o en grupo, habían terminado por integrarse en la cultura más elevada de su tiempo. Sin embargo, junto a esa realidad existía otra. La de que ni el orden público, ni la producción económica, ni la asistencia social que entregaba pan y circo a los ciudadanos podría mantenerse en pie con una irrupción incontrolada de los bárbaros. Tras su examen de la frontera, Adriano ordenó que se levantara un muro de contención que iba desde Solway hasta el río Tyne, es decir, desde las cercanías del mar del norte hasta la zona del Atlántico que se encontraba frente a la isla de Irlanda. La obra sería conocida como *Vallum Hadriani* —el muro de Adriano— y, de manera bien reveladora, no fue realizada por esclavos, sino por romanos que eran conscientes de la importancia de aquella decisión. Cuando concluyó contaba con cuarteles colocados cada cierto espacio en los que había dos torretas ocupadas por guarniciones de entre ocho y treinta y dos hombres encargados de la defensa fronteriza. Designado en 1987 por la UNESCO como herencia de la Humanidad, el muro de Adriano resultó esencial para la supervivencia del Imperio romano durante dos siglos y medio. De hecho, aquel muro garantizó la paz, la seguridad y la estabilidad de Roma en su frontera con los britanos. Sin embargo, no todos los emperadores fueron tan inteligentes como Adriano. En el 376 d. de C., los visigodos solicitaron al emperador Valente que los dejara instalarse en la zona meridional del río Danubio. El emperador aceptó con funestas consecuencias. Dos años más tarde, los visigodos demostraron que podían rebelarse y derrotaron a los romanos en la batalla de Adrianópolis. En el curso de los años siguientes, el peso de los bárbaros sobre la política de Roma fue creciendo de manera exponencial. En el año 476 d. de C., justo cuando se cumplía el siglo de la fecha en que Valente había permitido su asentamiento masivo en el territorio del Imperio romano, uno de estos jefes bárbaros llamado Odoacro depuso a Rómulo Augusto, el que sería el último emperador. El imperio romano de Occidente acababa de desaparecer y, a pesar de los intentos, no lograría jamás reconstruirse.

Tanto lo sucedido con Adriano como con Valente obedece a una ley histórica inexorable, la que afirma que el estado que no controla sus fronteras está condenado a extinguirse. Esa situación la encontramos en todas las culturas. No se trata sólo de grandes construcciones como la Gran muralla china, el único monumento que puede contemplarse desde el espacio, sino de una conducta universal. En la misma Biblia, encontramos multitud de ejemplos. David se convirtió en rey en todo el sentido de la palabra cuando alzó los muros de Jerusalén

(2 Crónicas 33:14). Salomón mostró su talla como monarca cuando, entre otras obras, consolidó el muro de Jerusalén (1 Reyes 3:1; 9:15). La restauración real de Israel se produjo cuando Nehemías pudo levantar un muro que defendiera al pueblo (Nehemías 3; 4:6; 7:1). ¡Incluso de Dios se espera que construya muros (Salmo 51:18)! A fin de cuentas, esta conducta de alcance universal está totalmente sustentada en la lógica y el sentido común. Nadie, por muy hospitalario que fuera, dejaría que en su hogar entrara cualquiera. Por el contrario, todos deseamos mantener en nuestras manos la posibilidad de aceptar o rechazar en su hogar a quien desee. Lo mismo sucede con los estados, pero con una peculiaridad, y es que de las decisiones estatales depende el bienestar no solo de una persona o de una familia, sino de millones de personas. A esa manera de pensar, no fueron ajenos los Padres Fundadores.

Los Padres Fundadores y la inmigración

Históricamente, los Estados Unidos han sido una nación de acogida para los inmigrantes. Sin embargo, esa circunstancia no ha significado jamás que admitiera la inmigración descontrolada, que estuviera abierta a cualquier tipo de inmigración y que no fuera consciente del peligro que podía derivar de no saber gestionar adecuadamente la inmigración. Ya en 1802, Alexander Hamilton, advirtiendo contra permitir que cualquiera entrara en los Estados Unidos, escribió: «Admitir extranjeros de manera indiscriminada a los derechos de los ciudadanos, en el momento en que ponen el pie en nuestro país, como es recomendado en el Mensaje, no sería nada menos que admitir el Caballo de Troya en la Ciudadela de nuestra libertad y soberanía».[1] La afirmación de Hamilton difícilmente hubiera podido ser más clara. No todos los extranjeros podían recibir los beneficios de la ciudadanía y no podía ser así porque, según su trasfondo cultura, podían acabar

---

[1]. The Examination Number VIII (12 de enero de 1802); https://founders.archives.gov/documents/Hamilton/01-25-02-0282.

convirtiéndose en un enemigo infiltrado en la nación —como había sucedido con el famoso Caballo de Troya— teniendo pésimos efectos sobre la libertad y la soberanía.

En 1800, escribiendo a John Marshall una opinión semejante había sido manifestada al referirse a los extranjeros que deseaban ocupar empleos públicos señalando: «Entre el número de solicitudes... ¿no podemos encontrar a un americano capaz y digno de confianza?... ¿Por qué deberíamos quitar el pan de la boca de nuestros hijos y dárselo a extranjeros?».[2]

La inmigración era aceptable no solo si no planteaba peligros para la libertad o para el trabajo de los ciudadanos americanos, sino si además aportaba algo realmente útil a la nación. Sería el primer presidente de los Estados Unidos, George Washington, escribiendo a John Adams el 15 de noviembre de 1794, el que afirmaría: «Mi opinión, con respecto a la emigración, es que, excepto mecánicos útiles y algunas descripciones particulares de hombres o profesiones, no existe necesidad de animarla, mientras que la política o ventaja de que tenga lugar en un cuerpo (me refiero a su asentamiento en un cuerpo) pueden ser muy cuestionadas; porque, al hacerlo, retienen la lengua, los hábitos, los principios (buenos o malos) que traen consigo».[3] En otras palabras, la inmigración tenía un sentido solo si se refería a gente que pudieran aportar una utilidad a Estados y que luego se asimilaran a su lengua, hábitos y principios.

Sin duda, la cuestión de la asimilación —un concepto radicalmente opuesto al de la multiculturalidad— resultaba enormemente relevante para Washington. En esa misma carta dirigida a John Adams, Washington insistió en que los inmigrantes «por una mezcla con nuestro pueblo, ellos o sus descendientes, se asimilen a nuestras costumbres, medidas, leyes: en una palabra se conviertan pronto en un pueblo».

El punto de vista de Washington era compartido por el resto de los Padres Fundadores conscientes de la necesidad de un sentimiento

---

[2.] https://founders.archives.gov/documents/Adams/99-02-02-4517.
[3.] https://founders.archives.gov/documents/Washington/05-17-02-0112.

nacional común. En 1802, Alexander Hamilton escribía: «La seguridad de una república depende esencialmente de la energía de un sentimiento nacional común; de una uniformidad de principios y hábitos; de la exención de los ciudadanos de parcialidad y prejuicio extranjeros; y de ese amor por el país que casi invariablemente se encontrará estrechamente conectado con el nacimiento, la educación y la familia».[4] El no captar la importancia de esa circunstancia, según Hamilton, implicaba grandes peligros. De hecho, según sus palabras, «los Estados Unidos ya han sentido los males de incorporar un número amplio de extranjeros en su masa nacional; promover en diferentes clases diferentes predilecciones en favor de naciones extranjeras particulares y antipatías contra otras, ha contribuido muchísimo a dividir la comunidad y a distraer nuestros consejos. A menudo ha abierto la posibilidad de comprometer los intereses de nuestro propio país en favor de otro».[5] Como señaló, en el mismo texto, Hamilton «el efecto permanente de tal política será que en tiempos de gran peligro público habrá siempre un numeroso cuerpo de hombres entre los que puede haber justas razones para desconfiar. La sospecha sola debilitará la fuerza de la nación, pero su fuerza puede ser de hecho empleada para asistir a un invasor». A fin de cuentas, como indicó también Hamilton, la supervivencia de la república americana dependía de «la preservación de un espíritu nacional y de un carácter nacional» y «en la recomendación de admitir indiscriminadamente emigrantes extranjeros de toda descripción a los privilegios de los ciudadanos americanos en su primera entrada en nuestro país, hay un intento de derribar todo ámbito que ha sido erigido para la preservación de un espíritu nacional y de un carácter nacional».

Que una inmigración procedente de otra cultura podía tener efectos terribles para los Estados Unidos fue una realidad también contemplada por Benjamin Franklin. En sus *Observations Concerning the Increase of Mankind and the Peopling of Countries*, señaló que «la importación de extranjeros en un país que tiene tantos habitantes

---

4. https://founders.archives.gov/documents/Hamilton/01-25-02-0282.
5. *Idem, Ibidem.*

como los empleos y provisiones para la subsistencia presentes proporcionarán, no implicará al final ningún aumento de gente, a menos que los recién llegados tengan más industria y frugalidad que los nativos y entonces proporcionarán más subsistencia e incremento en el país, pero gradualmente devorarán a los nativos».

Un punto de vista muy similar sobre la inmigración fue el mantenido por James Madison que, de nuevo, señaló que los únicos inmigrantes que debían ser aceptados eran los dignos que pudieran añadir algo a la fuerza nacional. Así, señaló: «Sin duda, resulta muy deseable que extendamos tantas inducciones como sean posibles para que la parte digna de la Humanidad venga y se establezca entre nosotros y arroje sus fortunas en una suerte común con la nuestra. Pero ¿por qué es esto deseable? No simplemente para hinchar el catálogo de la gente. No, señor, es para aumentar la riqueza y la fuerza de la comunidad; y aquellos que adquieren los derechos de ciudadanía sin añadir a la fuerza o la riqueza de la comunidad no son la gente que necesitamos».[6]

No deja de ser significativo que la ley de ciudadanía (Naturalization Act) de 1790 exigiera como requisito para la ciudadanía el «buen carácter». Cinco años después, se aprobó una nueva ley que, absorbiendo el espíritu de los Padres Fundadores, aumentó el tiempo para la naturalización de dos a cinco años y exigió como requisito el «buen carácter moral». Los requisitos para ser ciudadano se restringieron todavía más con el paso de los años. La XIV enmienda estableció que «todas las personas nacidas o naturalizadas en los Estados Unidos y sujetas a su jurisdicción son ciudadanos de los Estados Unidos y del estado donde residen». Precisamente, Howard, el autor de la enmienda señaló que «toda persona nacida dentro de los límites de los Estados Unidos y sujeta a su jurisdicción es por virtud de la ley natural un ciudadano de los Estados Unidos» y, a continuación añadía que «esto, por supuesto, no incluirá a personas nacidas en los Estados Unidos que son extranjeros, extraños, que pertenecen a las familias de embajadores o funcionarios extranjeros acreditados ante el gobierno de los Estados Unidos,

---

6. **The Founders' Constitution**, volumen 2, artículo 1, sección 8, cláusula 4 (ciudadanía), documento 8. http://press-pubs.uchicago.edu/founders/documents/a1_8_4_citizenships8.html.

sino que incluirán a todo otro tipo de personas. Esto deja sentada la gran cuestión de la ciudadanía y remueve toda duda sobre qué personas son o no son ciudadanos de los Estados Unidos. Esta ha sido durante mucho tiempo un gran desiderátum en la jurisprudencia y la legislación de este país». En otras palabras, los nacidos en Estados Unidos eran ciudadanos de Estados Unidos si, efectivamente, no eran extranjeros pertenecientes a familias de extranjeros, por muy elevada que pudiera ser la consideración de estos. Así lo entendió también el senador demócrata Reverdy Johnson afirmando que «la enmienda dice que la ciudadanía puede depender del nacimiento y no conozco mejor manera de dar lugar a la ciudadanía que el hecho del nacimiento dentro del territorio de los Estados Unidos, nacido de padres que en ese momento estaban sujetos a la autoridad de los Estados Unidos».

La posición de los Padres Fundadores no podía ser más clara. La inmigración era aceptable, pero solo cuando se trataba de gente que pudiera aportar algo positivo a la nación, que no procediera de una cultura que pudiera lesionar la democracia americana, que no desequilibrara el sistema político y que acabara integrándose como uno más en el seno de los Estados Unidos. Para aquellos aspirantes a la ciudadanía, resultaría obligado tener un buen carácter moral y esperar cinco años. Ni siquiera posteriormente, casi un siglo después, se consideraría suficiente para ser ciudadano americano el haber nacido en el territorio de los Estados Unidos. A esa circunstancia, debería sumarse la de ser hijo de padres ciudadanos.

Se mire como se mire, se trataba de una visión justa, equilibrada y racional al tema de la inmigración. Sin embargo, la agenda globalista tiene unos planes muy diferentes para los Estados Unidos y para el resto del mundo en lo que a esta cuestión se refiere.

La ONU y la emigración

La agenda globalista contiene entre sus dogmas la idea de una emigración —migración, suele ser la palabra utilizada— sin control estatal de ningún tipo. Al respecto, su meta puede ser desconocida por la mayor parte de la población del globo, pero ha quedado recogida de manera expresa en no pocas ocasiones. Así, en 2015, la Asamblea general de la ONU aprobó la denominada Agenda 2030 donde se trazaban las metas para la siguiente década y media.[7] Bajo esa inspiración, en septiembre de 2016, la Asamblea General de las Naciones Unidas organizó una reunión plenaria cuya finalidad era abordar los grandes desplazamientos de personas migrantes y refugiadas.[8] Fue la primera vez que una reunión de la ONU de semejante entidad se dedicó íntegramente al fenómeno de la inmigración internacional. En ella, los 193 miembros de la Asamblea General de las Naciones Unidas adoptaron la Declaración de Nueva York para los Refugiados y los Migrantes.

Fruto de la citada declaración, el Alto Comisionado para los Refugiados recibió el mandato de proponer un Pacto Mundial sobre Migrantes y Refugiados en su informe anual a la Asamblea General en 2018. El fin de las negociaciones para llegar a ese pacto tuvo lugar en julio de 2018, estableciéndose que la conferencia final para la adopción del pacto se realizaría del 10 al 11 de diciembre de 2018 en Marruecos.

La perspectiva de lo que sería el futuro pacto llevó a los Estados Unidos a retirarse de las negociaciones a finales de 2017 y a Hungría a hacerlo ya en 2018. En paralelo y de manera bien significativa, el Vaticano no dejó de manifestarse como un firme partidario del pacto.

Finalmente, la firma tuvo lugar en Marrakech. Entre los compromisos adoptados en el citado pacto estaban el compromiso para «eliminar todas las formas de discriminación y contrapresión», el «implementar o mantener legislación que penalice los delitos de odio» y el «promover la comunicación de medios independiente, objetiva y de calidad, incluida la información basada en internet». En otras palabras, el pacto tenía como finalidad eliminar toda oposición a la inmigración masiva, impedir las manifestaciones contrarias tipificándolas como delitos de odio y moldear a la sociedad mediante el control de

---

[7.] https://www.un.org/sustainabledevelopment/es/2015/09/la-asamblea-general-adopta-la-agenda-2030-para-el-desarrollo-sostenible/.
[8.] https://news.un.org/es/story/2016/09/1364511.

los medios incluidos los de internet. Por añadidura, cada cuatro años, a partir de 2022, el Foro proporcionará una plataforma global para que los estados miembros debatan y compartan el progreso en la implementación de todos los aspectos del Pacto Mundial.

El examen de los que votaron a favor y en contra del acuerdo resulta revelador. Fuera del acuerdo quedaron sustancialmente aquellas naciones conscientes de que la inmigración ilegal podría causarles graves peligros. Así, Estados Unidos se apartó del acuerdo desde el principio e igualmente se distanciaron Israel y Australia e incluso Chile. Un distanciamiento con el acuerdo se dio también en la Unión Europea donde a la negativa de Hungría se fueron sumando las de Bélgica, Austria, Polonia, República Checa, Eslovaquia, Bulgaria e Italia. Incluso Alemania subordinó la aprobación a la decisión del parlamento. No fue el caso de España.

La firma del pacto de la ONU sobre migración está dotada de una importancia radical que contrasta gravísimamente con el silencio casi total de los medios de comunicación cuando tuvo lugar su aprobación. Como en otras ocasiones, la ONU ha impulsado un plan que ayudará a la agenda globalista, erosionará la soberanía nacional, contribuirá a aniquilar las culturas nacionales e imposibilitará la existencia del estado del bienestar. Las naciones que peor funcionan en el mundo —es decir, la mayoría— se vieron legitimadas para enviar a millones de sus pobladores a vivir a costa de las naciones más prósperas, fundamentalmente las situadas en Norteamérica, la costa del Pacífico y Europa occidental. Semejante asalto vendrá acompañado además de medidas muy concretas como es que nadie pueda oponerse a él en las naciones receptoras, que aquellos que muestren su desaprobación puedan ser acusados de perpetrar delitos de odio, que los medios de comunicación sean domesticados para no mencionar el tema o hacerlo de manera positiva, que el inmenso gasto de la llegada de millones de inmigrantes sea asumido por los países receptores y que existan instancias espirituales como la Santa Sede y los dirigentes islámicos que apoyen el pacto de manera expresa y entusiasta. De forma bien significativa, el que ese pacto vaya anejo a una liberalización del aborto no parece quitar el sueño a la Santa Sede.

No puede negarse que el pacto sobre inmigración satisface a muchos. Satisface a los partidarios de la agenda globalista que sueñan con convertir el mundo en un inmenso rebaño sin cultura ni identidad y más fácil de dominar y explotar. Satisface a los dirigentes islámicos que sueñan con convertir Europa en una parte más del cosmos musulmán. Satisface al Vaticano que ha expresado repetidas veces en los últimos años su voluntad de ser el poder espiritual que se coloque al lado de un gobierno mundial que rija los destinos del planeta. Satisface a los millones de inmigrantes ilegales que saben que podrán vivir a costa de los sistemas de bienestar de las naciones avanzadas. Satisface, finalmente, a los gobernantes incompetentes y corruptos de naciones que podrían ser ricas y son pobres porque abre las puertas a enviar a naciones más prósperas a millones de sus conciudadanos.

No puede jamás satisfacer a los que se dan cuenta de que la llegada de millones de inmigrantes ilegales que serán mantenidos a costa de los presupuestos del Estado acabará destruyendo la posibilidad de mantener los servicios sociales ya existentes. Tampoco puede jamás resultar satisfactorio para los que creen en la necesidad de defender la soberanía nacional, a los que aman su cultura, a los que creen en la libertad y a los que saben que la independencia se sustenta sobre la base del control de las propias fronteras. Exactamente lo que sucedía con los Padres Fundadores de los Estados Unidos.

El Vaticano y la emigración

Ya hemos visto en páginas anteriores como el papa Francisco y otras instancias de la Iglesia católico-romana se han manifestado claramente en favor de la ausencia de controles fronterizos y de una inmigración descontrolada. Michelle Malkin ha señalado en un reciente libro de lectura obligatoria[9] cómo las razones para esa conducta son todo menos nobles y desinteresadas. De entrada, el papa Francisco ignora todas las referencias

9. Michelle Malkin, *Open Borders Inc. Who's Funding America's Destruction?* (Washington, 2019).

contenidas en la Biblia a los muros necesarios para todo estado, pero, sobre todo, incurre en una conducta profundamente hipócrita, ya que no practica esa política en el estado-Vaticano ni ha abierto de par en par las puertas para que entren todos los extranjeros que buscan refugio.[10]

Su conducta en el caso de los Estados Unidos está motivada, en primer lugar, por el deseo de recuperarse frente al desplome en miembros de la iglesia católico-romana que entre los años 2007 y 2015 perdió unos tres millones de fieles. De hecho, treinta millones de americanos se definen como «antiguos» católico-romanos, con casi un 30% que alega los escándalos por abusos sexuales del clero como la causa para abandonar la iglesia católico-romana. De hecho, el número de abusos sexuales perpetrados por clérigos católico-romanos ha sido tan colosal que hasta la fecha la iglesia católico-romana ha tenido que abonar cuatro billones de dólares en indemnizaciones y arreglos extrajudiciales.[11] La llegada masiva de inmigrantes ilegales procedentes de naciones sociológicamente católico-romanas hincha el número de fieles católicos. Como señala muy claramente Malkin, desde 1986 en que Ronald Reagan llevó a cabo una amnistía de los ilegales, los dirigentes católico-romanos no han dejado de actuar en los Estados Unidos y en el extranjero para socavar el cumplimiento de las leyes de inmigración y violar la legalidad.[12]

Esta conducta, que Malkin califica muy acertadamente como «perfidia antipatriotica»,[13] constituye además un más que lucrativo negocio para la iglesia católico-romana. Tan solo la reunificación de menores con sus parientes ha proporcionado a organizaciones católico-romanas más de ciento cuatro millones de dólares entre 2008 y 2018[14] y más de quinientos treinta cuatro millones de dólares entre 2008 y 2017 en programas de asentamiento de refugiados.[15] A eso se suman los beneficios impositivos y los subsidios.[16] La realidad es que la inmigración ilegal se ha convertido en un gigantesco negocio para la iglesia católico-romana

---

10. Michelle Malkin, *Open Borders Inc.*, p. 86.
11. Michelle Malkin, *Open Borders Inc.*, p. 89.
12. Michelle Malkin, *Open Borders Inc.*, p. 90.
13. Michelle Malkin, *Open Borders Inc.*, p. 91.
14. Michelle Malkin, *Open Borders Inc.*, p. 93.
15. Michelle Malkin, *Open Borders Inc.*, p. 96.
16. Michelle Malkin, *Open Borders Inc.*, p. 95.

que no persigue un ministerio espiritual sino establecer una organización política, especialmente en los estados del suroeste.[17] Se trata de
una tarea destinada, según una de las personas que recibieron entre-
namiento, a «crear conflicto» persiguiendo el poder mediante la explotación de «la envidia de clase y la raza».[18] Que este tipo de entidades
recibiera dinero de Soros —que entre 2000 y 2014 donó 1.4 millones de
dólares al Catholic Legal Inmigration Network Inc. (CLINIC)— resulta
comprensible. Lo es menos que el 96% del presupuesto de las entidades
católico-romanas de caridad para el reasentamiento de refugiados se
deba a fondos federales.[19] No sorprende que Forbes evalúe los ingresos
de las entidades caritativas católico-romanas en los Estados Unidos en
tres mil ochocientos millones de dólares.[20]

No puede sorprender el entusiasmo de la iglesia católica por ayudar a los inmigrantes ilegales. Se trata, ciertamente, de un más que
jugoso negocio, pero, por añadidura, le permite soñar con la idea de
conquistar los Estados Unidos simplemente por el empuje demográfico de los llegados en contra de la ley. Ese objetivo de conquistar la
sociedad norteamericana resulta tan importante que permite a la
iglesia católico-romana mantener la misma política en otras naciones,
aunque signifique perder en ellas sus posiciones en favor del islam. Es
el caso, por ejemplo, de España.

En 2019, la conferencia episcopal española exigió al Gobierno «el
cierre de los Centros de Internamiento, con alternativas claras y legales». Los Centros de Internamiento, o CIEs, son edificios públicos no
penitenciarios pero de gestión policial donde son retenidas personas
que han entrado en España ilegalmente. Si al cabo de sesenta días, esos
inmigrantes ilegales no han sido devueltas a su país de origen —lo que
suele ocurrir con extraordinaria frecuencia— quedan en libertad y suelen permanecer, a pesar de su situación ilegal, en España. Dos tercios de
las personas internadas durante 2018 en los Centros de Internamiento
de Extranjeros (CIE) procedían de Marruecos y de Argelia, según el

[17.] Michelle Malkin, *Open Borders Inc.*, p. 99.
[18.] Michelle Malkin, *Open Borders Inc.*, p. 99.
[19.] Michelle Malkin, *Open Borders Inc.*, p. 106.
[20.] Michelle Malkin, *Open Borders Inc.*, p. 106.

Servicio Jesuita a Migrantes-España (SJM-E). Según ese informe de la citada entidad jesuita, aunque en los CIEs hay gente procedente de 90 países distintos, el 35,66% son de Marruecos y 31,99% de Argelia.

La exigencia de los obispos católicos españoles de que se cerraran los CIES fue formulada por el secretario de la Comisión Episcopal de Migraciones de la CFF, el jesuita José Luis Pinilla, durante una rueda de prensa con motivo de la Jornada Mundial del Migrante y Refugiado, que se celebró el 29 de septiembre de 2019. En el citado mensaje, los obispos españoles afirmaron que «es imprescindible que, mirando a los inmigrantes, el Gobierno de España trate de erradicar y prevenir las situaciones de vulnerabilidad, o la desatención de los derechos humanos vinculadas bien a la irregularidad administrativa (siguen existiendo en la calle mujeres embarazadas, o menores no acompa-ñados) o a las dificultades provenientes de nuestras fronteras, a leyes discriminatorias, o a la reclusión tan doliente y dura en los Centros de Internamiento, por ejemplo». Los obispos sostuvieron igualmente que «para estos últimos nuevamente pedimos su cierre con alternativas claras y legales. Lo pedimos así porque los más pobres entre nosotros son los extranjeros sin papeles».

Este cierre forma parte de la estrategia conjunta que, desde hace años, se está llevando a cabo a través de la plataforma Migrantes con Derechos, que aglutina a entidades católico-romanas como Confer, Cáritas, Justicia y Paz y la Comisión Episcopal de Migraciones. De hecho, como apuntó el obispo de Tui-Vigo y actual presidente de la Comisión Luis Quinteiro Fiuza, «estamos convencidos de que ésta es una cuestión absolutamente prioritaria».[21] En el mensaje redactado para la citada jornada, los obispos católico-romanos españoles afirma-ron que «los obispos no pueden cerrar los CIE pero sí pedir su cierre porque ofenden a la dignidad de los migrantes».

Cuando se le preguntó sobre el futuro Gobierno y la posibilidad de que se frenara la retirada de las concertinas (vallas de alambre) en la frontera, el obispo de Tui-Vigo pidió a quien, al fin, pueda gobernar,

---

[21.] https://www.religiondigital.org/solidaridad/espanoles-reclaman-CIE-Ofenden-migrantes-refugiados-conferencia-episcopal-menores-solidaridad-centros-internamiento-vox-gobierno_0_2159784018.html.

«trabajar en colaboración para que los migrantes puedan ser respetados. Y las concertinas no son una forma de respeto». El caso de la conferencia episcopal española no constituye, ni de lejos, una excepción.

Como ya hemos señalado, en el caso de la inmigración ilegal, la acción del Vaticano persigue intereses muy claros. Está, por supuesto, sumarse a la agenda globalista y no quedarse descolgado de un poderosísimo movimiento mundial. Está, por supuesto, recibir las colosales cifras económicas que los gobiernos de todo el planeta destinan a acoger a los inmigrantes ilegales y que ascienden a miles de millones de dólares. Pero, sobre todo, están consideraciones geoestratégicas como son el intentar reparar el desplome demográfico de las diócesis católico-romanas en los Estados Unidos a causa de los escándalos relacionados con los abusos sexuales del clero y el ansia de poder convertir a la primera potencia mundial en una nación de mayoría católico-romana. Esa meta —que implicaría el riesgo de que la primera democracia del globo acabe siendo una nación como las situadas al sur del río Grande— entraña el riesgo paralelo de que parte de Europa sea entregada al islam, pero, desde la perspectiva vaticana, esa sería una derrota menor. Sin embargo, no solo el Vaticano obtiene provecho económico de la inmigración ilegal.

Las ONGs y la inmigración ilegal

Como mencionamos unas páginas atrás, Michelle Malkin ha realizado un magnífico trabajo mostrando el entramado de ONGs en los Estados Unidos que se aprovechan de la inmigración ilegal. Lamentablemente, se trata de un fenómeno no limitado a los Estados Unidos. Tampoco es un fenómeno que se mantenga siempre dentro de unos límites que pueden ser hipócritas e inmorales, pero legales. En no pocas ocasiones, las ONGs que se lucran con la inmigración ilegal desbordan los márgenes de la legalidad.

Ése es el caso, por ejemplo, de ERCI, «una organización sin ánimo de lucro griega que provee atención de emergencias y ayuda humanitaria en tiempos de crisis. La filosofía de ERCI es identificar las carencias en la ayuda humanitaria e intervenir para ayudar de la manera más eficiente y eficaz posible. Actualmente, ERCI tiene cuatro programas activos para trabajar con los refugiados en Grecia en las áreas de Búsqueda y Rescate, Medicina, Educación y Coordinación en los Campos de Refugiados». El 28 de agosto de 2018, treinta miembros de la ONG griega Emergency Response Centre International (ERCI) fueron arrestados por su implicación en una red de tráfico de personas que ha estado operando en la isla de Lesbos desde 2015.[22]

Según un comunicado hecho público por la policía griega, fruto de la investigación que condujo a los arrestos, «las actividades de una red de crimen organizado que facilitó sistemáticamente la entrada ilegal de extranjeros salió plenamente a la luz». Entre las actividades descubiertas estaban la falsificación, el espionaje y la vigilancia ilegal de la guardia costera griega y la agencia de fronteras de la UE, Frontex, con el propósito de obtener información confidencial sobre el flujo de refugiados turcos. La investigación también condujo al descubrimiento de otros seis griegos y veinticuatro ciudadanos extranjeros implicados en el caso. A pesar de su declaración de objetivos y su perfil no lucrativo, ERCI, según las autoridades griegas, ha ganado considerables sumas de dinero al servir como conducto para las actividades ilegales.

ERCI recibió 2.000 euros de cada inmigrante ilegal que ayudó entrar en Grecia. Además, sus miembros crearon un negocio para «integrar a los refugiados» en la sociedad griega, asegurándoles 5.000 euros por inmigrante procedentes de varios programas gubernamentales (en educación, vivienda y nutrición). ERCI ha sido cómplice, según las informaciones, de la entrada ilegal en Grecia de 70.000 inmigrantes desde 2015, lo que le ha hecho ganar a la organización «sin ánimo de lucro» 500.000 euros al año. Esta revelación, sin embargo, no empieza ni a cubrir el alcance de las actividades ilegales que rodean la entrada de los inmigrantes en Grecia. En 2017, por ejemplo, las autoridades griegas arrestaron a 1.399 traficantes de personas, algunos de

---

[22.] https://katehon.com/es/article/otra-banda-criminal-disfrazada-de-ong-erci-una-organizacion -humanitaria-en-grecia-se-dedica.

los cuales operaban bajo la cobertura de las operaciones «humanitarias»; y en los primeros cuatro meses de 2018, las autoridades detuvieron a 25.594 inmigrantes ilegales.

Más preocupante que el exorbitante precio pagado a los traficantes de personas por los propios inmigrantes —o cobrados del gobierno griego en forma de ayudas a la integración— es el peaje que la situación está cobrando a la sociedad griega en su conjunto. En una sociedad donde entre el 10% y el 15% de la población son inmigrantes, la policía griega calcula que más del 40% de los delitos graves fueron perpetrados por inmigrantes ilegales. Según las estadísticas de la policía griega, hubo 75.707 denuncias de atracos y robos en 2017. De ellos, solo se resolvieron 15.048 casos, y 4.207 fueron perpetrados por extranjeros. El porcentaje de criminalidad mayor entre los inmigrantes que entre los nacionales, desgraciadamente, no se limita a Grecia.

La inmigración ilegal es un serio problema, impulsado por la agenda globalista y relacionado con circunstancias profundamente indeseables. La primera es la existencia de mafias internacionales que son conscientes del negocio que significa trasladar a Europa occidental y a los Estados Unidos centenares de miles de ilegales a los que se cobra una tarifa por ayudarlos a quebrantar la ley. La segunda es la colaboración de algunas ONGs quizá humanitarias en otra época, pero ahora servidoras de las mafias que reciben dinero por partida doble. En parte, procede de los estados y organizaciones internacionales mediante la vía de la subvención y, en parte, de las mafias del tráfico de seres humanos encantadas de contar con su colaboración nada desinteresada. Frente a esa situación, cabe la aplicación de la ley, pero ONGs, partidos políticos, sindicatos y el Vaticano llevan décadas impidiendo la protección de las fronteras y colaborando, objetivamente, con los traficantes de seres humanos. Sin embargo, la alternativa no puede ser más clara. O las diferentes naciones deciden proteger sus fronteras de acuerdo con las competencias irrenunciables de los estados o son anegadas por la acción de los partidarios de la inmigración ilegal según con la agenda globalista. Ese camino puede traer beneficios mayores o menores a determinadas instancias, pero, como la Historia muestra, implica condenar a un estado a su colapso final.

CAPÍTULO XV

LOS DOGMAS DE LA AGENDA GLOBALISTA (V): la cumbre de Nairobi

El 15 de noviembre de 2019, concluyó la Cumbre de Nairobi o Conferencia internacional sobre población y desarrollo 25. Sus antecedentes directos estaban en el anuncio, el 18 de enero de 2019, de la celebración de la Cumbre de Nairobi para avanzar la implementación del Programa de Acción de la Conferencia Internacional sobre Población y Desarrollo (CIPD). La Cumbre de Nairobi debía celebrarse en esa ciudad de Kenia, del 13 al 15 de noviembre de 2019. De esta manera, se conmemoraba el 25 aniversario de la Conferencia Internacional sobre Población y Desarrollo de El Cairo de 1994 en la que 179 naciones se comprometieron, por primera vez en la Historia, a avanzar en la legalización del aborto y en el desarrollo de la ideología de género. Aunque los objetivos de la Cumbre del Cairo eran obvios, no es menos cierto que el sentimiento de la inmensa mayoría de las poblaciones impidió, en mayor o menor medida, alcanzarlos.

La Cumbre de Nairobi tenía como finalidad marcar el camino para alcanzar los Objetivos de Desarrollo Sostenible (ODS) fijados para el año 2030. Así, la cumbre se marcó desde el principio la meta de «incorporar intervenciones interseccionales e integrales sobre salud, salud mental, derechos sexuales y reproductivos en los programas, políticas y estrategias en el marco de la cobertura universal en salud y la educación sexual integral (ESI) y la interrupción legal del embarazo (ILE)».

Aunque la cumbre de Nairobi no era una cumbre oficial de Naciones Unidas y, teóricamente, no debería tener efectos jurídico-institucionales, la realidad es que sus efectos políticos pueden ser colosales. De hecho, la cumbre de Nairobi impuso una agenda de 12 puntos que no pudieron ser discutidos y que incluyeron la legalización y expansión del aborto; la entrega de anticonceptivos a menores; el adoctrinamiento educativo de los niños en la ideología de género y la inclusión en el ordenamiento jurídico de los deseos del *lobby* gay.

Entre las entidades que respaldaban esta agenda se encontraban las grandes multinacionales del aborto como la Federación Internacional de Planificación Familiar (IPPF), Marie Stopes, IPAS y Rutges. En todos y cada uno de los casos, se trataba de entidades que han financiado la cumbre de Nairobi y que llevan años dedicando importantes fondos a imponer el aborto y la ideología de género en África e Hispanoamérica.

De manera bien explícita, la práctica totalidad de las naciones hispanoamericanas afirmaron su compromiso con las metas de la Cumbre de Nairobi y, muy en especial, con la agenda abortista y el adoctrinamiento infantil en la ideología de género. Así, Argentina señaló una veintena de metas entre las que se encontraba la legalización del aborto enmascarada como derechos reproductivos de la mujer y el avance del adoctrinamiento en la ideología de género descrito como educación sexual integral y de las personas LGBTTTIQ+. De hecho, en el caso de Argentina, los representantes fueron Gabriela Agosto, secretaria ejecutiva del Consejo Nacional de Coordinación de Políticas Sociales de Presidencia y un transexual que se hace llamar Camila Fernández y que pertenece a la organización «Ella decide». México, a pesar de las promesas formuladas por su actual presidente en período electoral, se comprometió a conseguir que el aborto fuera libre. Igualmente, Paraguay —la nación con el menor porcentaje de evangélicos de Hispanoamérica— aceptó la agenda abortista a pesar de la opinión mayoritariamente antiabortista de su población.

La excepción a la capitulación frente a los objetivos de la cumbre de Nairobi la presentó Estados Unidos, que denunció la agenda agresivamente proabortista de la cumbre. En Hispanoamérica, solo apoyaron a los Estados Unidos, Brasil y Haití. En el caso de Europa, solo Hungría, Bielorrusia y Polonia siguieron la tesis de los Estados Unidos y se opusieron a la agenda abortista.

La cumbre del Cairo de hace un cuarto de siglo marcó un verdadero hito en la Historia del control del género humano por una pequeña élite. Carente de la menor legitimidad moral y de cualquier representatividad política, aquella Cumbre pretendió —a la vez que se refería a problemas reales como la explotación de la mujer o el maltrato de niños como males que había que erradicar— poner en funcionamiento un sistema de exterminio masivo del género humano mediante la difusión internacional de la industria del aborto.

La agenda de la cumbre del Cairo avanzó sin excesivos problemas en sociedades occidentales donde los efectos se pueden percibir a día de hoy en graves crisis demográficas y en la posibilidad más que real de la desaparición de determinadas culturas frente a la llegada masiva de inmigrantes. Con todo, semejante visión apenas realizó avances en áreas del mundo como África o Hispanoamérica. El hecho de que la agenda globalista se haya acelerado en los últimos años y que, por añadidura, Hispanoamérica sea ahora un campo de batalla en el que se determine su independencia o su sometimiento a una escalofriante tiranía convertía la cumbre de Nairobi en un acontecimiento obligado. La idea, una vez más, era impulsar sin la menor legitimidad un programa de gobierno mundial que pasa por exterminar en masa a centenares de millones de seres humanos. Para poder comprenderlo, basta recordar que, tan solo en los Estados Unidos, han encontrado la muerte en abortorios dieciocho millones de negros,[1] una cifra que triplica la de los judíos muertos durante el Holocausto, y que, sin embargo, nunca

---

[1.] https://abort73.com/abortion/abortion_and_race/.

es mencionada a la hora de señalar los problemas de la minoría negra en los Estados Unidos. Es cierto que existe un movimiento llamado *Black Lives Matter* —las vidas negras importan— pero, curiosamente, esos dieciocho millones de vidas no parecen importarle a nadie.

La consolidación de las metas para el 2030 con el aborto legalizado en todo el planeta y la ideología de género, especialmente la homosexualidad que por definición es estéril, enseñada desde la infancia, tendría como consecuencia una reducción colosal de la población del planeta. De manera bien significativa, todas las decisiones se toman sin mandato democrático alguno, sin que la mayor parte de las poblaciones sepan lo que está sucediendo, sin que los medios apenas le prestaran atención y con la oposición de una minoría de naciones, aunque entre ellas se encontrara los Estados Unidos. Poco puede dudarse de que la agenda globalista sigue imponiendo sus dogmas.

PARTE IV

UN MUNDO QUE CAMBIA

CAPÍTULO XVI

EL FINAL DE LA INDEPENDENCIA NACIONAL (I): la Unión Europea

El final de la independencia nacional

Corría el año 1939 y más concretamente el mes de marzo cuando se estableció en Europa del este la República eslovaca. Gobernada por el monseñor católico-romano Josef Tiso, que había desarrollado una importante labor política sin dejar de administrar su parroquia, en teoría, la nueva república era independiente y contaba con soberanía nacional, con su propio presidente y con instituciones propias. Sin embargo, a pesar de sus instituciones, de su presidente y de su proclamada soberanía nacional, la realidad es que la República de Eslovaquia no pasaba de ser un protectorado del III Reich que decidía su política exterior y buena parte de su política interna. Tanto el gobierno de monseñor Tiso como el del III Reich coincidían en el antisemitismo y así desde la fundación de Eslovaquia se anunció el propósito de convertirla en un lugar *Judenfrei*, es decir, libre de judíos. A partir de 1940, Eslovaquia procedió a encerrar a los judíos en *ghettos*; en 1941, se aprobaron leyes antisemitas semejantes a las de Nüremberg y, a finales de ese mismo año, se procedió a concentrar a los judíos en campos y asentamientos. En 1942, Eslovaquia aceptó la deportación de los judíos eslovacos e incluso solicitó, por supuestas razones humanitarias, que se llevara a cabo la deportación de familias enteras y no sólo de individuos destinados a trabajar en el Este. De manera bien significativa fue un obispo católico-romano y miembro del consejo de ministros quien logró que se aceptara la medida en contra de los miembros más moderados del gabinete. A finales de ese año, las deportaciones se detuvieron al filtrarse que muchos de los judíos eslovacos deportados habían sido víctimas de matanzas en masa. Las deportaciones se reiniciaron en octubre de 1944 cuando el Ejército Rojo se acercó a las fronteras de Eslovaquia. Al concluir la guerra, de los setenta mil judíos eslovacos solo habían sobrevivido cinco mil. Monseñor Tiso fue juzgado por sus crímenes y ejecutado. Así concluyó la existencia de la República eslovaca. Durante seis años, en apariencia, Eslovaquia había sido una nación independiente. En la práctica, más allá de algunas medidas internas, Eslovaquia no había pasado de ser una entidad política sometida a los caprichos del III Reich, un verdadero protectorado. Ese modelo político es el que la agenda globalista pretende para el conjunto de naciones del globo. En teoría, serán naciones soberanas, con instituciones propias e incluso con elecciones periódicas. Sin embargo, en la práctica, esas naciones no pasarán de ser meros protectorados obedeciendo las directrices emanadas de un gobierno mundial no elegido por nadie y desprovisto de la menor legitimidad democrática.

La evolución de Europa

El 9 de mayo de 1950, se convocó a la prensa en París, en el Salón del Reloj del Ministerio de Asuntos Exteriores francés del Quai d'Orsay, a las seis de la tarde, para realizar una «comunicación de la mayor importancia». El texto había redactada por el masón Jean Monnet y fue pronunciado por Robert Schuman, ministro de Asuntos Exteriores, también masón, católico y en la actualidad en la fase previa al proceso de beatificación. La propuesta consistía en crear una institución supranacional europea, que se encargaría de administrar en común la producción del carbón y del acero. Semejante paso —que significaba la desaparición de la soberanía de Francia y Alemania en la utilización del carbón y del acero—, en teoría, iba a implicar la desaparición de la guerra en Europa, ya que ni Francia ni Alemania podrían llevar a cabo un rearme que no fuera conocido. En la práctica, aquel proceso fue el primer paso para crear una unión europea que, inicialmente, parecía meramente comercial y económica, pero que, muy pronto, se encaminó por el sendero de la unión política. De manera comprensible, la fecha del 9 de mayo se convirtió en el Día de Europa, aunque, de forma bastante llamativa, no es celebrado por las naciones miembro de la UE de manera especial. Quizá no resulte tan extraño cuando se comprende cómo se gestó en verdad y cómo se desarrolla ese proyecto de UE. Para entenderlo, tenemos que ir unas décadas atrás.

En 1921, el conde Ricardo Nicolás von Coundenhove-Kalergi,[1] hijo de un noble austro-húngaro y de una japonesa, se unió a la masonería, en la logia Humanitas de Viena. Dos años después, publicó su libro *Pan-Europa*[2] donde se describía un plan para un movimiento de unión europea denominado también Pan-Europa. Tres años después, el banquero judío Louis de Rothschild introdujo a Coundenhove-Kalergi ante el también banquero judío Max Warburg, que se ofreció a financiar el nuevo movimiento entregando sesenta mil marcos de oro en los próximos seis años y que a su vez conectó a Coundenhove-Kalergi con otros financieros judíos como Paul Warburg y Bernard Baruch. Ese mismo año, Coundenhove-Kalergi fundó la publicación *Paneuropa* del que fue editor y colaborador principal hasta 1938. En 1926, el movimiento Pan-Europa celebró su primer congreso en Viena.

[1.] Está por escribir una biografía en profundidad de Coundenhove-Kalergi. Sí existen algunas hagiografías como J. M. de Faramiñán Fernández-Fígares, *Coundenhove-Kalergi un ideal para Europa* (Madrid, 2017).

[2.] Hay edición española del libro Richard N. Coudenhove-Kalergi, *Pan-Europa* (Madrid, 2010). De manera bien reveladora la edición española está publicada por el Ministerio de Asuntos exteriores y cooperación de España; hablamos de Europa, la editorial del grupo católico-romano Comunión y liberación y el CEU, una universidad católico-romana. Su prólogo es de Otto de Habsburgo.

Los dos mil delegados eligieron a Coundenhove-Kalergi como presidente del consejo central, un puesto que mantuvo hasta su muerte en 1970. Entre las figuras públicas que asistieron al congreso se encontraban personajes de la talla de Sigmund Freud y Albert Einstein. Al año siguiente, el masón Aristide Briand fue elegido presidente honorario del movimiento Pan-Europa.

El proyecto Pan-Europa sobrepasaba el intento de unir a las naciones europeas. De hecho, según las tesis sostenidas por Coundenhove-Kalergi, iba mucho más allá, incluyendo la división del mundo en solo cinco estados. Así, el globo se vería redibujado en varios bloques supranacionales. El primero sería los Estados Unidos de Europa que incluirían las posesiones coloniales de Francia e Italia. Después vendrían la Commonwealth británica que rodearía el globo; Rusia que estaría situada entre Europa y Asia y la Unión pan-asiática que dejaría el control de buena parte del Pacífico en manos de Japón y China. La división propuesta por Coundenhove-Kalergi inspiraría el relato de George Orwell en su novela *1984* donde en un pavoroso mundo futuro solo quedan unos grandes macro-estados sometidos a un sistema oligárquico-socialista.

El proyecto no solo implicaba que las naciones se integrarían en grandes bloques territoriales, sino que iría unido a una disolución cultural en entidades diferentes. Así, en 1925, Coundenhove-Kalergi describió en su libro *Praktischer Idealismus* (Idealismo práctico)[3] el futuro racial de Europa con las siguientes palabras: «El hombre del futuro será de raza mezclada. Las razas y las clases de hoy desaparecerán de manera gradual gracias al desvanecimiento del espacio, del tiempo y del prejuicio. La raza eurásica-negroide del futuro, similar en su apariencia a los antiguos egipcios, reemplazará la diversidad de pueblos con una diversidad de individuos». De manera llamativa, Coundenhove-Kalergi indicaba cómo en el seno de la futura Europa, los judíos representarían «una aristocracia espiritual», una afirmación quizá relacionada con las ayudas financieras que había recibido desde

---

[3]. Existe traducción inglesa, Coudenhove-Kalergi, *Practical Idealism. Nobility-Technology-Pacifism*, s.d.

muy pronto para su proyecto. No menos significativo es que identifi-cara el espíritu europeo con Lucifer.[4]

La Segunda Guerra Mundial implicó, de manera lógica, un parón para los planes de Coundenhove-Kalergi, pero, a pesar del nuevo orden internacional nacido del conflicto y a pesar de la Guerra Fría, no significaron su final. En 1950, el mismo año de la Declaración Schuman, de manera bien significativa, Coundenhove-Kalergi fue la primera persona en recibir el Premio Carlomagno destinado a aque-llos que defienden la idea de una Europa unida. Cuando tuvo lugar la muerte del personaje en 1972, Europa avanzaba a pasos agigantados sobre las directrices ideadas por él. Así, en 1973 y 1974, se estable-ció el Diálogo Euro-árabe en virtud de las conferencias respectivas de Copenhague y París.

En 1975, la Resolución de Estrasburgo formulada dentro de la «Asociación Parlamentaria para la Cooperación Euro-Árabe» declaró: «Debe formularse de ahora en adelante una política a medio y largo plazo mediante el intercambio de tecnología europea por petróleo y por reservas de mano de obra árabe. (...) ». La declaración señalaba la intención de «que los gobiernos europeos dispongan medidas espe-ciales para salvaguardar el libre movimiento de los trabajadores árabes que emigrarán a Europa, así como el respeto a sus derechos funda-mentales. Tales derechos deberán ser equivalentes a los de los ciuda-danos nacionales». Igualmente, la citada resolución incluía entre sus objetivos: «la exigencia de posibilitar a los inmigrantes y a sus familias el poder practicar la vida religiosa y cultural de los árabes», «la nece-sidad de crear por medio de la prensa y demás medios de información un clima favorable a los inmigrantes y sus familias», y «la de exaltar a través de la prensa y del mundo académico la contribución dada por la cultura árabe al desarrollo europeo». Finalmente, la resolución señalaba que «junto al inalienable derecho a practicar su religión y mantener estrechos vínculos con sus países de origen, los inmigran-tes tendrán también el de exportar a Europa su cultura. Es decir, el

---

4. Coudenhove-Kalergi, *Practical Idealism. Nobility-Technology-Pacifism*, p. 80.

derecho de propagarla y difundirla». El continente europeo se abría a pasos agigantados a una inmigración masiva de origen islámico.

En 1983, se celebró el Simposio para el Diálogo europeo-árabe celebrado en Hamburgo, donde se señaló igualmente que «los derechos de los inmigrados musulmanes tenían que ser iguales a los de los ciudadanos que los acogían» y se incluyó entre los objetivos que «editasen y creasen periódicos, emisoras radiofónicas y de TV en árabe y se pidiesen medidas para incrementar su presencia en sindicatos, ayuntamientos y universidades».

En 1991, en el curso de la Asamblea Parlamentaria de la Unión Europea, durante el Simposio: «Contribución de la Civilización Islámica a la Cultura Europea» se señaló entre las conclusiones que «la Ilustración tiene su origen en el islam, el islam es una de las más extraordinarias fuerzas políticas y morales del mundo de hoy» y se formuló la orden de «que se retiren los textos escolares en los que no se resalte la participación del islam en la cultura europea, que se establezcan cátedras en las facultades de derecho, filosofía, teología e historia para el estudio del Corán». Estas tesis se convirtieron en la Recomendación 1162 sobre la Contribución de la Civilización Islámica a la Cultura Europea. Sin embargo, la realidad histórica es que el islam no ha tenido jamás punto de contacto con la Ilustración en la que destacaron incluso personajes abiertamente críticos de Mahoma como es el caso de Voltaire que hasta se burló abiertamente de él en una de sus obras.[5] Da la sensación de que la ejecución del plan no podía detenerse simplemente porque chocara con la Historia.

El siglo XXI fue confirmando de manera rotunda esta trayectoria. En 2003, en el curso de la VI Conferencia Ministerial Euro-Med: para Reforzar y Avanzar en la Asociación se estableció «la integración gradual en el mercado interior europeo ampliado y la posibilidad en última instancia de alcanzar las cuatro libertades fundamentales de la UE: libre circulación de mercancías, de servicios, de capitales y de

---

5. Voltaire, *El fanatismo o Mahoma el profeta* (Oviedo, 2016).

personas». En otras palabras, los inmigrantes musulmanes acabarían entrando y circulando por el territorio de la UE sin cortapisas.

En 2004, se creó la Asamblea Parlamentaria Euro-Mediterránea, compuesta por ciento veinte miembros de países de la Unión Europea, que son miembros de los parlamentos nacionales o del parlamento europeo, y un número igual de representantes de los parlamentos de países islámicos.

Todas estas concesiones al islam en el seno de naciones que jamás fueron musulmanas o que, como en el caso de España, expulsaron a los invasores islámicos tras una lucha de siglos, fueron llevadas a cabo por el Parlamento Europeo sin que, por regla general, de ello se enteraran las poblaciones de las distintas naciones europeas. En otras palabras, Europa se preparaba para ser asaltada por masas ingentes de musulmanes y era ella misma la que franqueaba las puertas entregándoles a la vez importantes resortes de poder académico, económico, social y mediático. ¿Era ésta acaso la finalidad oculta de la Unión Europea?

Para ser ecuánimes, hay que señalar que el denominado proceso de construcción de Europa iniciado tras la Primera Guerra Mundial ha tenido resultados que solo pueden ser descritos como positivos. El que no se haya producido una guerra que haya afectado a la mayoría de Europa en más de medio siglo, el que las fronteras económicas hayan desaparecido, el que se hayan articulado unos tribunales de justicia que pueden enmendar los errores de los tribunales nacionales, el que se haya universalizado una tabla de derechos humanos o el que se haya creado una moneda común y fuerte constituyen aspectos que merecen un juicio positivo en términos generales.

Sin embargo, no todos los aspectos relacionados con la UE pueden ser contemplados bajo esa misma luz positiva. De entrada, la UE fue concebida desde antes de su creación como un proyecto de disolución cultural y nacional. Su finalidad no era tanto la salvación de Europa como tal, sino la de su mutación en un puchero donde se cocerían distintas razas e identidades ajenas a las de origen europeo. En ese sentido, no sorprende que Coundenhove-Kalergi fuera un mestizo ni tampoco que recibiera financiación de la banca internacional.

Obstaculizado durante un período de entre-guerras que estuvo marcado fuertemente por las respuestas nacionalistas al internacionalismo comunista, el movimiento pan-europeo avanzó tras la posguerra sobre la base de circunstancias como el horror de la Segunda Guerra Mundial; el impulso de la masonería muchas veces vinculada, de manera bien reveladora, a la democracia cristiana católico-romana; la Guerra Fría; e intereses económicos y financieros no siempre transparentes.

Para muchas naciones, como la España que no recibió el Plan Marshall o las que salieron de las dictaduras comunistas a finales del siglo XX, la UE ha sido contemplada como una especie de meta paradisiaca que, supuestamente, solucionaría todos los males que no habían podido solventar por sí mismas en el transcurso de los siglos. Se trató de una visión esperanzada, ingenua y hoy hay que señalar que muy distante de la verdad. En no pocas ocasiones, la UE, junto con aspectos positivos, ha incluido otros que resulta bien difícil señalar como tales como es la pérdida de la soberanía económica, la ausencia de control en la circulación de extranjeros o la sumisión a políticas como las relativas a los musulmanes no-europeos que llegan por millones a Europa.

Guste o no reconocerlo, la realidad innegable es que, de manera bien significativa, la UE puede estar contribuyendo, quizá de forma decisiva, a acabar con las culturas y las identidades de Europa para sustituirlas por un futuro pavoroso de extinción de los europeos que, en 1900, representaban el cien por cien de la población europea y que, en algunas naciones, van a convertirse en minoría en los próximos años. Quizá para un mestizo como Coundenhove-Kalergi semejante fin era el deseable, el de la desaparición de la Europa de siglos y su sustitución por una raza mestiza y más fácilmente controlable, pero no estaría de más que los europeos lo sepan y reflexionen sobre ello.

Resistencia en Europa

No se trata solo de la sustitución de la población europea por otras mayoritariamente musulmanas, sino de la desaparición de los últimos jirones de soberanía nacional. Semejante situación no se ha escapado a distintos grupos sociales en el seno de la Unión Europea que han manifestado su oposición a esa disolución nacional de diversas maneras. Uno de los ejemplos ha sido la oposición a la firma del Tratado de libre comercio con Estados Unidos o TTIP. A pesar del secretismo con que se llevaron las negociaciones el hecho de que, finalmente, los tribunales europeos perdieran su jurisdicción en favor de tribunales de arbitraje dependientes de las transnacionales, la imposición de normas mucho más laxas sobre medicamentos y alimentos propias de los Estados Unidos y la salida de la presidencia de Obama acabaron impidiendo que el TTIP se convirtiera en una realidad.[6] Es más que posible que esa cesión de soberanía —y el triunfo de la agenda globalista— hubiera, sin embargo, avanzado de haber llegado a la Casa Blanca Hillary Clinton, una encendida partidaria de la agenda globalista.

Otro episodio de resistencia a esa pérdida de soberanía especialmente relevante ha sido el del denominado Brexit o salida del Reino Unido de la Unión Europea. El 13 de diciembre de 2019, tras años de discusión y un referéndum ganado, los británicos otorgaron una mayoría absoluta —363 de los 650 escaños de la Cámara de los Comunes— al conservador Boris Johnson. De esta manera, dejaban de manifiesto que persistían en su intención de abandonar la Unión Europea.

En junio de 2016, se había celebrado un referéndum en el que el 51.9% de los británicos expresaron su voluntad de marcharse de la UE. El gobierno se vio obligado entonces a anunciar en marzo de 2017 la salida de la UE iniciando un proceso que debería concluir el próximo 21 de enero de 2020. Los intentos para revertir el resultado del referéndum, ciertamente, no faltaron, pero, al fin y a la postre, a inicios de 2020, todo indica que el Reino Unido abandonara la UE. ¿Qué llevó a los británicos a votar en favor de la salida de la UE? Fundamentalmente, y aunque no fueran del todo conscientes de ello, el firme deseo de oponerse a la agenda globalista. Los británicos estaban cansados de no contar con el control de sus fronteras, de recibir

6. https://www.theguardian.com/commentisfree/2016/sep/06/transatlantic-trade-partnership-ttip -canada-eu; https://www.globaljustice.org.uk/sites/default/files/files/resources/wdm-ttip-briefing.pdf.

una inmigración indeseada y de someter su economía a dictados supra-nacionales. Si, finalmente, conseguirán preservar su independencia es algo que desconocemos. Sí resulta obvio que el resto de las naciones europeas —de las que muy pocas resisten— caminan hacia el final de su soberanía sustituida por la voluntad de entidades no democráticas, no representativas, no elegidas por el pueblo y sometidas a una agenda globalista que incluso determinará su final como cultura gracias a inyecciones masivas de población islámica y no-europea.[7] Sin duda, se trata de un porvenir deseado por ciertas instancias, pero pavoroso para millones de europeos.

---

[7] Sobre las razones del Brexit, véase: https://www.youtube.com/watch?v=xsev9DPl0f8; https://www.youtube.com/watch?v=gVzLlJ47IrM; https://www.youtube.com/watch?v=NhKIqt_SIFg; https://www.youtube.com/watch?v=hqTrQ-Co8ls.

CAPÍTULO XVII

EL FINAL DE LA INDEPENDENCIA NACIONAL (II): Hispanoamérica

Los orígenes antidemocráticos de Hispanoamérica

Corría el año 1819, cuando Simón Bolívar postuló la creación de un sistema político para la Hispanoamérica emancipada del Imperio español. En el seno de la convención constituyente de Angostura, Bolívar impulsó la idea de un esquema que no era, en absoluto, democrático, sino que contaría con un presidente vitalicio y una cámara de senadores hereditarios formada por los generales de la independencia. Con esta idea que repetía su propuesta de cuatro años antes contenida en la carta de Jamaica, Bolívar estaba abogando por un sistema que apenas se diferenciaba del español salvo en que el rey era llamado presidente vitalicio, y la aristocracia eran los senadores careciendo todos ellos de raíces históricas. Tanto la Convención de Angostura como la de Cúcuta rechazaron el sistema para Venezuela y Nueva Granada, pero Bolívar estaba decidido a imponerlo y redactó personalmente una constitución con esas características, que luego fue aprobada para el Perú. Ante las críticas de que no era legal aplicarla en la Gran

Colombia, Bolívar insistió en que podía no ser legal, pero era popular y eso la convertía en democrática.

Ciertamente, Bolívar fue un personaje excepcional a pesar de su escasa preparación formal. Recorrió más kilómetros que Vasco de Gama o Colón, combatiendo en condiciones muchas veces terribles, sin rendirse y levantando recursos de los lugares más insospechados. Derrotado en 1810 y 1813 en su intento de independizar Venezuela, volvió a regresar del exilio en 1816 y tres años después había liberado Venezuela y Colombia (por entonces llamada Nueva Granada) y creado una república que comprendía a esos dos países más Ecuador, que todavía se encontraba en manos españolas. En 1822, liberó a Ecuador, eclipsando al extraordinario José de San Martín, y dos años después, Bolívar siguió adelante para completar la liberación de Perú antes de sellar la independencia de Bolivia el siguiente año. Para entonces, había quedado de manifiesto su gusto por los poderes dictatoriales que había asumido en Caracas en 1813, en Angostura en 1817, en Lima en 1824 y, finalmente, en Bogotá en 1828.

En todos y cada uno de los casos, Bolívar dejó de manifiesto que, a diferencia de dirigentes como Washington, Jefferson o Adams, era un fruto directo de la cultura hispano-católica llegada en 1492. Los frutos de esa visión son innegables como ya adelantamos unas páginas atrás. Hacia 1830, Colombia, Perú y Ecuador se habían separado; el intento bolivariano de crear una confederación andina terminó en una guerra entre varias naciones; y el congreso de Panamá que concibió como el primer paso hacia una federación que abarcase a todo el hemisferio se colapsó al poco de ser inaugurado en 1826. Junto a su absoluta incapacidad para crear sociedades libres, Bolívar demostró un ansia clara por crear un sistema similar al de los conquistadores españoles consistente en una élite nobiliaria que controlara la América emancipada, sistema, dicho sea de paso, al que también aspiraba la masonería a la que perteneció Bolívar y a la que acabó repudiando y proscribiendo.

Igualmente Bolívar conservó siempre el racismo típico de la conquista hispana, quizá liberal en la cama, pero celosamente portador de la idea de la limpieza de sangre. De hecho, siempre tuvo un miedo espantoso a la posibilidad de que indios, mestizos y negros pudieran alzarse contra el dominio blanco. No menos claro fue su rechazo de la supremacía de la ley, un principio inexistente en las naciones marcadas por la Contrarreforma. Si a lo anterior se unen factores derivados directamente de la cultura hispano-católica como el nivel bajísimo de alfabetización, la visión del trabajo como castigo divino, el asistencialismo, la corrupción clientelar o la ausencia de cultura económica, todas ellas marcas de la Contrarreforma, no puede sorprender el fracaso de Bolívar a la hora de crear sociedades ciudadanos libres e iguales, no puede sorprender su amargura final, no puede sorprender el rosario de luchas intestinas de las repúblicas hispanoamericanas y, sobre todo, no puede sorprender que a casi dos siglos de distancia esos fracasos no hayan sido erradicados. A decir verdad, esos fracasos no pueden dejar de repetirse porque la base cultural sigue siendo la misma. A ese panorama, ciertamente aciago, de más de dos siglos se suma ahora una crisis institucional prácticamente generalizada derivada de la agenda globalista y del intento de convertir a las naciones de Hispanoamérica en meros protectorados de poderes supranacionales.

La actual crisis de Hispanoamérica

Un repaso, siquiera somero, de la Hispanoamérica actual deja de manifiesto una inmensa crisis institucional, económica, política y social. Al norte, México bordea el convertirse en un estado fallido sin abordar las reformas necesarias que acaben con la corrupción, el narcotráfico y las deformaciones institucionales. Baste decir que, a día de hoy, en torno al 90% de los delitos perpetrados en México no son castigados.[1] De hecho, resulta obligado preguntarse si de no recibir las remesas de dinero que millones de inmigrantes mexicanos en Estados Unidos

---

[1.] https://www.animalpolitico.com/2019/08/delitos-denuncia-impunidad-mexico-justicia/; https://aristeguinoticias.com/1008/mexico/mexico-primer-lugar-del-continente-por-delitos-no-denunciados-ethos/.

envían a su país de origen, México no correría un serio riesgo, a pesar de su inmensa riqueza, de entrar en suspensión de pagos.

En el resto de Centroamérica la situación no es mejor. Nicaragua sigue bajo una dictadura sandinista apenas encubierta y que no duda en recurrir a la violencia más descarnada para reprimir a los disidentes. Honduras y El Salvador rivalizan por el triste papel de ser la nación del mundo con la mayor proporción de asesinatos del mundo a la vez que se convierten, de manera creciente, en bases del narcotráfico. Guatemala ha padecido una intervención descarada de su soberanía gracias a la Comisión Internacional contra la Impunidad en Guatemala (CICIG) creada el 12 de diciembre de 2006 y no disuelta hasta el 3 de septiembre de 2019. A ello se suma la posible explosión de una rebelión indígena —de nuevo, los aborígenes utilizados como ariete para debilitar la soberanía nacional— ya que los indios, por primera vez desde la llegada de los españoles, han vuelto a ser más de la mitad de la población. Solo Panamá —muy golpeada por el escándalo de los denominados *Panama Papers*, Costa Rica —sometida, no obstante, a los dictados de la ideología de género— y Belice —no hispana— escapan, en parte, a ese sombrío panorama centroamericano.

En Cuba, el nuevo presidente que no es miembro de la familia Castro persiste en mantener una dictadura que es ineficaz y totalitaria y a la que, por cierto, a diferencia de todas las restantes de Hispanoamérica, no ha conseguido derribar la oposición en más de sesenta años. Conscientes de por donde sopla el aire de la Historia, los castristas han reformado la Constitución para permitir el matrimonio homosexual y la propia hija de Raúl Castro, abandera al *lobby* LGTBI.[2] La tiranía cubana sabe sobradamente que la opinión pública internacional, convenientemente modelada por distintas instancias, no tolera la oposición a la dictadura de la ideología de género aunque sea condescendiente con la existencia de presos políticos, la tortura y los asesinatos de disidentes. Aunque pueda parecer sorprendente para muchos que siguen atrapados en la extinta dinámica de la Guerra fría, lo cierto

---

2. https://www.dailymotion.com/video/x48unz3; https://www.elmundo.es/loc/2016/05/18/573b31c0268e3ed8638b463d.html.

es que el acercamiento del castrismo a la agenda globalista es una realidad indiscutible desde los años noventa del siglo XX y tiene una sólida lógica, la de la tiranía que busca, fundamentalmente, perpetuarse.

En República Dominicana, siguen dándose pasos para la unificación con Haití, un episodio que tendría nefastas consecuencias para los dominicanos, pero que, una vez más, se encuentra en la agenda globalista como lo es la imposición de la legislación de género por encima de retos como el atraso educativo.

En Venezuela, Juan Guaidó, como señaló desde el primer momento el autor de estas líneas,[3] ha fracasado estrepitosamente en desplazar al bolivariano Maduro del poder. Mientras queda de manifiesto que Guaidó habría cedido —socialista y masón— ante la agenda globalista y aparecen signos inquietantes de corrupción en su administración,[4] se está dando el espectáculo pavoroso de que miles de los más de cuatro millones de venezolanos que huyeron de su país prefieran regresar ante las malas condiciones e incluso la hostilidad que han encontrado fuera. A decir verdad, con una dolarización creciente, la situación económica de Venezuela mejoró ligeramente en 2019 y el régimen concluyó el año fortalecido.

En Colombia, la inestabilidad ha aumentado con un sector de las FARC que ha decidido volver a las armas y con un asalto al poder de fuerzas de izquierdas rendidas al globalismo y encarnizadas defensoras de la ideología de género.[5] Como en otros lugares, la izquierda se ha convertido en el «tonto útil» de la agenda globalista.

En Perú, a finales de 2019, se produjo un golpe de estado impulsado por el presidente para impedir que el poder legislativo, de mayoría conservadora, pudiera nombrar a los miembros del tribunal constitucional impidiendo el impulso de la ideología de género.[6] Las próximas elecciones fueron convocadas de manera dudosamente legal.

---

3. https://www.youtube.com/watch?v=gGY2F2njq6I; https://www.youtube.com/watch?v=jQgY5vT3rvk; https://www.youtube.com/watch?v=-M0dI2WAvhg.

4. https://www.abc.es/internacional/abci-destitucion-embajador-guaido-colombia-agita-aguas-oposicion-maduro-201911300208_noticia.html.

5. https://www.vanitatis.elconfidencial.com/famosos/2019-12-17/claudia-lopez-alcaldesa-bogota-lesbiana-123_2302760/.

6. https://cesarvidal.com/la-voz/la-entrevista/entrevista-a-christian-rosas-golpe-de-estado-globalista-en-peru-04-10-19.

En Ecuador, los intentos del presidente de ajustar la maltrecha economía han provocado una reacción en su contra en la que se instrumentalizó a los indígenas. Como sucedió en Bolivia y, previsiblemente, sucederá en Perú o Guatemala, resulta obvio que esos indígenas van a ser utilizados como fuerza violenta para la conquista del poder. El primer día de manifestaciones, significativamente, dejó 35 heridos, entre ellos 21 policías, y 277 detenidos.

En el cono sur, Chile es objeto de un verdadero golpe de estado que describiremos dentro de unas páginas mientras que en Argentina se ventea una profunda crisis institucional y económica tras el regreso del corrupto e ineficaz kirshnerismo al poder. Como medida de sumisión absoluta a la agenda globalista, el nuevo gobierno se apresuró a garantizar, de manera dudosamente legal, la práctica del aborto.[7]

En Paraguay, ya se ha entrado en recesión, y el panorama económico se dibuja difícil bajo una insoportable deuda pública. Tampoco puede descartarse una reacción indígena, y eso a pesar de la capitulación ante la agenda de la conferencia de Nairobi.

A inicios de 2020, solo aparecen tres excepciones a esa tónica general —Brasil, Bolivia, Uruguay—, a esa tónica general de un elenco de naciones que pierden, pedazo a pedazo, su soberanía y que son sometidas a la agenda globalista. La primera es el Brasil donde el presidente Bolsonaro ha logrado algunos éxitos económicos y de orden público, pero es objeto de una salvaje campaña mediática en su contra por su oposición a la ideología del género y al intento de controlar su país desde el exterior. Tanto Macron[8] como el papa Francisco[9] parecen más que decididos a privar al Brasil de su soberanía en la Amazonia para colocar esta parte del mundo bajo control internacional. Se trata de una acción inmoral, pero muy en la línea de la agenda globalista.

En Bolivia, las fuerzas armadas se negaron a sostener en el poder a Evo Morales tras un nuevo fraude electoral. Evo Morales se vio

7. https://elpais.com/sociedad/2019/12/13/actualidad/1576240534_342282.html.

8. https://cnnespanol.cnn.com/2019/08/22/nuestra-casa-esta-en-llamas-macron-se-une-a-la-protesta-por-los-incendios-del-amazonas-y-dice-que-el-g7-lo-discutira/; https://www.elmundo.es/ciencia-y-salud/ciencia/2019/08/23/5d5fffd5fdddff93b08b45bb.html.

9. https://www.religiondigital.org/luis_miguel_modino-_misionero_en_brasil/Oscar-Beozzo-Francisco-Sinodo-Iglesia_7_2156554326.html.

obligado a huir.[10] El hecho ha dejado de manifiesto que, en contra de lo que piensan muchos, Cuba y Venezuela tienen poca más fuerza que la de sus baladronadas y que no han podido, desde luego, mantener a Morales en el poder. Poco a poco, ha ido saliendo a la luz la trama de narcotráfico sobre la que se sustentaba Morales e incluso la manera en que esa trama ha podido servir para favorecer a gente vinculada a personajes del PSOE y de Podemos, las dos fuerzas que forman el actual gobierno español. No deja de ser significativo que José Luis Rodríguez Zapatero, el presidente socialista que impulsó en España la ideología de género, sea uno de los personajes que han saltado a la luz en la investigación sobre las personas financiadas por el narcorrégimen de Evo Morales. Rodríguez Zapatero se negó a acudir a Bolivia a responder ante la administración de justicia y como argumento para su negativa dio que había visto al gobierno boliviano realizando ritos evangélicos de oración. No deja de ser significativo que, como otros, Rodríguez Zapatero viera a los evangélicos como adversarios de las tiranías de izquierdas y de los enemigos de la agenda globalista que tan servilmente ha seguido el socialista español durante décadas.

En Uruguay, el centro-derecha desplazó del poder a una izquierda sometida servilmente a la agenda globalista. Si será capaz de enfrentarse con ella o no, es cuestión que no tardará en verse.

En la práctica totalidad de los países de Hispanoamérica se ha producido una ofensiva encarnizada para aplicar la agenda globalista a cualquier coste especialmente en áreas como la ideología de género, la calentología y la inmigración descontrolada. Como ya tuvimos ocasión de ver, el Sínodo de la Amazonia ha constituido, al respecto, un gigantesco ceremonial pagano para integrar elementos como la intervención del Vaticano, la acción de los indígenas y la agenda globalista en proyectos comunes.

Se mire como se mire, la situación actual de Hispanoamérica es realmente inquietante. Los llamamientos de unos para que los Estados Unidos —a los que continuamente se insulta— intervengan en distintas

---

10. https://es.theepochtimes.com/crisis-en-bolivia-el-expresidente-evo-morales-huye-a-mexico_556594.html.

naciones para cambiar la situación y los de otros para utilizar a los indígenas o a cualquier sector de la población subsidiado para mantenerse en el poder o asaltarlo no solo resultan patéticos, sino que ponen de manifiesto a sociedades que, desgraciadamente, no han llegado a madurar plenamente en términos políticos y sociales. Siguiendo la línea que se aprecia en la misma España, esas naciones, con los matices y excepciones debidas, tienen enormes dificultades para analizar las raíces de su fracaso, para reconocer responsabilidades propias y para no echar la culpa a terceros de los hechos que son fruto de su propia conducta. Así, los venezolanos culpan a los cubanos, los cubanos culpan a los norteamericanos, los argentinos culpan a los ingleses y a los yanquis, los mexicanos culpan a los Estados Unidos y a los centroamericanos, los colombianos culpan a los venezolanos y así se produce una larga cadena que, de ser cierta, obligaría a llegar a la conclusión de que ninguno de los países tiene la menor responsabilidad de lo que pasa, sino que de todo tiene la culpa otro.

La realidad, por supuesto, es bien distinta y tiene raíces de siglos. En primer lugar, la conquista española trajo una cosmovisión católico-romana que creó, mediante el estatuto de limpieza de sangre, un apartamiento de los indígenas así como el establecimiento de sociedades mestizas, pero profundamente racistas donde no existe una cultura del trabajo; la educación y la ciencia tienen un papel muy reducido, se desconoce la supremacía de la ley y campa la corrupción; se considera que la mentira o el hurto son pecados veniales; se aboga por un asistencialismo disparatado y los políticos alcanzan el poder para repartir entre los suyos como antaño lo hicieron Cortés, Pizarro o Almagro.[11] Para remate, los esquemas mentales de una iglesia católico-romana, una y verdadera fuera de la cual no hay salvación, han creado patrones psicológicos en los que el diálogo, el acuerdo y el simplemente escuchar al otro no tienen apenas espacio, y todo ha de imponerse dogmáticamente recurriendo a la violencia si es preciso. Ese modelo con terribles lacras fue perpetuado, con pocas variaciones, por los emancipadores,

---

11. Un análisis de todos estos aspectos en C. Vidal, *El legado de la Reforma* (Tyler, 2016), pp. 257-345.

en muchos casos, personajes valientes y geniales —como lo habían sido los conquistadores españoles— pero, absolutamente, incapaces de crear sociedades democráticas como sí hicieron los protestantes en el norte del continente. Para colmo, en muchos casos, esos emancipadores se iniciaron en la masonería, otra entidad no caracterizada por la transparencia o el carácter democrático, sino por una visión elitista de control social ejercido desde las sombras.

Al fin y a la postre, Hispanoamérica —como España— padece de males seculares que se niega a abordar, de los que culpa a los demás y que, periódicamente, someten a las distintas naciones a una sucesión de crisis dolorosas y no pocas veces sangrientas. Cuando sucede el desastre basta con culpar a otros o con gritar «leyenda negra» para no cambiar absolutamente nada. Y así seguirá todo mientras Hispanoamérica continúe transitando por los tortuosos caminos en que se vio introducida hace ya más de cinco siglos. La prueba de la veracidad de lo que afirmamos puede verse en la persistencia de determinados iconos históricos o en la fragilidad de las naciones aparentemente más estables como Chile. A señalar estos aspectos dedicaremos las siguientes páginas.

La irracionalidad permanente del culto al Che

Corría el año 1967 y más concretamente el domingo 8 de octubre cuando Félix Ismael Rodríguez, un exiliado cubano que servía en la CIA y estaba destinado en Bolivia, recibió la noticia de que habían capturado a un guerrillero en la zona de La Higuera. Al día siguiente, tras informar a sus superiores en Langley, Virginia, Rodríguez se desplazó a encontrarse con el guerrillero más famoso del momento, el argentino Ernesto «Che» Guevara. La CIA quería mantenerlo con vida y proceder a interrogarlo, pero las autoridades bolivianas habían adoptado la decisión de ejecutarlo. Tuvo así lugar la muerte del Che unida al destino dudoso de su cadáver sobre el que no existe menos controversia que la provocada por los restos de Cristóbal Colón.

Morir joven es una circunstancia trágica, pero que la Historia premia en no pocas ocasiones con la aureola del martirio e incluso el velo de la inocencia. Ernesto Guevara ha sido durante sesenta años un punto de referencia para la izquierda inmortalizado en camisetas, tazas y libros. El Che ha sido incluso comparado con Jesús de Nazaret también, supuestamente, revolucionario, joven y ejecutado por el imperio. La verdad es que la realidad histórica de Guevara no resulta tan positiva ni halagüeña.

Sus compañeros de guerrilla lo llamaban Che por su origen argentino, pero también el Chancho por su escasa afición a la higiene personal. Sus adversarios no dudaron en motejarlo como el Chacal dado el placer que sentía —reconocido por el mismo Guevara— al ejecutar a sus enemigos. Era lógico porque como él mismo diría el 11 de diciembre de 1964 ante la Asamblea General de las Naciones Unidas: «Nosotros tenemos que decir aquí lo que es una verdad conocida, que la hemos expresado siempre ante el mundo: fusilamientos, sí, hemos fusilado, fusilamos y seguiremos fusilando mientras sea necesario. Nuestra lucha es una lucha a muerte. Nosotros sabemos cuál sería el resultado de una batalla perdida y también tienen que saber los gusanos cuál es el resultado de la batalla perdida hoy en Cuba».

Sin embargo, nada hacía presagiar inicialmente ese rumbo sanguinario. Nacido en una familia de clase media alta, enfermo de asma y estudiante —que no graduado— de medicina, desde muy joven lo poseyó una vena aventurera que lo llevó a recorrer una parte de Hispanoamérica en moto. De ese episodio surgirían un mal libro y una aceptable película,[12] pero, sobre todo, leyendas como las de los indígenas que siguen afirmando que hace décadas un joven Guevara los curó en Machu Pichu. En Perú, Ernesto Guevara conoció a la *trotskysta* Hilda Gadea que, mayor que él, lo adoctrinó en el marxismo más radical y le dio una hija. Guevara señalaría que solo había mantenido relaciones sexuales con ella porque «estaba con bastante asma…» sentenciando luego «lástima que sea tan fea».

---

12. Nos referimos, por supuesto, a *Diarios de motocicleta*.

El siguiente jalón de su vida sería Guatemala donde respaldó al reformista Árbenz cuya mayor desgracia fue perjudicar los negocios de una multinacional cuyo abogado era hermano del director de la CIA. Si Árbenz era marxista se seguirá discutiendo —hay razones para dudarlo[13]—, pero Guevara ya estaba comprometido a esas alturas con la extensión violenta del comunismo. También —todo hay que decirlo— con una visión de superioridad moral, propia de las *Nomenklaturas* comunistas, que, en su caso, no dudó en chapotear en el racismo más escandaloso. De los indígenas, escribiría que eran una «grey hedionda y piojosa» que «lanzaba un tufo potente, pero calentito». Tampoco se contendría a la hora de afirmar que los campesinos bolivianos eran «como animalitos». De los negros no dudaría en señalar que eran «magníficos ejemplares de la raza africana que han mantenido su pureza racial gracias al poco apego que le tienen al baño», aserto cuando menos llamativo procediendo de él que era casi alérgico a bañarse.

Refugiado en México tras la caída de Árbenz, Guevara conoció allí al cubano Fidel Castro y se unió al Movimiento 26 de Julio. Ya en esa época, algunos de sus compañeros comenzaron a contemplarlo con desagrado dado su nada oculto racismo. El 2 de Diciembre de 1956, el grupo de revolucionarios desembarcó en playa Las Coloradas, al sur de la provincia de Oriente, cerca de Sierra Maestra. La operación fue un auténtico desastre, pero Castro y un reducido grupo lograron sobrevivir e internarse en la sierra. La sumisión total a Castro derivó en que Guevara —que sufría constantes ataques de asma— fuera nombrado comandante por encima de otros guerrilleros con más méritos.

En esa época, Guevara formó un tándem con el futuro dictador cubano que, entre otras finalidades, perseguía la de desalojar de posiciones relevantes a otros insurgentes cuyo aliento era mucho más democrático. Negras tinieblas caracterizaron aquellos tiempos en que Frank País fue delatado siguiendo instrucciones de Fidel Castro[14] —lo que derivó en su muerte— o los revolucionarios santiagueros

---

13. Hemos abordado el tema en *El águila y el quetzal* (México, 2016).
14. https://www.elnuevoherald.com/noticias/sur-de-la-florida/article69769897.html; https://cubahoracero.wordpress.com/2015/07/30/el-doble-asesinato-de-frank-pais/.

acabaron teniendo que integrarse con la guerrilla castrista de Sierra Maestra. Guevara no ocultaba que veía el modelo en los países del telón de acero, a los que denominaba de la cortina de hierro siguiendo un modismo muy propio de Hispanoamérica. Como le diría en diciembre de 1957 a René Ramos Latour, el coordinador nacional del Movimiento 26 de julio: «Pertenezco por mi formación ideológica a los que creen que la solución de los problemas del mundo está detrás de la llamada cortina de hierro». La respuesta de René Ramos Latour fue que no le veía sentido a librarse «del nocivo dominio yanqui por medio del no menos nocivo dominio soviético».

Para cuando la guerrilla iba a iniciar la invasión de las provincias occidentales, el mando militar estaba en manos de Guevara y de Camilo Cienfuegos. No deja de ser significativo que, en lugar de lo sostenido por el mito, el Che lograra avanzar mediante el inteligente recurso de sobornar a jefes corruptos de las fuerzas de Batista como el coronel Dueñas. A esas alturas, la reputación totalitaria de Guevara lo había precedido. Así, al llegar a la provincia de Las Villas, los guerrilleros anti-Batista se negaron a reconocer su mando y lo mismo sucedió con el Segundo Frente Nacional de El Escambray. Incluso el famoso episodio de la captura del tren blindado tantas veces relatado no es sino un mito ya que el mérito de la acción no correspondió a Guevara sino a los hombres del Directorio Revolucionario.

La huida de Batista y la toma del poder por Fidel Castro depararon a Guevara una inmensa capacidad para la represión que aprovechó hasta las heces. Designado jefe militar de la Fortaleza de La Cabaña, Guevara asesinó personalmente en su oficina al teniente Castaño, Jefe del BRAC (Buro Represivo de Actividades Comunistas) y ordenó centenares de muertes documentadas. La sangre fría con que llevó a cabo los crímenes solo encuentra parangón entre los chequistas más sanguinarios de la Unión Soviética o de la guerra civil española y los comandantes de los campos de exterminio nazis.

No puede sorprender, sin embargo, tal conducta porque derivaba directamente de la cosmovisión del Che. Como relataría José Vilasuso, que perteneció al organismo encargado de los procesos judiciales en

La Cabaña, las instrucciones del Che habían sido: «No demoren las causas, esto es una revolución, no usen métodos legales burgueses; el mundo cambia, las pruebas son secundarias. Hay que proceder por convicción. Sabemos para qué estamos aquí. Estos son una pandilla de criminales, asesinos, esbirros... Yo los pondría a todos en el paredón y con una cincuenta ratatatatata...».

En los años siguientes, Guevara desempeñaría funciones de presidente del Banco Nacional de Cuba y de ministro de industrias. Sin embargo, su popularidad vendría relacionada con una propaganda que lo presentaba como el «hombre nuevo» del comunismo cubano y con sus propias afirmaciones en las que se jactaba de que seguiría fusilando sin piedad de manera indefinida o de que su intención era crear muchos Vietnams para destruir a los Estados Unidos. Incluso pasaría por España —donde hubo que abrirle en día de fiesta unos grandes almacenes para que pontificara delante de las cajeras— repitiendo sus soflamas.

El Che no ocultó hasta dónde hubiera estado dispuesto a llegar de haber podido hacerlo. En una entrevista concedida a Sam Russell, del *London Daily Worker*, recogida por la revista *Time* el 21 de diciembre de 1962, el Che afirmó en relación con la crisis de los misiles: «Si los misiles hubiesen permanecido en Cuba, los habríamos usado contra el propio corazón de los Estados Unidos, incluyendo la Ciudad de Nueva York». No se trataba de una baladronada. En 1968, en *Táctica y estrategia de la Revolución cubana*, aparecida en *Verde Olivo*, afirmaba: «El camino pacífico está eliminado y la violencia es inevitable. Para lograr regímenes socialistas habrán de correr ríos de sangre y debe continuarse la ruta de la liberación, aunque sea a costa de millones de víctimas atómicas». Afortunadamente, los dirigentes soviéticos —que consideraban a Castro y a Guevara como unos locos si es que no unos imbéciles— no estaban dispuestos a seguir esa táctica.[15]

Guevara nunca fue un genio militar y ni siquiera alcanzó la categoría de táctico discreto. Por mucho que escribiera un libro sobre la

---

[15]. César Reynel Aguilera, *El sóviet caribeño. La otra Historia de la revolución cubana* (Columbia, 2018), pp. 318 ss.

guerra de guerrillas, dejó constancia, vez tras vez, de su escandalosa incompetencia. Lejos de ser el Empecinado, Lawrence de Arabia o Chapáyev, no pasó de ser un fanático comunista, machista y racista sin el menor escrúpulo a la hora de derramar sangre. No puede sorprender que fracasara en el Congo en su intento de apuntalar a una dictadura de izquierdas y que lo mismo sucediera en Bolivia.

Se discutirá mucho tiempo si la expedición boliviana fue una idea de Fidel Castro para deshacerse de su cercanía. No es fácil saberlo. Lo que sí resulta obvio es la sociedad que pretendía implantar porque lo dijo en repetidas ocasiones. En esa nueva sociedad, no existiría la libertad de expresión, ya que, como dijo: «Hay que acabar con todos los periódicos, pues no se puede hacer una revolución con libertad de prensa. Los periódicos son instrumentos de la oligarquía». En esa nueva sociedad tampoco los trabajadores disfrutarían de derechos laborales, ya que como indicó en televisión el 26 de junio de 1961, cuando era ministro de industrias: «Los trabajadores cubanos tienen que irse acostumbrando a vivir en un régimen de colectivismo y de ninguna manera pueden ir a la huelga». En esa nueva sociedad, no podrían sentirse a salvo de la dictadura ni siquiera los dirigentes. Tal y como afirmaría en una carta publicada en marzo de 1965 en el semanario uruguayo *Marcha*: «Para construir el comunismo, simultáneamente con la base material hay que hacer al hombre nuevo (...) Es la dictadura del proletariado ejerciéndose no solo sobre la clase derrotada, sino también individualmente, sobre la clase vencedora».

A esas alturas los países de lo que él denominaba la cortina de hierro lo contemplaban con creciente escepticismo. Se suele decir que por sus veleidades prochinas. En realidad, se debía más bien al hecho de que como baza propagandística podía tener un cierto interés, pero en cualquier otro aspecto era una total y completa nulidad. La idea de intentar extender la revolución en Bolivia no era tan descabellada como se ha insistido no pocas veces. A decir verdad, Bolivia podía ser una buena base para inyectar la subversión en casi media docena de naciones. Cuestión aparte es lo que el Che daba de sí como militar que era algo cercano a la nada. Enfrente no tenía un gran ejército, pero bastó la detención de su amigo, el compañero de viaje Regis Debray, para que toda su estrategia, si así puede llamarse, se viniera abajo. Como diría un alto jerarca militar, se decidió fusilarlo en la convicción de que «así aprenderán que no se puede venir a Bolivia a joder».[16]

Murió así el sanguinario comunista y se reafirmó la leyenda. Lo más terrible es que ese relato tejido con hilos de romanticismo, justicia social y deseos de liberación de los pueblos apenas se corresponde con la realidad histórica. Unos meses antes de su muerte, en un artículo publicado el 16 de abril de 1967 en un suplemento especial de la revista *Tricontinental*, el Che afirmaba literalmente: «El odio como factor de lucha, el odio intransigente al enemigo, que impulsa más allá de las limitaciones naturales del ser humano y lo convierte en una efectiva, violenta, selectiva y fría máquina de matar. Nuestros soldados tienen que ser así; un pueblo sin odio no puede triunfar sobre un enemigo brutal (...) Hay que llevar la guerra hasta donde el enemigo la lleve: a su casa, a sus lugares de diversión; hacerla total».

Se trataba de toda una declaración de principios no solo en favor de la guerra, sino también del terrorismo procedente de un pésimo guerrillero que moriría en Bolivia. Muy posiblemente, su muerte evitó males sin cuento al género humano, pero sólo el conocimiento de la realidad histórica puede evitar que se siga honrando a un personaje que se caracterizó por el desprecio hacia otras razas, el desdén grosero hacia las mujeres, el ansia por imponer una dictadura sin reconocimiento de derechos individuales, el odio como motor de la política, la utilización sanguinaria de la violencia e incluso hasta la falta de higiene personal. Causa auténticos escalofríos pensar que su imagen —que hoy solo puede llevar por maldad, ignorancia o estupidez— aparece en manifestaciones públicas que tienen como lugar la Europa occidental o los Estados Unidos y que es llevada, sobre todo, por extranjeros, no pocas veces ilegales, y por jóvenes. Así es porque semejante modelo solo puede desembocar en el odio, la miseria y la violencia. Sin embargo, lo cierto es que la Unión Soviética desapareció hace décadas;

[16.] Conversación personal del autor con Carlos Sánchez Berzaín.

que China, otra dictadura comunista, no tiene la menor intención de exportar su modelo que considera totalmente inexportable y que si determinadas dictaduras de izquierdas se perpetúan se debe fundamentalmente a intereses transnacionales que no entienden de democracia o de dictadura sino de dominio y beneficios. Venezuela es uno de esos casos.

La supervivencia de la dictadura en Venezuela

En 1917, los bolcheviques dieron un golpe de estado en Rusia que desembocaría en la creación del primer estado totalitario de la Historia. La práctica totalidad de los gobiernos del planeta se negaba a reconocer la dictadura comunista que se había apoderado de Rusia no solo porque había asesinado al zar Nicolás II y a su familia, sino porque además constituía un verdadero peligro de extensión de la Revolución y, de hecho, lo había intentado con algunos días de éxito en Alemania o Hungría. Sin embargo, a pesar del repudio internacional, fueron numerosas las empresas, especialmente de los Estados Unidos y Gran Bretaña, que comerciaron con los bolcheviques y les entregaron sustanciosos préstamos económicos. En esa alianza aparentemente antinatural entre el comunismo y el capitalismo pesaba de manera sobresaliente una circunstancia: la posibilidad de hacerse con las riquezas minerales de Rusia.[17] Buena parte de los sectores más duros y combativos del capitalismo europeo y norteamericano amasó grandes fortunas con la riqueza de Rusia y, a la vez, salvaron al régimen comunista que enarbolaba la bandera del final del capitalismo. Semejantes acciones podían calificarse de graves errores, pero, en realidad, no eran sino medidas tomadas para asegurarse el control de materias primas esenciales independientemente de la ideología del gobierno. A decir verdad, una dictadura de izquierdas resultaba mucho más fácil de instrumentalizar que un sistema democrático que busca defender

---

17. Sobre el tema, véase A. C. Sutton, *Wall Street and the Bolshevik Revolution* (Forest Row, 2011). Especialmente, pp. 154 ss y 169 ss.

los intereses nacionales. La combinación del control gubernamental de la economía con el poder político absoluto proporciona un canal excelente para saquear las riquezas nacionales. Ese modelo es, a pesar de que se oculte, el que explica la supervivencia del chavismo en Venezuela.

La figura de Hugo Rafael Chávez Frías (1954-2013) es una de las más controversiales de la reciente Historia de Hispanoamérica.[18] Militar de carrera, Chávez fue uno de tantos millones de venezolanos desencantados con el sistema político nacional. Que éste implicó enormes avances económicos en las décadas previas a la llegada de Chávez al poder resulta imposible de negar; que también rebosaba de una corrupción escandalosa no admite discusión alguna. Fue esa corrupción de un sistema convertido en pura demagogia donde la política se reducía a halagar al pueblo, por utilizar el término griego, en beneficio de oligarquías lo que, a fin de cuentas, alzó a Chávez al poder. De hecho, su marcha hasta la presidencia fue larga y accidentada. En 1980, fundó el clandestino Movimiento Bolivariano Revolucionario 200 (MBR-200), pero su verdadero salto a la política tuvo lugar en 1992 cuando encabezó al MBR-200 en un fallido golpe de estado contra el gobierno de Acción Democrática del presidente Carlos Andrés Pérez, de carácter socialdemócrata y pavorosamente corrupto. El golpe fracasó y Chávez fue encarcelado, pero dos años después fue puesto en libertad por un sobreseimiento del presidente Rafael Caldera y fundó el partido político Movimiento Quinta República.

En 1998, Chávez llegó al poder no gracias a la intervención de Cuba —como repetida e interesadamente se afirma—, sino mediante las urnas y basándose en el deseo de la mayor parte de los venezolanos de asistir a un cambio político. A esas alturas, por mucho que se desee negar, Chávez era extraordinariamente popular, popularidad que aprovechó para seguir un modelo de desventramiento del estado típico del fascismo de Mussolini y no de los modelos soviético o cubano. Ese modelo puede verse en la manera en que logró sin especial dificultad

---

18. Sobre Hugo Chávez, véase: A. Barrera Tyszka y C. Marcano, *Hugo Chávez sin uniforme* (México, 2007) y, especialmente, M. Collon, *Los 7 pecados de Hugo Chávez* (Barcelona, 2014).

la aprobación de la Constitución de 1999 y en que desencadenó la denominada «Revolución Bolivariana» que, a pesar de ser descrita como revolución socialista, se acercó más al modelo fascista de los años 20 y 30 del siglo XX. Aprovechando unos ingresos petroleros récord durante la primera década del siglo XXI, Chávez creó unas inmensas clientelas favorecidas por los subsidios y por entes como las Misiones Bolivarianas y pastoreadas por la propaganda estatal. Esa carísima política de subsidios empobreció a los miembros de las clases medias, pero mejoró la situación de buena parte de las bajas de 2003 a 2007. Igualmente, abrió la puerta a la aparición de multimillonarios procedentes de la corrupción del régimen. Realmente, no puede sorprender que volviera a ganar las elecciones en 2002. Incluso un golpe de estado desencadenado en su contra ese mismo año concluyó en estrepitoso fracaso. Tras el referéndum presidencial de 2004, Chávez fue reelegido en las elecciones de 2006, donde obtuvo más del 60% de los votos, y revalidó su éxito en las elecciones de octubre de 2012. A esas alturas, la dictadura se había convertido en un ente casi perfecto porque, para mantenerse en el poder, no había tenido que suprimir ni el mecanismo electoral, ni la prensa ni los partidos contrarios con lo que podía afirmar que la democracia seguía en pie e incluso se profundizaba. De nuevo, las diferencias con el modelo soviético o cubano eran evidentes.

En su éxito político, pesó no solo la riqueza venezolana, en especial el petróleo, que le permitió obtener el voto agradecido de millones de subsidiados, sino también un mensaje que denominó anti-imperialista con el cual pretendía evitar la influencia de los Estados Unidos en Hispanoamérica y mediante el cual trazó una clara alianza, más o menos sólida, con gobiernos como los controlados por los Castro en Cuba, Evo Morales en Bolivia, Rafael Correa en Ecuador, Tabaré Vázquez y Pepe Mujica en Uruguay, Lula da Silva en Brasil, Néstor Kirchner y Cristina Fernández en Argentina y Daniel Ortega en Nicaragua. Lejos de ser una marioneta de Cuba —a cuya dictadura ayudó económicamente de manera más que relevante— lo cierto es que Chávez desarrolló iniciativas propias como la creación de la Unión de Naciones Suramericanas (UNASUR), la Comunidad de Estados Latinoamericanos y Caribeños, la Alianza Bolivariana para los Pueblos de Nuestra América, el Banco del Sur y la red de televisión regional TeleSUR, iniciativas todas que jamás habían podido ser llevadas a cabo por Fidel Castro. Para la izquierda no solo hispanoamericana, sino buena parte de la europea, Chávez no solo no era un dictador, sino un modelo de cómo llegar al poder a través de unas elecciones y luego crear los mecanismos de clientelas suficientes para mantenerse en él de manera indefinida. No sorprende que mantuviera una relación más que estrecha con el presidente de gobierno español, el socialista José Luis Rodríguez Zapatero,[19] ni tampoco que ayudara financieramente a Podemos, una formación comunista española,[20] actualmente en el poder.

Sin embargo, como sucede con todos los sistemas clientelares, el chavismo entró en crisis. Al final de la presidencia de Chávez, la corrupción y el gasto incontrolable para mantener políticas asistencialistas desembocaron, de manera lógica, en pobreza, inflación y aumento de la delincuencia, especialmente crímenes violentos. El desplome del chavismo transcurrió en paralelo al de la propia salud de Chávez que, enfermo de cáncer, en 2011, falleció el 5 de marzo de 2013 a los 58 años.

La muerte de Chávez despertó un optimismo en la oposición que consideró que podría desalojar al chavismo del gobierno. Por otro lado, su sucesor, Nicolás Maduro, no parecía tener ni el carisma ni la inteligencia suficientes para seguir reteniendo el poder. Lo cierto, sin embargo, es que los errores de la oposición contribuyeron decisivamente a la permanencia del chavismo. Su empeño en identificar al chavismo con el castrismo —una inmensa equivocación, ya que se trataba de un sistema mucho más sofisticado que el cubano—, en copiar la estrategia de la oposición cubana —que es la única que no ha conseguido el final de la dictadura en toda Hispanoamérica—, en

[19.] https://www.elmundo.es/internacional/2018/09/16/5b9e3d83468aeb66618b4679.html.
[20.] https://www.elconfidencial.com/espana/2016-01-14/la-dea-de-eeuu-revela-que-venezuela-e-iran-pactaron-financiar-a-podemos-con-hispantv_1135373/; https://es.panampost.com/sabrina-martin/2019/12/19/pablo-iglesias-dinero-venezuela/.

dividirse por personalismos, en no ver las raíces del triunfo de Chávez y en pasar por alto que lo sucedido en Venezuela no tiene nada que ver con la guerra fría, sino con un mundo en cambio, ha tenido resultados fatales. El fracaso espectacular de Juan Guaidó, un presidente interino con pretensiones de sustituir a Nicolás Maduro, ha sido sólo una de sus consecuencias, pero, muy posiblemente, más grave es que no supiera aprovechar el inmenso golpe que para la economía venezolana y la supervivencia del chavismo significó el pacto entre el presidente Obama y el rey de Arabia Saudí para bajar el precio del petróleo en 2015. Dado que más del 90% de las exportaciones de Venezuela se reducían entonces al crudo, el impacto hubiera sido colosal en una nación con una administración competente y honrada. Dirigido contra un gobierno incompetente y corrupto, las consecuencias fueron pavorosas. Sin embargo, Maduro, el sucesor de Chávez, supo reaccionar de una manera que pasó inadvertida para la mayoría de los medios de comunicación empeñados en seguir analizando la situación internacional bajo la óptica, más que obsoleta, de la guerra fría.

Ante un panorama en que el precio del crudo había bajado un 22%, en 2016, Maduro decidió activar el Arco Minero del Orinoco (AMO), como Zona de Desarrollo Estratégico Nacional. Este territorio es un área extraordinariamente rica en recursos minerales que comenzó a ser explotada en el año 2017. Entre sus reservas se encuentran materias primas como el oro, el cobre, los diamantes, el coltán, el hierro y la bauxita. De hecho, duplica en extensión la faja petrolífera del Orinoco.

Ese mismo año de 2016, el titular del Banco Central de Venezuela (BCV), Nelson Merentes, afirmó que en un mes esperaban establecer las empresas mixtas suscritas con compañías canadienses, norteamericanas y alemanas. Entre esas empresas, se encontraba incluso la canadiense Gold Reserve, cuyas inversiones en Venezuela fueron expropiadas por el presidente Hugo Chávez, pero que a partir de entonces volvería disfrutar de concesiones del gobierno chavista.

En agosto de 2016, en el salón «Gastón Parra Luzardo» del BCV, Maduro saludó a los que denominó «amigos del mundo» que eran empresarios y embajadores de Canadá, China, EE. UU., Alemania,

Suráfrica e India, entre otros países, en su mayoría, con regímenes democráticos. Acto seguido, se dedicó a señalar como se desarrollaría el proyecto. En noviembre de 2016, se firmaron cuatro acuerdos con empresas transnacionales, exactamente con las empresas China Camc Engineering Co. Ltd.; Yakuang Group de China; Afridiam de la República del Congo, y la canadiense Gold Reserve para la explotación del Arco Minero del Orinoco. Con el paso del tiempo, en estos acuerdos han pasado a estar representadas cerca de cuarenta naciones que, en su mayoría, cuentan con gobiernos democráticos.

A estas concesiones a compañías extranjeras hay que sumar además las concentradas en la faja del Orinoco donde operan actualmente cuatro empresas mixtas entre PDVSA y petroleras internacionales que son: Petrocedeño, donde participan Total de Francia y Statoil de Noruega; Petropiar (Chevron de Estados Unidos), Petromonagas (Rosneft) y Sinovensa con la CPCH. Petrocedeño, Petropiar, Petromonagas y Sinovensa producen 200.000, 250.000, 160.000 y 140.000 barriles diarios de crudo pesado, respectivamente, que es procesado en plantas de mejoramiento para convertirlo en liviano, un crudo cuyo precio es elevado en los mercados internacionales.

De manera bien significativa y a pesar de la política antichavista del presidente Trump, la empresa norteamericana Chevron es la transnacional petrolera con más negocios en Venezuela, pues además de la faja, donde es la empresa que extrae más crudo, produce 30.000 y 15.000 barriles diarios de petróleo pesado y gas natural en los campos Boscán (Zulia) y Quiriquire (Monagas).

La faja del Orinoco es la única área petrolera del país que ha incrementado su producción debido a la actividad de las empresas mixtas que bombean actualmente entre 1,2 millones y 1,5 millones de barriles diarios. La prosperidad de la faja contrasta con el desplome del sistema productivo venezolano. De hecho, el socialista español Rodríguez Zapatero fue acusado de tener una concesión en la faja costera para unos empresarios españoles de apellido Cortina.[21] De

---

[21.] https://www.elmundo.es/internacional/2018/10/16/5bc52a0a46163f4b1f8b45c7.html.

ser así, Rodríguez Zapatero no sería un «imbécil», como lo denominó Almagro,[22] el secretario general de la OEA. Más bien, sería algo mucho peor.

La prensa y la oposición venezolanas podrán insistir en que Rusia y China sostienen en pie al chavismo. No es así. De manera innegable, si alguien ha mantenido al régimen de Maduro desde 2016 y en paralelo a las grandes manifestaciones en contra ha sido la acción de grandes transnacionales con los Estados Unidos y China a la cabeza.

Si el chavismo comenzó a deteriorarse se debió a la bajada artificial del precio del petróleo provocado por Obama en alianza con el rey de Arabia Saudí. Si Maduro, a pesar de todo, incluido el desplome del sistema clientelar chavista, se ha mantenido en el poder, ha sido gracias a conservar en sus manos el aparato de represión y a la venta de los recursos naturales de Venezuela en manos de compañías mayoritariamente procedentes de naciones democráticas. Si la condena de docenas de naciones contra Maduro no ha tenido consecuencias demoledoras para el régimen chavista depende fundamentalmente de que las compañías multinacionales —insistamos, en su mayoría de naciones democráticas— siguen pagando. El día de mañana, hay numerosos indicios que señalan que o Venezuela seguirá sometida a una despiadada dictadura chavista o los socialistas de los que forma parte Guaidó en coalición con los chavistas anti-Maduro se harán con el poder y, previsiblemente, aplicarán la agenda globalista de gobierno sin excluir la ideología de género. En cualquiera de las dos situaciones, la riqueza de Venezuela será explotada por entidades supranacionales y es de temer que no para beneficio de la mayoría de los venezolanos. A fin de cuentas, vivimos en un mundo en cambio que ya no es el que era, sino que se acerca al que una pequeña minoría diseñó hace unas décadas. De ese intervencionismo deseoso de convertir a las naciones en protectorados sumisos, en Hispanoamérica no se ha escapado la Venezuela chavista, pero tampoco el país que era considerado por muchos como un oasis: Chile.

[22.] https://www.abc.es/internacional/abci-almagro-aconseja-zapatero-no-imbecil-hablar-sobre-venezuela-201809221234_noticia.html; https://www.youtube.com/watch?v=wEiKm7-7ne4.

El fin del oasis chileno

En 2015, el ministro de Energía de Chile, el socialista Máximo Pacheco, se reunió en Nueva York con George Soros.[23] Amigos desde hacía varias décadas, George Soros estaba ayudando a Pacheco a conseguir inversores y Pacheco le rindió homenaje como el hombre que lo había ayudado no solo a él, sino también a su padre, antiguo ministro y diplomático de la democracia cristiana. Pacheco —que se dirigió a Soros varias veces como Querido George— señaló cómo el magnate había tenido un papel fundamental en el plebiscito chileno de 5 de octubre de 1988. Pacheco afirmó también que Soros había sido esencial en lograr un respaldo internacional para el socialista Ricardo Lagos en el curso de las elecciones del año 2000. Sin duda, se trataba de un dato notable, pero, ni de lejos, ponía de manifiesto todas las injerencias de Soros en el país hispanoamericano.

Así, en 2017, las DCLeaks dejaron de manifiesto que Giorgio Jackson, uno de los dirigentes del Frente Amplio, había recibido dinero de Soros cuando dirigía Revolución Democrática, un partido político nacido de las movilizaciones estudiantiles en Chile y que se ha integrado dentro del Frente Amplio. Giorgio Jackson ha reconocido que recibió una cantidad de 12 millones de pesos, pero la cifra real habría sido cercana a los 50 millones de pesos.[24] Según el citado documento, los cerca de 50 millones de pesos entregados por Soros habrían sido proporcionados en tres etapas. La primera etapa, de 1 de agosto de 2012 a 1 de agosto de 2013, se habría caracterizado por financiar una estrategia de activismo entre los estudiantes por un monto de 24.990 dólares. La segunda etapa de 1 de noviembre de 2013 a 1 de abril de 2014 habría financiado de nuevo el activismo en el sector estudiantil buscando el establecimiento de un nuevo sistema educativo por un monto de 24.990 dólares. Finalmente, la tercera etapa de 1 de noviembre de 2014 a 1 de diciembre de 2015, también por un monto

[23.] http://www.economiaynegocios.cl/noticias/noticias.asp?id=186894; https://www.elmostrador.cl/noticias/pais/2016/11/28/george-soros-la-conexion-de-lagos-y-hillary-con-wall-street/.

[24.] https://elminuto.cl/george-soros-de-filantropo-a-terrorista-domestico/.

de 24.900 dólares, habría insistido la reforma de la educación chilena y la consolidación de la RED». La suma de las donaciones es de US$74.790, que es equivalente a $49.266.416 de pesos e implicó la financiación del activismo de izquierdas entre los estudiantes. A decir verdad, esa financiación ha implicado una intervención directa de Soros en ámbitos estudiantes chilenos desde 2012 a 2015. No todo se redujo a la financiación. Así, en febrero de 2014, en armonía con esta línea de acción, Giorgio Jackson fue entrevistado por una de las publicaciones de la Open Society de Soros en relación con educación y el movimiento estudiantil.

Si, por un lado, Soros estaba claramente implicado con las izquierdas; por otro, el papa Francisco, el segundo gran icono de la agenda globalista, tampoco sentía simpatía alguna por la derecha chilena. En enero de 2018, el papa Francisco visitó Chile. La visita papal fue un escandaloso fracaso relacionado con el caso Karadima de abusos sexuales del clero católico-romano. De hecho, el viaje llegó a ser calificado como la peor visita del papa.[25] En octubre de 2018, el presidente Piñera visitó al papa Francisco. Distintas fuentes apuntan a que el pontífice no ocultó su desagrado hacia el presidente chileno igual que había sucedido anteriormente con el presidente argentino Macri.[26]

En octubre de 2019, Soros anunció en el curso de una entrevista difundida, entre otros medios, por France Press que la ola estaba volviendo a moverse en favor de «globalistas» como él y que ese proceso resultaría innegable en 2020.[27] Las afirmaciones de Soros tuvieron lugar después de que Chile no apoyara el Pacto Migratorio Mundial de la ONU, una decisión tomada por el presidente Sebastian Piñera que contradecía de manera frontal la política de puertas abiertas ante la inmigración impulsada en distintos foros por George Soros.

Desde ese momento, uno de los objetivos de la agenda globalista fue un cambio constitucional que allanara el camino a sus objetivos.

[25.] https://www.france24.com/es/20180121-conclusiones-visita-papa-francisco-chile; https://www.clarin.com/mundo/gira-chile-papa-convierte-peor-anos-pontificado_0_Hy0QNT0EM.html.
[26.] https://diariocorreo.pe/politica/papa-francisco-hace-desaire-ante-el-saludo-de-sebastian-pinera-798195/; https://www.latercera.com/voces/la-frialdad-papal-pinera/.
[27.] https://www.servimat.info/2019/11/george-soros-advierte-rebelion-global.html.

En el caso de Chile, se trataría de vaciar de competencias al ejecutivo en relación con los tratados internacionales entregándoselas al legislativo donde le resultaría más fácil contar con la complicidad de políticos sometidos a sus directrices. De manera bien significativa, el partido Revolución Democrática presentó a finales de 2018 un proyecto de ley a tal efecto, que fue apoyado por diferentes legisladores de distintos partidos incluido alguno de Renovación nacional, uno de los partidos que forman parte de la coalición electoral que apoya al actual presidente Piñera. El proyecto incluía la reforma en ese sentido del artículo 54 de la Constitución.

En medio de esta tensión entre la acción del presidente Piñera y los objetivos de la agenda globalista en materia de inmigración, el 18 del mes de octubre de 2019, tuvo lugar la subida de las tarifas del metro en Chile. La cuestión había sido estudiada previamente por expertos y, en términos objetivos, debe señalarse que era moderada. Sin embargo, a pesar de esa circunstancia, de manera inmediata se produjo un estallido de violencia protagonizado, fundamentalmente, por estudiantes que no solo destruyó, primero, estaciones de metro, sino que se tradujo inmediatamente en disturbios e incluso muertes.

En respuesta a la situación, el gobierno decretó el estado de emergencia y el toque de queda con restricción de movilización y reunión en determinadas horas. A la vez que intentaba restablecer el orden, el ejecutivo fue anunciando medidas para intentar calmar la situación que también se repitió en distintas regiones. Abrumado incluso por la explosión violenta en la que tenían un papel más que sobresaliente jóvenes estudiantes, el presidente Piñera pidió disculpas e incluso abrió el camino hacia una reforma constitucional. Eso era precisamente lo que pretendía un grupo de diputados desde hacía un año y lo que allanaría el camino a los planes globalistas de George Soros.

Al mismo tiempo, en el curso de los disturbios, se procedió a atacar y quemar iglesias, mayoritariamente evangélicas; a realizar exhibiciones gays como las de manifestantes que se introducían un dildo por el ano al lado de carteles anticristianos o a llevar la violencia a la universidad. De manera altamente reveladora, el administrador apostólico de

Santiago de Chile, Celestino Aós, afirmó públicamente que «es indudable que hay que cambiar la Constitución»[28] y llamó a abrir las iglesias para usarlas en los cabildos ciudadanos. En otras palabras, la Iglesia católico-romana se sumaba a las metas de una subversión que pretendía acabar con el orden constitucional y abrir el camino a la rendición frente a la agenda globalista. Al cabo de unos días de desórdenes, la revuelta en Chile contabilizaba más de 4 mil detenidos; 1.600 civiles heridos; mil funcionarios de las fuerzas del orden heridos; varios muertos y un costo aproximado por daños a infraestructura pública solo en la región metropolitana de 12.600 millones de pesos (unos 16 millones de dólares). Todo mientras no existía el menor indicio de que la nación fuera a recuperar el sosiego en las próximas jornadas.

En términos objetivos, nada justifica la situación de violencia desatada que comenzó a sufrir Chile a finales de 2019. De hecho, al estallar la subversión, en el marco de Hispanoamérica, Chile contaba con el mayor PIB per cápita, con la mayor movilidad social, con la mejor educación, con los menores niveles de pobreza y con el tercer mejor índice de desarrollo humano de la región. Incluso en términos de desigualdad, la situación de Chile era de las mejores. Medida por el coeficiente de Gini, la desigualdad en Chile era del 0,45 frente a una media hispanoamericana del 0,47. A decir verdad, de los 18 países de la región, Chile, ocupaba el puesto 11 en el *ranking* de desigualdad. Si ese índice se descompone por edades, la desigualdad es todavía menor en todas las generaciones nacidas con posterioridad a 1970. Finalmente, el porcentaje de ciudadanos cuyos ingresos son inferiores al 50% del salario medio era también el más bajo de toda Hispanoamérica, el 14,1% frente al 18,8% para el conjunto de la región. Con estos datos, no puede sorprender que cualquier analista, a finales de 2019, pensara que Chile merecía el calificativo de oasis en medio de la situación de inestabilidad que sufre Hispanoamérica.

De hecho, después de décadas, las categorías macro-económicas y sociales de Chile solo empezaron a declinar durante el gobierno de la

---

28. https://www.latercera.com/nacional/noticia/celestino-aos-indudable-cambiar-la-constitucion/892559/.

socialista Michelle Bachelet de 2014 a 2018, año en que llegó al poder Sebastián Piñera. El proceso había sido, sin embargo, normal. Las iniciativas legislativas de la socialista Bachelet en materia tributaria y laboral habían implicado un descenso del crecimiento al 1,7%, y los chilenos habían votado una alternativa situada en el centro-derecha. Las medidas tomadas por Piñera para contrarrestar esa situación tuvieron resultados óptimos e inmediatos. De hecho, Chile cerró 2018 con un incremento del PIB del 4% frente al 1,5% registrado en 2017, el más elevado de los últimos seis años. Debe reconocerse que no existían razones para pensar en un estallido social. Y de repente, todo explotó, todo quedó en cuestión, todo apuntó a un agudizamiento de la situación social y política. ¿Cómo pudo suceder todo ese proceso?

Aquellos que todavía no se han enterado de que la Guerra Fría concluyó hace nada menos que treinta años intentaron encajar una realidad totalmente diferente en aquellos parámetros. Se trató de un craso error. El mundo ya no se divide en el bloque occidental y el bloque democrático. El mundo actual es un mundo que cambia y cada vez más se divide entre globalistas y patriotas, y mientras que los segundos están despertando solo poco a poco, los primeros no dejan de utilizar todos los medios para avanzar en el triunfo de su agenda, una agenda que pasa por vaciar de contenido a los estados sometiéndolos a los designios de una élite internacional, por impulsar la ideología de género como forma de acabar con la institución familiar y por destruir cualquier oposición que el cristianismo pueda plantear a esa nueva escala de valores.

Los ejemplos en la zona habían sido muy claros en las semanas antes. En Perú, el presidente había dado un golpe de estado para evitar que el poder legislativo nombrara un tribunal constitucional que pudiera bloquear la agenda globalista y para impulsar un nuevo constitucional en cuya designación entraran ONGs como las sometidas a George Soros. En Ecuador, el malestar social estalló por una causa tan discutible como en Chile, pero, reveladoramente, después de que el legislativo impidiera la legalización del aborto. En Chile, la explosión se produjo después de que el papa Francisco, uno de los impulsores a mayor escala de la agenda globalista, manifestara su malestar ante la elección de Piñera y, sobre todo, después de que el presidente chileno se negara a sumarse al pacto de migraciones de la ONU que tan calurosamente ha sido defendido por George Soros y el papa Francisco. Como en tantas ocasiones y de manera que cuesta creer que sea casual, la chispa prendió en ambientes que habían sido trabajados desde hace años por las ayudas económicas de Soros, en este caso, dirigidas al sector estudiantil.

El propio presidente Piñera aceptó la tesis de una nueva constitución y, al cabo de unos días, los partidos políticos concluyeron un pacto al respecto. ¿Significa ese paso que Chile se librará de los problemas provocados por la subversión? Es dudoso. De hecho, de manera bien significativa y según una reciente encuesta —realizada por Chilecracia— la idea de una nueva Constitución ocupa el lugar 99 entre las preocupaciones de los chilenos.[29] A decir verdad, los chilenos están muchísimo más preocupados por temas como el empleo, la sanidad, la educación, la inseguridad ciudadana y la inmigración. Pero es que la nueva constitución chilena no responde a la voluntad popular ni a un impulso democrático. De hecho, existen indicios sobrados de que la base para la nueva Constitución no derivará de los chilenos, sino de directrices extranjeras.

En ese sentido, ha de recordarse que el programa de la socialista Bachelet al que el gobierno de Piñera ya señaló que se acercaría se basó en el trabajo de los cabildos llevado a cabo durante el propio mandato de Bachelet. Esos cabildos carecían totalmente de legitimidad democrática porque en ellos participó una parte exigua de los chilenos y, por añadidura, ni siquiera sus propuestas fueron las recogidas finalmente. De hecho, el proceso de incluir aspectos concretos en la nueva constitución de Chile fue realizado por la ONU. En la actualidad, existe una encargada de supervisar Chile desde la ONU que es Silvia Rucks.[30] Esta fiscalización de la ONU es tan clara que los ministerios de Chile están sometidos a la supervisión de cerca de una veintena de agencias de la ONU.

[29.] https://www.youtube.com/watch?v=9cRJ0DWOCwo.
[30.] https://www.youtube.com/watch?v=VHmQ0XMtg6g.

Así, el Programa de Naciones Unidas para el Desarrollo Sostenible —PNUD— entregó las claves para la nueva constitución. De esta manera, el comité de derechos económicos, sociales y culturales de la ONU solicitó a Chile que garantizara los derechos económicos, sociales y culturales en la nueva constitución enfatizando que hay profundos niveles de desigualdad en Chile. La manera en que todo se concretó encajaba de manera total en la agenda globalista. El discurso político se centró en la lucha contra la desigualdad, una bandera impulsada por la agenda globalista y la izquierda, así como en las leyes de género. Silvia Rucks ha insistido en ir en esa línea ya o de lo contrario se tardarán doscientos años en llegar a la equidad.[31] En una entrevista, señaló incluso que los temas más urgentes son la aprobación de leyes de violencia de género, una ley de cuotas en el ámbito privado y la revisión de todos los currículos para incorporar la igualdad y la inclusión. A lo anterior se uniría el impulso del aborto de manera generalizada, ya que en la nueva Constitución desaparecerá la protección del ser humano por nacer.

En contra de los que han insistido en ver la mano de Cuba y Venezuela —dos naciones que han sido incapaces de mantener en el poder al boliviano Evo Morales— tras la crisis chilena, la realidad es que existen abundantes indicios para afirmar que lo que está sufriendo la nación hispanoamericana, en otra época, próspera y tranquila, es, sustancialmente, un golpe de estado que pretende convertir a Chile en un simple protectorado de los programas globalistas.

Lamentablemente, todo parece indicar que de la nueva Constitución chilena no brotarán ni la libertad ni la prosperidad ni la igualdad salvo que por tal igualdad se entienda la igualdad en la miseria. Lo que surgirá, previsiblemente, será una nación esclava sometida a las directrices de la agenda globalista en cuestiones como el aborto, la ideología de género, la educación o el matrimonio homosexual. Para remate, su economía pasará a ser una economía sin libertad y sometida a burócratas que no traerán jamás la riqueza como no lo han hecho en ninguna

31. https://www.latercera.com/nacional/noticia/silvia-rucks-coordinadora-onu-chile-no-se-realizan-nuevas-acciones-requerir-200-anos-llegar-la-equidad/560049/.

parte del mundo. Guste o no, Chile corre un serio riesgo de convertirse en un protectorado al servicio de una agenda globalista.

Colombia, la subversión anunciada

Apenas habían pasado unas semanas del inicio de la subversión en Chile, cuando quien escribe estas líneas anunció que en Colombia iba a desencadenarse otro proceso subversivo también desde la calle, también al servicio de la agencia globalista y también con la izquierda actuando como «tonto útil».[32] Sobraban razones para preverlo todo.

A inicios del presente siglo, el presidente colombiano Álvaro Uribe puso en marcha su política de Seguridad democrática para combatir, de una vez con firmeza, a las guerrillas y a las Autodefensas Campesinas o paramilitares. Previamente, el gobierno de Andrés Pastrana había fracasado en los diálogos del Caguán, que, al entregar territorio al grupo narcoterrorista conocido como las FARC, permitieron que éstas extendieran su poder militar en muchas zonas del país. La política de Uribe expulsó a los narcoterroristas de zonas que antes controlaban, acabó con sus principales cabecillas (Raúl Reyes, el *Mono Jojoy*, Alfonso Cano) y diezmó a las FARC que comprendieron que no iban a poder tomar el poder mediante la violencia armada. Es posible que Uribe creyera que el grupo narcoterrorista acabaría abandonando las armas a cambio de solo pasar ocho años en la cárcel por los delitos cometidos. Igualmente parece que estaba convencido de que esa meta la alcanzaría ya no él, sino Juan Manuel Santos, su ministro de Defensa, quien, dicho sea de paso, logró ganar las elecciones presidenciales de 2010 gracias al apoyo de Uribe. No fue así.

En contra de lo esperado, el presidente Santos marcó distancias desde el principio con la política de Uribe y, por el contrario, se acercó al venezolano Hugo Chávez hasta el punto de llamarle su «nuevo

[32.] https://cesarvidal.com/la-voz/editorial/editorial-colombia-hacia-el-golpe-de-estado-esta-semana-18-11-19.

mejor amigo».[33] En paralelo, dejó de acosar a las FARC e inició conversaciones secretas con el grupo narcoterrorista al que Chávez había convencido de que podían llegar al poder por la vía electoral como había sucedido con él. Para lograr sus objetivos, Santos no tuvo en consideración que las FARC había cometido horribles delitos que incluían, además de centenares de miles de muertes, 27.000 secuestros, 25.000 desaparecidos y seis millones de desplazados. De igual manera, Santos pasó por alto que las FARC se habían convertido en el tercer cartel mundial del narcotráfico, con ingresos de 600 millones de dólares al año. Por el contrario, Santos eligió como intermediarios en este proceso de negociación a los gobiernos de Cuba y Venezuela, que eran afines ideológicamente a los narcoterroristas de las FARC.

Tras cuatro años de negociaciones, el Acuerdo final incluía cesiones como la impunidad penal, ya que los narcoterroristas no pagarían ni siquiera por los denominados crímenes contra la Humanidad. Por el contrario, tendrían una temporal restricción de la libertad en zonas previamente acordadas donde realizarían «trabajos, obras o actividades reparadoras y restaurativas, programas de protección del medio ambiente, de desarrollo rural, de eliminación de residuos o reparación de infraestructura». Hay que señalar que, a diferencia de la suerte que Santos pactaba con los narcotraficantes, no pocos de los militares que los combatieron y estaban siendo investigados o ya habían sido condenados (muchos de ellos injustamente) se mantienen en centros de reclusión militar.

Por añadidura, la justicia transicional —un concepto que cada vez debería provocar más suspicacias— pactada con los narcoterroristas bajo la denominación de Jurisdicción especial para la paz estaría formada por instancias extranjeras y tendría facultades y poderes que sobrepasarían los de los tribunales del país. De hecho, la Fiscalía General, la Procuraduría y la Contraloría perderían sus competencias de carácter penal e incluso sus resoluciones podrían ser revisadas e incluso anuladas. Por si todo lo anterior fuera poco y en una clara

[33.] https://www.semana.com/mundo/articulo/santos-dice-chavez-su-nuevo-mejor-amigo/124284-3.

capitulación del poder judicial ante la voluntad de los narcoterroristas, además, los fallos de la Jurisdicción especial para la paz no admitirían doble instancia.

En conjunto, estas concesiones convertían a los narcoterroristas en un verdadero poder legislativo que controlaba al judicial con la complacencia del ejecutivo. Lamentablemente, los acuerdos de La Habana no concluían ahí. Por si todo lo anterior fuera poco, el narcotráfico pasó a convertirse en un delito conexo al de rebelión y podría seguir siendo ejercido como inmensa fuente de recursos de las FARC, transformadas en partido político. De hecho, la decisión del gobierno de Santos de suspender la fumigación con glifosfato de los extensos cultivos de coca de las FARC produjo un considerable aumento de éstos en los dos años anteriores. A día de hoy cubren nada menos que 170.000 hectáreas. En el colmo de la burla y a pesar de los recursos de la droga, las FARC, por supuesto, declararon que carecían de recursos y que no repararían los daños causados a sus víctimas. Y ahí no acababa todo...

El Acuerdo incluía también la entrega de diez escaños directos o curules a los narcoterroristas durante ocho años y sin el necesario respaldo en votos. Además habría otros dieciséis en la cámara de representantes procedentes de las circunscripciones especiales de paz ubicadas en áreas donde las FARC disfrutan de una presencia dominante. Por añadidura, el futuro partido político surgido de las FARC recibiría el 10% de los recursos que el estado destina al conjunto de los partidos. Además disfrutaría de un 5% adicional para financiar la mejor difusión de su plataforma ideológica y tendría acceso a 31 emisoras de radio y a un nuevo canal de televisión. De esa manera, los narcoterroristas percibirían unos beneficios, nunca antes concedidos a partido político alguno en la Historia de Colombia. A ellos se sumarían los derivados de la denominada reforma rural integral que crearía un fondo de tierras de distribución gratuita y de carácter permanente que controlarían los narcoterroristas.

No hay que ser especialmente agudo para percatarse de que los términos del acuerdo vulneraban totalmente el ordenamiento jurídico colombiano y además —un aspecto ante el que se han cerrado los ojos de manera contumaz— abrían la puerta al asalto del poder a lo cha-vista... ¡todo ello con el dinero de los ciudadanos y el respaldo del pro-pio presidente! Para ser honrados, Santos no era el único interesado. El acuerdo tenía el respaldo expreso de las dictaduras hispanoamerica-nas, de la banda terrorista ETA o del partido español Podemos, pero —no nos engañemos— también de la Santa Sede —el papa Francisco anunció expresamente su propósito de viajar a Colombia en cuanto fuera aprobado en referéndum— del departamento de estado de los Estados Unidos y de la diplomacia española entre otros. Puestos a reci-bir apoyos, también se lo dio el *lobby* gay que insistió en el curso de la campaña en que respaldarlo significaba que la ideología de género se incluiría en la educación e incluso en la constitución de Colombia.

Por si todo no fuera suficiente, el proyecto vino acompañado con una propaganda más que cuestionable desde una perspectiva moral que igualaba la capitulación ante los narcoterroristas con la paz mien-tras que la defensa de la integridad, de la justicia y de las víctimas se equiparaba con el belicismo. Añádase además no pocas irregularida-des de carácter jurídico o las presiones a los funcionarios para que orientaran su voto en la dirección que deseaba el presidente Santos. Y entonces sucedió lo impensable.

A pesar de las unánimes encuestas que daban por vencedor al sí, el pueblo votó no. Entonces se produjo algo típico de la cultura hispa-no-católica: el poder despreció la voluntad popular. Mientras que en Gran Bretaña, el resultado del referéndum del Brexit fue respetado por todas las instituciones; en Colombia, el presidente Santos man-tuvo el acuerdo con las FARC —rechazado por el pueblo— incluidos todos los aspectos relacionados con la ideología de género. Al final, la voluntad popular fue burlada y a Santos incluso le otorgaron el pre-mio Nobel de la paz que, por cierto, también han recibido, entre otros, alguna indígena embustera, alguna monja no sobrada de escrúpulos, amén de antiguos terroristas y bombardeadores reincidentes.

Hasta qué punto esa burla de la voluntad expresada por el pue-blo unida a la implantación de la ideología de género resultan intole-rables puede verse si nos detenemos a reflexionar sobre alguno de los crímenes perpetrados por las FARC. Porque a numerosos crímenes de guerra como el secuestro, tortura, y asesinato de civiles, las FARC añadieron de manera masiva los actos de violencia sexual contra menores. De acuerdo con los datos proporcionados por el Observatorio Nacional de Memoria y Conflicto del Centro Nacional de Memoria Histórica (CNMH), las niñas y los adolescentes fueron el grupo de población que más ha sufrido la violencia sexual durante el conflicto armado.[34] Niños y adolescentes no solo padecieron esas atrocidades de manera directa, sino también como testigos de esta violencia contra sus madres, hermanas y familiares encargadas de su cuidado. Del total de 15.076 personas que fueron víctimas de violencia sexual en el conflicto armado desde 1958, al menos 5.013 fueron niñas y adolescentes. De esas 5.013 víctimas, 2.094 fueron criaturas con edades situadas entre los 10 y los 14 años. El mayor número de víctimas femeninas se registró en el abanico de 15 a 19 años, con 2.865 casos.

Estos datos consignados en el informe nacional: «La guerra inscrita en el cuerpo», del CNMH[35] coincide con el análisis de las siete sentencias expedidas en Justicia y Paz sobre el accionar paramilitar. Así, de 57 casos de violencia sexual, 24 fueron ejercidos sobre niñas y adolescentes, entre los 9 y 17 años, es decir, el 42%. De manera pavorosa, todos los actores armados, legales e ilegales, tenían una fijación con la virginidad de niñas y adolescentes.

De esa violencia sexual, no quedaron exentos los niños varones a los que se violó como mecanismo de humillación y chantaje que potenció la culpa y estigmatización de los agredidos, según reconoce el informe. Los varones fueron violados especialmente durante la infancia y la adolescencia. Según el informe, «Entre los 10 y los 14 años se presenta el mayor número de víctimas masculinas con 137 registros, seguida del rango que abarca los 15 y los 19 años con 132». Fue el caso, por ejemplo, del niño Rogelio, violado cuando tenía 5 años, en el municipio de San Carlos, al oriente de Antioquia, en 1992. Cuando salía del

34. http://www.centrodememoriahistorica.gov.co/noticias/noticias-cmh/262-197-muertos-dejo-el-conflicto-armado; https://www.elpais.com.co/elpais/archivos/bastaya.pdf.
35. http://www.centrodememoriahistorica.gov.co/informes-2017/la-guerra-inscrita-en-el-cuerpo.

colegio fue interceptado por dos hombres de las FARC. Uno lo violó, mientras el otro vigilaba. Rogelio no habló del tema con su familia, porque fue amenazado y porque además sentía vergüenza.

Los niños y adolescentes de ambos sexos de lugares como Norte de Santander, Tolima, Magdalena, Bolívar, Sucre, Valle del Cauca, Arauca, Córdoba, Nariño y Antioquia fueron objeto de violaciones en un estado de pavor continuo. Por cierto, esa violencia sexual sigue presente en los territorios y zonas más pobres, en las vidas y cuerpos de los menores, sin que el estado lo evite, prevenga o sancione. Así, según la Coalición contra la vinculación de niños, niñas y jóvenes al conflicto armado en Colombia (Coalico), existe una modalidad de explotación sexual denominada «chongos móviles», que consiste en llevar a niños de ambos sexos de vereda en vereda para que los actores armados puedan violarlos. Igualmente en Medellín, por dar otro ejemplo del informe, la explotación sexual de niñas y adolescentes «... se ha convertido en una fuerte forma de financiación de los grupos armados, que han llegado incluso a subastar, a través de Internet, las virginidades de las niñas sometidas, bien sea mediante seductoras promesas económicas o mediante amenazas e intimidaciones». A pesar de lo espantoso de la situación, Lorena Murcia, presidenta de la Corporación Rosa Blanca, que representa a varias víctimas de las antiguas FARC, aseguró que en la Jurisdicción Especial para la Paz, no han querido recibir sus denuncias sobre los delitos sexuales. Que semejantes atrocidades quedaran impunes por voluntad de Santos y de los impulsores de la agenda globalista obliga a reflexionar.

En agosto de 2018, Iván Duque ganó las elecciones presidenciales en Colombia. Aunque Iván Duque está ubicado en el centro derecha, el hecho de que sus posiciones hayan sido menos favorables a la política de concesiones del presidente Santos lo colocó desde el principio en el punto de mira de la izquierda, pero también de todas las entidades que fueron partidarias de favorecer a los narcoterroristas de las FARC y el avance de la ideología de género. Desde su llegada al poder, Duque se ha enfrentado a una oposición encarnizada a causa de la política de seguridad enfocada en el combate contra el narcotráfico y los cultivos ilegales, además de su intento de modificar el pacto con las FARC, el grupo terrorista más poderoso de América. Esa oposición aún se radicalizó más con el anuncio de un sector de las FARC de que regresaba a la lucha armada y con la victoria electoral de las izquierdas en las recientes elecciones municipales donde, por ejemplo, en Bogotá se hizo con la alcaldía una lesbiana, defensora encarnizada de la ideología de género y de la agenda globalista.

No resultaba difícil prever que Colombia se vería sometida, a no mucho tardar, a un proceso de subversión semejante al que ya estaba sufriendo Chile y utilizando exactamente la misma metodología. Así, se convocó para el 21 de noviembre un denominado paro nacional que intentaba justificarse refiriéndose a demandas sociales y al bombardeo por fuerzas del ejército sobre un campamento de las FARC, bombardeo en el curso del cual murieron menores utilizados por los narcoterroristas para sus acciones.

La protesta, convocada desde el pasado mes de octubre, por la Confederación General de Trabajadores, la Confederación de Trabajadores de Colombia y las centrales obreras, contaba además con el respaldo de diferentes movimientos estudiantiles, organizaciones sindicales, sociales y políticas así como gente vinculada a los medios de comunicación y al mundo del espectáculo. Igualmente, apoyó el paro la FARC, el brazo político del grupo narcoterrorista FARC. Sin embargo, hubiera sido muy erróneo descargar la responsabilidad de la subversión en las fuerzas de izquierda de manera exclusiva. Al igual que había sucedido en Chile unas semanas antes, a la convocatoria de protesta nacional se sumó también la Conferencia episcopal católica colombiana en un gesto que sorprendió a muchos, pero que encajaba con la propia línea marcada por el Vaticano.[36] De hecho, en su documento al respecto, la Conferencia episcopal colombiana apelaba directamente al papa Francisco.

La Escuela Nacional Sindical señaló diez puntos que, en teoría, serían la causa de la convocatoria del paro nacional, y que incluían ir en contra

---

[36.] https://www.semana.com/nacion/articulo/paro-nacional-21-de-noviembre-la-iglesia-catolica-se-pronuncia/640284.

de la reforma laboral y de las pensiones, en contra de la reforma que permitiría auditar los fondos del Estado por una entidad externa, en contra de las privatizaciones del sector eléctrico, contra la corrupción, contra la subida de las tarifas de energía y contra la reforma fiscal que implicaría una bajada de impuestos para las sociedades. Junto con el programa contrario a las supuestas reformas, el paro nacional convirtió en bandera el salario mínimo, a las organizaciones de funcionarios, estudiantes e indígenas y la ampliación de los límites legales de la protesta social. El presidente de la República, Iván Duque Márquez, durante semanas, intentó mostrar a la opinión pública que buena parte de las banderas esgrimidas por los organizadores del paro nacional no se correspondían con la realidad. Sin embargo, fue inútil que señalara que no existía ningún plan gubernamental de bajar el salario mínimo, sino que había intentado pactar un aumento y que tampoco defendía el retraso de la edad de jubilación o el aumento de la cotización de los trabajadores.

Como en otras naciones de Hispanoamérica, en Colombia, se intenta también avanzar la agenda globalista debilitando la posición del presidente actual mediante la conjunción de organizaciones de izquierdas, indígenas y estudiantiles. Ese proyecto, apenas ocultamente golpista, dio inicio con un gran paro nacional apoyado incluso por la Conferencia episcopal colombiana. De esa manera, Colombia se convertía en la siguiente pieza en caer mediante una acción ilegal y subversiva, que obedece a la agenda globalista, que se viste con una supuesta legitimidad social que no pasa de ser demagogia y que cuenta con el respaldo de los obispos. Si el resultado va a ser la rendición de Duque sólamente o la toma del poder por fuerzas de distinto tipo dispuestas a impulsar la agenda globalista es algo que, de momento, no se puede determinar. Que uno de los objetivos puede ser un cambio constitucional resulta más que posible.

¿Qué sucedería si en Hispanoamérica, finalmente, triunfa la agenda globalista? No es difícil imaginar el más que posible panorama. Nos encontraríamos con un conjunto de naciones vacías de soberanía, semejantes a cáscaras de huevo a las que les hubieran extraído la yema y la clara. En ellas, podrían incluso seguir existiendo instituciones formalmente democráticas, pero todas y cada una de las naciones no pasarían, en realidad, de ser protectorados sometidos a un poder supranacional que las gobernaría a su antojo. ¿Exceso de imaginación? En absoluto. A decir verdad, esa situación existe ya desde hace años en otra parte del mundo.

CAPÍTULO XVIII

EL FINAL DE LA INDEPENDENCIA NACIONAL (III): África

Los genocidios no son cosa del pasado

Si la Unión Europea se encuentra en una peligrosa senda de disolución cultural impulsada por organismos que carecen de legitimidad democrática e Hispanoamérica corre el riesgo de convertirse en un rosario de protectorados sometidos a la agenda globalista, buena parte de África nos muestra ya el panorama hacia el que podría estar evolucionando la situación mundial. Los medios de comunicación rara vez se refieren a este continente, los ciudadanos de a pie tendrían problema para poder distinguir la mayoría de sus países en un mapa mudo y, sin embargo, en África donde viven más de mil millones de habitantes y se concentran riquezas indispensables para el planeta no existen la democracia, ni la libertad, ni el respeto por los derechos humanos. El lugar de todas esas circunstancias ha sido ocupado por las guerras civiles, los golpes de estado, el neocolonialismo e incluso el genocidio. En las siguientes páginas, nos detendremos en tres simples botones de muestra de lo que es África a pesar de que el silencio más absoluto descienda sobre el continente, a pesar de que solo se mencione en los medios cuando se quiere justificar una invasión y a pesar de que millones de personas sufren y mueren sin que a casi nadie en el resto de los continentes pueda importarles y, sobre todo, sin darse cuenta de que ése puede ser su destino el día de mañana.

En 2019, se cumplió el vigésimo quinto aniversario de unos hechos terribles. Ruanda es una nación que en 1994 se hallaba dividida fundamentalmente en dos etnias. La mayoría hutu que formaba el 80% de la población y la minoría tutsi que apenas llegaba al 20%. A pesar de su carácter minoritario, los tutsis ambicionaban apoderarse del poder en Ruanda e incluso extenderlo a otras naciones en la región africana de los Grandes Lagos. El 4 de agosto de 1993, el gobierno francés logró que hutus y tutsis firmaran un acuerdo que les obligaba a compartir el poder. Sin embargo, un partido tutsi, el Frente Patriótico Ruandés (FPR), estaba decidido a conquistar el poder absoluto a pesar de representar solo a la minoría tutsi. Con esa finalidad, el 6 de abril de 1994, el Frente patriótico ruandés que actuaba en el exilio llevó a cabo el asesinato del presidente de Ruanda —que era hutu— derribando su avión. En paralelo, el FPR creó una emisora de radio donde sembró el odio contra los hutus llamada Radio Muhabura. En reacción a esta radio, se creó la radio de las mil colinas desde donde se llamaría al asesinato de los tutsis.

El FPR sabía que el asesinato provocaría represalias, pero decidió llevarlo a cabo pensando que los hutus darían muerte a unos centenares de tutsis y así el FPR tendría excusa para invadir Ruanda y apoderarse del gobierno. La reacción de la minoría hutu superó la previsión del FPR y, en el curso de un centenar de días, los tutsis asesinados fueron sumando cifras de centenares de miles hasta alcanzar al 75% de los que vivían en Ruanda. Con todo, la matanza no se limitó a los tutsis y se procedió también al asesinato de millares de hutus que no se sumaron a los crímenes. Por si fuera poco, el genocidio perpetrado contra los tutsis abrió la puerta a que éstos invadieran el país al mando de Kagame, sometieran a la mayoría hutu e implantaran una dictadura que llega hasta el día de hoy.

A decir verdad, las matanzas de hutus y su opresión por parte de la minoría tutsi han sido comunes durante el último cuarto de siglo, aunque los medios de comunicación y las cancillerías lo hayan silenciado. Así, si Francia respaldó a la mayoría hutu en el gobierno de Ruanda, con posterioridad, los Estados Unidos han apoyado el dominio cruento de la minoría tutsi.

Papel esencial en los crímenes fue el desempeñado por la iglesia católico-romana que no dudó en apoyar las matanzas en no pocos casos al considerar clérigos hutus que había que exterminar a los tutsis o al permitir que se llevaran las matanzas masivas incluso en el interior de templos. Ese fue el caso, por ejemplo, de los cinco mil asesinados en la iglesia católica de Ntarama el 15 de agosto de 1994. El lugar es ahora considerado uno de los seis mayores memoriales de Ruanda.

También hubo clérigos genocidas como el padre Athanase Seromba que ordenó que su iglesia fuera aplastada con *bulldozers* mientras en su interior se refugiaban dos mil tutsis. Fue también el caso del padre Wenceslas Munyeshyaka[1] que elaboró listas de gente que tenía que ser exterminada y violó a varias mujeres jóvenes como quedó establecido ante el tribunal de criminales internacionales de la ONU.

Estas acciones execrables derivaban del maridaje de la iglesia católico-romana con el régimen, ya que el arzobispo Vincent Nsengiyumva formó parte del comité central del partido en el poder durante casi quince años, en una época en que se aprobaban políticas que discriminaban a los tutsis.[2] El arzobispo Nsengiyumva no sólo no hizo nada para detener las matanzas, sino que, por añadidura, se negó a considerarlas un genocidio y además logró que varios sacerdotes, monjes y una monja tutsis fueran asesinados.

La propia iglesia católico-romana en Ruanda reconoció que miembros de su clero habían planeado, ayudado y perpetrado el genocidio y que se habían negado a reconocer su complicidad en los crímenes. De manera comprensible, la Organización de la Unidad Africana señaló

---

1. https://www.newtimes.co.rw/section/read/193499; https://www.theguardian.com/world/2014/apr/07/rwanda-genocide-20-years-priests-catholic-church.
2. https://www.theguardian.com/world/2002/apr/05/chrismcgreal.

que la iglesia católico-romana había ofrecido un «apoyo indispensable» al régimen hutu durante las matanzas y que los dirigentes de la iglesia católica representaron un «papel escandalosamente notable» en el genocidio. Esta conducta, según la OUA, tuvo como consecuencia que muchos católico-romanos decidieran apoyar las matanzas.

Como sucedió con los nazis y otros criminales de guerra al término de la segunda guerra mundial, la iglesia católico-romana creó una red para ayudar a huir a los genocidas. Fue el caso del sacerdote Munyeshyaka al que se encargó el cuidado de una parroquia en Gisor, Francia, o el del padre Seromba que se convirtió en párroco en Florencia y que sería, finalmente, condenado a cadena perpetua.[3]

Tras dos décadas en que el Vaticano negó el papel de la iglesia católico-romana en las atrocidades genocidio, el propio papa Francisco reconoció, tras un encuentro con el presidente ruandés, el tutsi Paul Kagame, «fallos» de la iglesia y de sus miembros, un término ciertamente suave para referirse al genocidio.[4]

De manera bien significativa, si un cuarto de siglo antes de 2019, Ruanda contaba con más de un 90% de ciudadanos miembros de una confesión religiosa cristiana siendo un 50% católico-romanos y un 50% protestantes, después del genocidio un número espectacular de católico-romanos ha abandonado su iglesia para convertirse en miembros de una iglesia evangélica.

El genocidio ruandés permitió al FPR presentarse como liberador, implantar una dictadura que dura hasta hoy y proceder al asesinato de más de doscientos mil hutus de los que nadie habla. A día de hoy, Ruanda sigue bajo una dictadura de la minoría tutsi, y los crímenes y las violaciones sistemáticas de derechos humanos se siguen perpetrando aunque los medios no digan una palabra al respecto.

El genocidio de Ruanda ha sido uno de los episodios más terribles y manipulados de las últimas décadas. La versión oficial ha consistido en cargar todas las culpas sobre los hutus y sobre la pasividad de la ONU.

---

3. https://www.protestinfo.ch/200803174617/4617-condamnation-a-perpetuite-du-pretre-rwandais-athanase-seromba-pour-sa-participation-au-genocide.html; https://www.liberation.fr/planete/2001/07/18/un-pretre-rwandais-cache-en-italie_371878.
4. https://www.milenio.com/internacional/papa-disculpa-pecados-iglesia-genocidio-ruanda.

Incluso de manera excepcional, se ha afirmado que Francia, como potencia occidental dominante, también tenía su responsabilidad en lo sucedido. Así ha quedado consagrado en películas, documentales, series de televisión y libros. La realidad es mucho más amplia, terrible y perdurable.

De entrada, el desencadenamiento de la violencia vino de un acto consciente de las fuerzas tutsis en el exterior que asesinaron al presidente ruandés hutu para provocar una reacción contra los tutsis que justificara su invasión del territorio. El acto terrorista iba a ser el camino que permitiría a los tutsis del exterior ocultar sus crímenes y presentarse como libertadores. La realidad, sin embargo, es que sin ese perverso plan tutsi, no habrían existido matanzas de tutsis ni la cadena de dramas que llegan hasta hoy. En segundo lugar, la responsabilidad afecta a los hutus que se dejaron arrastrar a la campaña de odio desencadenada por los atentados tutsis y que pretendieron exterminar a estos en masa. En tercer lugar, existió una clara responsabilidad de Francia y de la ONU que no quisieron intervenir en el conflicto, en el primer caso, porque significaba mantener en el poder a la mayoría hutu con la que se mantenía buenas relaciones y en el segundo por la irresponsabilidad de pensar que todo quedaría bajo control. En cuarto lugar, se produjo una terrible responsabilidad de la iglesia católico-romana que, como es habitual, se movió de acuerdo no a principios morales, sino a lo que consideró sus intereses y cuyos ministros, incluyendo obispos, quienes no sólo no contuvieron el genocidio, sino que lo alentaron y participaron en él de manera masiva y sanguinaria aunque implicara incluso el asesinato de clérigos católico-romanos que eran tutsis. Como es habitual en la iglesia católica, ayudó a huir y protegió a los clérigos que eran criminales y, a día de hoy, aunque ha lamentado lo sucedido nunca ha pedido perdón. En quinto lugar, no puede negarse el papel de los Estados Unidos que favoreció la invasión de Ruanda por tutsis afincados en el exterior y que ha sostenido al gobierno dictatorial, minoritario y tutsi de Kagame.

Finalmente, es innegable la responsabilidad de los medios de comunicación que han dado carpetazo al genocidio pasado para olvidar y ocultar la terrible desgracia de la mayoría hutu sometida desde hace un cuarto de siglo a la minoría tutsi. Ese drama ha costado también centenares de miles de vidas y sigue unido a los sufrimientos de centenares de miles de refugiados, pero nada indica que contará con películas, libros o documentales que lo narren.

La tragedia de Ruanda —que comenzó hace más de 25 años— no ha terminado y pone de manifiesto lo terrible de una política internacional que nunca se narra. Se trata de la conducta de unas fuerzas políticas que solo piensan en la aniquilación del adversario, aunque eso implique la muerte de los propios, la de unos poderes neocoloniales que se mueven únicamente a instancias de ansias de poder y latrocinio de las materias primas, la de una iglesia católico-romana siempre aliada con los que piensan que van a imponerse, aunque el cálculo salga no pocas veces mal, la de una inoperancia angustiosa de las instancias internacionales y la de unos medios de comunicación dispuestos a callar ante el horror. El genocidio sigue existiendo en naciones a las que se incluye en la lista de las democracias sólo porque existen varios partidos y se celebran elecciones cuando, en realidad, no pasan de ser protectorados donde puede llegar a estallar una matanza masiva. Esos protectorados, en ocasiones, constituyen incluso imperios coloniales.

La Françafrique[5]

Para muchos, África aparte de ser un continente lejano y desconocido es un lugar, donde, tras la Segunda Guerra Mundial, desaparecieron, más o menos tarde, todos los poderes coloniales. Semejante visión de

---

5. J-P. Bat, «Le rôle de la France après les indépendances» dans Afrique Contemporaine. Cairn.Info, el 11 de marzo de 2011, https://www.cairn.info/revue-afrique-contemporaine-2010-3-page-43.htm; J-L. Borloo, «Les relations entre la France et l'Afrique» dans Geoéconomie, Cairn.Info, el 23 de septiembre de 2013, https://www.cairn.info/revue-geoeconomie-2013-3-page-7.htm; T. Chanda, «Défense: Que Fait l'armée Française En Afrique?–RFI», RFI Afrique, el 15 de septiembre de 2018, https://www.rfi.fr/afrique/20181115-evolution-presence-militaire-francaise-afrique-depuis-1960-base-opex-alliance; J-P. Chrétien, «Indépendances de l'Afrique Francophone», FranceArchives, 2010; P. Hugon, «La Politique économique de la France en Afrique la fin des rentes coloniales?», Cairn.Info, el 15 de noviembre de 2012, https://www.cairn.info/revue-politique-africaine-2007-1-page-54.htm?try_download=1; D. Servenay, «Les Accords Secrets Avec l'Afrique: Encore d'époque?», L'Obs, el 26 de julio de 2007, https://www.nouvelobs.com/rue89/rue89-politique/20070726.RUE1127/les-accords-secrets-avec-l-afrique-encore-d-epoque.html.

África es, a lo sumo, una media verdad porque el continente, con los matices y excepciones que se deseen, está sujeto en buena parte a un régimen neocolonial en el que las nuevas naciones no pasan de ser protectorados. Es el caso de la denominada Françafrique o Franciafrica. El general De Gaulle, presidente de Francia, al tiempo que desarrollaba el proceso de descolonización supo dar los pasos para seguir rigiendo la política africana y nombrar incluso a los presidentes de las nuevas naciones. Al frente del empeño, colocó a Jacques Foccart, un veterano de los servicios secretos. Foccart cooptó a Maurice Robert, que dirigía el servicio africano del SDECE, el equivalente francés de la CIA. De manera inmediata, los presidentes africanos fueron designados por Francia. Fue el caso, desde luego, de Houphouët-Boigny, primer presidente de Costa de Marfil y de Léopold Senghor, primer presidente de Senegal. En ambos casos, se trató de dirigentes sumisos dispuestos a aceptar el papel rector de Francia entre bastidores. El resultado de ese nombramiento de presidentes resulta absolutamente elocuente. En Gabón, Omar Bongo, que sucedió al presidente Léon M'ba en 1967 bajo la dirección de Francia, se mantuvo en el poder hasta 2007. Fue sucedido por su hijo Ali Bongo. En el Congo-Brazzaville, Denis Sasson-Nguesso se mantuvo como presidente desde 1979 a 1992, regresando al poder en 1997 tras un golpe de estado. En Camerún, Paul Biya gobierna desde 1982. En Guinea Ecuatorial —una antigua colonia española— Teodoro Obiang Nguema llegó al poder en 1979 y no ha dejado de ganar elecciones siempre con no menos del 95% de los votos. Por supuesto, algunos presidentes no se sometieron a Francia, como fue el caso de Silvanus Olimpio, el primer presidente de Togo. En esos casos, su vida terminó con un asesinato.

Esta realidad pavorosa —y desconocida— no debería sorprender. A través de acuerdos que no pocas veces se suscribieron en secreto, las nuevas naciones africanas sometieron su economía, su moneda, su cultura, su ordenamiento jurídico y sus fuerzas armadas a Francia. De hecho, el francés siguió siendo el idioma de las antiguas colonias, y el franco CFA se convirtió en su moneda. El papel, supuestamente asesor de Francia, en terrenos como el orden público o las fuerzas armadas, permitió que la potencia europea tuviera sometidas a las naciones supuestamente independientes. Justo después de la Declaración de Independencia, Francia firmó acuerdos con Camerún, la República Centro-africana,[6] las Comores, la Costa de Marfil, Djibuti, Gabón, Senegal y Togo que convirtieron a estas naciones en protectorados. En lugar de independencia, lo que tuvo lugar fue la sustitución del colonialismo antiguo por un colonialismo nuevo.

Ciertamente, Francia ha gastado en estas décadas distintas sumas en ayuda al desarrollo. Sin embargo, al cabo de más de medio siglo, todas esas naciones continúan siendo dependientes y extremadamente pobres. La razón fundamental es que el dinero que, a través de los impuestos, es arrebatado a las clases medias francesas no va a parar a los miserables africanos, sino a las castas políticas corruptas. Guste o no aceptarlo, el despojo impositivo de las clases medias del norte no soluciona ningún problema salvo el de aumentar la fortuna de las corrompidas oligarquías del Tercer mundo.

La situación no cambió con el fin de la Guerra Fría, con la ampliación de la Unión Europea o con la globalización. Francia es, en la actualidad, el segundo exportador europeo a África, detrás de Alemania. De hecho, una tercera parte de las exportaciones francesas tiene como destino el continente africano. Una nación como Costa de Marfil significó en 2018 un 32% de las exportaciones francesas a África occidental. No sorprende que Business France, una agencia pública francesa, organice cada año misiones de exportación llamadas Ambition Afrique. A fin de cuentas, el superávit de Francia en relación con todas y cada una de estas naciones africanas es verdaderamente espectacular.

En 2017, había más de dos mil empresas subsidiarias francesas en África. Su peso en las economías africanas es tan colosal que puede afirmarse que ni una sola de ellas podría subsistir sin la presencia francesa. En el terreno de la energía, la dependencia de las naciones africanas citadas respecto a Francia es total. Enorme es también el peso en

6. Sobre la intervención en este lugar inmensamente rico y no menos inmensamente desconocido, véase: Louisa Lombard, *State of Rebellion, Violence and Intervention in the Central African Republic* (Londres, 2016).

el área de los transportes con Air France, de la industria con Lafarge, de construcción con Bouygues y Sogea-Satom, de servicios con BNP Paribas y Bolloré; de distribución masiva con CFAO, de agro-industria con Bel, de telecomunicaciones con Orange —más de cien millones de clientes africanos en 19 países— y France Telecom. Tres bancos franceses —Banque National de Paris, Société Générale y Crédit Lyonnais— controlan el 70% de la actividad bancaria en la zona Franc CFA. El franco CFA tiene un cambio de 655 por euro y permite que Francia controle la economía de las citadas naciones africanas.

La Comunidad financiera africana o Cooperación Franco (CFA Franc) creada en 1945 por De Gaulle es la última divisa colonial en funcionamiento y permite que el CEMAC (Banco Central de Estados Africanos) y el UEMOA (Banco Central de los estados de África occidental) tengan incluso el derecho de vetar decisiones económicas bajo la inspiración del Banco de Francia. Por si fuera poco, las naciones de la zona del CFA Franc tienen la obligación de depositar el 50% de sus excedentes de divisas en una cuenta de operaciones francesas. Al fin y a la postre, los protectorados de Francia en África no pueden devaluar moneda, ni crearla según sus intereses y además han de comprar en euros, que es una moneda más fuerte que el dólar en el que venden. Sometidos a ese control colonial, no puede extrañar que la República Democrática del Congo[7], que tiene cobalto, oro y diamantes, o Níger, que cuenta con uranio, estén entre los diez países más pobres del mundo. Todo ello sin contar el impacto inmenso de la corrupción, el daño causado por industrias como la del uranio o la continua presencia militar de Francia.

Desde los años sesenta del siglo XX, Francia ha desencadenado no menos de sesenta operaciones militares en África. Para comprender el peso del intervencionismo armado francés baste decir que de sus fuerzas Opex —supuestamente destinadas a mantener la paz— el 45% están desplegadas en África. De sus fuerzas desplegadas permanentemente fuera de Francia, hay bases en Djibuti, Senegal, Gabón y

---

7. Sobre la injerencia extranjera en el Congo, véase: J. K. Stearns, *Dancing in the Glory of Monsters. The Collapse of the Congo and the Great War of Africa* (Nueva York, 2011).

Costa de Marfil. Semejante presencia, sin embargo, no evitó el genocidio de Ruanda ni ha tenido especial utilidad en otros lugares del continente.

No debería sorprender que este dominio neocolonial no sea bien visto por los africanos. A decir verdad, la mayoría contempla con mejores ojos la presencia china y existe un riesgo real de que la Françafrique pueda verse sustituida por una China-africa siquiera porque las condiciones que ofrece China a los países africanos son mejores y no van unidos a ambiciones de dominio colonial. Mientras tanto, África es, en no escasa medida, una cadena de protectorados en los que no son concebibles ni la libertad ni la democracia. De hecho, incluso en aquellas naciones donde se ha insistido en que amaneció un mañana mejor, la realidad es muy diferente. La República surafricana es uno de los casos más que evidentes.

El fracaso de la República Surafricana

El 8 de mayo de 2019 se celebraron elecciones en la República Surafricana. El resultado no fue objeto de una cobertura mediática especial, quizá porque Suráfrica es uno de los fracasos más colosales sufridos por la política occidental en el continente africano y una muestra estrepitosa de los resultados del autoengaño occidental. Para entender todo, resulta obligado remontarse a más de un siglo atrás, al año 1912, cuando fue fundado en Suráfrica el Congreso Nacional Africano. Se trataba de un partido de corte nacionalista con fuertes vinculaciones con el Partido Comunista y cuyo dirigente más señalado era Nelson Mandela. El Congreso Nacional Africano optó por la realización de actos terroristas como una estrategia adecuada para acabar con el régimen de *apartheid*, lo que determinó que Mandela y algunos de sus compañeros fueran encarcelados en 1964. El propio Mandela estaría en prisión por esta causa durante veintiséis años.[8] Pero las pre-

---

8. De especial interés es David James Smith, *Young Mandela. The Revolutionary Years* (Nueva York, 2010).

siones internacionales acabaron llevando al final al régimen de *apartheid*, y en 1990, el Congreso Nacional Africano dejó de ser un partido clandestino, iniciando una toma del poder en Suráfrica que no ha tenido pausa y que se sustentó, en buena medida, en la transformación de Mandela en un icono de alcance internacional.

En 2019, el CNA ganó por sexta vez consecutiva las elecciones en Suráfrica, aunque por una diferencia menor, que en ocasiones anteriores. La victoria del CNA fue respaldada por el 56% de los electores, cuando en los anteriores comicios superaron el 62%. Con todo, este porcentaje fue suficiente para mantener la mayoría de los 400 escaños en la Asamblea Nacional (Cámara baja), que luego debía designar al presidente del país, el actual mandatario Cyril Ramaphosa.

Se mire como se mire, resulta bien significativo que solo el CNA haya ganado unas elecciones en décadas —desde 1994— y que además lo haga cuando la presidencia de Cyril Ramaphosa ha estado caracterizada, entre otras calamidades, por las elevadas cifras de crímenes en el país y de desempleo juvenil. Por añadidura, la situación económica de Suráfrica solo puede calificarse como desastrosa, y son varios los estudios que señalan que su deterioro está resultando más acelerado que el que sufren algunas naciones en guerra. Así, es común que las empresas sufran constantes cortes de energía en todo el país y que los inversores extranjeros se marchen. Por si todo lo anterior fuera poco, el CNA pretende reformar la Constitución para quitar las tierras sin compensación económica alguna a la población blanca,[9] una acción escandalosamente racista que no aparece denunciada como tal en los medios.

Por si hubiera pocos males, la única fuerza de oposición de relevancia del CNA es la Alianza Democrática cuyo número uno, Mmusi Maimane, jefe de la oposición, ha estado envuelto en casos de corrupción, lavado de dinero y evasión de impuestos.

La minoría bóer está formada por blancos de origen holandés que, en muchos casos, llegaron al territorio de Suráfrica antes que algunas etnias negras que lo habitan en la actualidad como los zulúes. Esa

---

9. https://www.bbc.com/news/world-africa-45026931; https://www.bloomberg.com/news/articles/2018-11-23/south-africa-s-path-to-land-reform-is-riddled-with-pitfalls.

minoría está viendo como única salida de futuro y —ante las perspectivas de expolio planteadas por el actual presidente— la posibilidad de la secesión.

El caso de Suráfrica es uno de los más sujetos a la manipulación de los medios de comunicación a lo largo de décadas. Durante años, la figura de Nelson Mandela —a fin de cuentas encarcelado por la comisión de actos terroristas— se vio envuelta en un aura de leyenda que acabó determinando su puesta en libertad, su glorificación y la entrega del premio Nobel de la Paz y de otros doscientos cincuenta galardones honoríficos. El hecho de que, públicamente, reconociera sus vínculos con dictadores como Fidel Castro se ocultó o se minimizó, ya que había sido convertido en un referente mediático.[10] No menos se escondieron las actividades delictivas de su mujer Winnie, que incluyeron las torturas y el homicidio y que se vieron acompañadas por una total impunidad, aunque fueron algunas de las razones que impulsaron el divorcio de Mandela. Todavía menos se ha querido ver el desarrollo ulterior de Suráfrica. Sin duda, el régimen de *apartheid* era inaceptable, pero lo que ha venido después no ha sido la andadura de una nación libre, próspera y sin conflictos raciales. A decir verdad, y a pesar de los que hayan sido los deseos mejores de Mandela, Suráfrica ha pasado de ser una nación extraordinariamente próspera, posiblemente la única que merecía ese calificativo al sur del Sahara, en un país en la ruina, con un escandaloso índice de delincuencia y una pavorosa inseguridad que afecta especialmente a la población blanca.

La corrupción rampante del CNA, los asaltos continuos contra blancos nacionales y extranjeros, el deterioro económico acompañado de perpetuos cortes de luz eléctrica, la fuga de inversores extranjeros y ahora el anuncio del saqueo generalizado de las tierras de los blancos convierten a Suráfrica en uno de los países peores del mundo y, con certeza, en uno de los más inseguros y violentos. Sin embargo, no parece que nadie quiera hablar de ello. Se incensó tanto a Mandela en el pasado,

10. https://www.youtube.com/watch?v=mtGh5VqsBI0; https://www.youtube.com/watch?v=0Abqg7iNab8; https://www.nytimes.com/2016/11/30/opinion/fidel-castro-a-south-african-hero.html?ref=nyt-es&mcid=nyt-es&subid=article.

se mitificó tanto la lucha contra el *apartheid*, se volcó tanto a la opinión pública en una causa mucho más borrosa de lo que parecía a primera vista que nadie, absolutamente nadie reconocerá jamás su error.

A decir verdad, no parece tampoco verosímil que las organizaciones feministas digan una sola palabra contra el número astronómico de violaciones de mujeres blancas. No parece verosímil que los que censuraron el dominio blanco emitan una sola crítica contra un dominio negro que oprime a los blancos y que está dispuesto a privarles de todo lo que tienen. No parece verosímil que los que boicotearon económicamente a la antigua Suráfrica pronuncien una sola palabra de queja contra la presente. No parece verosímil que los que clamaron contra la represión antigua griten ahora en favor de las víctimas del régimen del CNA. No parece verosímil que los que acusaron a gobiernos como el del presidente Reagan por mantener relaciones diplomáticas con aquella Suráfrica vayan ahora a lamentar los vínculos de gente como Mandela con dictadores como Castro o muevan un dedo para evitar la gran catástrofe que se avecina. A fin de cuentas, el mito debe ser mantenido en pie y adorado como un ídolo, aunque el coste sea que la libertad, la prosperidad y la democracia no arraiguen jamás en el continente africano... y den claves para lo que puede suceder en otras partes del mundo si triunfa la agenda globalista.

PARTE V

LA RESISTENCIA FRENTE A LA AGENDA GLOBALISTA

CAPÍTULO XIX

LOS MOVIMIENTOS PATRIOTAS Y DEMOCRÁTICOS

Viktor Orbán o la resistencia en la Unión Europea

La agenda globalista, impuesta por todos los medios, incluidos el fraude de ley y el golpe de estado, ha terminado provocando reacciones. En algunos casos, se ha tratado de respuestas ciudadanas masivas en contra de la ideología de género y de la legalización del aborto. En otros, ha sido la aparición de políticos que, en mayor o menor medida, se oponen a la agenda globalista desde una perspectiva patriótica. Como en su día,[1] señaló el presidente Trump, el enfrentamiento político en la actualidad es el que opone a globalistas y patriotas. Pasar por alto esa realidad y empeñarse en mantener la división propia de la guerra fría o de las derechas y las izquierdas —un concepto que viene de la última década del siglo XVIII— es no comprender nuestro mundo en cambio. En las siguientes páginas, nos detendremos en

---

[1]. https://www.passblue.com/2019/09/24/globalists-and-patriots-at-the-un-a-great-fracture-revealed/; https://www.whitehouse.gov/briefings-statements/remarks-president-trump-74th-session-united-nations -general-assembly/.

tres políticos —en la Unión Europea, Hispanoamérica y los Estados Unidos— que encarnan ese enfrentamiento entre patriotas y globalistas y que, a su vez, respetan el sistema democrático.

El primer ejemplo es Viktor Orbán, el actual primer ministro de Hungría. Aunque los medios —de manera fácilmente comprensible— suelen atacar a Orbán motejándolo como político de extrema derecha, la realidad es que la extrema derecha cuenta con una escasa representación en el Parlamento húngaro donde Orbán cuenta con un respaldo de dos tercios de los escaños. Orbán ha podido ser atacado por Hillary Clinton, Angela Merkel y los presidentes de la Comisión europea José Manuel Barroso y Jean-Claude Juncker, pero una aplastante mayoría del pueblo húngaro lo respalda.

Curiosamente, Orbán —que es evangélico— recibió una beca estudiantil de la Fundación Soros, de la que se ha mostrado posteriormente muy crítico. En 1988, Orbán fue uno de los fundadores del partido Fidesz (*Fiatal Demokraták Szövetsége*–Unión Cívica Húngara). En 1989, Orbán exigió elecciones libres y la retirada de las tropas soviéticas. Se trató de un paso que le proporcionó un papel muy relevante en el paso de una dictadura comunista a un régimen democrático en Hungría. En 1998, Orbán se convirtió en primer ministro tras agrupar a las fuerzas de derecha.

Los logros económicos del gobierno de Orbán fueron más que notables. Creador de un superministerio de economía y centralizador, comprometido con la reducción del déficit público y la rebaja de impuestos, la inflación que en 1998 era de un 15%, había descendido al 7,8 en 2001. En paralelo, en 1999, Hungría entró en la NATO junto a Polonia y la República checa y comenzó las negociaciones para formar parte de la Unión Europea. En una decisión que provocó una enorme controversia, el gobierno de Orbán amplió los derechos de salud, trabajo y educación a los magiares que no tenían ciudadanía húngara y vivían en las naciones vecinas de Rumania, Eslovaquia, Serbia y Montenegro, Croacia, Eslovenia y Ucrania.

En 2002, los socialistas, en medio de rumores de fraude electoral, regresaron al poder y Orbán pasó a la oposición. En esa época, Orbán adoptó una posición contraria a la inmigración ilegal —uno de los dogmas de la agenda globalista— lo que se traduciría en el tendido de vallas de protección en las fronteras de Serbia y de Croacia. En 2010, Orbán obtuvo el 52,73% de los votos, logrando una mayoría de dos tercios en el Parlamento. A continuación, la Constitución fue reformada en un sentido totalmente contrario a la agenda globalista. El texto constitucional apelaba a los antecedentes cristianos de Hungría, definía el matrimonio como la *«unión entre hombre y mujer»* y se manifestaba como antiabortista al defender la protección del feto *«desde el momento de la fecundación»*. De manera bien significativa, Orbán inició una política para evitar la creación de clientelas políticas. No resulta difícil comprender por qué Orbán iba a convertirse en una «bestia negra» de medios y políticos globalistas. En 2014, Orbán ganó las elecciones clamorosamente —133 escaños de 199—, un éxito que se repitió en 2018.

Ese mismo año, el Parlamento Europeo sancionó a su gobierno. No puede sorprender porque en Hungría en 2013, se había prohibido que se durmiera en las calles —una disposición que se endureció en 2018— en 2015, se impulsó una ley que pena con prisión a los que ayuden a los inmigrantes ilegales a solicitar asilo, y en 2017, se procedió a la expulsión de ilegales sirios. Orbán ha manifestado en repetidas ocasiones su negativa a recibir musulmanes en Hungría y su firmeza a la hora de defender las fronteras nacionales ante lo que considera una invasión. Para colmo, en búsqueda de un aumento del empleo, en 2018, llevó a cabo una reforma laboral que reducía el papel de los sindicatos y primaba la flexibilización de los contratos de trabajo.

La política de Orbán es, sustancialmente, patriota y coloca los intereses nacionales por encima de la agenda globalista. Se ha negado de manera frontal a asumir cualquiera de los dogmas globalistas e incluso ha impulsado políticas profamilia, provida y antinmigración descontrolada. Todo ello se ha visto respaldado, una y otra vez, por colosales victorias electorales y, por supuesto, por ataques despiadados procedentes de los medios, de las instituciones y de los políticos comprometidos con la agenda globalista.

Jair Bolsonaro o la resistencia en Hispanoamérica

El 1 de enero de 2019, llegaba a la presidencia del Brasil Jair Messias Bolsonaro, político y militar que ya había cumplido siete mandatos en la cámara de diputados. En 2014, Bolsonaro se había convertido en el diputado federal más votado en el estado de Río de Janeiro y tres años después fue considerado por el instituto FSB como el legislador con mayor relevancia en las redes sociales. Como en el caso de Orbán, Bolsonaro ha sido objeto de una campaña mediática y política despiadada en la que se le ha tildado machaconamente de personaje perteneciente a la extrema derecha. La realidad es que Bolsonaro se define como centro-derecha y no existen razones para negarlo.

Tras una carrera militar como paracaidista en la que defendió la subida de los salarios de los militares, en 1988 entró en política como concejal de la ciudad de Río de Janeiro. Desde el principio, Bolsonaro se hizo conocido por su oposición al comunismo y a las izquierdas. En 2014, se convirtió en el diputado más votado del estado de Río de Janeiro. A esas alturas, era obvia su oposición a la agenda globalista. En relación con la ideología de género, Bolsonaro es contrario al matrimonio homosexual, a la adopción de niños por parejas homosexuales y a la alteración del registro civil para transexuales. Igualmente, Bolsonaro se opone a la legalización de las drogas y a la aprobación de privilegios legales para los negros o pardos. Por añadidura, defiende que los propietarios rurales puedan disponer de armas para defenderse de las ocupaciones de tierras llevadas a cabo por fuerzas de izquierdas.

El 7 de octubre de 2018, fue confirmado como candidato a la segunda vuelta de las elecciones presidenciales después de ganar la primera vuelta y obtener un 46.03% con el 100% de votos contados. Se enfrentó al candidato por el Partido de los Trabajadores, Fernando Haddad (29.28%). La segunda vuelta de las elecciones tuvo lugar el 28 del mismo mes y Bolsonaro fue elegido presidente con el 55.13% de los votos. A esas alturas, había sido objeto de un atentado durante la campaña electoral[2] y de multitud de manifestaciones en su contra en

2. https://www.economist.com/the-americas/2018/09/08/jair-bolsonaro-is-stabbed-at-a-rally.

distintos países organizadas por grupos feministas y gays.[3] No puede sorprender que en medio de esas circunstancias, su victoria electoral estuviera directamente relacionada con el apoyo de los evangélicos brasileños —su esposa también es evangélica y él mismo fue bautizado en el Jordán por un pastor evangélico y asiste a una iglesia evangélica— por sus posiciones provida y profamilia. Nada parece indicar que se sintieran decepcionados en el primer año de mandato de Bolsonaro.

Aparte de mantener sus promesas electorales, Bolsonaro, en términos económicos, ha seguido una política económica muy parecida a la del presidente Ronald Reagan. Tampoco han faltado iniciativas como las encaminadas a facilitar la posesión de armas y a descubrir a los docentes que se dedican a adoctrinar a los alumnos. En política exterior, Bolsonaro se ha mostrado muy cercano a los Estados Unidos e Israel y claramente opuesto a China a pesar de que Brasil tiene superávit en los intercambios con esta nación. Igualmente, impulsó la salida de los médicos cubanos del Brasil. Para colmo, Bolsonaro se manifestó abiertamente contrario a que la Amazonia fuera arrancada de la soberanía brasileña para ser regida por una entidad supranacional como pretenden el presidente francés Macron y el documento final del Sínodo de la Amazonia. Una y otra vez, Bolsonaro ha aparecido como uno de los opositores democráticos frente a la agenda globalista.

No debería sorprender que defendiendo la familia y la vida y negándose a aceptar la ideología de género, el control del territorio nacional por entidades supranacionales, la inmigración descontrolada y la formación de clientelas políticas Bolsonario sea aborrecido y reciba un tratamiento acentuadamente negativo de los medios.

Donald Trump o la resistencia en los Estados Unidos

El 8 de noviembre de 2016, se enfrentaron en las elecciones presidenciales de los Estados Unidos la candidata demócrata Hillary Clinton

---

[3].   https://www.theatlantic.com/international/archive/2018/11/brazil-women-bolsonaro-haddad-election/574792/.

y el candidato republicano Donald Trump. En apariencia, Hillary solo podía vencer en esa contienda electoral. No solo la práctica totalidad de los medios en los Estados Unidos y en el extranjero anunciaban una holgada victoria de Hillary, sino que además Trump, que no había contado con el respaldo de buena parte de las élites de su partido, había sido presentado bajo las peores luces. De hecho, solo el carácter profundamente democrático de las primarias había permitido que Trump se convirtiera en el candidato republicano. Sin embargo, una cosa era lo que afirmaban los medios y otra, muy diferente, lo que pensaban los ciudadanos americanos. En septiembre de 2016, quien escribe estas líneas anunciaba ya en medios europeos que Trump podía alzarse con la victoria electoral. Lo repetiría en medios estadounidenses en las siguientes semanas.[4] Así fue. El 20 de enero de 2017, Trump se convertía en el quincuagésimo presidente de los Estados Unidos.

Las razones para su victoria derivaron en no pocos casos del horror que inspiraba en millones de ciudadanos americanos la política, abiertamente partidaria de la agenda globalista, que llevaría a cabo Hillary Clinton. Desde luego, buena parte del partido demócrata no estaba dispuesto a aceptar la derrota electoral, y en ese mismo mes de enero de 2017, el autor de estas líneas pudo escuchar a algún miembro relevante del partido cómo intentarían que Trump fuera sometido al *impeachment* antes de la mitad del mandato. Debe reconocerse que los desafíos de Trump a la agenda globalista fueron claros y contundentes desde el primer día. Decidido a defender las fronteras, el nuevo presidente prohibió viajar a los Estados Unidos a ciudadanos de varios países de mayoría musulmana por razones de seguridad e insistió en la necesidad de levantar —más bien ampliar— el muro fronterizo con México. Nada convencido de la veracidad de las tesis de los calentólogos, Estados Unidos se retiró del Acuerdo de París sobre cambio climático. Deseoso de mantener la soberanía nacional en el área de la economía, Trump igualmente apartó a la nación del Acuerdo Transpacífico de Cooperación Económica e impuso aranceles

---

4. https://cesarvidal.com/blog/actualidad/votar-a-trump.

de importación a diversos productos de China, Canadá, México y la Unión Europea. Por añadidura, Trump se definió en la campaña electoral como provida y ha recortado las subvenciones a Planned Parenthood, auténtica industria del aborto. Partidario del matrimonio natural, no ha dudado, sin embargo, en enviar saludos a la comunidad gay de los Estados Unidos.

En otros aspectos de política internacional como el abandono del tratado sobre fuerzas nucleares de rango intermedio o el del acuerdo sobre el programa nuclear de Irán, Trump no ha sido especialmente original y presidentes republicanos e incluso demócratas podrían haber hecho exactamente lo mismo. Algo semejante puede decirse del abandono de su posición de firmeza frente a Arabia Saudí. Sí ha demostrado ser más audaz en cuestiones como el reconocimiento de Jerusalén como capital de Israel o la anexión de los Altos del Golán sirios por Israel, ya que ambas posiciones chocan con el derecho internacional y, por ello, fueron evitadas por anteriores presidentes. De hecho, ésa ha sido la posición de la inmensa mayoría de la comunidad internacional.

El que, con todo, Trump haya marcado distancias frente a la agenda globalista en áreas como la inmigración ilegal, el derecho a la vida o las tesis de los calentólogos, sumado a la incapacidad del partido demócrata de aceptar la derrota electoral de 2016, han tenido como resultado un acoso contra Trump que se ha demostrado, sin embargo, carente de base legal.

Así, las pesquisas para demostrar que hubo una injerencia rusa en las elecciones presidenciales y que Trump pactó semejante circunstancia quedaron en nada. En ningún momento se pudo demostrar que Trump hubiera llegado a ningún tipo de acuerdo con los rusos[5] pero incluso en el caso de éstos, la supuesta injerencia no pasó de la posición contraria de algunos medios rusos a Hillary Clinton y la sospecha de que incluso ciertas filtraciones fueron realizadas por el

---

5. https://www.nytimes.com/2019/03/24/us/politics/mueller-report-summary.html; https://theintercept.com/2019/04/18/robert-mueller-did-not-merely-reject-the-trumprussia-conspiracy-theories-he-obliterated-them/.

partido demócrata en un intento de controlar daños.[6] Semejante revés no ha evitado que el partido demócrata iniciara a finales de 2019 un procedimiento de *impeachment* contra Donald Trump. Este revelador paso comenzó al poco de que fracasara la denominada trama rusa —el *Russiagate*— y después de que saliera a la luz, de manera más explícita porque el dato viene de años, que Joe Biden, el candidato más relevante del partido demócrata para la presidencia, había logrado la destitución del fiscal general de Ucrania que estaba investigando la presunta corrupción de Hunter Biden, el hijo de Joe Biden, en este país del este de Europa caracterizado precisamente por ese tipo de prácticas vergonzosas.

Si hemos de analizar la cuestión desde una perspectiva meramente funcional, resulta obligado señalar que el procedimiento de *impeachment* contra Trump no tiene prácticamente posibilidades de salir adelante. De hecho, el artículo I, sección 3 de la Constitución de los Estados Unidos exige para lograr el *impeachment* o destitución presidencial contar con los dos tercios del Senado que, hoy en día, serían 67 votos de entre los 100 senadores.

Incluso en el caso, nada seguro por otra parte, de que los 45 senadores demócratas hubieran votado contra Trump, a ellos tendrían que haberse unido 22 senadores del partido republicano y 2 senadores independientes para lograr ese objetivo. Costaba creer que fuera posible y más cuando doce senadores demócratas habían señalado que no votarían a favor del *impeachment* de Trump, lo que, aparte de indicar su sentido común, significaba que el número de republicanos —e independientes— que debería votar contra Trump tendría que aumentar hasta treinta y cuatro. No parecía que fuera a darse tal eventualidad.

Precisamente cuando se analizan datos tan sencillos y evidentes que apuntan a la imposibilidad casi absoluta del éxito de la iniciativa llama más la atención que Nancy Pelosi no llevara a cabo una votación previa a la decisión de impulsar el *impeachment*; que no identificara un solo delito que, presuntamente, hubiera cometido Trump e incluso

---

6. https://www.forbes.com/sites/paulroderickgregory/2017/06/19/is-russiagate-really-hillarygate/#26acacd55cf6.

que no esperara a leer la transcripción de la conversación entre Trump y el presidente ucraniano Zelensky que, por cierto, obligaba a descartar de plano las tesis del partido demócrata.

A decir verdad, la conducta de Pelosi contrastó seriamente con la que mantuvo en su día su homólogo, el republicano Newt Gingrich, que esperó cuatro años de investigación para iniciar el procedimiento de *impeachment* contra Clinton, procedimiento que discurría sobre base muchísimo más sólida que el de Trump y que, sin embargo, fracasó.

Inicialmente, se llegó a pensar que el crimen del que los demócratas acusarían a Trump sería el 50 USC 30121, un tipo situado bajo el epígrafe de «Contribuciones y Donaciones por nacionales extranjeros» donde se señala que un extranjero no puede donar o contribuir con dinero o «una cosa de valor» a una elección federal o estatal ni tampoco un norteamericano puede «solicitar» esa «contribución o donación» a un extranjero. Desde esta perspectiva, al supuestamente pedir Donald Trump al presidente ucraniano Zelensky que investigara por corrupción a Joe Biden y a su hijo Hunter habría solicitado ayuda para la campaña electoral de 2020 en violación del 50 USC 30121 y cometido un abuso de poder.

Sin embargo, el argumento de los demócratas resultaba jurídica y fácticamente muy débil, ya que implicaba, por ejemplo, que la «cosa de valor» sería la investigación que, dicho sea de paso, sería legalmente legítima, ya que estaría relacionada con una presunta acción criminal de ciudadanos norteamericanos.

De hecho, el que, en su día, Bill Clinton mintiera sobre sus relaciones sexuales con Monica Lewinsky no tenía ninguna finalidad legítima, ya que solo pretendía salvar su carrera por razones políticas. Sin embargo, si Trump hubiera pedido la investigación de las acciones de los Biden —algo que distó mucho de poderse establecer— habría tenido base legal para hacerlo, ya que Ucrania recibe ayudas millonarias de los Estados Unidos y no es lícito que el dinero de los contribuyentes vaya a parar a los bolsillos de extranjeros corruptos. A decir verdad, el artículo II de la Constitución faculta a Trump, como jefe del poder ejecutivo, para impulsar ese tipo de acciones.

De hecho, como informó en su día Peter Schweizer en su más que interesante libro *Secret Empires*,[7] Hunter Biden, hijo del entonces vicepresidente Joe Biden, aceptó un empleo por el que ganaba cincuenta mil dólares al mes por ser consultor de Burisma Holdings, una compañía ucraniana de gas natural. Se mire como se mire, resulta absolutamente innegable que el que en esos momentos el entonces vicepresidente Joe Biden estuviera a cargo de la investigación sobre la corrupción en Ucrania incluida la compañía en que su hijo trabajaba creaba un innegable conflicto de intereses, conflicto de intereses que era obligatorio evitar.

Ese conflicto de intereses quedaba aún más de manifiesto cuando se tiene en cuenta que Hunter Biden no tenía la menor competencia profesional para desempeñar tan lucrativo trabajo. Quizá los ucranianos descubrieron una perla oculta de sabiduría energética en su interior, pero cuesta trabajo no pensar que el puesto era un pago para conciliarse con las acciones de Joe Biden y más en una nación como Ucrania donde, como ha testificado algún político, hasta existen cantidades concretas estipuladas para sobornar a los miembros de su parlamento o Duma a la hora de dar el voto.[8]

A decir verdad, el conflicto de intereses resultaba tan evidente que llevó al hijastro de John Kerry, Chris Heinz, a concluir su relación de asociación de negocios con Hunter Biden. Heinz, pese a no tener cargos públicos, dejó de manifiesto que tenía una mayor sensibilidad en este tema que el vicepresidente Biden.

Por si todo lo anterior fuera poco, en el curso de su intervención grabada en video en el curso de un panel celebrado en enero de 2018 en el Consejo de relaciones exteriores, Joe Biden se jactó de que había conseguido que el fiscal ucraniano Viktor Shokin fuera destituido.[9] El fiscal, dicho sea de paso, investigaba la empresa que tan bien pagaba a Hunter Biden, y la destitución la logró Biden bloqueando mil millones

---

7. P. Schweizer, *Secret Empires: How the American Political Class Hides Corruption and Enriches Family and Friends* (2019).

8. https://cesarvidal.com/la-voz/candilejas-teatro-y-espectaculo/entrevista-a-alexander-onischenko -ucrania-o-la-dictadura-ucraniana-29-03-19.

9. https://www.youtube.com/watch?v=UXAdj2-CY.

de dólares que los Estados Unidos iba a entregar a Ucrania en concepto de ayuda.[10]

A estas alturas del relato, a nadie le extrañará que el destituido fiscal ucraniano Viktor Shokin hubiera firmado una declaración jurada para un procedimiento legal que actualmente se sigue en Austria donde asegura que Joe Biden logró que lo destituyeran porque estaba dirigiendo una «amplia» investigación sobre la empresa Burisma a cuyo consejo de administración pertenecía Hunter Biden.

Lamentablemente, los indicios de corrupción de los Biden no se circunscriben a la corruptísima Ucrania. De hecho, uno de los capítulos más interesantes se relaciona con tratos con China llevados a cabo por Joe Biden y su hijo Hunter. En ese caso concreto, estaríamos hablando de una cifra que supera los mil quinientos millones de dólares.

Con estos datos presentes, resulta obvio que, en el caso de *impeachment* contra Trump, el fiscal tendría que probar que Joe Biden y su hijo Hunter no actuaron de manera corrupta, ya que, de haberlo hecho, y existen poderosos indicios al respecto, cualquier movimiento de Trump para avanzar en su enjuiciamiento sería legalmente legítimo e incluso obligado. Con todo, el caso no acabó aquí.

Debe señalarse —y es otra de las circunstancias que convirtió la iniciativa de la demócrata Pelosi en un peligroso paso— que la transcripción de la llamada sostenida entre Trump y Zelensky mostró no que Trump solicitara ayuda para su campaña, sino que Zelensky sacó el tema de la necesidad de limpiar la corrupción y que Trump respondió al mismo no mencionando a los Biden, sino a CrowdStrike, la empresa que sirvió de apoyatura al Russiagate y que luego se ha descubierto que estaba en manos de nacionalistas ucranianos.[11]

Fue precisamente, al mencionarse CrowdStrike, cuando Zelensky señaló que sabía que Rudolf Giuliani, el abogado personal de Trump, estaba investigando las presiones de Biden para que destituyeran a Shokin. Sólo entonces Trump dijo: «Escuché que tuvisteis un fiscal...

---

10. https://www.foxnews.com/politics/ukraine-prosecutor-biden-burisma-back-off-state-department-files.
11. Para la transcripción de las conversaciones, véase: https://www.lawfareblog.com/transcript-first-conversation-between-trump-and-zelensky-april.

Biden se iba jactando de que había detenido la investigación, de manera que si puedes mirarlo. Me suena horrible». Momento en que Zelensky aseguró a Trump que todas las investigaciones se harían de manera «abierta y sincera».

Por más vueltas que se dé a la transcripción, ni Trump abordó el tema ni mucho menos condicionó la investigación sobre Biden a la entrega de ayuda. A decir verdad, Zelensky declaró públicamente que no se sintió en ningún momento presionado por Trump y, de hecho, las referencias a la ayuda de los Estados Unidos no se mencionaron en ese momento de la conversación sino a su inicio. Estas realidades quedaron aún más de manifiesto cuando, finalmente, los demócratas hicieron públicos los motivos para el *impeachment* en un documento titulado *Constitutional Grounds for Presidential Impeachment* (Bases constitucionales para el impeachment presidencial).

De acuerdo con ese texto, la primera razón para impulsar el *impeachment* era el supuesto abuso de poder perpetrado por Trump al presionar a Ucrania para que investigara la corrupción de Joe Biden en favor de su hijo que trabajaba para una empresa investigada por corrupción. La segunda razón era la supuesta obstrucción al Congreso. De manera bien llamativa, el texto carecía de bases jurídicas y fácticas, pero abundaba en interpretaciones históricas considerablemente discutibles. Así, por ejemplo, en la página 32, el citado documento se refería a que «muchos funcionarios fueron destituidos por acciones erróneas no criminales contra el sistema británico de gobierno». Acto seguido el texto mencionaba «al duque de *Buckingham (1626), al conde de Strafford (1640), al lord alcalde de Londres (1642), al conde de Orford y al gobernador General Warren Hastings (1787)*». El citado argumento resultaba cuando menos llamativo por referirse a precedentes ingleses de los siglos XVII y XVIII y además precedentes que no implicaban la comisión de un delito. En otras palabras, los demócratas pretendían destituir a un presidente sin que perpetrara acción ilegal alguna y simplemente sobre la base de la destitución de unos funcionarios ingleses de los siglos XVII y XVIII. Esa pretensión de los demócratas de destituir a Trump sin base legal se intentó sustanciar en una cita del juez del Tribunal supremo Joseph Story, fallecido en 1845, al que se citaba varias veces y del que se reproducía dos veces la presente cita: las ofensas acreedoras al *impeachment* «son de un carácter tan variado y complejo, tan profundamente imposibles de ser definidas o clasificadas, que la tarea de una legislación positiva sería impracticable, si es que no fuera casi absurdo intentarlo». La cita del juez Story iba seguida por la afirmación de que «el Congreso nunca, en ninguna investigación o procedimiento de *impeachment*, ha adoptado una definición de "graves crímenes y delitos" o un catálogo de ofensas que son dignas de *impeachment*».

La redacción del documento demócrata pudo dar la sensación de que el procedimiento de *impeachment* es muy habitual, pero la realidad es que a lo largo de siglos solo se ha seguido en dos ocasiones, la primera contra Andrew Johnson en el siglo XIX y la segunda contra Bill Clinton en el siglo XX, y en ninguno de los dos casos concluyó con éxito. Nixon, por su parte, dimitió antes de que se iniciara el procedimiento de *impeachment* contra él.

En su intento por justificar un *impeachment* sin delito alguno y con una más que discutible base fáctica, el documento afirmaba que «aunque el presidente Nixon dimitió antes de que el Congreso pudiera considerar los artículos de *impeachment* contra él, las alegaciones del comité judicial incluyeron muchos actos no-criminales».

A esta falta de base legal para iniciar el *impeachment* de Trump se sumó un conjunto de citas que no apoyaban semejante conducta, pero que, supuestamente, la justificaban. Así se citó a Alexander Hamilton que afirmó que mientras que «el rey de Gran Bretaña es sagrado e inviolable», el presidente de los Estados Unidos puede ser sometido a *impeachment*, juzgado y sobre la base de una condena... retirado de sus funciones». Se trata de una afirmación aceptable, pero que no implicaba ni de lejos que Trump estuviera en esa situación.

Esta ausencia de base legal para impulsar el *impeachment* contra Trump —que se intentó ocultar recurriendo a la Historia— llegó a una verdadera cima cuando se contó que el rey Luis XVI de Francia quiso regalar al embajador norteamericano Benjamin Franklin una caja de rapé que tenía 408 diamantes, lo que llevó al Congreso a adoptar la cláusula de emolumentos extranjeros que prohíbe a los presidentes y a otros funcionarios federales aceptar cualquier presente, emolumento, oficio o título de cualquier caso de cualquier rey, príncipe o estado extranjero sin el consentimiento del Congreso». La historia de Luis XVI, un monarca francés de finales del siglo XVIII, tiene, sin duda, su interés histórico, pero más allá de la insistencia de los demócratas en presentar a Trump como un monarca no tenía ningún sentido en el presente documento.

No menos llamativo resultaba que el documento de los demócratas citara al abogado americano William Rawle que, en 1829, escribió que el *impeachment* debía ser reservado para hombres que puedan «producir los desastres más serios», lo que obliga a pensar si, en el caso de Trump, el desastre temido por los demócratas era simplemente que ganara la reelección el próximo año.

En paralelo a la presentación del documento, la madre del hijo de Tab Biden, el hijo de Joe Biden, exigió públicamente que éste revelara el dinero que recibía de una empresa china y de Burisma, la compañía ucraniana investigada por corrupción.[12]

Finalmente, los demócratas del Congreso presentaron los cargos contra el presidente Trump para conseguir su *impeachment* y el resultado fue profundamente decepcionante. Por un lado, señalaron que Trump abusó de su poder al presionar al presidente de Ucrania para que investigara la corrupción de Biden y, por otro, indicaron que obstruyó la labor del Congreso. Ambas acusaciones no contaban con ninguna base ni fáctica ni legal. En primer lugar, las propias autoridades ucranianas habían negado públicamente que existiera esa presión por parte de Trump, pero lo cierto es que el presidente, utilizando su poder ejecutivo, podría haberlas instado a investigar la conducta presuntamente corrupta de un ciudadano americano. En

---

12. https://www.foxbusiness.com/money/hunter-biden-joe-biden-baby-mother-under-oath-finances; https://www.breitbart.com/politics/2019/12/24/report-hunter-biden-love-childs-mother-paid-by-company-sharing-his-hollywood-hills-address/.

segundo lugar, calificar de obstrucción al Congreso el no prestarse a las maniobras de los demócratas podría considerarse un verdadero sarcasmo.

La realidad es que no existía la menor base legal para el procedimiento de *impeachment*, y parecía que los demócratas eran conscientes de ello hasta tal punto que buena parte de su informe intentó justificarlo con argumentos tan endebles como el regalo de Luis XVI a Benjamin Franklin o la idea de que cualquier acción, aunque no sea ilegal, podía servir de base. Se mire como se mire, semejante razonamiento era totalmente inaceptable y chocaba frontalmente con el espíritu y con la letra de la Constitución de los Estados Unidos.

Para colmo, en el aire queda la realidad de que Joe Biden, vicepresidente con Obama, según confesión propia, sí que forzó la destitución del fiscal ucraniano que investigaba la empresa corrupta en que trabajaba su hijo y que además, presuntamente, ha estado involucrado en algún episodio similar también protagonizado por su hijo, pero situado en China. No resulta poco inconveniente para el único candidato demócrata que tendría una mínima posibilidad de enfrentarse con Trump.

Al final, cuesta mucho no pensar que lo que el partido demócrata persiguió no es que se hiciera justicia o que las instituciones funcionaran, sino cubrir su propia corrupción y evitar, a cualquier coste, una derrota electoral el año siguiente. Mientras se escribían estas líneas, el partido demócrata no había comenzado todavía los trámites para que el Senado iniciara el procedimiento de *impeachment*.

Se mire como se mire, la iniciativa para comenzar un proceso de *impeachment* contra Donald Trump fue totalmente descabellada desde una perspectiva legal y fáctica, pero, sin duda, tuvo motivos. Entre ellos, muy posiblemente, se encontraron la incapacidad de buena parte de los demócratas para metabolizar la derrota de Hillary Clinton, derrota que parecía totalmente imposible a juzgar por lo que contaba la inmensa mayoría de los medios de comunicación y que constituye una razón bien poderosa para someter a un análisis crítico lo que propalan los medios.

Esa incapacidad para aceptar la derrota arrastró al partido demócrata al absurdo del denominado *Russiagate* que concluyó con que Trump nunca recibió ni pactó ayuda de agentes rusos para ganar las elecciones y que además ha terminado por sacar a la luz la poca ejemplar conducta de algunos funcionarios y el hecho de que la compañía que proporcionó los datos es propiedad de dos nacionalistas ucranianos más que interesados, por supuesto, en agriar las relaciones entre los Estados Unidos y Rusia. A partir de esa situación, un sector del partido demócrata —muchos de ellos ya desengañados con anterioridad— llegó a la conclusión de que la vía del *impeachment* era absurda por lo que llama todavía más la atención el movimiento de Pelosi y la manera en que lo ha realizado.

En el caso del *impeachment*, hubo dos razones más de enorme gravedad. La primera fue el más que probable deseo de evitar que se pudiera investigar a Joe Biden cuya presunta corrupción, ya denunciada previamente, colocaba toda la era Obama bajo la peor de las luces. El hecho de que Biden fuera en ese entonces el mejor situado para obtener la nominación demócrata a la carrera presidencial añadía gravedad al asunto. No sólo Trump podría competir con alguien de menos peso que Biden —y ganar las elecciones— sino que además toda la propaganda de la era Obama podría venirse abajo como un castillo de naipes.

La segunda razón es mucho más importante y, desde el punto de vista del autor de estas líneas, es decisiva. Me refiero a la gravísima escoración del partido demócrata hacia posiciones socialistas. Con un ala derecha, los *blue dogs*, que recuerdan mucho lo que ha sido el partido demócrata en otras décadas y un ala izquierda en la que destacan personajes como Bernie Sanders o las cuatro mujeres de la *Squad*, el centro del partido demócrata se ha demostrado, vez tras vez, incapaz de mantener el equilibrio, recuperar las posiciones históricas del partido fundado por Jefferson y eludir la amenaza socialista. Finalmente, Nancy Pelosi no supo, no pudo o no quiso resistir las presiones del sector socialista y decidió ir hacia un procedimiento de *impeachment* que era prácticamente imposible de ganar, pero que, por añadidura, contenía enormes peligros. Por ejemplo, la apertura de la investigación implica un riesgo cierto de que se lleve a cabo una investigación directa de las actividades no solo de Joe y Hunter Biden, sino también de Hillary Clinton en cuestiones como el episodio lamentable de Benghazi y del propio Obama. Intentando evitar, pues, que se descubra la presunta corrupción del vicepresidente toda la era Obama puede verse sometida a la luz pública como nunca lo fue. Quizá hubo quien pensó que, aunque el *impeachment* fracasara, la figura de Trump se vería tan embarrada que disminuirían sus probabilidades de victoria. Quizá, pero la Historia muestra que Clinton que pasó por tan amargo trance salió, reveladoramente, beneficiado, y lo mismo parece que está sucediendo con Trump. Al fin y a la postre, las próximas elecciones serán, seguramente, determinadas por algo tan prosaico y necesario como la economía. Si Trump consigue mantener las cifras de crecimiento y de empleo —realmente excepcionales— obtenidas durante su mandato pasará ocho años en la Casa Blanca. Si la crisis económica le estallara en las manos, podemos llegar a ver situaciones sobrecogedoras.

En las líneas anteriores, hemos mostrado tres ejemplos de cómo existen políticos patriotas que están decididos, en mayor o menor medida, a impedir el avance de la agenda globalista y que se mantienen dentro de la ortodoxia democrática. En las páginas siguientes, podremos ver cómo otras naciones también han tomado partido a favor del patriotismo y en contra de la agenda globalista, aunque sus regímenes no sean democracias liberales.

CAPÍTULO XX

LA RESISTENCIA FRENTE A LA AGENDA GLOBALISTA (II): Rusia

Una larga y desconocida Historia

Una de las manifestaciones más deplorables de ignorancia política e histórica con las que es fácil toparse es la creencia de que la Rusia actual es similar a la antigua Unión Soviética. Semejante planteamiento no solo constituye un gravísimo error, sino una muestra lastimosa de que no se ha percibido, ni de lejos, que vivimos en un mundo que cambia y en el que la gran división ha dejado de pasar a través de la categoría de las izquierdas y las derechas —Rusia además es una nación mayoritariamente conservadora— para establecerse entre globalistas y patriotas. A este segundo grupo, hasta el momento, pertenece Rusia.

La Historia de Rusia comienza de manera relativamente tardía si la comparamos con la de otras naciones europeas como España o Francia, aunque es una nación anciana si se la compara con las que forman el continente americano por no decir las africanas. Esa andadura obedeció igualmente a circunstancias. Como recordaría muy bien

Alexander Kérensky,[1] que murió exiliado en los Estados Unidos, Rusia fue, desde sus inicios, víctima de continuos ataques. Teniendo como primera capital, Stáraya Ladoga, como segunda —Nóvgorod— donde reinó el príncipe Rurik al que se considera fundador del estado ruso —y como tercera, Kiev, actual capital de Ucrania— donde reinó el hijo de Rurik tras la muerte del fundador, Rusia resistió a los nómadas de Asia y como agresores posteriores a Lituania, la germánica Orden teutónica, Polonia, Suecia y Turquía. A todas esas agresiones sobreviviría gracias a un vigoroso sentimiento de independencia nacional, a su victoria en la gran obra de liberación contra los tártaros y a la articulación en torno a una iglesia. Si se cambia los tártaros por los musulmanes y la iglesia ortodoxa por la católica, el paralelo con una nación como España salta a la vista. Otro paralelo entre ambas naciones se halla en el hecho de que Rusia no logró desarrollar el sentido del derecho y de que no pocos intelectuales se sintieron situados en contra de la autoridad estatal y el derecho formal.[2]

Esa Rusia —situada en medio de unos límites que se iniciaban en el mar de Barents, que se perfilaban al lado de las tierras que ocupaban finlandeses, bálticos, polacos y tártaros, y que concluían en el Adriático, a mediados del siglo XV— comenzó a emerger tras dos siglos de servidumbre bajo mongoles y turcos precisamente en el momento en que el imperio bizantino desaparecía ante el empuje de estos últimos. La aniquilación de Bizancio, heredera del imperio romano y potencia ortodoxa por antonomasia, en 1453 tuvo una importancia trascendental para la Historia rusa. No resulta casual que Iván III (1462-1505), el primer príncipe moscovita que tomó el título de zar (literalmente, *tsar*, la forma rusa de césar) lo hiciera poco después de ese episodio. En 1480, Iván III formalizó la independencia moscovita de la Horda de oro de los mongoles. Como se repetiría vez tras vez, en adelante, la primera Roma había caído (476), así como la segunda o Constantinopla (1453), pero Moscú se había convertido en una tercera Roma que no desaparecería.

[1.] A. Kérensky, *Memorias* (Barcelona, 1967), p. 54.
[2.] *Idem, Ibidem.*

En 1533, accedió al trono Iván IV al que se denominaría el Terrible. Rusia no solo comenzaría a comerciar con Inglaterra y los Países Bajos, sino que en 1581, comenzaría la expansión por Siberia, y en 1584, abriría su primer puerto en Arjanguelsk. Rusia había sobrevivido a terribles embestidas y con Iván IV se convirtió en un imperio, pero la muerte del zar fue el pistoletazo de salida para que la nación se viera sumida en la anarquía. Suele abundar la idea de que Rusia ha sido una permanente agresora de Polonia. La realidad es que ese enfrentamiento histórico entre ambas naciones comenzó cuando Polonia decidió someter a Rusia arrastrándola incluso a la sumisión al papa. En 1601, Polonia estaba interviniendo en territorio ruso y apoyando a un pretendiente ilegítimo al que presentaba como Dimitri, el hijo de Iván IV, asesinado años atrás. En 1605, las tropas polacas ocuparon Moscú. En 1611, Polonia se anexionó la rusa Smolensko con la pretensión de apoderarse de la corona rusa. Quizá Rusia se hubiera visto condenada a ser la sierva política y religiosa de la católico-romana Polonia de no haber tenido lugar un levantamiento popular que se inició en 1612 y fue dirigido por el mercader Minin y el príncipe Pozharskiy. Ambos patriotas rusos cuentan con un monumento en la Plaza Roja de Moscú.[3] Miguel III Romanov se vio obligado a aceptar la pérdida de territorios rusos en favor de Polonia y el retroceso en áreas como el Báltico y la actual Finlandia, pero, a pesar de todo, no sólo Rusia mantuvo su independencia, sino que, por añadidura, consolidó una dinastía que se mantendría en el trono durante algo más de tres siglos.

A lo largo del siglo XVII, Rusia se expandió considerablemente por Siberia y comenzó a eliminar el poder de los tártaros que la habían oprimido. Solo los tártaros de Crimea, protegidos por el Imperio turco, lograron mantener su independencia hasta finales del siglo XVIII, cuando Crimea pasó a formar parte de Rusia. Tras firmar en 1689 la paz con el Imperio chino, Rusia se había lanzado a explorar el norte y llegó a anexionarse el territorio situado a uno y otro lado del Estrecho de Bering, incluida Alaska. Con todo, lo más importante para

---

3. Una excelente traducción cinematográfica del momento en la película *1612* dirigida por Vladimir Jotinenko.

Rusia no sería, seguramente, la continua expansión territorial, sino los intentos modernizadores de Pedro I llamado con toda justicia el Grande. Polonia, la encarnizada enemiga, había sido neutralizada en 1667, y Pedro era consciente de la necesidad de «abrir una ventana a Europa». Convencido de las bondades de la cultura protestante —se ha especulado incluso con la posibilidad de que entrara en los cuáqueros en uno de sus viajes a Inglaterra—, Pedro I se esforzó por arrastrar a Rusia hacia un modelo social semejante al de las naciones donde había triunfado la Reforma. La cultura protestante del trabajo, la educación abierta a todos, la absorción de los avances científicos, todos los aspectos que caracterizaron a las sociedades protestantes desde el siglo XVI y que tanto peso tuvieron en la cristalización de los Estados Unidos fueron considerados por Pedro I como metas para cuya consecución se apoyó, de manera nada sorprendente, en alemanes, suizos, escoceses e ingleses. A su muerte, Pedro I dejaría tras de sí claras victorias sobre Suecia (1721) y Persia (1723) y una nueva capital con su nombre —San Petersburgo— que implicaría una salida al mar en el golfo de Finlandia.

Tras un período de inestabilidad y durante el reinado de Catalina II (1762-96), las fronteras del sur de Rusia quedaron aseguradas y cesaron los ataques tártaros. A finales del siglo XVIII, Rusia controlaba todos los territorios habitados por los eslavos orientales y además había logrado desquitarse de las agresiones lanzadas por Polonia y sufridas en el siglo anterior. De hecho, Polonia acabó siendo descuartizada entre Austria, Prusia y Rusia.

Como no podía ser menos, Rusia se vio afectada por la Revolución francesa y el Imperio napoleónico que la siguió. El emperador Napoleón amenazaba la situación internacional de Rusia apoyando desde 1807 la creación de una Polonia independiente. Rusia intentó pactar con Napoleón las respectivas zonas de influencia en la paz de Tilsit, pero no pudo evitar la invasión francesa de 1812. En esa guerra, Rusia, bajo Alejandro I, se convirtió junto a España en la única potencia continental que logró vencer al emperador francés en su suelo. Gracias a la victoria sobre Napoleón, Rusia aseguró su control sobre Polonia, Finlandia, Besarabia y buena parte del Cáucaso.

Nicolás I, el sucesor de Alejandro I, solidificó un sistema autocrático basado directamente en la iglesia ortodoxa y que, por ello mismo, pretendía dispensar su amparo a los pueblos de la misma fe. Semejante visión acabaría en un choque con Turquía, una potencia islámica, que regía no sólo los antiguos territorios del Imperio bizantino, sino también sus poblaciones cristianas. En 1853, Rusia tuvo que enfrentarse con Francia e Inglaterra empeñadas en defender a Turquía incluso aunque no garantizara la libertad de culto de los cristianos que vivían en el territorio del imperio musulmán. Si en el Mediterráneo, Francia e Inglaterra apuntalaban a un imperio islámico para frenar una posible expansión rusa; en Asia central, Gran Bretaña hacía todo lo posible por vencer en lo que se conocería como el Gran Juego, es decir, la rivalidad con Rusia en torno a zonas de Asia como Afganistán. Gran Bretaña no se enfrentaba con Rusia por una cuestión ideológica, sino por el deseo de mantener o ampliar su dominio imperial en Asia.

De las reformas de Alejandro II a la revolución

A finales del siglo XIX, Rusia ocupaba la sexta parte del globo terrestre, dentro de sus fronteras vivían ciento treinta millones de súbditos del zar que agrupaban etnias como los rusos y los judíos, los alemanes y los armenios, los uzbekos y los georgianos. Sin duda, se trataba de una gran potencia, pero sus atrasadas estructuras la obligaban a realizar una modernización en profundidad. Ese reto lo asumió el zar Alejandro II[4] que pasaría a la Historia, especialmente, gracias a la abolición de la servidumbre[5] que en esa época pesaba sobre un 44.5% de la población rusa. El 3 de marzo (19 de febrero, según el calendario gregoriano) de 1861, Alejandro II firmó el Manifiesto de Emancipación de los siervos. Así se adelantaba al decreto de Emancipación de Abraham

---

4. Sobre Alejandro II, véase: E. Belyakova, *Detsvo i iunost imperatora Aleksandra II: Ocherk* (San Petersburgo, 1911); N. Golubev, *Vospominanya o tsare-osovoboditele Aleksandre II* (Pskov, 1882); V. A. Kovalev, *Zalozhniki zabluzhdenya: Istorya pokushenyi na Aleksandra II* (Moscú, 1995); E. Radzinsky, *Alexander II. The Last Great Tsar* (Nueva York, 2005).
5. Sobre el tema, véase especialmente P. A. Zaionchkovskii, *The Abolition of Serfdom in Russia* (Gulf Breeze, 1978) e Idem, *The Russian Autocracy in Crisis, 1878-1882* (Gulf Breeze, 1976).

Lincoln en favor de los esclavos americanos y además adoptaba medidas mucho más sólidas como la entrega de tierras profundas en favor de los siervos. Tres años después de la abolición de la servidumbre, en enero de 1864, se produjo asimismo una modernización, no exenta de ribetes democráticos, del gobierno local mediante el establecimiento del *zemstvo* que, hasta su abolición en 1917, permitió realizar avances auténticamente extraordinarios en áreas como la educación o la sanidad, hasta el punto de proporcionar a Rusia un servicio de medicina socializada, con todos los matices que se desee, muy anterior al de otros países europeos. A finales de ese mismo año de 1864 se procedió a la reforma del sistema legal. Fundamentalmente centrada en convertir a los jueces en una rama independiente de la administración y en insertar los principios de publicidad y de oralidad en el proceso poco puede negarse que sirvió para convertir el sistema judicial ruso —hasta entonces uno de los más atrasados de Europa— en uno de los más avanzados del mundo. De manera bien significativa, los tribunales rusos serían muy benévolos con los presos políticos —incluso si eran terroristas— y no se dejarían presionar ni siquiera por la animadversión popular hacia los acusados. Esa celosa independencia judicial tuvo una enorme relevancia antes de la Revolución. Resulta revelador que cuando Tolstoi quiso escribir su gran drama sobre la injusticia judicial, la novela *Resurrección*, atribuyera la desgracia a un error técnico del jurado, pero no a la institución ni a los jueces.

Alejandro II fue también consciente de la necesidad de llevar a cabo cambios en el terreno financiero, lo que tuvo, entre otras consecuencias, el establecimiento de un único tesoro público, la publicación del presupuesto anual y en 1866, la creación de un banco del estado que tenía la misión de centralizar y facilitar el crédito y la finanzas. Las reformas de Alejandro II tuvieron una importancia trascendental e implicaron auténticos pasos de gigante en áreas que habían permanecido inmóviles durante siglos. A decir verdad, no son pocas naciones las que, a inicios del siglo XXI, carecen todavía de unas instituciones tan modernas como las impulsadas por Alejandro II. Sin embargo, no es menos cierto que surgieron en una época de especial tensión entre generaciones, trágica evolución social que derivó de un populismo de enfoque terrorista. En 1876 se fundó con esa finalidad Tierra y Libertad que tres años después se escindió en dos grupos llamados Repartición total de la tierra y Voluntad popular. Los miembros de Voluntad popular habían llegado a la conclusión de que, dado el carácter centralizado del imperio, un cierto número de asesinatos provocaría su colapso. Por supuesto, la víctima ideal era el propio zar al que se sometió a una verdadera cacería hasta que lograron asesinarlo el 13 de marzo de 1881. Junto con Alejandro II, los terroristas de Voluntad popular asesinaron cualquier posibilidad de reforma política que hubieran podido emprender los inmediatos sucesores del soberano. La modernización continuaría, pero, en adelante, sería autocrática.[6]

El nuevo zar, Alejandro III, en su manifiesto de 11 de mayo de 1881, afirmó que sus prioridades eran suprimir la revolución y acabar con el terrorismo. Lo consiguió, pero, a la vez, optó por una política de rusificación y de predominio de la iglesia ortodoxa que tuvo pésimos resultados para los protestantes, los católicos, las nacionalidades (especialmente la polaca) y los judíos. Desde 1887, se establecieron igualmente cuotas de estudiantes judíos.[7]

A partir de 1881, los pogromos se hicieron comunes en el seno del imperio ruso, sobre todo en zonas como Polonia, Ucrania y Crimea donde el número de rusos era más reducido y la influencia de la iglesia católico-romana especialmente notable. De hecho, la acusación de crimen ritual era desconocida en la iglesia ortodoxa —igual que en las protestantes—, pero tenía un papel relevante en la católico-romana donde se venera incluso a día de hoy a supuestas víctimas de asesinatos rituales judíos. Desanimados, primero, y condenados después por las autoridades de la iglesia ortodoxa, muy a menudo, estuvieron

---

6. Aparte de las obras mencionadas más adelantes para aspectos concretos, sobre la industrialización véanse W. L. Blackwell, *The Beginnings of Russian Industrialization, 1800-1860* (Princeton, 1968); A. Gerschenkron, «Agrarian Policies and Industrialization, Russia 1861-1917» en *Cambridge Economic History*, 6, parte 2, (Cambridge, 1966); Idem, *Economic Backwardness in Historical Perspective* (Cambridge, MA: 1962); L. Lih, *Bread and Authority in Russia, 1914-1921* (Berkeley, 1990); J. P. McKay, *Pioneers for Profit: Foreign Entrepreneurship and Russian Industrialization, 1885-1913* (Chicago, 1970); M. I. Tugan-Baranowsky, *The Russian Factory in the 19th Century* (Homewood, 1970); T. H. Von Laue, *Sergei Witte and the Industrialization of Russia* (Nueva York, 1963).

7. Estas eran un diez por ciento máximo de los estudiantes que hubiera en el área de confinamiento, un cinco por ciento máximo en otras provincias y un tres por ciento máximo en Moscú y San Peterburgo.

relacionados con episodios de subversión cuyas represalias no caye-ron sólo sobre los judíos. Por ejemplo, el pogromo de Kishiniov de 1903 tuvo lugar en una población donde había cincuenta mil judíos, cincuenta mil moldavos y ocho mil rusos de los que la mayoría eran ucranianos. Los protagonistas del pogromo fueron, realmente, los moldavos. De hecho, fue el moldavo Pavel Krushevan el responsable no solo de azuzar a las masas, sino además de redactar una primera versión de los *Protocolos de los sabios de Sión*, el panfleto antisemita. El hecho fue más que conocido por los judíos que vivían en Rusia a la sazón.[8] Con todo, la justicia rusa actuó con enorme seriedad frente al terrible episodio. Las detenciones se acercaron al millar y 664 perso-nas comparecieron ante la justicia por los crímenes perpetrados.

En paralelo, el proceso de industrialización empezó a recibir un apoyo directo del poder estatal.[9] Cuando, en 1894, tuvo lugar el falle-cimiento de Alejandro III y le sucedió su hijo, Nicolás II, las líneas maestras de su reinado —autocracia e industrialización— estaban marcadas de manera indeleble e inamovible. El avance en el terreno de las comunicaciones resultó verdaderamente extraordinario tanto en términos económicos[10] como militares.[11] Un papel determinante en la puesta a punto de esta política zarista lo tuvo Serguéi Yúlievich Vitte. Nombrado en 1892 ministro de Comunicaciones y poco después de Hacienda, Vitte desarrolló una política fiscal engranada con sus metas de desarrollo y demostró una considerable habilidad para manejar una deuda pública creciente. Además fundó escuelas para la forma-ción de ingenieros y personal marítimo, reformó la ley de sociedades, fundó una oficina de pesas y medidas, logró la convertibilidad del

---

8. S. J. Zipperstein, *Pogrom. Kishinev and the Tilt of History* (Nueva York, 2018).

9. Señálese a título de ejemplo que antes de estallar la Primera Guerra Mundial, Rusia producía, por ejemplo, cuatro millones de Tms de hierro y acero, cuarenta millones de Tms de carbón y diez millones de Tms de petróleo.

10. Las líneas que unían el Volga y Ucrania con el Báltico perseguían, por ejemplo, facilitar la exporta-ción de grano; en otros casos, como las que giraban en torno a Moscú, los Urales y Ucrania se pretendía potenciar los nuevos centros industriales. El mismo Transiberiano tenía, entre otras finalidades, la de facilitar la explotación minera de Siberia.

11. Los casos más obvios fueron, por ejemplo, las líneas San Petersburgo-Varsovia o Moscú-Brest.Litovsk-Varsovia que pretendían facilitar el transporte militar en el oeste. El Transiberiano tenía en parte tam-bién esta finalidad en un período en que Japón se estaba convirtiendo en una amenaza en Oriente y China se hallaba en un proceso profundo de descomposición.

rublo, fomentó los bancos de ahorro y, especialmente, reestructuró el Banco estatal para que pudiera conceder préstamos con fines industriales. Naturalmente, una política de esas magnitudes difícilmente podía llevarse a cabo en medio de turbulencias políticas y de tensiones internacionales, Vitte, consciente de ello, se convirtió en un pacifista pragmático. Así, en 1899 apoyó con entusiasmo la I Conferencia de paz que se celebró en La Haya. Nacida de esa iniciativa rusa, en ella se establecieron algunas de las primeras normas de derecho humanitario de guerra y, sobre todo, se estableció el Tribunal Internacional de Justicia de La Haya.

Vitte creía firmemente en la expansión de la influencia rusa en el área internacional, pero consideraba que esos objetivos tenían que ser alcanzados utilizando instrumentos financieros y no militares. Junto con la industria y la expansión económica, Rusia experimentó paralelamente un crecimiento demográfico espectacular. En 1867, la población rusa era de 63 millones; cuando se produjo el estallido de la Primera Guerra Mundial la cifra había alcanzado los 122 millones.

En las empresas rusas se reprodujo, en parte, el esquema europeo de concentración de grandes capitales. Sin embargo, también tuvo lugar un rápido aumento de las pequeñas empresas. Igualmente, en 1882, se aprobó la primera legislación obrera y se prohibió el trabajo de los niños de menos de doce años limitando además sus horas laborables. Con todo, debe señalarse que, en vísperas de la Primera Guerra Mundial, el proletariado industrial se limitaba al 5% de la población.[12] Sobre esa porción de la población actuaron los socialdemócratas[13] que no eran, como actualmente, los socialistas no-marxistas, sino precisamente los que seguían a Marx. Abogaban por otorgar un papel políticamente prioritario al proletariado y, en 1903, fundaron un partido

---

[12.] R. W. Goldsmiths, «Economic Growth of Tsarist Russia 1860-1913» en *Economic Development and Cultural Change*, 9, p. 442.

[13.] Acerca de los socialdemócratas, véase: S. H. Baron, *Plekhanov: The Father of Russian Marxism* (Stanford, 1963); I. Getzler, *Martov: A Political Biography of a Russian Social Democrat* (Nueva York, 1967); L. H. Haimson, *The Russian Marxists and the Origins of Bolchevism* (Cambridge, MA: 1955); J. L. H. Keep, *The Rise of Social Democracy in Russia* (Oxford, 1963) ; D. W. Treadgold, *Lenin and His Rivals: The Struggle for Russia's Future, 1898-1906* (Nueva York, 1955); A. B. Ulam, *The Bolsheviks* (Nueva York, 1965); A. Wildman, *The Making of a Workers' Revolution: Russian Social Democracy, 1899-1903*, (Chicago y Londres, 1967).

cuya finalidad era traer el socialismo. Dado que la mayoría de la nación era agraria, los socialdemócratas carecieron de unidad de acción e incluso de concepción. Lejos de esperar la evolución de la sociedad de acuerdo a la ortodoxia marxista, Vladimir Ilich Ulianov, alias Lenin, era partidario de crear una organización de revolucionarios que, de manera profesional, acelerara el proceso de revolución y el socialismo. La posición de Lenin fue criticada con mucha dureza por el resto de los socialdemócratas que eran marxistas ortodoxos. Fue así como se produjo la división entre los bolcheviques (mayoritarios) de Lenin y los mencheviques (minoritarios). Al fin y a la postre, el pragmatismo heterodoxo de Lenin acabaría imponiéndose sobre la ortodoxia de los mencheviques en un país con cien millones de campesinos.

En 1896, estalló la primera huelga general de la Historia rusa. Concluyó con una derrota obrera pero, al año siguiente, tuvo lugar la segunda y esta vez el gobierno se vio obligado a reducir la jornada de trabajo a once horas y media.[14] Rusia avanzaba, sin la menor duda, pero el progreso afectaba de manera desigual a sus moradores. Así se pudo ver durante la gran hambruna de 1891. En el curso de la misma, los campesinos comenzaron a morir literalmente de hambre. En 1898-89 volvió a producirse una nueva hambruna, esta vez en la región del Volga, y en 1901 y 1902, el hambre de los campesinos de Poltava y Járkov acabó desencadenando desórdenes violentos. De manera fácil de entender las revueltas agrarias tenían como escenario zonas donde la tierra escaseaba por una combinación de circunstancias que iban desde el crecimiento de la población (desacompasado con el de la producción) a la disminución de tierras de arrendamiento por dedicarlas sus propietarios a fines más lucrativos como el cultivo de la remolacha azucarera. No debe sorprendernos, por lo tanto, que a finales del siglo XIX e inicios del siglo XX se produjera un creciente aumento de la emigración a Siberia como única manera de escapar de las deudas y el hambre en el campo o la explotación y la miseria en la ciudad.[15] Con todo, la vida

[14.] Un estudio interesante en V. Sviatlovsky, *Professionalnoye Dvizhenie v Rossii* (San Petersburgo, 1907), pp. 18 y ss.
[15.] En el mismo sentido, véase F.X. Coquin, «Faim et Migrations Paysannes en Russie au XIX Siècle» en *Revue d'Histoire Moderne et Contemporaine*, 11 (1964).

de los campesinos rusos no era más difícil, por ejemplo, que la de sus coetáneos en España o Italia, así como en buena parte de la Europa del este. Su mayor problema, en realidad, era su crecimiento demográfico. En vísperas de la revolución, los campesinos poseían ya tanta tierra como los señores y los mercaderes, pero ansiaban que el zar llevara a cabo un reparto nacional que entregara a las comunas los terrenos que aún estaban fuera de su control y en manos privadas. El campesinado experimentó también extraordinarios avances en el terreno educativo durante los últimos años del siglo XIX. Si en 1868 el número de analfabetos superaba ampliamente el 90% del campesinado, en 1897 la mitad de los menores de veinte años sabía leer y escribir y el número de los campesinos con un título de secundaria se había triplicado.[16]

Embarcada en una política de modernización a marchas forzadas que no estaba exenta de enormes costos sociales, Rusia no iba a obtener, con facilidad, el éxito que esperaba. La industria, sin duda, había dado pasos de gigante. Sin embargo, carecía de un mercado interno suficiente y necesitaba aún una inyección continua de préstamos de origen extranjero y ayudas estatales. Las últimas eran seguras, pero las primeras planteaban problemas. Por ejemplo, Gran Bretaña era opuesta al desarrollo de una potencia con la que rivalizaba en el Mediterráneo y en Asia central. En los Estados Unidos, por añadidura, algunos banqueros judíos como Jacob Schiff insistieron en que no se concedieran empréstitos a Rusia. Con posterioridad Schiff[17] ayudaría a los revolucionarios rusos.[18]

Cuando se acercaba el cambio de siglo, a pesar de sus innegables avances económicos y sociales, se había iniciado un creciente desapego de la población del imperio ruso hacia las instituciones. Las minorías étnicas —especialmente judíos y polacos— se sentían distanciadas cuando no oprimidas. El campesinado —que formaba el segmento

---

[16]. C. A. Anderson, «A Footnote to the Social History of Modern Russia – The Literacy and Education Census of 1897» en *Genus*, 1-4 (1956).
[17]. Sobre Schiff sigue siendo indispensable Cyrus Adler, *Jacob H. Schiff. His Life and Letters*, 2 vols. (Nueva York, 1928).
[18]. A. C. Sutton, *Wall Street and the Bolshevik Revolution* (Forest Row, 2013), pp. 186 ss.

mayor de la población— no parecía agradecer de manera especial la liberación de los siervos y deseaba concesiones que el zar, difícilmente, podía darle. Finalmente, a pesar de su carácter muy minoritario, buena parte del proletariado no contemplaba bajo una luz positiva el avance económico del que formaba parte sustancial. Como gran aglutinante de esa insatisfacción, aparecía la *intelliguentsia* que, en términos generales, no esperaba una reforma que cambiara la monarquía en un sentido liberal sino su simple desaparición. Persona de formación jurídica y base cristiana, como era el caso de Alexander Kérensky, había llegado ya en 1905 a la convicción de que el terrorismo era «inevitable».[19] Basta releer la literatura de la época para contemplar que, lejos de asimilar los cambios positivos, la *intelliguentsia* sólo contemplaba Rusia como una sociedad que debía ser aniquilada de arriba abajo.

En 1894, accedió al trono del imperio ruso Nicolás II.[20] Tan solo dos años se había promulgado la ley fundamental del imperio cuyo artículo primero establecía que el zar tenía «un poder ilimitado» y que este se originaba en «el mismo Dios» que ordenaba que se le obedeciera «tanto por conciencia como por miedo». Lejos de constituir un régimen feudal —como se suele repetir inexactamente— Rusia se hallaba sometida a una visión patrimonialista del poder cercana a ciertas formas de gobierno oriental. Nicolás II quizá hubiera sido un buen monarca constitucional de haber sido educado para ello. Para ser autócrata carecía de dotes. En 1905, Rusia sufrió una derrota frente a las armas japonesas, lo que derivó en una revolución. Quedó abortada, pero el zar no supo encauzar la vida del país a pesar de realizar algunas concesiones liberales.

En 1906, el zar nombró presidente del Gobierno a Piotr Arkadievich Stolypin —un personaje que había demostrado tener una capacidad extraordinaria para controlar la situación desde su cargo de gobernador durante 1905— y disolvió la Duma, el parlamento establecido tras la revolución. Stolypin no sólo debía seguir la senda de modernización,

19. A. Kérensky, OC, p. 80.
20. Acerca de Nicolás II, véase: S. Harcave, *Years of the Golden Cockerel : The Last Romanov Tsars*, 1814-1917 (Nueva York, 1968); R. K. Massie, *Nicholas and Alexandra* (Nueva York, 1967).

sino también acabar con la violencia de las insurrecciones populares y los atentados terroristas.[21] Solo durante 1906 el número de funcionarios asesinados, pese a las enérgicas medidas antiterroristas articuladas por Stolypin, estuvo muy cerca de los cuatro millares.[22] Se trata, sin duda, de una cifra sobrecogedora que indica, por un lado, el carácter violentamente radical de una parte importante de la oposición y, por otro, que la represión zarista, a pesar de todo lo escrito, distaba mucho de ser tan dura y tan eficaz como sería unos años después la de los bolcheviques.

En este ambiente de violencia revolucionaria y de respuesta de las autoridades zaristas tuvo lugar la convocatoria para la segunda Duma fijándose como fecha de su inauguración el 20 de febrero de 1907. De manera bien significativa, la segunda Duma presentó una composición aún más escorada a la izquierda que la primera. Su fracaso sería semejante al de la primera y a la tercera y cuarta que la siguieron. Se pensara lo que se pensara, no parecía que en Rusia funcionara el régimen parlamentario.

En paralelo, en términos macroeconómicos nadie puede negar que Stolypin obtuvo enormes éxitos. De manera creciente, fueron apareciendo en Rusia los monopolios[23] bajo la influencia directa de los bancos rusos y del capital extranjero, especialmente el francés.[24] En el campo, Stolypin intentó crear una clase de agricultores medios que sirviera de valladar contra una posible revolución campesina. Los resultados, en apariencia, fueron halagüeños. De hecho, si en 1907 el número de disturbios en el agro alcanzó la cifra de mil trescientos treinta y siete, en 1915, ya en plena guerra mundial, se había reducido a noventa y seis.[25]

21. Acerca del tema, véase: A. Geifman, *Thou Shalt Kill: Revolutionary Terrorism in Russia 1894-1917* (Princeton, 1993); D. Hardy, *Land and Freedom: The Origins of Russian Terrorism* (Westport, 1987); A. Platonov, *Stranichka iz istorii eserovskoi konttrevoliutsii* (Moscú, 1923); A. Spiridovitch, *Histoire du terrorisme russe, 1886-1917* (París, 1930).

22. L. I. Strajovsky, «The Statemanship of Peter Stolypin» en *SEER*, 37, 1959, n. 89, p. 356.

23. V. I. Boyvkin, I. F. Guindin, K. G. Tarnovsky, «Gosudartsvernii monopoliticheskii Kapitalizm v Rossii» en *Istoriya SSSR*, n. 3, 1959, p. 92.

24. F.X. Coquin, «Aperçus sur l'economie tsariste avant 1914» en *Revue d´Histoire Moderne*, n. 7, 1960, p. 68.

25. Dubrovsky, *Stolypinskaya Zemelnyaya Reforma* (Moscú, 1963), p. 518.

En vísperas de la primera guerra mundial, el Imperio ruso atravesaba una fase dilatada de crecimiento económico, desarrollo industrial, poderío militar y estabilidad social. Nadie habría podido negar —porque era una realidad incuestionable— que Rusia nunca había sido ni más extensa ni más fuerte ni más rica. Incluso se podía señalar que Stolypin había comenzado a dar pasos para solucionar problemas como la discriminación sufrida por los judíos. Lo cierto, sin embargo, es que la realidad era más plural y, sobre todo, más peligrosa. Stolypin fue asesinado —tras siete intentos previos— por un terrorista judío llamado Bogrov en septiembre de 1911. De manera bien significativa, Bogrov era el hijo de un burgués que estaba empeñado en destruir el mundo en que su padre había conseguido prosperar.

El 28 de junio de 1914, el archiduque austriaco Francisco Fernando y su esposa fueron asesinados por un independentista serbio. Cuando Austria-Hungría declaró la guerra a Serbia, Alemania era garante de la primera y Rusia de la segunda. En el momento en que el zar ordenó la movilización, Alemania lo interpretó como un acto de hostilidad y le declaró la guerra al igual que a su aliada Francia. Como respuesta, Gran Bretaña tomó la misma decisión en relación con Alemania. Semejantes pasos desencadenaron una explosión de júbilo en los gobiernos y en los pueblos que no excluyó ni siquiera a los partidos socialistas[26] hasta entonces definidos como internacionalistas y pacifistas. Puestos a elegir entre su nación o los hermanos proletarios de otros países, la aplastante mayoría de los socialistas optaron por la primera. En Rusia, en la sesión de la Duma de 26 de julio de 1914, los diputados se manifestaron unánimemente en favor de la guerra con la excepción de los seis mencheviques, los cinco bolcheviques y los *trudoviki* o laboristas.[27]

En paralelo, los enemigos del régimen siguieron avanzando posiciones. En vísperas de la primera guerra mundial, los bolcheviques se habían hecho con el control de la mayoría de los sindicatos de San Petersburgo

[26]. Al respecto vease: B. Tuchman, *Oc*, pp. 474 ss.
[27]. Como en tantas otras ocasiones, Lenin mantuvo una postura muy personal. De acuerdo con la misma, no debía impedirse la guerra, sino intentar transformarla en guerra civil contra la burguesía, aunque eso implicara de momento la pérdida de todas las tierras fronterizas de Rusia. En el mismo sentido, citando testimonios contemporáneos, véase: D. Shub, *Lenin* (Madrid, 1977), vol. 1, pp. 213 ss.

y de Moscú.[28] Se trataba de un proceso cuya culminación llegaría con la huelga general de San Petersburgo de julio de 1914.[29] En ella, los obreros siguieron combatiendo por las calles hasta el 15 de julio, justo el día anterior a la entrada de Rusia en la primera guerra mundial[30].

La guerra mundial significó una inmensa sangría para Rusia. Durante 1915, los rusos tuvieron dos millones de bajas entre muertos y heridos y no menos de un millón trescientos mil prisioneros. Cuando terminó el año, los rusos habían perdido Libau, Galitzia, Varsovia, Lituania y, para colmo de males, la flota alemana había entrado en Riga. Además el total de bajas rusas ocasionadas hasta entonces por la guerra ascendía ya a la pavorosa cifra de cuatro millones trescientas sesenta mil personas.[31] En 1915, reaparecieron también los conflictos sociales que los alemanes contemplaron como una magnífica oportunidad para destrozar a su adversario desde el interior. Así, a través del judío Parvus[32] comenzaron a subvencionar a algunos de los revolucionarios rusos sin exceptuar a Lenin.[33]

La situación empeoró aún más después del fracaso de la ofensiva rusa de 1916. Es cierto que, gracias a ella, los rusos, utilizados como carne de cañón, lograron salvar a Italia de una invasión austríaca y absorbieron un número considerable de fuerzas alemanas que, de lo contrario, se habrían enfrentado con los ejércitos británicos y franceses. Sin embargo, durante aquel año los rusos tuvieron dos millones de bajas entre muertos y heridos, además de trescientos cincuenta mil prisioneros.

28. V. Grinevich, *Die Gewerkschaftsbewegung in Russland I (1905-14)* (Berlín, 1927), p. 289.
29. *Rabochee Dvizhenie v Petrograde v 1912-17 gg* (Leningrado, 1958), n. 102, p. 209.
30. Acerca del papel de Rusia en la Primera Guerra Mundial, véase: General A. Denikin, *The Russian Turmoil* (Londres, 1922); Teniente coronel N. N. Golovin, *The Russian Army in the World War* (Londres, 1931); General B. Gourko, *Memories and Impressions of War and Revolution in Russia* (Londres, 1918); General Sir Alfred Knox, *With the Russian Army 1914-1917* (Londres, 1921); B. Pares, *Day by Day with the Russian Army* (Londres, 1915); W. Rutherford, *The Russian Army in World War I* (Londres, 1975).
31. J. S. Curtiss, *Oc*, p. 24.
32. La biografía sobre Parvus está por escribir a pesar de su enorme importancia en el proceso revolucionario. Puede consultarse Z. A. B. Zeman y W. B. Scharlau, *The Merchant of Revolution. The Life of Alexander Israel Helphand (Parvus)* (Nueva York, 1965).
33. Naturalmente este aspecto fue negado radicalmente por los bolcheviques que incluso, una vez en el poder, procuraron hacer desaparecer los documentos que hacían referencia a los pagos recibidos por ellos procedentes de Alemania. Solo la reciente desclasificación de los documentos ha permitido zanjar esta cuestión de manera definitiva. De interés especial sobre el tema Z. A. B. Zeman, *Germany and the Revolution in Russia* e *Idem* y W. Scharlau, *The Merchant of Revolution* (Oxford, 1965).

El 13 de febrero de 1917, comenzaron a tener lugar algunas manifestaciones en Petrogrado en el curso de las cuales la gente rompía escaparates para robar comida y gritaba consignas en contra de la guerra, de la policía y de la especulación. Teniendo en cuenta lo que habían sido los años 1915 y 1916, el fenómeno casi parecía lo menos que podía esperarse. Los días 22 y 23 de febrero, el hambre catapultó a la calle a muchedumbres de obreros en huelga. En varias ocasiones, los soldados no solo se negaron a reprimirlos, sino que además se sumaron a ellos. El 25 de febrero, las tropas se amotinaron. El 29, la totalidad de la guarnición de Petrogrado, ciento setenta mil hombres, se había declarado en abierta rebeldía.

En un intento último de salvar la dinastía, los diputados de la Duma suplicaron al gran duque Miguel Alexándrovich, hermano del zar, que asumiera poderes dictatoriales, derribara al gobierno y obligara a Nicolás II a nombrar a ministros responsables. El zar, en contra de la ley, renunció a la corona para él y sus sucesores. Lo hizo además para evitar el derramamiento de sangre y la guerra civil. Fue ese factor, unido a la pasividad de los monárquicos, el que otorgó el triunfo a los revolucionarios.[34] Ciertamente, los resultados no pudieron ser peores. La alternativa no funcionó. De hecho, Miguel solo reinaría un día y, al igual que su hermano, el zar, sería asesinado por los bolcheviques. Durante la medianoche del 27 de febrero los diversos dirigentes de los partidos se constituyeron en comité provisional de la Duma. Tras no pocas vacilaciones, tres días después el comité nombraba un Gobierno provisional. La monarquía se había desplomado, pero no por la fuerza de sus enemigos, sino por la falta de firmeza de sus defensores.

Del golpe bolchevique al colapso de la Unión Soviética

Rusia se había convertido en una república democrática —el país más libre del mundo, se diría—, pero el nuevo régimen no consiguió

---

34. En ese mismo sentido, A. Solzhenitsyn, *Raznyshlenya o fevralskoi rievoliutsii*, 1995, final del capítulo 1 e inicio del 2.

subsistir. Su insistencia en continuar la guerra al lado de los aliados en lugar de retirarse del conflicto, el fracaso de una nueva ofensiva militar y el regreso de Lenin desde el exilio —gracias a las condiciones pactadas entre Parvus y el Imperio alemán— decidido a implantar una dictadura socialista sellaron el destino del nuevo régimen surgido de la caída del zarismo. Tras meses de deterioro del gobierno provisional, en octubre de 1917, los bolcheviques dieron un golpe de estado que desembocaría en una revolución socialista, en una terrible guerra civil y en el establecimiento del primer estado totalitario de la Historia.

Excede con mucho el objetivo de este libro describir la evolución histórica de la Unión Soviética. Sí es obligado señalar que, a poco más de un siglo de distancia, la revolución bolchevique arroja lecciones de innegable relevancia relacionadas con el análisis histórico, el desarrollo de la ingeniería social y la geopolítica. En la extinta URSS, con unas directrices políticas dictadas desde el poder y unos archivos cerrados, no fue difícil imponer una visión oficial —y falsa— de lo sucedido. Entre las groseras simplificaciones propagandísticas se encontraban la de la inevitabilidad de la revolución o la consideración del período situado entre la revolución de febrero y la de octubre como un paréntesis. Igualmente, el golpe de estado bolchevique de octubre de 1917 fue trasmutado en acción de masas. El colofón era que los bolcheviques habrían sentado las bases de un estado verdaderamente obrero y campesino en cuyo seno el terror solo había sido una respuesta a las provocaciones contrarrevolucionarias y la dictadura de Stalin un accidente dramático. Lo cierto, sin embargo, es que la revolución de febrero, inicialmente, fue pacífica e incruenta y si el zar Nicolás II hubiera decidido mantenerse en el trono a sangre y fuego ni los primeros revolucionarios ni los bolcheviques habrían alcanzado el poder. Incluso con la abdicación del zar, si el régimen revolucionario de febrero hubiera podido estabilizarse, el resultado hubiera sido una Rusia regida por el sistema más moderno, democrático y socializado hasta entonces. Sin embargo, el gobierno provisional presidido por Kérensky no supo manejar la situación bélica, respetó la legalidad de manera exageradamente garantista y temió más la posibilidad de un golpe militar que a los bolcheviques. Lenin no tuvo ninguno de esos escrúpulos y supo enfrentarse con un talento táctico despiadado a todos los desafíos.

Cuando las elecciones a la asamblea constituyente, celebradas en noviembre y diciembre de 1917, concluyeron con una derrota bolchevique, Lenin disolvió «manu militari» la asamblea nacida de las urnas y comenzó a detener en masa a sus adversarios. Lenin nunca creyó que pudiera mantenerse en el poder sino por el terror y así se lo comunicó vez tras vez a sus compañeros. En los documentos desclasificados tras el colapso de la Unión Soviética[35] aparecen instrucciones precisas ordenando matanzas en masa, el internamiento de sectores enteros de la sociedad en campos de concentración y el desencadenamiento de represalias sobre los familiares de los simples sospechosos. Lenin incluso cedió inmensas porciones del imperio ruso a sus enemigos simplemente para ganar tiempo.

La victoria bolchevique derivó de una mezcla de superioridad material, terror despiadado —la expresión es de Lenin— pragmatismo, indiferencia hacia Rusia como nación —la inmensa mayoría de los dirigentes bolcheviques no eran rusos incluido el mismo Lenin que solo lo era en un octavo— e intereses de una clientela activa, la comunista, cuyo partido alcanzó durante la guerra una cifra cercana a los tres cuartos de millón de personas. El final de la guerra civil no trajo consigo la conclusión del terror, sino que éste quedó configurado, según había dejado bien sentado Lenin en multitud de ocasiones, como elemento sustancial e inseparable del régimen. Así, Stalin —que rigió la Unión Soviética desde 1922 hasta su muerte en 1953— no fue una mutación peligrosa, sino un hijo directo y legítimo de Lenin y de sus planteamientos.

Solo entre 1929 y 1953, veintitrés millones y medio de ciudadanos de la URSS fueron encarcelados, terminando más de ochocientos mil ante un pelotón de ejecución. Sin embargo, no solo Rusia pagó un precio elevado. Las potencias occidentales, ciertamente, no adoptaron medidas para provocar el final del gobierno leninista. Además no faltaron los empresarios y financieros que vieron a los bolcheviques como

---

35. La traducción, por primera vez, de algunos de estos documentos al español puede encontrarse en César Vidal, *La revolución rusa: Un balance a cien años de distancia* (Buenos Aires, 2017), pp. 250 ss.

una vía directa y segura para acceder a las inmensas materias primas yacentes bajo el suelo ruso. Lo importante para estas instancias no fue ni el sufrimiento ni la libertad del pueblo ruso, sino sus beneficios económicos. El triunfo de Stalin lo impidió al final, pero no antes de que se amasaran inmensos caudales y se extrajeran las conclusiones para que una situación muy similar se repitiera con más éxito cuando tuvo lugar el desplome de la URSS.

El segundo grupo de lecciones de la Revolución bolchevique se relaciona con el proyecto de ingeniería social. Religión, música, poesía, prensa... todo se vio controlado por el poder político a la vez que se reducía a la nada a los insumisos. En muy pocos años, no existió un referente moral al que mirar, y cualquier manifestación cultural se convirtió en un acto de propaganda. Los bolcheviques controlaron la vida privada hasta los más íntimos extremos. Así, procedieron a la legalización del aborto, por primera vez en la Historia, y al control de los hijos por el estado. Por añadidura, privaron de su propiedad a los ciudadanos mientras el número de funcionarios y de clientelas del poder aumentó de manera espectacular. Esa nueva clase que derivaba del crecimiento del estado sería clave para la llegada de Stalin al poder absoluto. Por último, la educación fue remodelada para convertirse en un instrumento de adoctrinamiento, de modelado de las almas y de los corazones y de consolidación de una nueva sociedad. Sin embargo, de nuevo, Stalin se percató del daño que semejante esquema podía causar a la nación. Los talentos literarios, musicales, artísticos, en suma, de su época no fueron igualados con posterioridad e incluyen nombres gloriosos como Prokófiev, Shostakóvich, Jachaturián, Pasternák, Shólojov, Eisenstein y muchos otros que no han encontrado paralelos tras la caída de la Unión Soviética.

Los resultados de ese conjunto de experimentos sociales fueron desiguales. Que el arte se desplomara en medio de la atonía e incluso del ridículo poco importaba a los que solo lo concebían como propaganda. Sin embargo, el mismo Lenin no tardó en darse cuenta del impacto negativo derivado de no contar con científicos capaces y Stalin captó el daño que podría causar a la URSS un desplome de la institución familiar. Así, en muy pocos años, la visión de la familia acabó centrada en torno a un conservadurismo socialista y se volvió a prohibir el aborto. Incluso el arte adquirió unos tonos morales conocidos canónicamente como el realismo socialista donde se ensalzaba el trabajo, el amor a la patria, el sacrificio o la entrega desinteresada. Determinado grado de destrucción del tejido social era inaceptable y resultaba así porque implicaba, a fin de cuentas, acabar con la nación.

Ese sistema de ingeniería social sería utilizado en las décadas siguientes, incluso después del desplome de la URSS, en distintas partes del mundo. Su empleo se consideró, al final, como un avance en la Historia del género humano, aunque, a decir verdad, solo se trataba de una manera de imponer un totalitarismo ideológico. Los paralelos al respecto con la imposición de la ideología de género y la agenda del *lobby* LGTB presentan notables paralelos. Ambas han tenido ya como resultado la aprobación de leyes inquisitoriales en varios países, pero son precisamente los censurados, perseguidos y represaliados por esas normas los que aparecen ante la opinión pública como retrógrados enemigos del progreso. A más de cien años del triunfo bolchevique, no cabe duda de que algunas de las lecciones más importantes no se han aprendido.

En apariencia, lo sucedido en Rusia fue un asunto interno ruso, librado por rusos y resuelto por rusos. La realidad fue muy diferente. De entrada, tanto el imperio alemán como Wall Street tuvieron un papel extraordinario en el desarrollo de la revolución.[36] Es más que dudoso que el resultado hubiera sido el que aconteció al final sin esas intervenciones extranjeras. La colección de documentos del departamento de estado conocida como State Department Decimal File (861.00/5339) constituye una auténtica mina para el investigador que desee saber quién urdió la revolución en Rusia. En un documento fechado el 13 de noviembre de 1918, se establece que la revolución fue preparada en febrero de 1916 y que las personas y firmas que la

---

36. El libro de A. C. Sutton, *Wall Street and the Bolshevik Revolution* (Forest Row, 2011) sigue siendo de lectura obligatoria, pero la bibliografía ha ido convirtiéndose en más extensa con el paso del tiempo. Resulta, por ejemplo, de especial interés Mikhail Heller y Aleksandr M. Nekrich, *Utopía in Power. The History of the Soviet Union from 1917 to the Present* (Nueva York, 1986), pp. 213 ss., donde se describe los negocios de empresas norteamericanas con la Unión Soviética en momentos económicamente muy delicados para los bolcheviques.

respaldaron desde el extranjero fueron Jacob Schiff; Kuhn, Loeb and Company; Felix Warburg; Otto H. Kahn; Mortimer L. Schiff; Jerome J. Hanauer; Guggenheim; Max Breitung e Isaac Seligman. El informe señala, por ejemplo, que el banquero Jacob Schiff ya financiaba a Trotsky en la primavera de 1917. La realidad es que Lenin y Trotsky no hubieran pisado, desde luego, suelo ruso sin esos apoyos directos y conscientes. A esto se añade un factor terrible que se pasa siempre por alto. La represión tampoco hubiera sido tan brutal —a setecientos cincuenta mil personas rendiría homenaje Putin[37]— de no ser porque los verdugos no eran parte de ellos. Todo el proceso de ingeniería social se pudo llevar a cabo de manera totalmente despiadada precisamente porque se ejecutó con «otra» gente que no era rusa. Los datos, al respecto, son bien reveladores. Lenin era solo un octavo ruso y tenía más sangre judía y alemana que rusa; Trotsky, Zinóviev, Kámeniev, Rádek, Kagan, Yagoda o Molotov eran judíos; Dzerzhinsky, creador de la ChKa, antecedente del KGB, era polaco; Stalin, asociado para siempre al horror comunista, era georgiano al igual que Beria; su sucesor Jrushov era ucraniano como también lo fueron Brézhniev, Chernienko y Gorbachov. De todos los secretarios generales del Partido Comunista, solo Andrópov nació en Rusia, aunque fue criado por una familia judía. Ciertamente, Rusia pagó un elevadísimo tributo bajo un gobierno de comunistas que, generalmente, no fueron rusos y no contemplaban a Rusia como algo propio si no como el barro que se podía moldear. Desgraciadamente, ese barro no estaba formado por arcilla, sino por la sangre, la carne y los huesos de rusos.

La creación de la Unión Soviética tuvo resultados diversos. Terribles fueron los relacionados con el carácter totalitario y represor del sistema basado desde el principio, como señaló Lenin, en el terror de masas. Sin embargo, no se puede negar que, como reconoció el propio Churchill: «El Ejército rojo decidió el destino del militarismo alemán».[38] Sin duda, la nación que pagó, con mucho, un tributo mayor en

---

[37]. https://www.bbc.com/news/world-europe-41809659.
[38]. *Correspondence of the Council of Ministers of the USSR with the U.S. Presidents and Prime Ministers of Great Britain during the Great Patriotic War of 1941–1945.*, V. 2. M. (1976), pp. 204.

vidas humanas fue la Unión Soviética. Sus más de veintiséis millones de muertos[39] combatiendo el nazismo explica, ciertamente, mucho. En el curso de la denominada con justicia Gran Guerra Patria, el Ejército soviético tuvo 8.668.400 muertos y un total de 23.326.905 bajas.[40] Stalin había ejercido un poder absoluto y cruel, pero no fue menos cierto que derrotó a Hitler y que, al término de ese colosal enfrentamiento, había convertido a la Unión Soviética en la segunda potencia mundial, una potencia que había pactado con los Estados Unidos y Gran Bretaña la hegemonía sobre Europa oriental. Para la izquierda, la Unión Soviética se convirtió durante años en un foco hacia el que dirigir la mirada. Era el primer estado socialista de la Historia, había sumado a medio continente a sus tesis, y permitía concebir esperanzas sobre la extensión del socialismo en todo el globo. El gran problema era que el sistema, aparte de la represión, distaba mucho de funcionar.

En 1985, Mijáil Gorbachov se convirtió en secretario general de Partido Comunista de la Unión Soviética. Consciente de que el sistema debía ser reformado para que pudiera sobrevivir, Gorbachov puso de moda dos términos. El primero fue *perestroika* o reconstrucción y el segundo, *glasnost* o transparencia. En la Unión Soviética, no se implantó la libertad de expresión, pero sí se difundieron multitud de datos que hubieran sido imposibles de conocer públicamente tan solo poco antes. En 1991, la editorial soviética *Novosti* publicó un libro titulado *URSS: Crónica de un decenio* donde se recogía año por año datos relacionados con la situación del país. No pocos de los datos expuestos resultaban verdaderamente inquietantes. En 1988, por ejemplo, se estableció el límite de pobreza. En la Unión Soviética, tras más de setenta años del golpe de estado bolchevique, eran pobres 41 millones de personas, es decir, el 14.5% de la población. Algunos especialistas señalaban que, en realidad, llegaba a una cifra situada entre el 20 y el 25 y lo peor era que no existía tendencia a que disminuyera.[41] 1989 fue declarado

39. E. M, Andreev, L. E. Darski, T. L. Kharkova, TL (el 11 de septiembre 2002). «Population dynamics: consequences of regular and irregular changes» en W. Lutz; S. Scherbov; A. Volkov, (eds.). *Demographic Trends and Patterns in the Soviet Union Before* (1991).
40. G. F. Krivosheev, *Soviet Casualties and Combat Losses in the Twentieth Century*, Londres, 1997, p. 290.
41. *URSS: Crónica de un decenio*, p. 207.

por el gobierno soviético «Año de la caridad». Para el 1 de enero, el 17.1 de la población, es decir 58.6 millones de personas, eran ancianos. El 60% de ellas sufría de servicios a domicilio deficientes y tres millones de minusválidos necesitaban prótesis.[42] Igualmente, cuatrocientas mil personas vivían en asilos, pero había otras cien mil que no se lo podían permitir por falta de plazas. No debían de contar con un servicio especialmente eficiente porque la mitad de las personas a las que llegaba el turno de ingresar fallecía en los dos primeros meses por razones psicológicas. Simplemente, no podían soportar aquel nuevo entorno.[43] Ese mismo año de 1989, había en la Unión Soviética cerca de un millón doscientos mil niños desamparados. 2.194 se suicidaron y 1.500 desaparecieron, posiblemente, convirtiéndose en vagabundos.[44] La mortalidad infantil también resultaba inquietante. De cada mil niños, cincuenta y siete no llegaban a cumplir los quince años. En alguna república, como Turkmenia, uno de cada 20 años fallecía antes de llegar el año.[45] La supuesta legitimación del sistema de represión sobre la base de los avances sociales no se sostenía. Ciertamente, se podía alegar que en la Unión Soviética la gente vivía mejor que en buena parte del planeta, pero el sistema, ciertamente, no producía resultados alentadores.

Por añadidura, el 20% del PIB se iba en presupuesto de defensa a pesar de lo cual la Unión Soviética no podía competir ni de lejos con los Estados Unidos.[46] Cada día, el ejército soviético solicitaba dos decenas de ataúdes. La deficiencia de sus estructuras había causado de desde 1987 a 1990 la muerte de veinte mil soldados soviéticos. Se trataba de una cifra superior a la de los caídos en la guerra de Afganistán.[47] A pesar de todo, la Unión Soviética podía haberse mantenido en pie, ya que dictaduras en mucho peores condiciones lo han conseguido y lo siguen consiguiendo a día de hoy. No sorprende que casi nadie esperara que tuviera lugar su desplome, pero el desplome se produjo y con él vino el caos.

42. *Idem*, p. 238.
43. *Idem*, p. 239.
44. *Idem*, p. 269.
45. *Idem*, p. 316.
46. *Idem*, p. 290.
47. *Idem*, p. 368.

De la «violación de Rusia» a Putin

En 1990, desapareció la Unión Soviética, pero lo que vino no fue el paraíso. Mientras en Occidente se vendía la idea de que Rusia avanzaba con pie firme hacia la democracia y la prosperidad material, el proceso que vino a continuación solo puede calificarse como verdaderamente pavoroso para la mayoría de la nación. En 1993, una prestigiosa editorial de Nueva York firmó un contrato a la periodista americana Anne Williamson para que describiera lo que había pasado en Rusia. El libro fue entregado en 1997 y era muy crítico con la administración Clinton, pero también con George Soros. Nunca llegó a ser publicado. Su autora, de hecho, atribuyó esa circunstancia a lo que podríamos denominar el factor Soros.[48] A pesar de todo, una versión privada del texto circuló ampliamente exactamente igual que sucedía con las obras de los disidentes en la antigua Unión Soviética y Anne Williamson incluso llegó a prestar testimonio ante el Congreso en 1999. Ciertamente, lo que sucedió en esa década explica más que sobradamente la llegada al poder de Vladimir Putin, su política y su popularidad. Así es porque lo que tuvo lugar no fue la democratización de la nación, sino lo que se ha dado en llamar la «violación de Rusia».

Ciertamente, Occidente, encabezado por los Estados Unidos, gastó 325 millones de dólares en el proceso de supuesta modernización de Rusia, pero los resultados fueron pavorosos, de hecho, los que, seguramente, nadie desearía para su nación.

En primer lugar y con una colaboración notable de los servicios de inteligencia y de las fundaciones de George Soros se procedió a desmembrar Rusia. En algunos casos, como Estonia o Letonia, se puede discutir si se trataba de nacionalidades que merecían acceder a la independencia. En otros, como Ucrania o Bielorrusia, no existía la menor justificación histórica para ello porque siempre han sido parte de Rusia. Esa realidad, dicho sea de paso, fue siempre conocida por los expertos en los Estados Unidos. Un documento titulado *U.S. Objectives with*

[48.]https://www.unz.com/isteve/the-rape-of-russia-explained-by-anne/.

Respect to Russia y clasificado como de alto secreto, con fecha de 18 de agosto de 1948, fue elaborado a raíz de una solicitud de 10 de julio de 1948, debida a James V. Forrestal, secretario de defensa de los Estados Unidos. Su finalidad era articular medidas para debilitar la URSS. El documento contenía afirmaciones radicales. Por ejemplo, que los ucranianos jamás habían dado señales de ser una «nación». Por ejemplo, que no existía una clara línea divisoria entre Rusia y Ucrania. Por ejemplo, que las ciudades en territorio ucraniano han sido predominantemente rusas y judías. Por ejemplo, que el ucraniano no pasaba de ser un dialecto campesino. Por ejemplo, que intentar separar Ucrania de Rusia sería tan artificial y destructivo como intentar separar el Corn Belt, incluyendo la zona industrial de los Grandes Lagos, de la economía de los Estados Unidos. El diagnóstico de los servicios de inteligencia estadounidenses fue obvio: Ucrania es Rusia, no es una nación y solo habla un dialecto campesino. Olvidar datos tan elementales constituye una acción inmoral y peligrosa. Con todo, en cualquiera de los casos, Rusia perdió el 30% de su territorio, un resultado aterrador que solo se ha dado tras terribles derrotas militares.

En segundo lugar, la riqueza de Rusia se vio repartida entre multinacionales americanas y británicas en su mayoría y políticos y funcionarios corruptos procedentes en un número muy elevado del antiguo KGB. Si algo no difundieron los occidentales en Rusia durante esos años fue honradez, respeto por la ley y transparencia. Por el contrario, procedieron a un saqueo sistemático de los recursos naturales rusos dando lugar a la aparición de la corrupta casta de los oligarcas.

En tercer lugar, se incumplieron los compromisos adquiridos con la antigua Unión Soviética[49] de tal manera que, en contra de las promesas pronunciadas por los Estados Unidos y algunas naciones occidentales, la NATO se extendió hasta las mismas fronteras de Rusia y fue incorporando a antiguas naciones del Pacto de Varsovia bajo la promesa de que, a su vez, entrarían en la Unión Europea. Lejos de tratarse de

---

49. https://www.latimes.com/opinion/op-ed/la-oe-shifrinson-russia-us-nato-deal—20160530-snap-story.html; https://nsarchive.gwu.edu/briefing-book/russia-programs/2017-12-12/nato-expansion-what-gorbachev-heard-western-leaders-early; https://nationalinterest.org/blog/the-buzz/newly-declassified-documents-gorbachev-told-nato-wouldnt-23629.

naciones que corrían a colocarse bajo la protección de la NATO lo que sucedió es que entraron, en su mayoría, para, a cambio, disfrutar de la prosperidad económica de la UE.

En cuarto lugar, la quiebra del sistema de beneficencia, a pesar de sus deficiencias, tuvo efectos pavorosos sobre la población. Se calcula que las muertes ocasionadas por el desplome de los servicios sociales alcanzaron a ocho millones de personas, muchísimo más de las sufridas por los Estados Unidos no solo en las dos guerras mundiales, sino en todos los conflictos bélicos de su Historia. Con Yeltsin, abandonaron Rusia más millones de personas que a causa de la Revolución bolchevique y la guerra civil lo que debería llevar a reflexionar.

Cuando en 1999, Boris Yeltsin — que había ganado las elecciones gracias a la injerencia directa de la administración Clinton[50]— anunció su retirada de la política envuelto en casos de corrupción que beneficiaban incluso a su familia, la mayoría de los rusos estaban dispuestos a votar al Partido Comunista en el siguiente proceso electoral. Semejante perspectiva era horrible, sin duda, pero no debería sorprender después de una década de desmembración del territorio nacional, de empobrecimiento espantoso, de desamparo social absoluto, de violencia y corrupción y de repetidas humillaciones en el plano internacional. La época de la Unión Soviética podía haber sido espantosa en términos de libertad de expresión, pero, sin duda alguna, había sido más próspera, más tranquila y más respetada internacionalmente. Si no tuvo lugar el regreso del Partido Comunista al poder a través de las urnas se debió a Vladimir Putin.

Seguramente, se discutirá por mucho tiempo si cuando el 31 de diciembre de 1999, Putin se convirtió en presidente de Rusia había ganado las elecciones limpiamente o se produjo fraude en alguna circunscripción. Lo que resulta imposible discutir es que, de no haber ganado él, el nuevo presidente de Rusia habría sido un comunista. A su llegada al poder, Putin encontró una nación que corría riesgo de

---

50. La película de 2003 *Spinning Boris* abordaba el tema. Sin duda, era incómodo y provocó una cierta discusión en la prensa; https://www.theguardian.com/world/2003/sep/07/film.russia; https://www.nytimes.com/1996/07/09/world/moscow-journal-the-americans-who-saved-yeltsin-or-did-they.html.

avanzar en la desintegración territorial y que se encontraba quebrada económicamente. Medidas drásticas como la bajada de impuestos y la persecución de las mafias tuvieron como consecuencia directa que en los ocho siguientes años, Rusia aumentara su poder adquisitivo en un 72%. No solo eso. Tras ser rechazada su solicitud de integrarse en Occidente mediante la entrada de Rusia en la NATO —uno de los mayores errores estratégicos cometidos en las últimas décadas— y tras comprobar que iba a seguir utilizándose a los países limítrofes en contra de Rusia, Putin optó por una política de respuesta en lugar de por una de colaboración. A ello contribuyó también la política de utilizar a los nacionalistas ucranianos como un ariete contra Rusia. En 2004, la derrota electoral de los nacionalistas ucranianos fue revertida mediante un golpe de estado disfrazado de revolución de colores. La propaganda podía decir lo que quisiera en Occidente, pero, como ha escrito Diana Johnstone, «El problema con Putin es que comprendió esto, lo consideró inaceptable y se atrevió a decirlo así».[51] En 2012, Putin volvió a ganar las elecciones con un 64% del voto.

En 2010, la subida al poder en Ucrania de un presidente que no era antiruso y que miraba con cierto escepticismo la política occidental concluyó con un golpe de estado nacionalista apoyado, entre otros, por las organizaciones de George Soros y grupos neonazis.[52] Esta vez, Putin respondió entrando en Crimea —que nunca fue parte de Ucrania— y convocando un referéndum en el que la aplastante mayoría de los votantes se pronunció a favor de regresar a Rusia. Para Occidente, se trataba de una agresión rusa; Rusia, sin embargo, lo vivió como una respuesta a un golpe de estado occidental en Ucrania que amenazaba a su seguridad nacional. En 2015, la crisis ucraniana y las sanciones impuestas a Rusia provocaron una recesión, pero en 2016, la nación había conseguido salir de ella. En 2018, de manera comprensible, Putin volvió a ganar las elecciones presidenciales con un

---

[51.] Diana Johnstone, *Queen of Chaos. The Misadventures of Hillary Clinton* (Petrolia, 2016), p. 129.
[52.] D. Johnstone, *Queen of Chaos*, pp. 152 ss.

76% de los votos. Su respaldo popular, ciertamente, no tiene paralelo en ningún político occidental.

Para la mayoría de los rusos, Putin ha sido un político providencial. Cuando llegó al poder, la nación estaba en bancarrota y existía un riesgo cierto de que continuara el proceso de desmembración. En un sentido más que literal, Putin salvó a Rusia del desastre y aunque no ha conseguido devolverle el peso internacional que tenía la Unión Soviética, le ha devuelto la condición de potencia con la que hay que contar en el panorama mundial. En Occidente, por el contrario, Putin es presentado como un personaje parecido a los villanos de las películas de James Bond y se le atribuye la participación en conspiraciones que no pocas veces son disparatadas. Que pudiera ser esencial para la victoria de Donald Trump en 2016 es sólo una de ellas.

Sin embargo, todos estos enfoques que pretenden, muy equivocadamente, equiparar a la Rusia actual con la antigua Unión Soviética y a Putin con Stalin son, como mínimo, errores graves de apreciación. En no pocas ocasiones, constituyen ejercicios de propaganda negativa contra alguien que se ha definido claramente en contra de la agenda globalista.

Por supuesto, Putin no está dispuesto —la experiencia rusa, al respecto, ha sido muy amarga— a una intervención en la economía rusa por parte de instancias internacionales. De hecho, el que el 20 de septiembre de 2006, los ministros de Relaciones Exteriores de Brasil, Rusia, India y China se reunieran en Nueva York con motivo del debate general de la Asamblea General de las Naciones Unidas y formaran el denominado grupo de los BRICS es sólo uno de los intentos de evitarlo. La economía rusa puede funcionar mejor o peor, pero no se va a someter para su desarrollo a instancias internacionales. Económicamente, Rusia no va a ser un protectorado.

De manera semejante, Putin —al igual que Orbán— no ha dudado a la hora de señalar el contenido supuestamente subversivo de las organizaciones de George Soros.[53] No sorprende que Soros haya

---

[53]. En honor a la verdad, hay que decir que el propio Soros ha sido bastante transparente en cuanto a algunas de sus intenciones en Ucrania: https://www.theguardian.com/business/2014/may/29/how-eu -can-save-ukraine-political-risk-insurance; https://www.ft.com/content/4ddfb410-9664-11e4-a40b-00144feabdc0.

acusado —sin prueba alguna— a Putin de financiar a Salvini, el ministro del Interior italiano contrario a la política de puertas abiertas en inmigración[54] ni tampoco que Putin haya señalado que Soros «se mete en todas partes», aunque aclarando que ésa no es la posición de los Estados Unidos, sino solo la del magnate.[55] Para los globalistas, Putin es un enemigo al que hay que abatir.

Por añadidura, Putin es uno de los pocos políticos en el mundo que se ha manifestado contrario a la ideología de género y que no se ha doblegado ante las presiones internacionales para que la imponga en Rusia. En una serie de entrevistas con el director de cine Oliver Stone,[56] Putin dejó de manifiesto que a nadie se perseguía en Rusia por ser homosexual y que incluso había personajes célebres en distintas áreas que eran homosexuales. Sin embargo, afirmó rotundamente que no iba a permitir el proselitismo homosexual en las escuelas porque la base de la sociedad rusa era la familia. El que los colectivos LGTBI instaran al boicot de los juegos de invierno en Rusia[57] o el que las Pussy Riot profanaran un servicio religioso en Rusia no parecen haber llevado a Putin a rendirse. Seguramente, incluso sintió un profundo desprecio al saber que en la Cumbre de mujeres en el mundo (Women in the World Summit) celebrada en Nueva York el 4 de abril de 2014, Hillary Clinton posó para una fotografía con dos de las profanadoras a la vez que las definía como un grupo de «jóvenes fuertes y valientes» que «se niegan dejar que silencien sus voces». El respeto por las creencias de los ciudadanos no parece que importara especialmente a Hillary Clinton.[58]

Tampoco da la sensación de que Putin se va a dejar pastorear por los calentólogos a tenor de sus declaraciones relativas a Greta Thunberg que ya citamos con anterioridad. En todos y cada uno de los casos, Putin ha optado por una línea de patriotismo que, precisamente

---

54. https://www.zerohedge.com/news/2018-06-03/war-erupts-between-italys-government-and-soros-you-profited-death-hundreds-people.
55. https://mundo.sputniknews.com/politica/201807171080473377-magnate-soros-injerencia-mundo/.
56. Oliver Stone, *The Putin Interviews* (Nueva York, 2017), p. 96 ss.
57. https://www.bbc.com/news/world-europe-26043872; https://www.theguardian.com/sport/2013/aug/09/russia-gay-world-athletics-sochi.
58. «Clinton praises Pussy Riot as "strong and brave"». Associated Press. April 8, 2014.

por eso, se opone de manera frontal a la agenda globalista. Su gobierno autoritario —resulta excesivo denominarlo dictadura— no constituye un desiderátum para una persona que crea en la pureza democrática, pero si las democracias no deciden defenderse contra el asalto de la agenda globalista poca duda puede haber de que millones de habitantes de este planeta ansiaran que en su nación aparezca alguien como Vladimir Putin. De ello obtendrían al menos que su nación no se transforme en un protectorado sometido a la agenda globalista. Por otro lado, como veremos en el capítulo siguiente, la alternativa a esa sumisión a la agenda globalista puede ser todavía más inquietante.

CAPÍTULO XXI

LA RESISTENCIA FRENTE A LA AGENDA GLOBALISTA (III): China

China siempre estuvo ahí

Corría el año 1925 cuando un coronel del ejército de los Estados Unidos llamado Billy Mitchell fue sometido a un proceso militar. La razón era la manera contundente y enérgica en que el citado militar se había expresado contra la supuesta negligencia de la marina y de la aviación de los Estados Unidos en la planificación del futuro. En el curso del procedimiento, Mitchell demostró no solo que era un patriota, sino que además preveía con notable acierto lo que iba a suceder. Así, frente a sus colegas que veían con arrogante desprecio a Japón, Mitchell avisó de que era un enemigo al que no cabía desdeñar y que podía bombardear en cualquier momento Pearl Harbor desde el aire haciendo peligrar el control del Pacífico que tenía Estados Unidos. Mitchell fue condenado y desprovisto de su mando por un tribunal en el que se encontraba, por ejemplo, el general McArthur, pero la Historia le dio la razón. En lugar de los pronósticos estúpidos, ignorantes y soberbios de sus oponentes, Mitchell había sabido leer las señales de los tiempos. Por desgracia para todos, no quisieron escucharlo, y el 7 de diciembre de 1941, la aviación japonesa bombardeó Pearl Harbor precipitando la entrada de los Estados Unidos en la segunda guerra mundial.

El caso de Billy Mitchell ha tenido un importante paralelo en los últimos años. El complejo militar-industrial ha conseguido extraer miles de millones de dólares de los bolsillos de los contribuyentes americanos hablando de una amenaza rusa que resulta ridícula siquiera porque el PIB de Rusia es del tamaño de el de España. Mientras tanto se ha contemplado durante años con desprecio a China, supuestamente un país asiático desprovisto de talento y solo dotado para copiar lo que hacen otros. Semejante imagen de China puede satisfacer a los que son presa de la pereza intelectual, a los que miran por encima del hombro a los asiáticos o a los ignorantes, pero no se corresponde ni de lejos con la realidad. Como ha señalado recientemente una joven autora, los Estados Unidos puede aprender mucho de China.[1]

China cuenta con la lengua actualmente hablada más antigua de la Historia, más antigua incluso que el hebreo. También es la nación actual con más antigüedad, una antigüedad que en términos políticos le da una edad de no menos de cuatro mil años. Si tenemos en cuenta que los Estados Unidos y las repúblicas hispanoamericanas superan apenas los dos siglos de existencia y que incluso las naciones europeas más antiguas, como es el caso de España, apenas superan el milenio y medio poco puede dudarse de que la perspectiva temporal de China es, forzosamente, muy diferente a la nuestra. A lo largo de estos milenios, la Historia de China ha sido la de una sucesión ininterrumpida de cumbres y de valles, de períodos de apogeo en que se convertía en la primera potencia mundial superando incluso al imperio romano y de caídas unidas, por regla general, a las invasiones extranjeras. Sin embargo, igual que ha sucedido con la mucho más joven Rusia, China siempre ha logrado sacudirse con éxito el dominio exterior asimilándolo o expulsándolo.

---

[1]. Ann Lee, *What the U.S. Can Learn from China. An Open-Minded Guide to Treating Our Greatest Competitor as Our Greatest Teacher* (San Francisco, 2012).

Algunas de sus dinastías como la Han (206 a. de C. – 220 d. de C.) disfrutaron el mayor desarrollo tecnológico de la época convirtiendo en habituales adelantos que tardarían siglos en aparecer en otras culturas como la fabricación de papel, la brújula y un número considerable de avances agrícolas y médicos. Mientras Europa se debatía frente a los ataques del islam y de las invasiones del Este (s. VII-IX), China no solo era un gran imperio, sino que utilizaba de manera habitual la pólvora y la imprenta. En esa época, la influencia económica de China iba desde Extremo oriente al Cuerno de África y Oriente Medio discurriendo a lo largo de la Ruta de la seda. Hasta el siglo XIX, con una u otra dinastía, alternando periodos de invasión y decadencia con otros de extraordinaria e incluso envidiable esplendor, China no dejó de ser una gran potencia y, muy posiblemente, contó con el mayor PIB de todo el planeta.

El siglo de las humillaciones

La situación cambió de manera radical en la primera mitad del siglo XIX. Gran Bretaña ambicionaba la seda, el té, los bronces y la porcelana chinas, pero descubrió, no sin sorpresa, que China no estaba interesado en ningún producto británico a cambio de los suyos propios. El resultado fue que Gran Bretaña decidió introducir el tráfico de drogas y, más concretamente el opio, en China como manera de lograr apoderarse de los ansiados bienes chinos. Cuando China pretendió evitar el tráfico de opio, Gran Bretaña la agredió militarmente. La primera guerra del opio (1839-1842) concluyó con un éxito tan absoluto que a la segunda (1856-1860) se sumó también Francia. Al fin y a la postre, China no solo tuvo que tolerar la entrada del opio en su territorio con pavoroso efecto, sino también soportar los Tratados desiguales que incluían la anexión de Hong Kong por Gran Bretaña. Portugal, que mantenía desde el siglo XVI, una colonia en el territorio chino de Macao aprovechó la situación para ampliar su dominio.

China sufriría, como consecuencia de estos abusos, la rebelión Taiping (1850-1864), la rebelión nacionalista de los bóxers (1899-1901) y la revolución que desembocaría en la caída de la monarquía (1911-1912). Una y otra vez, los sucesivos gobiernos chinos intentaron impulsar las reformas necesarias para sacar a China de su postración y liberarla de las intolerables injerencias extranjeras. Sin embargo, los intentos se saldaron con el fracaso. China ya había sido agredida por Japón en la Primera Guerra chino-japonesa (1894-95), lo que se tradujo en la pérdida de Taiwán en favor del Imperio nipón. Fue solo el preludio de algunos de los peores desastres sufridos por China en el siglo XX.

En 1916, China estaba cuarteada políticamente. El Guomindang fundado por Sun Yatsen en un intento de modernizar China no controlaba ni de lejos el conjunto del territorio que sufría la existencia de los denominados generales guerreros. Para colmo, en 1927, estalló la guerra civil china entre el Guomindang y el partido comunista chino de inspiración soviética. Las fuerzas de Guomindang al mando de Chiang kai-shek asestaron derrota tras derrota a los comunistas hasta el punto de obligarlos a huir en el episodio conocido como la Larga Marcha. Sería una injerencia externa la que truncaría, como tantas veces en el pasado, la evolución histórica de China. En 1936, tuvo lugar el incidente de Xi´an que abrió el camino para que Japón agrediera a China.

La segunda guerra chino-japonesa fue una sucesión de horrores que acabó entroncando con la segunda guerra mundial. Aunque desconocido en Occidente, lo cierto es que China sufrió la muerte de más de veinte millones de civiles —un tributo, con todo inferior al padecido por la Unión Soviética— y que tan sólo en la ciudad de Nanjing fue asesinado más de un cuarto de millón de civiles por las tropas japonesas. Las brutalidades niponas llegaron al extremo de asesinar a civiles chinos en cámaras de gas y de realizar con ellos experimentos químicos. Es el caso de la Unidad 731 que no cedió en nada al horror de los campos de exterminio nazis.[2] No puede sorprender que ante semejante amenaza el Guomintang y el partido comunista chino pactaran una tregua para combatir unidos al invasor japonés.

---

2. https://www.nytimes.com/1995/03/17/world/unmasking-horror-a-special-report-japan-confronting -gruesome-war-atrocity.html.

Al término de la guerra, China fue reconocida como uno de los cuatro grandes en la Declaración de las Naciones Unidas y se le devolvió Taiwán junto con Pescadores que le habían sido arrebatadas por Japón. En 1947, incluso se promulgó una constitución que, teóricamente, iba a sentar las bases de una China democrática. Sin embargo, ni el nacionalista Chiang kai-shek ni el comunista Mao Zedong estaban dispuestos a ceder en su voluntad de convertirse en dirigentes de toda China. De manera nada sorprendente, estalló la guerra civil.

El triunfo de la revolución

La guerra civil china constituyó un conflicto de una dureza extraordinaria[3]. La corrupción del Guomindang, las medidas sociales llevadas a cabo por el partido comunista, la ayuda de la Unión Soviética y el notable talento militar de los generales de Mao acabaron por culminar con el triunfo del ejército comunista. El 21 de septiembre de 1949, Mao proclamó el establecimiento de la República Popular China. En 1950, el gobierno chino recuperó Hainan todavía en manos del Guomindang y el Tibet, que todos los partidos chinos, incluido el Guomindang, reclamaban como parte del territorio nacional. Retirado a Taiwán —donde estableció un dominio durísimo que se ocultó en Occidente[4]— Chiang kai-shek tuvo que conformarse con establecer una dictadura personal que duraría hasta su muerte.

El régimen comunista se consolidó de manera despiadada. La reforma agraria implicó la ejecución de un número de terratenientes evaluado entre uno y dos millones. Mientras la población china pasaba de 550 millones a 900 en 1974. En la década de los años cincuenta, el gobierno chino intervino en la guerra de Corea impidiendo una victoria norteamericana y consolidando la división de la nación en dos. Por añadidura, China se convirtió en una potencia nuclear. Sin

---

[3]. La bibliografía sobre la guerra civil china es muy extensa y, en multitud de ocasiones, tendenciosa. De especial interés, resulta Frank Dikötter, *The Tragedy of Liberation. A History of the Chinese Revolution 1945-1957* (Nueva York, 2013).

[4]. De enorme interés resulta el libro de George H. Kerr, *Formosa Betrayed* (Irvine, 1992).

embargo, el regreso al estatus de gran potencia disfrutado en otras épocas vino unido a tragedias indescriptibles. En 1958, Mao lanzó el denominado Gran Salto Adelante con la intención de convertir a China de nación campesina en una sociedad comunista. El resultado —como había sucedido antes en la Unión Soviética— fue una hambruna colosal que no vino provocada por la maldad de los dirigentes comunistas, como se repite con frecuencia, sino por su incompetencia económica. Entre quince y treinta y cinco millones de chinos murieron entre 1958 y 1961, en su mayor parte, de hambre. El terrible estancamiento económico se tradujo en una pérdida de posiciones de Mao en el seno del partido. En 1966, Mao pasó por alto a las élites del partido y apelando a los jóvenes, de manera especial, dio inicio a la Revolución cultural. Es cierto que durante esa etapa, la China comunista reemplazó a la China del Guomindang en el Consejo de seguridad de Naciones Unidas (1971), pero no lo es menos que la nación sufrió un verdadero huracán de muerte y represión que duró hasta la muerte de Mao en 1976.

El resurgir de China

En 1978, Deng Xiao Ping, purgado durante la Revolución cultural, tomó el poder y procedió a procesar a la Banda de los Cuatro como responsables de la Revolución cultural desencadenada por Mao. A esas alturas, la situación económica de China era penosa. Entre 1958 y 1978, el ingreso anual en las ciudades había aumentado una media de menos de 4 RMB al año. Por añadidura, en China había solo un banco, no existían las compañías de seguros ni instituciones financieras y las reservas totales eran de 108.000 millones de RMB. Esta lamentable situación cambió radicalmente con la aparición de Deng Xiao Ping que convocó una conferencia nacional de la ciencia donde se reconoció que la nación estaba entre quince y veinte años por detrás del resto del mundo y se advirtió de que padecía «el pensamiento de extrema izquierda». El 11 de mayo, el *Guangming Daily* publicó un editorial afirmando que «la experiencia basada en los hechos es la única medida para juzgar la verdad». Ese mismo verano de 1978, se abrió la universidad a la que se presentaron más de seis millones de aspirantes y entraron cuatrocientos mil.

Del 18 a 22 de diciembre de 1978, la III sesión plenaria del XI Comité central del PCCh marcó un nuevo rumbo para la economía china bajo el lema «Desplazando el foco de todo el trabajo del partido hacia la modernización y la construcción socialista». Las consecuencias serían espectaculares. Si en 1978 las reservas nacionales eran de 167 millones de dólares, en 2008, China las había multiplicado por más de diez mil, una hazaña económica sin paralelo en la Historia. En ese mismo año de 1978, el gobierno fijó un plan de diez años para captar sesenta mil millones de dólares en inversión extranjera. En 1978, ya se firmaron acuerdos por cerca de ocho mil millones.

En agosto de 1978, el gobierno chino invitó a multinacionales como Toyota, Mercedes o GM a invertir en China. La GM fue la primera en acudir y, al año siguiente, lo hizo Coca Cola. La exigencia de transparencia de las multinacionales se tradujo en la creación de zonas económicas especiales como Shenzhen donde se permitió la reventa (dao-ye) estableciendo las bases de un sistema comercial. No se hablaría de «propiedad privada» hasta el año 2000, pero lo cierto es que existió desde la década de los ochenta.

En 1979, en Wuhu, en la provincia de Anhui, un hombre llamado Sha-zi (el tonto) empezó a cultivar melones y necesitó más de ocho empleados, lo que, en teoría, lo convertía en explotador de las masas. Cuando Deng Xiao Ping supo que producía nueve toneladas de semillas de girasol al día decidió «esperar y ver». Aparecieron así los primeros *ge ti hu* o empresarios. Muchos de ellos carecían de educación, eran desempleados e incluso delincuentes, pero tenían una capacidad de adaptación prodigiosa. Por ejemplo, Wu Renbao, secretario del Partido Comunista en la aldea de Huaxi, abrió un taller clandestino para fabricar *hardware*. En 1999, esa aldea era la primera en conseguir dinero en los mercados de capital. La China comunista, de manera más que decidida, había entrado en el capitalismo.

En 1984, China estableció sus primeras grandes empresas. El primer paso fue la visita de Deng Xiao Ping a Guangdong y a Zhang Ruimin descubriendo todo lo que funcionaba mal en las fábricas. La implantación de una disciplina estricta —prohibición de ir al baño, por ejemplo— y el control de calidad tuvo efectos extraordinarios. En Beijing, Liu Chuanzhi —que visitaba los talleres en bicicleta— creó Lenovo que acabó comprando el negocio de ordenadores portátiles de IBM. Mientras Pan Ning, que había comenzado a fabricar frigoríficos con latas de refresco, creó una industria de electrodomésticos.

Por su parte, Deng Xiao Ping anunció en el Comité central del Partido Comunista «la apertura de catorce ciudades costeras a la inversión extranjera al igual que la isla de Hainan». Así se reconocía el zou-si, o negocio, para ganancia personal. De manera bien significativa y a pesar de que los dirigentes comunistas deseaban mantener las empresas estatales, los concursos públicos comenzaron a ser ganados por las privadas.

En 1988, Milton Friedman llegó a China y recomendó la liberalización de los precios de las «commodities». El gobierno chino liberalizó los precios en Shanghai, y el crecimiento se hizo tan febril que a la inflación se sumó la falta de materias primas para mantenerlo. Al año siguiente, se llegó a la conclusión de que seguir los consejos de Friedman había sido un error mientras la tasa de crecimiento cayó al nivel más bajo desde 1978. Sin embargo, China no se colapsó.

A pesar de las sanciones desencadenadas contra China por la represión de la plaza de Tiananmen en 1989, el proceso de crecimiento prosiguió. En febrero de 1990, Deng Xiao Ping decidió convertir Shanghai en la «cabeza de dragón» del crecimiento económico. Ese mismo año, la ciudad ya contaba con una bolsa de valores de extraordinaria importancia. Deng Xiao Ping había anunciado que se retiraba, pero, antes de hacerlo, realizó una jira por el sur del 18 de enero al 21 de febrero formulando lemas como «evitar el izquierdismo» o «llegar a una prosperidad común». Dos años después, el XIV Congreso del PCCh señalaba como meta «establecer un sistema socialista de economía de mercado». Tres años después, China había dejado de ser una economía planificada y se había convertido en la nación más barata en el mercado mundial, la más atractiva para la inversión y la primera productora de manufacturas del globo. De manera bien significativa, GM descubrió que no podía competir en el mercado mundial con China.

En 1997, falleció Deng Xiao Ping; Hong Kong fue reintegrada a China por Gran Bretaña y a los pocos meses, George Soros desencadenó un ataque económico contra las monedas de Extremo Oriente. La moneda tailandesa perdió el 20% de su valor; la filipina, el 61%; la indonesia, el 37% y la surcoreana, el 50%. En 1998, Soros decidió atacar el dólar de Hong Kong al que estaba unida la moneda china. A diferencia del resto de naciones, China logró resistir la agresión de Soros. Fue la primera, quizá única, derrota de Soros lo que explica, siquiera en parte, la aversión que el millonario ha tenido desde entonces contra el país de Extremo Oriente. En 1999, la China que había vencido a Soros logró entrar en la Organización mundial de comercio. A esas alturas, mientras el Sureste asiático sufría las acciones de Soros y Rusia y Brasil pasaban por considerables dificultades, en China triunfaba el zhuang-jin (especulador). En 2001, tenía lugar el anuncio de las Olimpiadas de Beijing para 2008.

Los sucesores de Deng continuaron sin titubear las reformas iniciadas por el fallecido presidente. De manera más que llamativa, China era una dictadura del partido comunista que, al menos en teoría, no renunciaba al marxismo, pero, a la vez, su sistema económico era capitalista y presentaba muchas ventajas que no se daban en países capitalistas.

En 2012, Xi Jinping se convirtió en secretario general del PCCh. Xi ha logrado tener un control sobre el partido superior incluso al que ejerció Mao y ha ido realizando reformas relacionadas con la economía, el sistema penitenciario y la política del hijo único a la vez que cercenaba de raíz la posibilidad de brotes yihadistas o de acciones subversivas. En 2013, China anunciaba su iniciativa de *un cinturón, un mundo* que recuperaba la perspectiva milenaria de la Ruta de la seda ampliándola y que, previsiblemente, concluiría con la hegemonía mundial de China en 2049 sin necesidad de extender su sistema político ni de disparar un solo tiro. En 2014, China logró superar a los Estados

Unidos en PIB y mantiene desde entonces un claro pugilato con la potencia americana por ese primer puesto.

En 2019, mientras Taiwán seguía perdiendo terreno diplomático —salvo los Estados Unidos, es reconocido por apenas una decena de pequeños países y algunos rompieron relaciones diplomáticas con él— China es el primer tenedor de la deuda de Estados Unidos y ha prestado más del doble del dinero que ha prestado el Banco Mundial y el FMI.[5] Esta última circunstancia le ha proporcionado un inmenso poder sobre estas naciones y debe decirse que sus avances en África e Hispanoamérica resultan verdaderamente espectaculares.

Las claves del incomparable éxito chino se deben a una serie de factores que, en no escasa medida, son pasadas por alto por Occidente. Entre ellos hay que señalar un pragmatismo no lastrado por los prejuicios ideológicos; el peso que se sigue concediendo a la familia que puede ser incluso instrumento de crédito; el gasto en educación; el trabajo; la política amistosa hacia el conjunto de las naciones; la negativa a llevar una política imperial; el rechazo a las intervenciones exteriores y el conocimiento del adversario. El choque de esas conductas con la agenda globalista resulta más que evidente.

En 2019, ante su resistencia a aceptar la agenda globalista, Soros colocó públicamente a China en la lista de sus objetivos a batir.[6] En paralelo, estallaba una revuelta política en Hong Kong que sigue dentro del sistema de «Un país, dos sistemas» y Trump se enfrentaba, supuestamente en el terreno comercial, con China. Ambas afirmaciones serían aireadas con profusión en los medios de comunicación, pero exigen una explicación más en profundidad. Comencemos por Hong Kong.

La actual crisis comenzó cuando, en febrero de 2019, un joven hongkonés llamado Chan Tang-kai asesinó a su novia encinta mientras estaban de vacaciones en Taiwán. Chan huyó inmediatamente a Hong Kong y, de acuerdo con el estatuto de 1997, las autoridades hongkonesas denegaron la extradición. Como el crimen no se había cometido en

---

5. https://bigthink.com/politics-current-affairs/china-loans.
6. https://www.cnbc.com/2019/01/24/davos-soros-says-chinas-xi-most-dangerous-opponent-of-open-society.html.

los Estados Unidos, pasó desapercibido en Occidente, pero en Extremo Oriente fue un escándalo tan espectacular que Lam, la primera ministra de Hong Kong, decidió impulsar una ley de extradición que evitara situaciones semejantes. El sistema hongkonés no es una democracia, como tan erróneamente se repite, sino que se parece notablemente a la denominada democracia orgánica del régimen del general Franco. Así, en el proceso de un legislativo que recuerda mucho las cortes del franquismo, no democráticas, pero sí con cierta representatividad, comenzaron a producirse manifestaciones en contra de la ley, supuestamente, para impedir que se pudiera extraditar a nadie a China, pero, muy posiblemente, para que no se pudiera extraditar a nadie y se mantuviera su estatus de lugar refugio para delincuentes. Como sucede en estos casos, las autoridades de Hong Kong —que funcionan autónomamente de China— intentaron pactar, las potencias extranjeras intervinieron de manera más o menos abierta, y todos los demás se pusieron a esperar una reacción del gobierno chino. Sin embargo, Beijing ha sido mucho más sutil. En el curso de los meses siguientes, los manifestantes han ido lanzando una escalada de violencia que ya está pasando su factura económica a Hong Kong. A estas alturas, hoteleros, empresarios, banqueros, profesionales, en suma, todos los que han convertido la isla en una potencia económica se han ido desvinculando de los manifestantes e insistiendo en que la situación tiene que acabar porque daña penosamente la imagen y la economía de Hong Kong. En algún momento, los manifestantes incluso tomaron las vías de salida y entrada aéreas del emporio aislándolo trágicamente. Mientras se escriben estas líneas, el gobierno chino no ha intervenido violentamente posiblemente en la convicción de que las revueltas en Hong Kong, un territorio usurpado por Gran Bretaña y devuelto a China, desaparecerán una vez que se llegue a un acuerdo comercial con los Estados Unidos que favorezca al presidente Trump.

El conflicto de Hong Kong —que China podría suprimir militarmente en unas horas— y la guerra comercial ocultan una realidad mucho más inquietante. Para estudiarla debemos retrotraernos al año 1956. En esa fecha, se creó una alianza de inteligencia conocida en inglés como los Five Eyes, es decir, los cinco ojos. Formada por los Estados Unidos, Gran Bretaña, Canadá, Australia y Nueva Zelanda, esa alianza existe a día de hoy y está por encima de cualquier otra alianza como pueda ser, por ejemplo, la NATO. Las naciones miembros de los Cinco ojos no solo comparten inteligencia entre ellas a un nivel que resulta impensable para otros aliados, sino que además espían a sus propios aliados e instalan en los sistemas y territorios de éstos puertas que les permiten acceder a todo tipo de secretos políticos, económicos y sociales así como influir en el resultado de las elecciones o en la marcha de las economías. En 2009, Francia tuvo la posibilidad de entrar en los Cinco ojos, pero el hecho de que no se le concediera un estatus de igualdad con los otros miembros y, sobre todo, el que no se le garantizara que no sería espiada por ellos la llevó a rechazarla. En 2013, Alemania expresó su interés en formar parte del gran club de los espías, pero su solicitud cayó en saco roto. A día de hoy, los Cinco ojos constituye la agencia de inteligencia más poderosa del globo y su vigilancia se extiende, gracias a la superioridad tecnológica, a enemigos y amigos por igual garantizando una clara hegemonía del mundo anglosajón. Esa garantía ha sido desafiada por China.

En 1987, un antiguo oficial del Ejército popular chino y miembro del partido comunista, llamado Ren Zhengfei, fundó una empresa con un capital inicial de unos miles de dólares en Shenzhen, una ciudad al sureste de China que fue la primera zona económica especial creada en el país y a la que se la conoce como la ciudad de los 50.000 millonarios. La empresa conocida como Huawei es, tres décadas después, el mayor fabricante de material para telecomunicaciones del mundo y puede llegar a ser la primera en la implantación de la tecnología móvil 5G en todo el planeta. Además, Huawei es el segundo fabricante de móviles por cuota de mercado del mundo, un 15%, sólo por detrás de Samsung. Por añadidura, Huawei ha desbancado a Apple de su puesto hegemónico y cuenta con unos ingresos anuales de más de 92.000 millones de dólares y una plantilla de unas 180.000 personas.

Además de ser un serio competidor de los Estados Unidos en el mercado tecnológico, Huawei ofreció en los últimos tiempos a diversos gobiernos occidentales la venta de sofisticados equipos que impedirían la acción de espionaje de los Cinco ojos. En otras palabras, China se estaría ofreciendo para dificultar que los Estados Unidos espiara a sus aliados o a sus enemigos.

Esta amenaza para los Cinco ojos fue respondida por Australia y Nueva Zelanda prohibiendo a Huawei construir redes 5G. Por su parte, Gran Bretaña comenzó a retirar equipos de Huawei de su red de telefonía. Finalmente, en agosto de 2018, Donald Trump prohibió el *hardware* de la compañía china en las redes del gobierno estadounidense aludiendo a la seguridad nacional, en especial en relación con el despliegue de redes 5G. En medio de esta oleada de medidas contra Huawei que puede desmontar el sistema de vigilancia de los Cinco ojos, la Fiscalía de Estados Unidos reclamó la extradición de la directora financiera (CFO) de la tecnológica china Huawei, Meng Wanzhou. Así, el 1 de diciembre de 2018, Meng, de 46 años e hija del fundador y presidente de Huawei, fue detenida en el Canadá bajo la acusación de intentar burlar las sanciones financieras dictadas contra Irán.

La realidad es que Canadá carece de competencia legal para detener a Meng y extraditarla a los Estados Unidos, pero, siendo miembro de los Cinco ojos, existía la posibilidad. Como era de esperar, el portavoz del Ministerio de Exteriores de China, Geng Shuang, afirmó que ni Canadá ni los Estados Unidos habían proporcionado pruebas de que Meng hubiera violado la ley en alguno de los dos países y exigió su liberación inmediata. Por su parte, la prensa china acusó a los Estados Unidos de atacar a Huawei para frenar la expansión global de las empresas chinas.

La detención, aparentemente por causas penales, que afecta a la hija del fundador y CEO de la empresa china Huawei constituye, sin duda, uno de los episodios en la lucha que mantienen los Estados Unidos y China por la hegemonía mundial. La tesis de que la empresa china habría proporcionado material a Irán puede funcionar bien como propaganda oficial, ya que convierte ante la opinión pública a China en colaboradora del gran villano mundial. Los Estados Unidos simplemente estarían impidiendo que Huawei ayudara a un régimen repugnante y defenderían al mundo libre de la amenaza procediendo a la detención de la hija del fundador y futura heredera del imperio tecnológico. Sin embargo, no es seguro que la versión se corresponda con la realidad y aún más que se pueda sustentar judicialmente, ya que los Estados Unidos no tiene ningún derecho a solicitar a un tercero que proceda a detener a alguien que, supuestamente, ha violado unas normas sancionadoras que no son de carácter universal sino particular. Algo más cercana a la realidad es la tesis china de que los Estados Unidos están actuando contra la rivalidad tecnológica que representan las empresas chinas.

Con todo, ambos gobiernos han ocultado la verdad que no es otra que la lucha por la hegemonía mundial y el papel que en ese combate tienen los medios de inteligencia. Si Estados Unidos cuenta con el poderosísimo instrumento que son los Cinco ojos que le permite contar con un núcleo duro de aliados y vigilar incluso a naciones amigas, China está dispuesta a ir debilitando la red de poder de los Estados Unidos mediante el deshilachamiento de sus mecanismos. La posible venta a naciones aliadas de los Estados Unidos de mecanismos de interceptación de los medios de inteligencia utilizados por los Cinco ojos sería fatal para los Estados Unidos no solo porque aflojaría el control que tiene sobre sus aliados, sino porque además entregaría a China una extraordinaria capacidad de bloqueo de operaciones norteamericanas de inteligencia.

Esta situación —que se podría reducir al enfrentamiento entre dos grandes potencias por la hegemonía mundial— adquiere una dimensión mucho más profunda y trascendente cuando se tiene en cuenta que China es una opositora encarnizada de la agenda globalista. No sólo no está dispuesta a que su economía venga determinada por instancias supranacionales, sino que se manifiesta totalmente contraria a las tesis de los calentólogos y a la ideología de género a la que incluso perciben como un opio no menos dañino que el que los británicos introdujeron en territorio chino a mediados del siglo XIX. Aún más. China está convencida de que puede imponerse como primera potencia hegemónica sin necesidad de disparar un solo tiro y sólo valiéndose de la economía —especialmente la alta tecnología— y la diplomacia.

Ciertamente, China no pretende exportar su sistema como antaño lo hizo la Unión Soviética o actualmente lo pretenden los Estados Unidos. Por el contrario, cree que su sistema solo es posible en China lo que quizá incluya un cierto sentimiento de superioridad histórica y cultural. Sin embargo, su resistencia a la agenda globalista y su éxito innegable la convierten, quizá involuntariamente, en un modelo para patriotas.

A diferencia de aquellos que han seguido clamando que el principal rival de los Estados Unidos es Rusia, la realidad es que ese adversario es China ahora y lo ha sido desde hace tiempo. La nación oriental se ha convertido en un coloso extraordinario que ha comenzado a superar a los Estados Unidos en áreas como las manufacturas o la alta tecnología a la vez que extiende su influencia por todo el globo de forma extraordinaria.

Ante esa amenaza real resulta deplorable escuchar los juicios de los ignorantes, los arrogantes y los necios. Los ignorantes que creen que China hoy es la China de la Revolución cultural, que se empeñan en negar su astronómico crecimiento económico, que repiten tópico tras tópico que solo demuestra su deplorable desconocimiento del tema y que, para remate, piensan que ignorar es una virtud y pontificar o cerrar centros educativos constituye una cualidad. Los arrogantes que desprecian a los chinos y atribuyen su éxito solo a su capacidad de copiar o a las inversiones extranjeras sin darse cuenta de que China cuenta desde hace milenios con una envidiable inventiva, con una inigualable capacidad de recuperación y con un talento innegable que marca la diferencia con otras naciones que han tenido oportunidades iguales o superiores y no las han aprovechado. Los necios que, en lugar de enfrentar la realidad y estudiar cómo cambiarla de la manera más favorable, se creen que enfrente tienen el obsoleto aparato de la Unión Soviética o la dictadura famélica de Cuba cuando la realidad es que China ha sacado de debajo del umbral de la pobreza a más de mil millones de personas en las últimas décadas reduciendo de manera drástica e inigualable el número de hambrientos del planeta. A decir verdad, nadie ha logrado realizar una proeza semejante jamás. Para colmo, a todas estas circunstancias China añade la de oponerse encarnizadamente a la agenda globalista convencida de su carácter dañino para cualquier nación.

En 2020, China constituye un gigantesco desafío por su flexibilidad inmensa, por su talento innegable y porque, de manera paradójica, está siguiendo principios propios de los Padres Fundadores que los Estados Unidos parecen haber olvidado como el deseo de comerciar con todos independientemente de su régimen o ideas o como la negativa a enredarse en alianzas militares perpetuas. Su resistencia frente a la ideología de género le proporciona también una enorme fuerza social de la que se está desprendiendo nación tras nación en Europa y América. Todos y cada uno de estos factores deben ser tenidos en cuenta.

Si el enfrentamiento se sellará con un triunfo o con un fracaso dependerá en gran medida de si escuchamos a los ignorantes, a los arrogantes y a los necios o a los que analizan de manera documentada la realidad china. Porque, para colmo, frente a políticas clientelares seguidas en los Estados Unidos, China ha atado corto cualquier movimiento particularista; frente a las subidas de impuestos, mantiene una fiscalidad muy baja y frente a un aislamiento cultural que apenas ve más allá de las fronteras, muestra un enorme interés por aprender y conocer lo que le es culturalmente extraño. No es un panorama para quedarse tranquilo. A fin de cuentas, los Estados Unidos es la mayor democracia del globo y China es una dictadura comunista. Que la democracia americana se colapse y que el mundo mire para la supervivencia de las naciones al ejemplo de China resulta, ciertamente, inquietante.

CONCLUSIÓN

En los capítulos anteriores, hemos abordado un panorama del mundo que, muy posiblemente, habrá resultado llamativo para algunos de los lectores. Lejos de sostener la tesis de que seguimos viviendo la Guerra Fría y de que sus paradigmas resultan útiles en la actualidad, el texto pretende que, fundamentalmente, hoy en día enfrentamos dos problemas de enorme relevancia. El primero es el de si las democracias podrán sobrevivir más allá de ciertos aspectos formales —en la mayoría de las naciones, si llegarán realmente a implantarse— y el segundo es el avance despiadado de la agenda globalista. La realidad es que de esas dos cuestiones depende si el género humano se verá sometido a una dictadura totalitaria o, quizá, a dictaduras nacionales o si logrará vivir en libertad.

Las posibilidades han quedado claramente expuestas en las páginas anteriores. La democracia existió en la Antigüedad, pero desapareció y lo hizo por las mismas razones que la amenazan hoy. La falta de fibra moral en las sociedades; la adulación de las masas para conquistar el poder y mantenerlo; la creación de inmensas clientelas electorales que se mueven por estímulos, pero no por la reflexión; los procesos migratorios que inyectan segmentos sociales enteros en un sistema culturalmente diferente al suyo; una agresiva política internacional... todos y cada uno de estos factores están contribuyendo al final de la democracia en aquellos lugares donde existe y a la imposibilidad de implantar democracias sólidas donde pocas veces o nunca han existido.

A ese innegable riesgo se suman los objetivos de una agenda globalista que carece de la menor legitimidad democrática y que se cocina y sirve desde oscuras instancias de poder real. Por supuesto, la agenda globalista puede acabar imponiendo sus objetivos e incluso conseguirlo en 2030 cuando, se supone, habrá logrado consumar sus planes gracias al concurso, entre otras instancias, de la Organización de Naciones Unidas. Ciertamente, esa Agenda 2030 constituye una de las formulaciones más interesantes de la agenda globalista.

El 25 de septiembre de 2015, la Asamblea General de la ONU adoptó la Agenda 2030 para el Desarrollo Sostenible. La Agenda —que no fue sometida a referéndum en un solo país— plantea 17 Objetivos con 169 metas de carácter integrado e indivisible que abarcan las esferas económica, social y ambiental. Esa agenda somete la legislación, la economía y el desarrollo de las distintas naciones a sus criterios y además compromete a las distintas naciones no solo a obedecerla sino a financiarla. En otras palabras, aunque, teóricamente la Agenda 2030 no afecta la independencia de los distintos países, la realidad es que limita escandalosamente la soberanía nacional. Defendida incluso por estados observadores en la ONU como es el Vaticano, entre sus metas incluye la ideología de género, el control drástico de la natalidad y la asunción como verdaderas de las tesis de los calentólogos. En otras palabras, constituye un mecanismo sin precedentes históricos de control mundial. De manera bien significativa, en España, una de las naciones de la Unión Europea, el encargado de dirigir en el gobierno la Agenda 2030 es el comunista Pablo Iglesias. En 2019, Futuro en común, una confederación de ONGs seculares y católicas, manifestó en España su respaldo a la Agenda 2030 señalando que había que «hacer efectiva una coordinación y seguimiento multinivel desde el ejecutivo y el legislativo con la participación de todos los actores, incluida la sociedad civil». Ese sistema de gobierno exige, según Futuro en común, ser completado con un Panel de Mando «a través de un plan de trabajo público y participativo» con el fin de «no dejar a nadie atrás». En un documento titulado «Elementos clave para un desarrollo transformador de la Agenda 2030», Futuro en común señalaba que los seis elementos clave para avanzar la Agenda 2030 serían, en primer lugar, un nuevo modelo económico que marque incluso las pautas de consumo, en especial relacionadas con la alimentación; en segundo lugar, un nuevo sistema de pensiones público que tenga en cuenta el sesgo de género; en tercer lugar, una subida de impuestos encaminada a disminuir las desigualdades y, en cuarto lugar, avanzar la ideología de género mediante mejorar la calidad del espacio democrático. Difícilmente, se podía expresar con más claridad el carácter intervencionista de la Agenda 2030.

La Agenda 2030, en primer lugar, vaciará de poder ejecutivo a los gobiernos sometiéndolos a una acción mundial que, en muchos casos, puede resultarles absolutamente perjudicial, ya que interfiere en su economía y en sus instituciones. En segundo lugar, asigna el desarrollo o el atraso de las distintas naciones siempre, por supuesto, siguiendo las tesis de los calentólogos convertidos en dioses que decidirán qué naciones avanzan y cuáles se sumen en el atraso. En tercer lugar, ese proceso no reviste un funcionamiento democrático, sino que implica el sometimiento del gobierno y de las instituciones y la acción cada vez mayor de unas ONGs oligárquicas que además viven de los presupuestos públicos. En cuarto lugar, implican el reforzamiento de poderosas oligarquías que se mantendrán sobre la base de las subidas de impuestos en cada nación. Finalmente, en quinto lugar, el empobrecimiento de centenares de millones de seres humanos se cubrirá como un avance en la lucha por la igualdad, igualdad que se realizará por abajo y que incluirá hasta la alimentación.

El proyecto —insistimos: enmascarado con hermosas palabras— constituye una verdadera amenaza contra la libertad y la prosperidad del globo y significará el final de la democracia real y de las libertades en beneficio de oligarquías nacionales sometidas a un solo gobierno global. No puede sorprender lo más mínimo que en España se haya colocado a su cabeza a un comunista totalitario como Pablo Iglesias.

Al final, tal y como señaló en su día Rockefeller, el mundo pasará a estar controlado por una pequeña élite de financieros e intelectuales a los que nadie ha elegido y desprovista de la menor legitimidad democrática. Los estados conservarán, quizá su existencia formal, pero serán como cáscaras vacías. Su economía, su política exterior, sus leyes de familia, su educación, incluso sus constituciones dependerán de esa pequeña élite supranacional que actuará a través de los partidos nacionales, de los sindicatos, de las ONGs y de los medios. Por supuesto, la misma libertad de culto y conciencia, base primera de la democracia, desaparecerá porque los grandes poderes religiosos pactarán con la agenda globalista —el caso de la Santa Sede es obvio, por no decir escandaloso— o se verán sometidos a proscripción. Al respecto, no deja de ser significativo que los evangélicos se hayan convertido en el principal obstáculo para el avance de la agenda globalista en el continente americano. Si además el mundo quedará dividido en grandes bloques —como señaló Orwell— o en uno solo es difícil de saber, pero lo que sí es seguro es que desaparecerá la soberanía nacional y la libertad.

Semejante situación será fácil de alcanzar en la medida en la que la democracia habrá quedado erosionada de manera decisiva durante los años anteriores y desaparecida la democracia —una democracia imposible de sostener sin las condiciones que señalaron los Padres Fundadores— ante el género humano solo quedarán tres opciones: la dictadura globalista, la dictadura autoritaria patriótica o la dictadura a la china. En cualquiera de los casos, la libertad habrá pasado a formar parte del pasado.

Precisamente por ello, la única salida es defender la libertad para nosotros y para las generaciones venideras. En ese sentido, cada paso dado contra la agenda globalista será un paso para preservar la libertad y cada paso para vivir la democracia de acuerdo con los principios surgidos de la Reforma y plasmados por los Padres Fundadores será un paso hacia un futuro en libertad. No nos es dado actuar de otra manera. Me permito incluso añadir una observación: ninguna persona que ame a Dios, a su nación y la libertad puede actuar de otra manera.

En esa resistencia, hay muchos frentes desde los que combatir y combatir además con éxito y esperanza de victoria. Las personas que defienden en los centros educativos la libertad de sus hijos para no ser adoctrinados en la ideología de género, las que difunden por las redes sociales materiales relacionados con la verdad de la agenda globalista, las que sostienen y apoyan aquellos programas de radio y televisión que se resisten a la imposición de esa agenda, las que piden responsabilidades de una y cien maneras a los políticos decididos a rendirse ante los objetivos globalistas, las que salen a la calle en defensa de la libertad de conciencia, de la vida y de la enseñanza sin adoctrinamiento; las que respaldan proyectos para acoger a las madres solteras o a los niños que podrían ser abortados; las que dispensan cursos y seminarios para evitar que niños y adolescentes sean apartados de su desarrollo natural; las que construyen medios alternativos para relatar la verdad que muchos silencian, ocultan e incluso persiguen; las que, solas o en compañía de otras, inclinan sus cabezas ante Dios pidiéndole luz y fuerza para afrontar esta pelea, todas esas personas y muchas más son decisivas en la lucha por la patria y la libertad y usted puede formar parte de ellas.

Corría el año 1781, cuando Thomas Jefferson, un brillante político de la recién nacida nación de los Estados Unidos de América, escribía lo siguiente acerca de la esclavitud en sus Notas sobre el estado de Virginia: «Ciertamente tiemblo por mi país cuando reflexiono en que Dios es justo, que su justicia no puede dormir para siempre, que considerando los números, la naturaleza y los medios naturales solamente, una revolución de la rueda de la fortuna, un cambio de situación, se encuentra entre los eventos posibles: y puede convertirse en probable por una interferencia sobrenatural».

Las palabras escritas por Jefferson contenían una reflexión verdaderamente escalofriante. Para muchos de sus contemporáneos y de manera especial para la gente de su mismo estado, la esclavitud no planteaba problema moral alguno. Era una costumbre asumida e incluso una vía de beneficio económico que se relacionaba con una minoría exigua, pero ciertamente influyente y poderosa. Sin embargo, Jefferson era consciente de que, en política, no todo se reduce al análisis económico, social o institucional. De hecho, creía firmemente que en la existencia de una nación hay un factor sobrenatural que se suele pasar por alto, pero que no por eso está menos presente. Ese factor es la justicia de Dios, una justicia que puede parecer dormida, pero que acaba haciendo acto de presencia bajo formas humanas como la revolución o el cambio, debidas, en realidad, a un impulso sobrenatural. Reflexionando sobre esta cuestión, el político solo podía temblar porque, tarde o temprano, la justicia de Dios se desencadenaría contra una institución como la esclavitud.

Guste o no verlo, nuestro mundo —un mundo que cambia, aunque millones no se percaten de ello— se encuentra ante una situación paralela a la que Moisés presentó a los hijos de Israel antes de entrar en la Tierra Prometida (Deuteronomio 30:15-19). Ante sí tiene un camino de bien y un camino de mal; un camino de libertad y un camino de esclavitud; un camino de prosperidad y un camino de miseria; un camino de vida y un camino de muerte. El futuro derivará directamente de la senda que tome y podemos tener la certeza de que si la senda es equivocada, igual que sucedió con el anuncio no escuchado de Jefferson, desembocará en sangre, sufrimiento, dolor y muerte. Pero más importante que eso es que cualquier persona que haya leído este libro, si comprende lo que está en juego, siquiera en parte, y decide defender la libertad y a su patria, puede ser un instrumento de cambio. Ese instrumento de cambio tiene en sí un enorme potencial para lograr que la transformación de nuestras sociedades sea positiva, para asegurar que su nación vivirá en libertad y dotada de los derechos autoevidentes y procedentes de Dios a los que hizo referencia Jefferson y para frenar una ofensiva totalitaria monstruosa, pero no invencible, en contra de la independencia nacional y de los derechos individuales. Usted puede unirse a esa resistencia. *Usted tiene que unirse a esa resistencia* como centenares de miles de personas lo hemos hecho en el mundo a sabiendas de que asumimos riesgos por tomar posiciones en este enfrentamiento. No lo dude más y hágalo por su libertad y la de sus hijos y por su patria y la de sus hijos. Es el momento de sumarse a una responsabilidad personal que nadie puede asumir por usted y en la que nadie puede sustituirlo. Si, finalmente, así lo hace ¡¡¡que el Dios que otorga la victoria en estos combates lo bendiga!!!

APÉNDICE

Oriente Medio no es lo que era

Es posible que a muchos lectores les haya llamado la atención que, en lugar de centrar la descripción del mundo en Oriente Medio, la tesis del libro bascule sobre otros ejes. Sin duda, Oriente Medio ha tenido una importancia radical en la Historia del último siglo. A decir verdad, las últimas guerras iniciadas por los Estados Unidos en el área no deben poco a esa concepción. De ellas, se esperaba, aparte de las razones esgrimidas para justificarlas ante la opinión pública, derivar la seguridad del abastecimiento de crudo, la seguridad de Israel y la seguridad derivada de regímenes democráticos. Detengámonos brevemente en estos tres aspectos aunque sea en orden inverso.

En primer lugar, debe señalarse que en ninguno de los casos, el resultado de las intervenciones militares —intervenciones que, en su conjunto, han costado centenares de miles de muertos— han concluido con el establecimiento de democracias. Desde luego, resulta discutible que exista un derecho de un tercer país a invadir otro que no lo ha agredido previamente para transformarlo en una democracia. Pero de existir, hay que reconocer que el fracaso ha sido clamoroso. Ni Afganistán, ni Irak, ni Libia, ni Siria ni el resto de naciones donde se han producido intervenciones es hoy en día una democracia ni tiene aspecto de llegar a serlo. No solo eso. Ciertamente, se ha producido la desaparición de terribles dictadores como Saddam Hussein o el coronel Qadafi, pero es dudoso que la situación actual de Irak o Libia sea mejor. A decir verdad, es mucho peor. Debe insistirse en ello de manera rotunda: ni una sola nación donde ha tenido lugar una intervención directa o a través de agentes intermedios ha mejorado su situación. Por el contrario, ha visto como el drama desembocaba en una espantosa tragedia que, a su vez, ha repercutido en otras naciones.

A este factor hay que añadir el inmenso coste de estas operaciones. Que para convertir Irak en una ruina que ya no puede desempeñar su papel de equilibrio en Oriente Próximo, en 2008 se hubieran gastado más de tres trillones de dólares del contribuyente americano debería llamar a reflexión. De hecho, ése es el título del libro del premio Nobel Joseph Stiglitz y, desde entonces, ha pasado más de una década de gasto inmenso e inútil.[1] Resulta excesivo para dos guerras como Afganistán e Irak que no ha ganado Estado Unidos, que siguen inconclusas[2] y de las que no sabe cómo salir. Entre otras razones porque con lo gastado en Irak hasta 2010, los Estados Unidos hubiera podido costear la sanidad de sus habitantes durante medio siglo. Y ésa es solo la cifra de Irak. En 2018, ya resultaba obvio que desde 2001, Estados Unidos ha gastado cerca de seis trillones de dólares en sus guerras asiáticas. Por añadidura, cerca de medio millón de personas ha muerto como resultado directo de los combates. Cerca de un cuarto de millón de civiles ha perecido en estas guerras, y diez millones de personas se han visto desplazadas creando enormes problemas no solo a las naciones limítrofes, sino también a las europeas.[3] ¿Realmente, ha merecido la pena?

Finalmente, ninguna de esas intervenciones ha convertido el mundo en más seguro. A decir verdad, la seguridad ha disminuido. En Oriente Próximo, la desaparición de Irak como potencia ha podido satisfacer a Netanyahu y a otros dirigentes israelíes, pero lo cierto es

[1]. J. E. Stiglitz y L. J. Bilmes, *The Three Trillion Dollar War. The True Cost of the Iraq Conflict* (Nueva York, 2008).
[2]. Sobre Iraq, véase: T. E. Ricks, *Fiasco. The American Military Adventure in Iraq* (Nueva York, 2006).
[3]. https://www.cnbc.com/2018/11/14/us-has-spent-5point9-trillion-on-middle-east-asia-wars-since -2001-study.html; https://watson.brown.edu/costsofwar/files/cow/imce/papers/2018/Crawford_Costs% 20of%20War%20Estimates%20Through%20FY2019%20.pdf.

que ha provocado un enfrentamiento directo entre Arabia Saudí e Irán, naciones ambas regidas por sistemas teocráticos islámicos, sin respeto por los derechos humanos y con ambiciones de expansión. El debilitamiento de cualquiera de las dos y la victoria de cualquiera de ellas sumiría la zona en un verdadero desastre. En ese sentido, la política de equilibrio de Obama fue el mal menor y, por el contrario, el respaldo a Arabia Saudí —que es capaz de asesinar y trocear a los disidentes[4]— frente a Irán constituye una jugada de enorme imprudencia.

Si se observa de manera desapasionada la situación poco puede dudarse de que en relación, coste y resultado, hay que abandonar el camino seguido hasta la fecha.

En segundo lugar y a pesar de que la insistencia mediática sea enorme, Israel no corre peligro frente a unos adversarios mucho más débiles que él. A decir verdad, los propios historiadores israelíes reconocen que Israel nunca vio amenazada su existencia por las naciones de alrededor por la sencilla razón de que siempre contó con una enorme superioridad militar. Al respecto, obras como las de Simha Flapan, que fue secretario nacional del partido israelí Mapam y director de su departamento de asuntos árabes resultan bien esclarecedoras[5] o la de Nathan Weinstock.[6] Lo mismo podría decirse de los magníficos estudios de Avi Shlaim[7] o de Ilan Pappe.[8] Es cierto que Israel puede sufrir atentados terroristas —aunque, afortunadamente, no ha padecido jamás un 11 de septiembre—, pero su desnivel con los países que lo rodean es inmenso. Israel incluso puede perder guerras locales que no sean contra ejércitos como sucedió en el Líbano con Hizbullah —un episodio que ha herido profundamente el orgullo israelí—, pero no hay nación de toda la zona que pueda soñar con ser su rival. Primero, Israel posee un ejército muy superior al de todos los países

---

4. https://www.bbc.com/mundo/noticias-internacional-49892850.
5. Simha Flapan, *The Birth of Israel. Myths and Realities* (Nueva York, 1987). En un sentido muy similar, pero más amplio Benjamin Beit-Hallahmi, *Original Sins. Reflections on the History of Zionism and Israel* (Nueva York, 1993).
6. N. Weinstock, *El sionismo contra Israel. Una historia crítica del sionismo* (Barcelona, 1970).
7. A. Shlaim, *The Iron World. Israel and the Arab World* (Nueva York, 2000).
8. I. Pappe, *The Modern Middle East* (Londres, 2010) y *Ten Myths about Israel* (Londres y Nueva York, 2017).

cercanos sumados; segundo, Israel posee armamento nuclear,[9] circunstancia que no se da en ninguna nación de alrededor.[10] Tercero, a pesar de que durante dos décadas hemos escuchado que Irán podía contar con armamento nuclear y que además podría disponer de él al año siguiente, la realidad no ha sido y no es así. De hecho, Irán abandonó esos planes a principios de siglo e incluso el ayatolá Alí Jamenei condenó públicamente mediante una *fatwa* el uso de armamento nuclear.[11] De hecho, el propio Netanyahu no ha podido proporcionar la menor prueba de que Irán intentara fabricar armamento nuclear después de 2002[12] y, de manera bien significativa, las agencias de inteligencia de Estados Unidos han rechazado esa posibilidad[13] que no puede confundirse con el uso pacífico de la energía nuclear al que Irán tiene derecho porque pertenece a la organización de no-proliferación de armas nucleares. Cuarto, Estados Unidos, bajo la presidencia de Obama, decidió entregar a Israel la cantidad de treinta y ocho mil millones de dólares,[14] superior al Plan Marshall para cerca de treinta países después de la segunda guerra mundial. Se trata de una cantidad astronómica que demuestra hasta qué punto Estados Unidos está comprometido con los intereses de Israel como no lo está con ninguna nación del mundo. De hecho y en contra de las afirmaciones de cierta propaganda, la verdad es que Obama podía no congeniar con Netanyahu y rechazar su insistencia en que fuera a la guerra con Irán, pero ayudó extraordinariamente a Israel.[15]

Debemos también aceptar otras realidades innegables para comprender la situación de manera cabal. En 1947, con una Gran Bretaña

---

9. Hay distintas estimaciones sobre el tamaño del arsenal nuclear de Israel que podría ascender a varios centenares de bombas atómicas. Al respecto, véase: Avner Cohen, *The Worst-Kept Secret: Israel's bargain with the Bomb* (Columbia, 2010), Tabla 1, p. xxvii y p. 82.

10. L. Toscano, *Triple Cross. Israel, the Atomic Bomb and the Man who Spilled the Secrets* (Nueva York, 1990).

11. https://www.sfgate.com/news/article/Nuclear-weapons-unholy-Iran-says-Islam-forbids-2580018.php.

12. https://www.washingtonpost.com/world/israel-says-it-holds-a-trove-of-documents-from-irans-secret-nuclear-weapons-archive/2018/04/30/16865450-4c8d-11e8-85c1-9326c4511033_story.html?noredirect=on.

13. https://www.latimes.com/archives/la-xpm-2012-feb-23-la-fg-iran-intel-20120224-story.html.

14. https://www.reuters.com/article/us-usa-israel-statement/u-s-israel-sign-38-billion-military-aid-package-idUSKCN11K2CI.

15. https://foreignpolicy.com/2012/08/16/obama-has-been-great-for-israel/.

empobrecida por la Segunda Guerra Mundial y deseosa de irse desprendiendo de su imperio, la ONU decidió dividir el mandato de Palestina en un estado árabe y otro judío. Los árabes tenían el 69% de la población y la propiedad del 92% de la tierra, pero sólo recibirían el 43% de la tierra. Por el contrario, los judíos siendo el 31% de la población y teniendo menos del 8% de la tierra iban a recibir el 56% del territorio. Por añadidura, la tierra más fértil pasaría a manos de los judíos. En este reparto —a todas luces discutible— pesó la mala conciencia de las naciones occidentales por el Holocausto. Sin embargo, no deja de ser llamativo que esa mala conciencia intentaran calmarla con territorio y población situadas fuera de Europa. Por otro lado, no debería sorprender a nadie que ese reparto llevara a la población árabe del mandato de Palestina a considerar que había sido objeto de una inmensa injusticia.

Para agravar más la situación, tras atacar a las naciones árabes limítrofes en 1967, Israel ocupó un conjunto de territorios. Sinaí le fue devuelto a Egipto, pero es obvia la intención del presidente Netanyahu de anexionarse los altos del Golán arrebatados a Siria y de hacer lo mismo con la práctica totalidad de Cisjordania (West Bank). Tales acciones chocan con el derecho internacional y no van a dejar de ser vistas así por la inmensa mayoría de la comunidad internacional —no solo las naciones árabes— simplemente porque la Casa Blanca decida respaldarlas. No podemos esperar una paz completa mientras persista esa conducta, pero es dudoso también que por ellas vaya a estallar una guerra convencional o la existencia de Israel se vea amenazada. No lo puede ser por unos palestinos carentes de ejército o una Siria aniquilada por una terrible guerra derivada de la intervención extranjera. Simplemente —y es triste decirlo— la pretensión de contar con territorios ocupados y paz total es una quimera y la retención de esos territorios desde 1967 siempre implicará una visión negativa que va mucho más allá de Oriente Medio aunque no sea comprendida por buena parte de los medios en Estados Unidos o el Canadá.

Este tipo de hechos intenta ser contrarrestado, ocasionalmente, con referencias a la supuesta maldición que implica criticar la política del estado de Israel sobre la base de Génesis 17 y 22. Semejante interpretación de la Biblia es, como mínimo, discutible. Si, efectivamente, la crítica de las acciones de Israel sujetara a maldición habría que deducir que todos los profetas de Israel fueron unos malditos y que también lo fue Jesús que anunció la destrucción de Jerusalén y su templo (Mateo 24, Marcos 13 y Lucas 21). Para colmo, interpretar así ese pasaje choca con la propia exégesis del Nuevo Testamento donde la descendencia de Abraham no es identificada con un estado judío sino con el mesías (Gálatas 3:16). De hecho, no deja de ser revelador que en ese mismo texto (Gálatas 3:29) se afirme que los descendientes de Abraham son los que creen en Jesús como mesías. Como en tantas ocasiones a lo largo de la Historia, la mala exégesis se traduce en mala política.

Finalmente, debe señalarse que Estados Unidos no necesita el petróleo de Oriente Medio. A diferencia de lo sucedido en los años setenta, se autoabastece de petróleo e incluso es un exportador neto. El mayor del mundo, por cierto, y situado por delante de Arabia Saudí.[16]

Todo esto se une a otro tipo de consideraciones como el hecho de que Estados Unidos dedica más de seiscientos noventa y ocho mil millones de dólares al gasto militar, es decir, más de diez veces el gasto de Rusia. Estados Unidos emplea el 53% de su presupuesto en gasto militar.[17] Sin duda, es una magnífica noticia para los fabricantes de armas que se lucran con esa situación, pero es pésima para los ciudadanos de Estados Unidos que lo costean con sus impuestos y, sobre todo, es innecesario. Que existan esas situaciones y que, a la vez, Estados Unidos no pueda contar con un servicio sanitario público como el Canadá o Europa occidental al lado del privado, de nuevo, es tema para reflexionar.

En paralelo, en las últimas décadas ha quedado de manifiesto que es posible aumentar espectacularmente la influencia internacional mediante medios diplomáticos y financieros y no militares. China es el

---

16. https://money.cnn.com/2018/09/12/investing/us-oil-production-russia-saudi-arabia/index.html.
17. https://comptroller.defense.gov/Portals/45/Documents/defbudget/fy2019/fy2019_Press_Release. pdf; https://www.charleskochinstitute.org/issue-areas/foreign-policy/the-military-spending-debate/.

ejemplo. Al igual que enseñaron los Padres Fundadores, China rechaza las alianzas militares perpetuas y persigue, por encima de todo, fortalecer el comercio. El método es mucho más barato y habría que preguntarse si no ha tenido más éxito. Mientras tanto, Estados Unidos corre el riesgo de gastar imprudentemente sus recursos, como la vieja Atenas, en intervenciones militares en el extranjero. Que hay quienes se benefician de ellas no cabe duda, pero, también como Atenas, debería ser consciente de hasta qué punto actuar así va en contra de sus intereses nacionales, debilita su posición internacional y erosiona la democracia. Todo ello se habría evitado de mantenerse la política tradicional de los Padres Fundadores.

Este conjunto de reflexiones resulta obligado y lo resulta porque la gran batalla por el futuro de este mundo en cambio no se libra ni se librará en Oriente Próximo, sino desde los cómodos despachos de los diseñadores de la agenda globalista.

EPÍLOGO: EN MEDIO DEL CORONAVIRUS

Entre la redacción de este libro y su envío a imprenta, el mundo ha sufrido el golpe de la pandemia de coronavirus, una pandemia que, a día de hoy, no ha concluido y cuyo balance final no puede realizarse de manera cabal. Con todo, lo que hemos ido sabiendo hasta ahora confirma, de manera ciertamente llamativa, las tesis contenidas en las páginas de este libro.

En primer lugar, resulta obvio que la agenda globalista NO ofrece alternativas mejores que las que derivan de los estados soberanos e independientes. Si algo ha quedado de manifiesto en medio de esta crisis, es la inoperancia angustiosa de las entidades internacionales. La Unión Europea, la NATO, la Organización de Estados Americanos, la Organización de Naciones Unidas e incluso el Vaticano se han mostrado gravemente incapaces de dar pasos que ayuden a enfrentarse con la pandemia. Podrán intentar imponer su cosmovisión al conjunto del globo, podrán abogar continuamente por englobar más y más naciones bajo su manto y podrán pretender tener soluciones para todo. La realidad ha mostrado que son enormes e incompetentes dinosaurios capaces solo de referirse a problemas no pocas veces distantes de la realidad y de gastar inmensas cantidades de dinero que podrían ser mejor empleadas en otras causas. En cuanto al silencio de los iconos globalistas, como Soros o el papa Francisco, en medio de la crisis constituye una circunstancia de enorme relevancia. Pueden lanzar lemas que nada tienen que ver con las realidades del ser humano, pero enfrentados con la realidad se sumen en el silencio.

Todo esto debe tenerse en cuenta porque, antes de concluir la crisis, a pesar de su absoluta impotencia, estas mismas instancias nos martillearán mediática y políticamente para empujarnos hacia un gobierno mundial, un gobierno con seguridad despótica, pero, también con seguridad, incapaz de enfrentarse con grandes crisis.

En segundo lugar, ha quedado de manifiesto la ausencia de interés real de los pilares del globalismo para el conjunto de la Humanidad. Bastó tener que enfrentarse con una amenaza auténtica para que hayan desaparecido casi por completo el lenguaje inclusivo, las referencias a la emergencia climática o las leyes de género. No puede dudarse de que todos estos aspectos relacionados con la agenda globalista no pasan de ser agitación y propaganda y, precisamente porque ésa es la realidad, fueron barridos, al principio, de la mente de la gente e incluso de los medios de comunicación porque una realidad —ciertamente innegable— había hecho acto de presencia. En otras palabras, sin el lavado de cerebro masivo impulsado por medios de comunicación, ONGs y gobiernos, la agenda globalista quedaría paralizada indefinidamente.

En tercer lugar, ha quedado de manifiesto la falta de escrúpulos morales de los impulsores de la agenda globalista. A pesar de la gravedad de la situación, la agenda globalista no ha dejado de perseguir sus objetivos sin importarle lo más mínimo la vida de las personas. Los casos abundan. En enero de 2020, el gobierno español tenía datos más que suficientes procedentes de entidades internacionales y nacionales para saber que la epidemia de coronavirus sería grave. Sin embargo, prefirió seguir respaldando la ideología de género a través de las manifestaciones feministas del 8 de marzo. Esas manifestaciones se celebraron con una asistencia extremadamente peligrosa en medio de una epidemia a sabiendas de que podrían traducirse en decenas de miles de contagios. En otras palabras, su sectarismo político llevó al gobierno español a crear inmensos focos de contagio porque impulsar la ideología de género era más importante que evitar el avance de la enfermedad. A esas manifestaciones acudieron en España centenares de miles de personas que luego expandirían la plaga. Entre las contagiadas se encontraron dos vicepresidentas del gobierno —Carmen Calvo e Irene Montero— una ministra del gobierno y la propia esposa del presidente del gobierno a parte de una cantidad innumerable de personas. En algunas regiones de España como Cataluña la situación contó con elementos agravantes añadidos. Así, la asistencia a un mitin del golpista Puigdemont se convirtió en otro foco de contagio que convertiría a Cataluña en la región española más golpeada por el coronavirus.

No solo se trató del contagio. Aunque el gobierno español se veía enfrentado con una aguda escasez de fondos motivada por la elevada deuda y la depresión económica provocada por los altos impuestos, creó nuevos puestos en la administración estatal para difundir la ideología de género, y mientras escaseaban los medios sanitarios para enfrentarse con la pandemia, declaraba la práctica de abortos como un servicio esencial. En lugar del bien común, se imponía, una vez más, el dogma globalista.

Los ejemplos de esta conducta verdaderamente criminal han tenido sus paralelos en otras partes del globo. Por ejemplo, en México, se intentó aprovechar la pandemia para impulsar la legalización del aborto; en Chile, apelando al coronavirus, se impulsó legislación relacionada con la ideología de género; y en la región española de Cataluña, el gobierno impulsó un protocolo sanitario que excluía de tratamiento a sectores enteros de la población e incluso instaba a su ejecución apenas encubierta. Aprovechando la pantalla que proporcionaba el número creciente de muertos, la agenda globalista intentaba ganar posiciones en áreas contrarias a la vida y a la familia. La primera prioridad no era, ni por aproximación, la de salvar vidas humanas, sino, curiosamente, otras como la de destruirlas en los abortorios o aplicando protocolos de eutanasia en los hospitales.

En cuarto lugar, ha quedado de manifiesto qué países son los más débiles para enfrentarse con el coronavirus y cuáles los más fuertes. Aquellos que durante décadas optaron por un camino de intervencionismo estatal creciente, por impuestos cada vez más elevados y por una deuda descontrolada han sido los que han respondido peor a la crisis del coronavirus. No deja de ser más que significativo el pésimo papel representado por España en medio de esta tragedia porque durante décadas ha sido protagonista en estos vicios que contribuyen a erosionar hasta límites peligrosísimos el sistema democrático. Al final, el esquilmar a la población mediante impuestos destinados a alimentar clientelas y burocracias y el endeudar a la nación para mantener un sistema ineficaz NO ha sido garantía frente a una crisis nacional. Por el contrario, ha sido una sentencia de muerte para la sanidad, la economía y la paz social. Lo que muchos —no solo los globalistas— han considerado el camino para la justicia social es solo la senda para las mayores catástrofes y para la impotencia absoluta a la hora de prevenirlas y evitarlas.

Cuando se examinan los datos a día de hoy, las conclusiones aportadas por este libro aparecen todavía más obvias. Las democracias están en peligro y ese peligro puede crecer hasta niveles espantosos si han ido incurriendo en conductas perversas como el aumento del control estatal, el incremento de los impuestos o el crecimiento de la deuda. Esas democracias se han convertido en ineficaces, pero también en muy cercanas al colapso económico y político. Solo unos sistemas que aprendan las lecciones de la Historia, expuestas en las páginas previas, tienen posibilidades de navegar en un océano de la vida donde, ocasionalmente, se presentan tormentas como el coronavirus.

Por añadidura, el carácter manipulador, desprovisto de carga moral y dañino de la agenda globalista, ha quedado al descubierto como pocas veces antes. El globalismo —y los pequeños nacionalismos como el catalán— se ha manifestado inoperante mientras que los gobiernos con una sólida base patriótica han puesto respuestas mucho más eficaces.

Sin duda, la crisis del coronavirus ha servido, entre otras muchas circunstancias, para sacar a la luz realidades que, de la manera más arriesgada, se ocultan, se niegan o se sustituyen por mentiras de dimensión universal. Esperemos que esta vez el género humano aprenda la lección.

Miami, en confinamiento, abril de 2020

ÍNDICE ONOMÁSTICO

G

H

T

U

V